注册会计师考试辅导·金榜题名系列

经济法故事会

组编 高顿财经研究院
编著 齐 萌

上海财经大学出版社

图书在版编目(CIP)数据

经济法故事会/高顿财经研究院组编,齐萌编著.—上海:上海财经大学出版社,2014.5

(注册会计师考试辅导·金榜题名系列)

ISBN 978-7-5642-1885-0/F·1885

Ⅰ.①经… Ⅱ.①高… ②齐… Ⅲ.①经济法-中国-注册会计师-资格考试-自学参考资料 Ⅳ.①D922.29

中国版本图书馆 CIP 数据核字(2014)第 088463 号

□ 责任编辑　张美芳　顾晨溪
□ 封面设计　张克瑶
□ 责任校对　胡　芸　卓　妍

JINGJIFA GUSHIHUI
经济法故事会

上海财经大学出版社出版发行
(上海市武东路 321 号乙　邮编 200434)
网　　址:http://www.sufep.com
电子邮箱:webmaster@sufep.com
全国新华书店经销
上海译文印刷厂印刷
上海远大印务发展有限公司装订
2014 年 5 月第 1 版　2014 年 5 月第 1 次印刷

787mm×1092mm　1/16　17.75 印张　454 千字
印数:0 001—3 000　定价:49.00 元

《经济法故事会》

——听萌哥讲故事,让萌哥陪着你

用故事串起经济法,用故事引出主要考点,用故事看尽世间百态,用故事来吐槽。

所有故事和人名纯属虚构,如有雷同,实属巧合。请各位看官不要随便套用和联想。

版权所有,如若侵权,萌哥会很生气,后果会很严重。同之,如果本书有侵犯您和他人的知识产权,请及时告知,我会及时改正。

夜空中最亮的星（自序）

病房中，萌哥静静地躺在那里（活着呢）。

好像是睡着了，在做梦。

睡梦中，萌哥好像遇见了一个人，他努力睁大他那纤细的双眸，吓了一跳。这不是他日夜想念的凤姐吗？啊奥，果然是凤姐！凤姐也看见萌哥了，向萌哥徐徐走来。"Hi！"凤姐跟萌哥打了个招呼。

后边还有人，A货拿着凤姐的包包在后边慢慢地跟着。那边也有人，B货、美美、朱朱、露露、嘻嘻、金莲、奥巴驴等。在他们的身上发生了出轨、小三上位、成立公司、开发房地产、公司上市、破产等故事。

我写这本书的初衷在于让大家喜欢注册会计师经济法这个科目，而不是厌恶它。经济法的考生群体基本从未接触过法学，学习经济法相当有难度。在跟同学互动和交流时，我发现很多同学在最开始学习经济法时，就像在看天书，夏天看着就想睡觉，冬天看着就要感冒。此外，造成同学觉得经济法有难度的原因还在于，经济法考试涵盖的科目众多，比如民法通则、合同法、物权法、公司法、合伙企业法、证券法、破产法、票据法、反垄断法等。我在教学和研究的过程中，有一种强烈的感受：如何激发考生的兴趣，就成了能否学好经济法并通过该门考试的关键之一。所以想用故事会这种全新的形式，尽量用诙谐嘲讽的语言，用故事、案例结合核心考点的方式呈现给大家。为的就是对大家学习经济法这个科目有所助益，只要有一点帮助，我就心满意足了。

但很悲催的是，我写了11集就住院了。哈，当然不是因为写这本书而住院的。后面的内容都是在出院之后写出来的。在住院期间，我似乎想明白、看清楚了一些事情。当然，我也将这些想法（可能会非常肤浅）穿插在了这本故事会中。

比如亲情，我是2005年来上海的，到现在也快10年了。不管是哪里的"飘"一族，都已经离开家很久了。我时常会想念儿时的快乐时光，无忧无虑，欢声笑语，有很多小伙伴一起哭，一起笑，一起成长。您还记得或者怀念儿时的时光吗？有多久没回家看父母了？有多久没有跟儿时的伙伴联系了？特别是想着慢慢变老的父母，我们是否有些许的愧疚？愧疚我们的不孝，愧疚我们的自私，愧疚我们的各种借口，愧疚我们的……如果有那么一丝丝的愧疚，就拿起你的高级手机给父母和亲朋好友打个电话，抓紧时间回家看看吧。等你升职了、有出息了，可能就真没有时间了，而且升职、有出息都是未知的，但回家和父母朋友在一起是实实在在的，可以轻松地完成和实现。

我是一个很感性的男人，很"屌丝"的老师。但我喜欢我这个性别，还有我这份职业。喜欢这个性别，主要是因为我没有机会变成另外一个性别，所以我只能尝试从凤姐这个女性的角度娓娓道来。我个人很喜欢说话，大致跟老师的形式要求相符。教师的使命大体是"传道授业解

惑",我希望用通俗的、大家容易接受和看懂的方式来解读经济法。期冀这种新颖的行使对大家能有所帮助。

前面说自己感性,是我经常由着个人的性格行事;说自己屌丝,主要是基于自己只是一个大学老师,并非作家,没有优美的文笔,没看过几本书,但又喜欢写点东西,想占点文人的范儿和气。所以各位现在拿到的东西(共有三季,每季八集),就有点想文笔优美但又说不出来。不是我低调,我是想高调但没那水平。所以呢,请各位看官多多担待,也欢迎大家多提宝贵意见,小弟在此作揖。

我希望以上能有助于解释我为什么要写这本书。

"我祈祷拥有一颗透明的心灵,和会流泪的眼睛,给我再去相信的勇气。""每当我找不到存在的意义,每当我迷失在黑夜里,夜空中最亮的星,请指引我靠近你。"这是我非常喜欢的几句歌词,我很希望自己能成为夜空中最亮的星,可以指引着各位前行,顺利地通过考试。当然我更希望各位都能成为夜空中最亮的星,对社会、对他人有所帮助。

是为序。

齐萌

2014年5月8日于上海

目 录

夜空中最亮的星(自序) ………………………………………………………………… 1

第一季 归来

【第一集】 海归 ………………………………………………………………………… 3
  【关键词】 买卖合同的风险承担、房屋租赁合同、物权变动的原因和效力、定金、违约责任

【第二集】 折腾 ………………………………………………………………………… 11
  【关键词】 自然人的民事行为能力、行为能力瑕疵对民事行为效力的影响、意思表示瑕疵对民事行为效力的影响、民事行为效力瑕疵、无权代理、表见代理、合同的相对性原理、抗辩权、约定不明时合同内容的确定规则、承揽合同、租赁合同

【第三集】 大婚 ………………………………………………………………………… 19
  【关键词】 要约与承诺、预告登记、共有制度

【第四集】 "蜜月" ……………………………………………………………………… 24
  【关键词】 格式条款和免责条款、抵押权的效力和实现、不动产的登记制度、公示催告制度

【第五集】 钻石 ………………………………………………………………………… 31
  【关键词】 先占、拾得遗失物、善意取得制度、抵押权的设定和实现

【第六集】 土豪车 ……………………………………………………………………… 39
  【关键词】 独立董事制度、试用买卖合同、特殊动产的多重买卖、普通动产的多重买卖合同、不可抗力

【第七集】 报复 ………………………………………………………………………… 46
  【关键词】 无权处分的债权和物权行为的效力、合同的法定解除权、提存、赠与合同、票据的伪造和变造、票据的追索权

【第八集】 男人要证明自己? …………………………………………………………… 54
  【关键词】 动产的浮动抵押、代位权、撤销权、共同担保下的保证责任、债权转让、抵销、留置权、保证合同与保证人、借款合同

第二季　半边天

【第一集】　崛起？ ··· 65

【第二集】　骚风 ··· 67
　【关键词】　公司的设立条件、股东会(有限责任公司)、监事会、经营管理机关、不按照规定出资的责任、会计师从事审计活动的侵权赔偿责任

【第三集】　旺菌 ··· 81
　【关键词】　公司董事、监事、高级管理人员的资格和义务，有限责任公司的股权转让，名义股东和实际出资人，公司法的诉讼制度，一人有限责任公司，公司的财务与会计

【第四集】　朱奋 ··· 89
　【关键词】　董事会(有限责任公司)，有限责任公司的股权回购，公司设立阶段和设立失败的债务、费用的承担规则，公司法人财产权的限制，公司股东的出资制度，公司合并，公司分立

【第五集】　大郎 ··· 102
　【关键词】　合伙企业的设立、合伙事务执行、合伙企业与第三人的关系、合伙人退伙、合伙人性质转变的特殊规定、个人独资企业、质押

【第六集】　有底线 ·· 112
　【关键词】　强制信息披露制度、股票转让的限制、非上市公众公司、担保合同无效的法律责任

【第七集】　西瓜 ··· 122
　【关键词】　公司债券的发行、融资租赁合同、破产债权、债权人会议、重整程序

【第八集】　嘻哈 ··· 140
　【关键词】　委托合同、票据权利的取得、票据权利的消灭、票据抗辩、票据保证、汇票承兑、汇票的付款

第三季　沉浮

【第一集】　开讲啦 ·· 157
　【关键词】　建设工程合同、借款合同、商品房买卖合同、建设用地使用权

【第二集】　向何处去？ ··· 167
　【关键词】　股票市场结构、主板和中小板上市的公司首次公开发行股票并上市的条件、创业板上市的公司首次公开发行股票并上市的条件、首行公开发行股票的程序和承销的条件

【第三集】 旺不起来了 ··· 176
　【关键词】 破产原因、债务人财产、破产和解制度、别除权

【第四集】 真烦啊 ··· 186
　【关键词】 技术合同、买卖合同的特别解除规则、保证方式、票据行为的代理、汇票的背书、公司的解散和清算

【第五集】 见底了 ··· 203
　【关键词】 破产法的适用范围、破产申请的提出和受理、管理人制度、破产费用与共益债务、破产清算程序

【第六集】 乐极生悲 ··· 217
　【关键词】 上市公司重大资产重组、上市公司非公开发行股票、股票暂停和终止上市、虚假陈述行为、内幕交易行为

【第七集】 独领风骚 ··· 237
　【关键词】 上市公司增发股票、上市公司收购

【第八集】 致青春 ··· 254
　【关键词】 诉讼时效制度、反垄断法律制度

后记 ··· 272

第一季

归来

第一卷

未刊

【第一集】| 海归

【关键词】 买卖合同的风险承担、房屋租赁合同、物权变动的原因和效力、定金、违约责任

故事要开始了,你准备好了吗?

话说,时光荏苒,岁月如梭,时间已经到了2020年,凤姐作为一个"海归"(传言一说是从海南归来,另有传说实际上是从美国归来),意气风发,准备干一番大事业。

是落户北京还是上海呢?经过一番权衡,凤姐选择了上海。一是凤姐曾经在上海的世界500强任职,对这座城市毫不陌生;二是北京空气不好,不利于自己柔嫩细腻的皮肤;三是北京交通拥堵,自己的时间相当宝贵,分秒必争啊;四是上海刚刚成立了自贸区,凤姐认为这是中国为了欢迎她而特意送上的礼物。

更重要的是,这是在凤姐一直都憧憬有所作为的"上海滩"!

其实啊,凤姐还是很传统的,想着既然要在上海落户,就得先在上海买套房子。考虑到自己现在"高贵"的身份,先不要太高调,就在市郊买一套精装修的两房吧。

于是开始看房……

期间,被无良的房地产商骗了无数次。让凤姐刻骨铭心的有这么几次:

有一家房产公司的广告上写着:"著名德国设计师设计,哥特式风格,紧邻中央商务区和中心政务区,繁华闹市,只要9 888元。"凤姐大喜,赶紧打车过去,一看原来楼顶是尖的(叫哥特式风格),边上有家银行和居委会(叫紧邻中央商务区和中心政务区),还有家小超市(美其名曰繁华闹市)。

还有一次,凤姐在公交车上,突然看见一个大广告牌上写着:"回归自然,享受田园风光;便利生活触手可及;浓厚人文学术氛围;拥抱健康,安享惬意;12 880元,还在等什么?"结果去了一看,是郊区乡镇(回归自然,享受田园风光),边上有家小卖店(叫便利生活触手可及),有家学校(称为浓厚人文学术氛围),还有家诊所(叫拥抱健康,安享惬意)。不是一般的坑爹啊!

期间,凤姐更是感叹,房价太贵了,中国的房子贵得不得了。相关部门不是一直在调控吗,并且说调控的效果有多么多么好,怎么还是贵得要人命啊。想当年,我在美国的时候,前有花园,后有泳池,从自己的别墅四楼可以直接360°螺旋(难度系数5.3)跳进泳池游泳,不要太开心喔!

两年后。

2022年7月10日,凤姐和秦桧签订了买卖合同,以500万元的价格购买了一套两居室的精装修住房。当日,凤姐支付了40万元定金。秦桧将房屋交付给凤姐。根据规定,定金数额不得超过主合同标的额的20%,超过部分无效。

双方约定:凤姐应于8月1日前付清余款,秦桧应在收到余款后两日内办理房屋过户手

续。7月15日,"菲特"袭来,上海突降特大暴雨,该房屋被淹没,损失额达60万元。凤姐认为该损失应当由秦桧承担,这一主张显然不成立。根据规定,标的物毁损、灭失的风险,在标的物交付之前由出卖人承担,交付之后由买受人承担,但法律另有规定或者当事人另有约定的除外。凤姐已经拿到房子了,风险由凤姐承担。

后经协商,凤姐支付余款,秦桧将房屋过户至凤姐的名下。

2023年11月1日,凤姐将房屋出租给宋江,约定租期1年,但双方未依法办理登记备案手续。租期届满后,宋江将房屋交还凤姐,但以房屋租赁合同未登记备案因而无效为由,拒绝支付所欠剩余租金。哎,可怜啊,连宋押司这种大方的人都拖欠租金? 事实上,凤姐与宋江之间的租赁合同有效。根据规定,当事人以房屋租赁合同未按照法律、行政法规规定办理登记备案手续为由,请求确认合同无效的,人民法院不予支持。

2024年4月1日,凤姐与晁盖订立房屋买卖合同,约定价款600万元。晁盖依约于4月5日付清了全部价款,凤姐将房屋钥匙交给晁盖。但凤姐与晁盖在办理过户登记时,登记机构因电脑系统发生故障停止办公,申请未被受理。因晁盖需截取生辰纲,双方遂约定待晁盖回来之后再办理房屋过户登记手续。此时,凤姐与晁盖之间的买卖合同有效。根据规定,当事人之间订立有关设立、变更、转让和消灭不动产物权的合同,除法律另有规定或者合同另有约定外,自合同成立时生效;未办理物权登记的,不影响合同效力。

2024年4月10日,不知凤姐、晁盖之间已签订房屋买卖合同的高俅向凤姐表示愿以650万元的价格购买其房屋。凤姐见高俅的价格相当靠谱,又慑于高俅的权势,旋即同意,即刻与高俅订立了房屋买卖合同。高俅于次日付清了全部房款。双方于4月15日办理完毕过户登记手续。此时,高俅取得了房屋所有权。根据规定,不动产物权的设立、变更、转让和消灭,经依法登记后发生效力。

4月20日,晁盖大胜归来,要求凤姐尽快办理房屋过户手续。凤姐告知晁盖已将房屋卖给他人,愿意退还晁盖600万元并要求解除合同。晁盖大怒当即拒绝,扬言将率梁山好汉踏平凤姐,并坚持要凤姐办理过户手续。5月10日,晁盖在确悉房屋已过户至高俅名下时,以自己与凤姐订约在先,凤姐、高俅之间的房屋买卖合同无效为由,要求凤姐、高俅退还房屋。高俅则认为,由于凤姐、晁盖未办理房屋过户手续,所以他们之间的房屋买卖合同尚未发生效力。看来,晁天王尽管穿越了,但是还没穿越彻底啊,不懂我们伟大的社会主义国家的法律。根据规定,在出卖人就同一标的物订立多重买卖合同的情形中,如果合同均不具有《合同法》第52条规定的无效情形,买受人因不能按照合同约定取得标的物的所有权,可以请求追究出卖人的违约责任。在此,由于高俅已经依法取得该房屋的所有权,晁盖不能请求凤姐返还房屋,但有权要求凤姐承担违约责任。

【考点链接1】 买卖合同的风险承担①

(1)标的物毁损、灭失的风险,在标的物交付之前由出卖人承担,交付之后由买受人承担,但法律另有规定或者当事人另有约定的除外。据此,标的物的所有权转移与风险的承担可能并不一致,所有权转移与否不是确定风险转移的标准。

(2)因买受人的原因致使标的物不能按照约定的期限交付的,买受人应当自违反约定之日起承担标的物毁损、灭失的风险。

---

① 可归责于一方当事人的事由导致标的物毁损、灭失,不属于风险负担,应当按照违约责任或者侵权责任处理。

【提示】谁违约谁负责。

(3)出卖人出卖交由承运人运输的在途标的物,除当事人另有约定的以外,毁损、灭失的风险自合同成立时起由买受人承担。出卖人出卖交由承运人运输的在途标的物,在合同成立时知道或者应当知道标的物已经毁损、灭失却未告知买受人,买受人主张出卖人负担标的物毁损、灭失的风险的,人民法院应予支持。

(4)当事人没有约定交付地点或者约定不明确,标的物需要运输的,出卖人将标的物交付给第一承运人后,标的物毁损、灭失的风险由买受人承担。①

(5)出卖人按照约定或者依照规定将标的物置于交付地点,买受人违反约定没有收取的,标的物毁损、灭失的风险自违反约定之日起由买受人承担。

(6)出卖人未按照约定交付有关标的物的单证和资料的,不影响标的物毁损、灭失风险的转移。

(7)因标的物不符合质量要求,致使不能实现合同目的的,买受人可以拒绝接受标的物或者解除合同。

(8)标的物毁损、灭失的风险由买受人承担,不影响因出卖人履行债务不符合约定,买受人要求其承担违约责任的权利。

(9)债务人将标的物提存后,毁损、灭失的风险由债权人承担。

【考点链接2】 房屋租赁合同

1. **房屋租赁合同存在下列情形时,合同无效:**

(1)出租人就未取得建设工程规划许可证或者未按照建设工程规划许可证的规定建设的房屋,与承租人订立的租赁合同无效;但在一审法庭辩论终结前取得建设工程规划许可证或者经主管部门批准建设的,人民法院应当认定有效。

(2)出租人就未经批准或者未按照批准内容建设的临时建筑,与承租人订立的租赁合同无效;但在一审法庭辩论终结前经主管部门批准建设的,人民法院应当认定有效。

(3)租赁期限超过临时建筑的使用期限,超过部分无效;但在一审法庭辩论终结前经主管部门批准延长使用期限的,人民法院应当认定延长使用期限内的租赁期间有效。房屋租赁合同无效,当事人请求参照合同约定的租金标准支付房屋占有使用费的,人民法院一般应予支持。但当事人以房屋租赁合同未按照法律、行政法规规定办理登记备案手续为由,请求确认合同无效的,人民法院不予支持。

2. **房屋租赁中承租人的优先权**

(1)出租人出卖租赁房屋的,应当在出卖之前的合理期限内通知承租人,承租人享有以同等条件优先购买的权利。② 出租人委托拍卖人拍卖租赁房屋,应当在拍卖5日前通知承租人。承租人未参加拍卖的,人民法院应当认定承租人放弃优先购买权。

(2)出租人出卖租赁房屋未在合理期限内通知承租人或者存在其他侵害承租人优先购买权的情形,承租人可以请求出租人承担赔偿责任。但请求确认出租人与第三人签订的房屋买卖合同无效的,人民法院不予支持。

---

① 当事人约定交付地点的,标的物毁损、灭失的风险,在标的物交付之前由出卖人承担,交付之后由买受人承担,但法律另有规定或者当事人另有约定的除外。
② 这是房屋租赁合同中特别为承租人设计的优先购买权,只有房屋租赁规定了优先购买权,其他标的物租赁并不适用优先购买权。

(3)具有下列情形之一,承租人主张优先购买房屋的,人民法院不予支持:①房屋共有人行使优先购买权的;②出租人将房屋出卖给近亲属,包括配偶、父母、子女、兄弟姐妹、祖父母、外祖父母、孙子女、外孙子女的;③出租人履行通知义务后,承租人在15日内未明确表示购买的;④第三人善意购买租赁房屋并已经办理登记手续的。

(4)房屋租赁中同住人的权利:①承租人在房屋租赁期间死亡的,与其生前共同居住的人可以按照原租赁合同租赁该房屋。②承租人租赁房屋用于以个体工商户或个人合伙方式从事经营活动,承租人在租赁期间死亡、被宣告失踪或者被宣告死亡,其共同经营人或者其他合伙人请求按照原租赁合同租赁该房屋的,人民法院应当支持。

【考点链接3】 物权变动的原因和效力

1.基于法律行为的物权变动

(1)法律行为分为债权行为和物权行为,债权行为不足以导致物权变动,物权行为直接导致物权变动。

(2)物权行为与债权行为的比较参见下表。

	物权行为	债权行为
对行为人积极财产的影响	直接减少	不会直接减少,但消极财产(义务)增加
行为人无处分权对行为效力的影响	效力待定	直接有效
"一物二卖"	对同一物不能实施两次处分行为	在同一标的物上成立的数重买卖合同均有效

2.非基于法律行为的物权变动

(1)因合法建造、拆除房屋等事实行为设立或者消灭物权的,自事实行为成就时发生效力。

(2)因继承或者受遗赠取得物权的,自继承或者受遗赠开始时(而非登记或交付时)发生效力。

(3)因人民法院、仲裁委员会的法律文书或者人民政府的征收决定等,导致物权设立、变更、转让或者消灭的,自法律文书或者人民政府的征收决定等生效时发生效力。

【解释】上述三种情形的物权变动虽不以登记为要件,但获得权利的主体在处分该物权时,仍应当依法办理登记。未经登记,不发生物权效力。

基于法律行为的物权变动应当公示,非基于法律行为的物权变动不必以公示为前提。

3. 不动产物权变动

(1)不动产物权的设立、变更、转让和消灭,经依法登记,发生效力;未经登记,不发生效力,但法律另有规定的除外。

【解释】房屋买卖、建设用地使用权和不动产的抵押必须登记,登记生效。

(2)物权变动不以登记为生效要件,而是以登记为对抗要件。

①土地承包经营权自土地承包经营权合同生效时设立。未经登记,不得对抗善意第三人。

②地役权自地役权合同生效时设立。未经登记,不得对抗善意第三人。

③已经登记的宅基地使用权转让或者消灭的,应当及时办理变更登记或者注销登记,宅基地使用权不以登记为生效要件。

(3)依法属于国家所有的自然资源,所有权可以不登记。

【解释】自然资源的所有权虽然可以不登记,但如果在自然资源上设定用益物权和担保物权时,仍应办理登记。

不动产的物权变动

	具体情形
登记生效	(1)房屋买卖; (2)建设用地使用权的取得; (3)不动产的抵押
物权变动不以登记为生效要件,但事后处分时仍要登记,未经登记,不发生物权效力	(1)因人民法院的法律文书、人民政府的征收决定,导致物权设立、变更、转让或者消灭的,自法律文书生效或者人民政府的征收决定生效时发生效力; (2)因继承或者受遗赠取得物权的,自继承或者受遗赠开始时发生效力; (3)因合法建造、拆除房屋等事实行为设立和消灭物权的,自事实行为成就时发生效力
物权变动不以登记为生效要件,而是以登记为对抗要件	(1)土地承包经营权; (2)地役权; (3)宅基地使用权
可以不登记	依法属于国家所有的自然资源

(4)当事人之间订立有关设立、变更、转让和消灭不动产物权的合同,除法律另有规定或者合同另有约定外,自合同成立时生效;未办理物权登记的,不影响合同效力。

4. 动产物权变动

(1)交付生效。

①动产物权的设立和转让,自"交付"时发生效力,但法律另有规定的除外。

②以动产设定质押的,质权自"交付"时设立。

(2)登记对抗。

①船舶、航空器和机动车等物权的设立、变更、转让和消灭,未经登记,不得对抗善意第三人。

②以生产设备、原材料、半成品、产品、交通运输工具或者正在建造的船舶、航空器抵押的,抵押权自抵押合同生效时设立,未经登记,不得对抗善意第三人。

③企业、个体工商户、农业生产经营者以现有的以及将有的生产设备、原材料、半成品、产品抵押的,抵押权自抵押合同生效时设立,未经登记,不得对抗善意第三人。

(3)交付替代的方式。

①简易交付。

简易交付又称"无形交付",是指受让人在动产物权变动前已先行占有该动产,让与人如设立和转让其动产物权,无需再为现实交付,让与合同生效时即发生物权变动的效力。物权转移时间为变动物权的法律行为生效时。

②指示交付。

动产物权设立和转让前,第三人依法占有该动产的,负有交付义务的人可以通过转让请求第三人返还原物的权利代替交付。物权转移时间为受让人取得请求第三人返还原物的权利时。

③占有改定。

动产物权转让时,双方又约定由出让人继续占有该动产的,物权自该约定生效时发生效力。物权转移时间为占有改定约定生效时。

【考点链接 4】 定金

(1)定金合同为实践合同,自实际交付定金之日起生效。

【提示】保证合同、抵押合同、质押合同均自签订之日起生效,定金合同从实际交付定金之日起生效。

(2)定金一旦交付,定金所有权即发生移转。此为货币的特点所决定。

(3)交定金一方不履行约定的债务的,无权要求返还定金;收受定金的一方不履行约定的债务的,应当双倍返还定金。当事人一方不完全履行合同的,应当按照未履行部分所占合同约定内容的比例,适用定金罚则。

(4)在迟延履行或者有其他违约行为时,并不能当然适用定金罚则。只有因当事人一方延迟履行或者有其他违约行为致使"合同目的不能实现",才可以适用定金罚则,法律另有规定或者当事人另有约定的除外。

(5)定金数额不得超过主合同标的额的20%,超过部分无效。

(6)因不可抗力、意外事件致使主合同不能履行的,不适用定金罚则。因合同关系以外的第三人的过错,致使主合同不能履行时,适用定金罚则。受定金处罚的当事人,可以依法向第三人追偿。

(7)如果在同一合同中,当事人既约定违约金,又约定定金的,在一方违约时,当事人只能选择适用违约金条款或者定金条款,不能同时要求适用两个条款。

当事人约定以交付定金作为主合同成立或者生效要件的,给付定金的一方未支付定金,但主合同已经履行或者已经履行主要部分的,不影响主合同的成立或者生效。

【考点链接 5】 违约责任

1. 违约责任的基本原理

(1)当事人一方因第三人的原因造成违约的,应当向对方承担违约责任;当事人一方和第三人之间的纠纷,按照约定解决。

【解释】由于合同关系具有相对性,违约责任也具有相对性,即违约责任只能在合同关系的当事人之间发生。

【补充】因合同关系以外的第三人的过错,致使主合同不能履行时,适用定金罚则。

(2)因合同当事人一方的违约行为,侵害对方人身、财产权益的,受损害方有权选择依据《合同法》的规定要求其承担违约责任或者依照其他法律要求其承担侵权责任。

2. 违约形态

(1)预期违约(履行期到来之前)。

(2)届期违约(履行期到来之后)。

3. 违约责任的承担方式

(1)继续履行。

注意继续履行的除外情形。当事人一方不履行非金钱债务或者履行非金钱债务不符合约定的,对方可以要求履行,但有下列情形之一的除外:

①法律上或者事实上不能履行；
②债务的标的不适合强制履行或者履行费用过高；
③债权人在合理期限内未要求履行。

【补充】债权人因合并、分立或者变更住所没有通知债务人，致使履行债务发生困难的，债务人可以中止履行或者将标的物提存。

(2)补救。

履行质量不符合约定的，应当按照当事人的约定承担违约责任。受损害方可以根据标的的性质以及损失的大小，合理选择要求对方采取修理、更换、重做、退货、减少价款或者报酬等补救措施。

(3)赔偿损失。

①当事人一方不履行合同义务或者履行合同义务不符合约定的，在履行义务或者采取补救措施后，对方还有其他损失的，应当赔偿损失。

②损失赔偿额应相当于因违约所造成的损失，包括合同履行后可以获得的利益。但不得超过违反合同一方订立合同时预见到或者应当预见到的因违反合同可能造成的损失。

③当事人一方违约后，对方应当采取适当措施防止损失的扩大；没有采取适当措施致使损失扩大的，不得就扩大的损失要求赔偿。当事人因防止损失扩大而支出的合理费用由违约方承担。

④根据规定，买卖合同当事人一方违约造成对方损失，对方对损失的发生也有过错，违约方主张扣减相应的损失赔偿额的，人民法院应予支持。(混合过错)

⑤根据规定，买卖合同当事人一方因对方违约而获有利益，违约方主张从损失赔偿额中扣除该部分利益的，人民法院应予支持。(损益相抵)

⑥经营者对消费者提供商品或者服务有欺诈行为，应当承担损害赔偿责任的，应按照购买商品的价款或者接受服务的费用承担双倍赔偿责任。

(4)支付违约金。

①违约金的具体数额视造成损失的大小而定。即约定的违约金低于损失的，当事人可以要求增加；约定的违约金过分高于损失的，可以要求适当减少。

②根据规定，当事人以约定的违约金过高为由请求减少的，应当以违约金超过造成的损失30%为标准适当减少；当事人以约定的违约金低于造成的损失为由请求增加的，应当以违约造成的损失确定违约金数额。

③当事人就迟延履行约定违约金的，违约方支付违约金后，还应当继续履行债务。

④根据规定，买卖合同对付款期限作出的变更，不影响当事人关于逾期付款违约金的约定，但该违约金的起算点应当随之变更。

⑤根据规定，买卖合同约定逾期付款违约金，买受人以出卖人接受价款时未主张逾期付款违约金为由拒绝支付该违约金的，人民法院不予支持。

⑥根据规定，买卖合同因违约而解除后，守约方主张继续适用违约金条款的，人民法院应予支持。

★【考点比较】缔约过失责任

缔约过失责任，是指合同当事人在订立合同过程中，因违背法律规定、违背诚实信用原则，致使合同未能订立，并给对方造成损失而应承担的损害赔偿责任。

《合同法》规定，当事人在订立合同过程中有下列情形之一，给对方造成损失的，应当承担

损害赔偿责任:
(1)假借订立合同,恶意进行磋商;
(2)故意隐瞒与订立合同有关的重要事实或者提供虚假情况;
(3)当事人泄露或者不正当地使用在订立合同过程中知悉的商业秘密;
(4)有其他违背诚实信用原则的行为。

缔约过失责任与违约责任

	缔约过失责任	违约责任
发生时间	合同订立过程中,合同无效	合同生效后
要件	一方违反法律规定、违背诚实信用原则,致使合同未成立,给对方造成损失的	以违约为要件
客观表现	(1)假借订立合同,恶意进行磋商; (2)故意隐瞒与订立合同有关的重要事实或提供虚假情况; (3)其他违背诚实信用原则; (4)泄露或不正当使用订立合同中知晓的商业秘密给对方造成损害	(1)注意违约责任和侵权责任的区别; (2)因合同当事人一方的违约行为,侵害对方人身、财产权益的,受损方有权选择依据《合同法》要求其违约责任或者依据其他法律要求其承担侵权责任
承担方式	承担损害赔偿责任	(1)继续履行合同; (2)补救措施; (3)赔偿损失; (4)支付违约金

【第二集】| 折腾

【关键词】 自然人的民事行为能力、行为能力瑕疵对民事行为效力的影响、意思表示瑕疵对民事行为效力的影响、民事行为效力瑕疵、无权代理、表见代理、合同的相对性原理、抗辩权、约定不明时合同内容的确定规则、承揽合同、租赁合同

凤姐经过买卖房屋的纷扰后，元气大伤，休息了一段时间。在这段时间内，凤姐一直在思考自己最适合什么工作，搞大了资金还不充裕，搞小的又失身份。但最终限于财力紧张，没办法只能放下身段，决定什么都试试，先各种折腾一下，积累经验，并找寻自己未来的前进方向。为此，凤姐和朋友一起出资4万元，注册了一个小公司，取名"小凤"，自己任董事长。

折腾一：卖电脑。凤姐去徐家汇的百脑汇卖电脑了。你完全可以想象，凤姐一到百脑汇，那个气势和场面，真可谓万人空巷、前仆后继，只为目睹凤姐的芳容啊！当然，凤姐是见过大世面的，并不为这群"好色之人"所动。有一个叫傻A的哥们慕名而来，跟凤姐签订了一份电脑买卖合同。合同约定，凤姐于2月14日前先交付电脑，傻A于接到电脑后2天内交付全款5万元。因傻A是做房屋中介的，工作地点在花桥，而地铁11号线已经开通，最近来看房观光的人比较多，所以傻A比较忙。双方在合同中约定由逆风快递公司负责运输。2月2日，凤姐将电脑完整地打包好交给逆风公司，逆风公司因为"双2节"业务太多，并没有及时将电脑发出，导致傻A无法按时收到电脑。凤姐要求傻A交付电脑价款5万元。此时，傻A可以"先履行抗辩权"为由进行抗辩。同时，傻A可以向凤姐（而不是逆风公司）主张违约责任。首先，根据规定，双务合同中应先履行义务的一方当事人未履行时（或履行不符合约定），对方当事人有拒绝对方请求履行的权利。其次，根据规定，当事人约定由债务人向第三人履行的合同或者由第三人履行的合同，因为第三人不是合同的当事人，故不承担违约责任，应由合同的债务人向债权人承担违约责任，这体现的是合同的相对性原理。此外，假如傻A和凤姐在合同中对履行费用未作出约定，并且通过其他途径仍不能解决的，如果逆风公司按时将电脑送至傻A处，则运费应由凤姐（履行义务一方）承担。

折腾二：卖"大米"。凤姐跟12岁的小孩哈利·波特签订买卖大米手机13[①]的合同，尽管是在卖"大米"，但凤姐宣称为人民服务，坚持不加价，要做有良心的销售商，不做无良的黄牛党，只附加合理的抢机服务100元。哈利一看凤姐纯情的双眸以及广告的宣传，当即同意支付2 099元购买一部大米手机13。哈利高兴地骑着扫帚回家了，但哈利他娘莉莉·伊万斯发现哈利买了一台新手机就追问哈利，哈利说出了买手机的来龙去脉。此时，需注意哈利是12岁

---

① 当然，你可以质疑大米手机是否能出到13代，但作为一款国产手机，我们还是要衷心地祝愿它能走得更远，当然我们也希望大米总裁雨布斯能"幡然悔悟"，真正地以"为人民服务"为宗旨，考虑到广大"米粉"的心情和忍耐度。

的限制行为能力人,所签订的合同处于效力待定状态。假设法定代理人也就是他娘追认,则该合同有效;如果拒绝追认,则该合同无效。而莉莉也被凤姐的这种豪迈和诚意所打动,主动追认了该合同,从而使哈利购买大米手机的合同有效。根据法律规定,限制民事行为能力人订立的合同,经法定代理人追认后,该合同有效,但纯获利益的合同或者与其年龄、智力、精神健康状况相适应而订立的合同,不必经法定代理人追认。相对人可以催告法定代理人在一个月内予以追认。法定代理人未作表示的,视为拒绝追认。合同被追认之前,善意相对人有撤销的权利。撤销应当以通知的方式作出。

折腾三:卖平板。凤姐某天在电脑城偶遇天天,由于她特别喜欢看"妈妈去哪儿",看着10岁的天天超级可爱,就主动赠与天天一台新出的15.5寸的iPad16。该机采用更加精密的指纹技术,不论你是用上身还是下身的哪个部位,都无法轻易打开。当然,这是苹果公司为了顺应时代潮流以及人民群众对于大屏幕的需求而推出的。凤姐本想赠与天天手机而接近张亮,却没有成功。凤姐有点后悔,主张天天是无行为能力人,该赠与合同是无效的。哈哈,让我们这些法律人告诉凤姐真相吧。首先,凤姐主张10岁的天天是无行为能力人是错误的,10周岁以上(包括10周岁)属于限制行为能力人。无行为能力人是指不满10周岁的未成年人和完全不能辨认自己行为的精神病人。其次,无行为能力人、限制行为能力人接受奖励、赠与、报酬,他人不得以其无行为能力或者限制行为能力主张以上行为无效。

折腾四:买电视。凤姐应聘到哈密瓜公司做业务员,该公司委托凤姐到北京采购一批等离子电视机。凤姐到北京后,惊喜地发现当地有一家名叫南瓜公司的液晶电视机质量好、价格低,深受消费者欢迎,于是就用盖有哈密瓜公司公章的空白合同书和空白介绍信与不知情的南瓜公司签订了购买1 000台液晶电视机的合同,并约定货到付款。(1)凤姐的行为属于超越代理权,相对人南瓜公司并不知情,属于善意第三人,但有理由相信凤姐有代理权(凤姐持有盖有哈密瓜公司公章的空白介绍信和空白合同书),构成表见代理。(2)被代理人哈密瓜公司如果对该合同很满意,为了防止南瓜公司撤销该合同,可以抢先对该合同进行追认(但必须赶在南瓜公司作出反应之前),追认后则该合同有效。(3)当然,善意相对人南瓜公司也有两种选择:一是如果南瓜公司想让合同有效,则可以主张构成表见代理,该合同有效,被代理人哈密瓜公司应当依约履行合同;二是如果南瓜公司不愿意找麻烦或者并不认可该交易,则可以主张无权代理,行使法律赋予善意第三人的撤销权,撤销该合同,则该合同归于无效,但撤销权应当在被代理人追认之前行使。

折腾五:刷漆。凤姐在买房时,曾经看过一些老房子,发现其中的装修都破旧不堪,居住环境很差,其实业主都想再翻新一下,但都顾虑翻新的污染、服务、质量等。凤姐觉得这是一个天赐良机,决定折腾一下。在CCTV、MTV大做广告——"凤姐刷新服务,不用您动手。"并且有一段旁白:"您还在担心家具和地板被弄脏弄坏吗?不要担心了,有凤姐在,有什么问题搞不定呀?侬晓得哇,我们是用打磨布加迪跑车的机器打磨您家的地面和墙面。相信凤姐,没错的。"凤姐通过各种关系,终于承揽到刷新奥巴驴房子的业务,双方签订了承揽合同。开始的两天,凤姐全身心地投入到刷漆的伟大事业中去,但逐渐的,凤姐有点体力不支了。而且在第三天深夜,电闪雷鸣,风雨交加,凤姐在木架上刷漆的时候,不慎跌落。没办法,凤姐找了好姐妹美美、凤妹、玥菲等人,把其承揽的主要工作交由这三人完成。嘿嘿,各位肯定能想象以上几位的工作成果,相当"不错"。家具坍塌、地板起皮、水管破裂⋯⋯究其原因,她们用的是打磨QQ的机器来打磨奥巴驴的家。现在广告词可以改为"凤姐刷新服务,必须您动手"。奥巴驴大怒,扬言绝不放过凤姐。但是,凤姐不愧是有身份的人,见过大世面,只说了一句话,奥巴驴就怂了:"你要不放过我，我就曝光你偷窥你周围邻居(默克尔、莱温斯基、凯特·米德尔顿、安倍晋三等)隐私的恶劣行径。"奥巴驴只好认栽。根据规定，承揽人凤姐将其承揽的"主要工作"交由第三人(美美等人)完成的，应当就该第三人完成的工作成果向定作人奥巴驴负责(未突破合同相对性)；如果未经定作人同意的，定作人可以解除合同。

折腾六：租"神器"。凤姐发现社会中很多"屌丝"都喜欢装 A，装 A 就必须配备装 A"神器"，但是装 A 需要强大的财力支持，一般爱装 A 的人却没有雄厚的财力，那怎么办呢？租！没错，就是租。凤姐发现了这个商机，相当兴奋，于是开始经营租"神器"业务。凤姐主推租赁 Beats solo 耳机，红色，面条形状，拉风，大街上随处可见。赵构租了一个 Beats 耳机，口头约定租赁期限为 9 个月。赵构作为绝对的装 A 神人，既然是要装也要装的跟别人不一样。于是，经过凤姐同意，赵构将红色的耳机刷成了蓝色(用凤姐刷新服务留下的油漆)，并经过凤姐同意，将蓝色的耳机转租给另一傻 A 秦桧。此时，凤姐和赵构的租赁合同继续有效，如果秦桧在使用耳机过程中，不小心将耳机损坏，应由赵构赔偿损失(未突破合同相对性)。

【考点链接1】 自然人的民事行为能力

种类	划分标准
完全民事行为能力人	18 周岁以上(≥18 周岁)
	16 周岁以上(≥16 周岁)、不满 18 周岁(<18 周岁)，以自己的劳动收入为主要生活来源的
限制民事行为能力人	10 周岁以上(≥10 周岁)的未成年人
	不能完全辨认自己行为的精神病人
无民事行为能力人	不满 10 周岁(<10 周岁)的未成年人
	完全不能辨认自己行为的精神病人

【考点链接2】 行为能力瑕疵对民事行为效力的影响

行为能力瑕疵				
无民事行为能力人	法定代理人代理：有效			
	独立实施	有效：纯获益，细小、日常生活方面		
		无效：其他民事行为		
限制民事行为能力人	行为能力范围内：有效			
	行为能力范围外	法定代理人代理：有效		
		独立实施	纯获益：有效	
			非纯获益	合同：效力待定
				其他民事行为：无效

【考点链接3】 意思表示瑕疵对民事行为效力的影响

意思表示瑕疵			
	欺诈、胁迫	合同	损害国家利益：无效
			不损害国家利益：可撤销
		其他民事行为：无效	
	乘人之危	合同：可撤销	
		其他民事行为：无效	

【考点衔接4】 民事行为效力瑕疵

1.无效民事行为

(1)无民事行为能力人独立实施的民事行为(纯获益、相适应的民事行为除外)。

(2)限制民事行为能力人依法不能独立实施的民事行为(纯获益、签订的合同除外)。

(3)受欺诈、胁迫而为的民事行为。

①受欺诈、胁迫而订立的合同,且损害国家利益的(如不损害国家利益,属于可变更、可撤销合同);

②受欺诈、胁迫而实施的单方民事行为。

(4)乘人之危所为的民事行为(合同除外)。

(5)恶意串通损害他人(国家、集体、第三人)利益的民事行为。

(6)违反法律或者社会公共利益的民事行为。

特征:(1)自始无效;(2)当然无效;(3)绝对无效。

2.可撤销民事行为

(1)因重大误解而为的民事行为;

(2)显失公平的民事行为;

(3)受欺诈、胁迫而订立的不损害国家利益的合同或者乘人之危而订立的合同;

(4)以合法形式掩盖非法目的的民事行为。

可撤销民事行为与无效民事行为的区别有:

(1)前者撤销前有效,在撤销以前,其法律效果可以对抗除撤销权人以外的任何人;而后者当然无效、自始无效。

(2)主张权利的主体不同,前者自己主张,后者司法机关强制干预。

(3)撤销行为效果不同。前者撤销权人对权利行使拥有选择权,当事人可以撤销其行为,使之无效,也可以拒绝行使撤销权,使其成为一个完全有效的民事行为。而无效的民事行为自始无效,当然无效,绝对无效。

(4)行使的时间不同。可变更、可撤销的合同,自当事人知道或应当知道撤销事由之日起1年内行使。超期人民法院不予保护;而在无效民事行为中,不存在此种限制。

3.效力待定行为

(1)限制民事行为能力人独立签订的,与其年龄、智力、精神状况不相适应的合同;

(2)无权代理人订立的合同;

(3)无处分权人所为的物权行为。

特征:

(1)转为有效:本人或者法定代理人追认以及行为人事后取得处分权的;

(2)转为无效:本人或者法定代理人拒绝追认以及善意相对人行使撤销权的。

【考点衔接5】 无权代理

1. 特征

(1)没有代理权的代理行为;

(2)超越代理权的代理行为;

(3)代理权终止后的代理行为。

2. 后果(对被代理人)

(1)在效力待定的情况下,被代理人有追认和拒绝追认的权力,都属于形成权,单方面的意思表示就可以发生法律效力。

(2)相对人的保护:①催告权。在被代理人追认前,相对人可以催告被代理人在1个月内予以追认。被代理人未作表示的,视为拒绝追认。催告在性质上属于意思通知行为,不属于形成权。②撤销权。善意相对人在被代理人行使追认权之前,有权撤销其对无权代理人已经作出的意思表示,此为撤销权。

此外,撤销权的行使有两个条件:①只有善意相对人才可以行使撤销权。如果相对人知道或者应当知道无权代理人无权代理,则不能行使撤销权。②撤销权的行使必须是本人行使追认权之前。如果被代理人已经行使了追认权,则代理行为确定有效,此时善意相对人无撤销权的行使。

【考点链接6】 表见代理

1. 概念

表见代理是指无权代理人的代理行为客观上存在使相对人相信其有代理权的情况,且相对人主观上为善意,因而可以向被代理人主张代理的效力。

2. 构成要件

(1)代理人无代理权;(2)相对人主观上为善意;(3)客观上有使相对人相信无权代理人具有代理权的情形。

须注意,客观上有使相对人相信无权代理人具有代理权的情形在实践中通常表现为:(1)合同签订人持有被代理人的介绍信或盖有印章的空白合同书,使得相对人相信其有代理权;(2)无权代理人此前曾被授予代理权,且代理期限尚未结束,但实施代理行为时代理权已经终止;(3)被代理人对第三人表示已将代理权授予他人,而实际并未授权;(4)相对人基于这个客观情形而与无权代理人成立民事行为。

3. 表见代理的效果

(1)表见代理对于本人来说,产生与有权代理一样的效果。(2)表见代理对于相对人来说,既可以主张其为狭义无权代理,也可以主张其为表见代理。如果主张狭义无权代理,则相对人可以行使善意相对人的撤销权,从而使得整个代理行为归于无效。

【考点链接7】 合同的相对性原理

当事人约定由债务人向第三人履行的合同或者由第三人履行的合同,由于第三人不是合同的当事人,因此既不承担合同项下的义务,也不享有合同项下的权利。故不承担违约责任,应由合同的债务人向债权人承担违约责任。

但也存在例外:

(1)在保全措施(代位权和撤销权)中,突破了合同的相对性,使得债权人可以向合同关系以外的第三人提起诉讼,主张权利。

(2)买卖不破租赁。租赁物在租赁期间发生所有权变动的,不影响租赁合同的效力。租赁合同的承租人可以自己的租赁权对抗新的所有权人,突破了合同关系的相对性。

(3)建设工程合同。经发包人同意,总承包人可以将自己承包的部分工作交由第三人完成。第三人就其完成的工作成果与总承包人向发包人承担"连带责任"。

【考点链接8】 抗辩权

1. 同时履行抗辩权

同时履行抗辩权,是指双务合同的当事人应同时履行义务的(没有先后顺序),一方在对方未履行前(或履行不符合约定),有拒绝对方请求自己履行合同的权利。(一手交钱,一手交货。)

2. 先履行抗辩权

双务合同中应先履行义务(这里的"应先履行义务"是根据合同的约定)的一方当事人未履行时(或履行不符合约定),对方当事人有拒绝对方请求履行的权利。[先交钱(交货),后交货(交钱)。]

3. 不安抗辩权

不安抗辩权,是指双务合同中应先履行义务的一方当事人,有确切证据证明相对人财产明显减少或欠缺信用,不能保证及时给付时,有暂时中止履行合同的权利。该情形为:(1)经营状况严重恶化;(2)转移财产、抽逃资金,以逃避债务;(3)丧失商业信誉;(4)有丧失或者可能丧失履行债务能力的其他情形。

须特别注意,先履行义务的一方当事人在行使不安抗辩权时,应把握以下要点:(1)要有对方当事人不能履行合同的确切证据,否则,应承担相应的责任。(2)如有证据证明对方当事人不能或者可能不能履行合同义务时,应及时通知对方中止履行合同,而不是立即解除合同。只有在对方当事人在合理期限内未恢复履行能力并且未提供担保的,方能解除合同。

【考点链接9】 约定不明时合同内容的确定规则

总原则:合同生效后,当事人就质量、价款或者报酬、履行地点等内容没有约定或者约定不明确的,可以协议补充;不能达成补充协议的,按照合同有关条款或者交易习惯确定。如果仍然不能确定的,适用下列履行规则:

(1)质量要求不明确的,按照国家标准、行业标准履行;没有国家标准、行业标准的,按照通常标准或者符合合同目的的特定标准履行。

(2)价款或者报酬不明确的,按照订立合同时履行地的市场价格履行。

(3)履行地点不明确的,给付货币的,在接受货币一方所在地履行;交付不动产的,在不动产所在地履行;其他标的,在履行义务一方所在地履行。

(4)履行期限不明确的,债务人可以随时履行,债权人也可以随时要求履行,但应当给对方必要的准备时间。

(5)履行方式不明确的,按照有利于实现合同目的的方式履行。

(6)履行费用的负担不明确的,由履行义务的一方负担。

【提示】帽子必须扣好——有约按约,无约补充,否则推定,最后法定。

【考点链接10】 承揽合同

双务、有偿、诺成的合同,工作成果可以是有形的、无形的,承揽人为多人的,除另有约定外,共同承揽人对定作人承担连带责任。

双方当事人的权利与义务如下:

(1)承揽人应当以自己的技术、设备和劳力完成主要任务,但当事人另有约定的除外。

①承揽人将其承揽的主要工作交由第三人完成的,应经定作人同意并就第三人完成的工

作向定作人负责。

②承揽人将其承揽的辅助工作交由第三人完成的,无需经定作人同意,但应就第三人完成的工作向定作人负责。

【提示】a.主要工作:同意;b.辅助工作:可以不经同意。

③承揽人发现定作人提供的技术图纸或要求不合理的,应当及时通知,因定作人怠于答复等原因造成承揽人损失的,应当赔偿损失;定作人中途改变要求的,造成承揽人损失的,应当赔偿损失。

④承揽人享有对定作物的留置权。

(2)定作人可以随时解除承揽合同,而不需要得到承揽人的同意,这是承揽合同的一个特点。因承揽合同是为满足定作人的特殊需要而订立的,如订立合同后需要改变,应允许定作人解除合同,以免给其造成更大的经济损失。但定作人因此造成承揽人损失的,应向承揽人赔偿损失。

(3)材料。①合同约定由承揽人提供材料的,承揽人应当按照约定选用材料,并接受定作人的检验。②合同约定由定作人提供材料的,定作人应当按照约定提供材料。承揽人对定作人提供的材料,应当及时检验,发现不符合约定时,应当及时通知定作人更换、补齐或者采取其他补救措施。③承揽人不得擅自更换定作人提供的材料,不得更换不需要修理的零部件。

另外要注意,承揽人的保密义务,未经过许可不得留存复制品或技术资料。

【考点链接11】 租赁合同

1. 租赁合同概述

(1)租赁合同的特征和期限。

租赁合同是有偿、双务、诺成合同。租赁合同转让的是租赁物的使用权,故租赁物一般应为特定的非消耗物。正因如此,合同的最长期限也应有所限制。租赁期限不得超过20年;超过20年的,超过部分无效;租赁期间届满,当事人可以续订租赁合同,但约定的租赁期限自续订之日起仍不得超过20年。

【提示】定金数额不得超过主合同标的额的20%,超过主合同标的额20%的部分,人民法院不予支持。自然人之间的借款合同约定支付利息的,不得超过银行同期贷款利率的4倍;超过的,超过部分无效。

(2)不定期租赁。

双方如果没有约定租赁期限的,租赁合同按照不定期租赁处理。具体情形包括:①租赁期限6个月以上的,合同应当采用书面形式;当事人未采用书面形式的,视为不定期租赁;②当事人对租赁期限没有约定或者约定不明确,依照《合同法》有关规定仍不能确定的,视为不定期租赁。③租赁期届满,承租人继续使用租赁物,出租人没有提出异议的,原租赁合同继续有效,但租赁期限为不定期。

对于不定期租赁,双方当事人均可以随时解除合同,但出租人解除合同应当在合理期限之前通知承租人。

2. 双方当事人的权利与义务

(1)出租人的维修义务。

①出租人应当履行租赁物的维修义务,但当事人另有约定的除外。

②承租人在租赁物需要维修时可以要求出租人在合理期限内维修。出租人未履行维修义

务的,承租人可以自行维修,维修费用由出租人负担。

③因维修租赁物影响承租人使用的,应当相应减少租金或者延长租期。

(2)租赁物的改善。

承租人经出租人同意,可以对租赁物进行改善或者增设他物。承租人未经出租人同意,对租赁物进行改善或者增设他物的,出租人可以要求承租人恢复原状或者赔偿损失。

(3)租赁物的转租。

①承租人未经出租人同意转租的,出租人可以解除(其与承租人之间的)合同。

②承租人经出租人同意,可以将租赁物转租给第三人,承租人与出租人的租赁合同继续有效,第三人对租赁物造成损失的,承租人应当赔偿损失。在租赁期间因占有、使用租赁物获得收益,归承租人所有,但当事人另有约定的除外。

(4)租金的支付期限。

承租人应当按照约定的期限支付租金。对支付期限没有约定或者约定不明确,依照《合同法》的有关规定仍不能确定的:

①租赁期限不满1年的,应当在租赁期限届满时支付。

②租赁期限1年以上的,应当在每届满1年时支付;剩余期间不满1年的,应当在租赁期限届满时支付。①

(5)买卖不破租赁。

①租赁物在租赁期间发生所有权变动的,不影响租赁合同的效力。

②出租人出卖租赁房屋的,应在出卖之前的合理期限内通知承租人,承租人享有以同等条件优先购买的权利。

须注意,只有在房屋租赁中承租人才有优先购买权,对于其他标的的租赁,并不适用优先购买权。

出租人出卖租赁物无需征得承租人同意,但应当提前通知,便于其行使优先购买权。

此外,(1)先出租后抵押的,租赁合同优先;(2)先抵押后出租的,抵押权优先。

3.租赁合同的解除与延期

因不可归责于承租人的事由,致使租赁物部分或全部毁损、灭失的,承租人可以要求减少租金或不支付租金;因租赁物部分或全部毁损灭失,致使不能实现合同目的的,承租人可以解除合同。

租赁物危及承租人的安全或健康的,即使承租人订立合同时明知该租赁物质量不合格,承租人仍然可以随时解除合同。

---

① 提示:承租人无正当理由未支付或者迟延支付租金的,出租人可以要求承租人在合理期限内支付;承租人逾期不支付的,出租人可以解除合同。

【第三集】| 大婚

【关键词】 要约与承诺、预告登记、共有制度

期间,凤姐召开富豪相亲大会,吸引了6万名"处男"参加。凤姐的要求是这样的:男,24~24.3岁,身高180~250厘米,体重130斤以内,学历硕士以上,纯洁之身(无性经验),必须毕业于国际著名野鸡大学。最终经过万轮选拔,选中A货(尽管无法辨别男女)结为夫妻。两人在三亚著名的酒店"俏西北"举行了盛大的婚礼,来宾都是社会名流。随便说几个,别说你不认识,金莲、丑丑、美美、露露、毛毛、门庆、奥巴驴(害怕凤姐曝光他的偷窥行为)等纷纷盛装出席。

第二天,凤姐为了奖励A货,决定安排他在小凤公司的财务处工作。

两人商量不能总住在老房子里啊,于是就开始筹划买新房子的事情。看来看去,他们比较钟情于一个坐落在黄浦江畔的高端楼盘,名叫"微臣七品"。该楼盘在销售广告中说明,本楼盘为超超超高品质生活小区,小区空地绿化面积高达80%,长白山温泉水入户。该楼盘因这两项条件比较优越,销售均价比同区域的其他楼盘高出20%。两人对该楼盘的销售广告中的内容十分认可(这都信,真脑残),遂与该公司签订了商品房买卖合同。两人共同出资购买了一套价值3亿元人民币的房子,首付1 000万元,其余价款由两人按揭。① 两人在住了一段时间之后,凤姐发现地暖不理想,于是准备重新装修并更换地暖。此时,凤姐的想法属于重大修缮共有物,按照法律规定,有约定的按照约定,没有约定应当经全体共有人一致同意。但A货死活不同意,凤姐于是作罢。之后,两人办理入住手续,搬进该小区后不久,发生了以下一系列事件和纠纷:

凤姐发现该小区绿化面积非常小,远没有之前宣传的80%,而且入户的并非是长白山温泉水,只是比普通的自来水热一些而已。于是凤姐基于之前的商品房销售广告中列明的条件,要求行使法定解除权,解除与微臣公司订立的合同,由微臣公司赔偿其损失,并请求人民法院判令微臣公司支付惩罚性赔偿金。首先,凤姐所请求的行使法定解除权的主张并不合法。② 因为并无法律规定的房屋主体结构不合格或者严重影响使用等情况。其次,根据规定,就商品房开发规划范围内的房屋及相关设施所作的说明和允诺具体确定,并对合同的订立以及房屋价格的确定有重大影响的,视为要约。所以,微臣公司的销售广告的内容对购房者凤姐和A

---

① 作为共有财产,不论是共同共有还是按份共有,在对外债务方面,共有人要承担连带债务,并且法律无特别规定或者第三人并不知道共有人不具有连带债权债务关系,所以,凤姐和A货要共同偿还2.9亿元。

② 商品房买卖中法定解除权的行使包括以下5种情形:(1)因房屋主体结构质量不合格不能交付使用,或者房屋交付使用后,房屋主体结构质量经核验确属不合格;(2)因房屋质量问题严重影响正常居住使用;(3)房屋套内建筑面积或者建筑面积与合同约定的面积误差比绝对值"超过3%"的;(4)出卖人迟延交付房屋或者买受人迟延支付购房款,经催告后在3个月的合理期限内仍未履行;(5)约定或者法定的办理房屋所有权登记的期限届满后超过1年,因出卖人的原因导致买受人无法办理房屋所有权登记的。

货订立合同产生了重大影响,并抬高了销售价格,应认定为要约。

微臣公司销售房屋时并未取得预售许可证,至该小区竣工验收前夕方补办了预售许可证。凤姐认为微臣公司销售房屋时没有取得预售许可,即与自己签订商品房买卖合同,该合同是无效的。根据规定,出卖人未取得预售许可而与买受人订立预售合同的,合同无效,但是在起诉前取得预售许可的,合同有效。微臣公司已在该小区竣工验收前补办了预售许可证,所以凤姐说错了。请注意,商品房预售合同是要办理登记备案手续的,但该登记备案手续并非合同生效条件,当事人另有约定的除外。

鳌拜持一份商品房买卖合同找到凤姐,告知凤姐该房被微臣公司于2019年7月份出售给自己,鳌拜购下该房后出国学习,日前刚回国,鳌拜主张自己是该房屋的权利人,要求凤姐两人退还房屋。凤姐知道后,认真阅读法律,向微臣公司主张了惩罚性赔偿金。①

甄嬛找到李某,告知李某该房是她的回迁房,微臣公司与甄嬛之间签订有相关协议,要求凤姐退还房屋。根据法律规定,拆迁人与被拆迁人按照所有权调换形式设立拆迁补偿安置协议,明确约定拆迁人以位置、用途特定的房屋对被拆迁人予以补偿安置,如果拆迁人将该补偿安置房屋另行出卖给第三人,被拆迁人请求优先取得补偿安置房屋的,应予支持。

凤姐很是苦恼,总觉着开发商太无良了,连她这种纯情小女孩也骗,太过分了!但又一想,有什么方法可以防止开发商一房多卖呢,或者下次再买房时怎样更好地保护自己的权益呢?可以进行预告登记。根据法律规定,当事人签订买卖房屋或者其他不动产物权的协议,为保障将来实现物权,可以向登记机构申请预告登记。预告登记的作用主要为防止一房多卖。为保障将来物权实现,可以向登记机构申请预告登记,预告登记后,未经预告登记的权利人同意,处分该不动产的,不发生物权效力。②

【考点链接1】 要约与承诺

1.要约

(1)要约的界定。

要约应当同时符合下列规定:①内容具体确定;②表明经受要约人承诺,要约人即受该意思表示的约束。

【解释】当事人对合同是否成立存在争议,人民法院能够确定当事人名称或者姓名、标的和数量的,一般应当认定合同成立,但法律另有规定或当事人另有约定的除外。

(2)要约邀请。

寄送的价目表、拍卖公告、招标公告、招股说明书、商业广告等,性质为要约邀请;但商业广告的内容符合要约的规定,如悬赏广告,则视为要约。

2.实质性变更

(1)受要约人对要约的内容作出实质性变更的,视为新要约;

(2)受要约人对要约的内容作出非实质性变更的,除要约人及时表示反对或者要约表明承

---

① 惩罚性赔偿金的适用情形(不超过已付购房款1倍):(1)商品房买卖合同订立后,出卖人未告知买受人又将该房屋抵押给第三人;(2)故意隐瞒所售房屋已经抵押的事实;(3)商品房买卖合同订立后,出卖人将该房屋出卖给第三人;(4)故意隐瞒所售房屋已经出卖给第三人或者为拆迁补偿安置房屋的事实;(5)故意隐瞒没有取得商品房预售许可证明的事实或者提供虚假商品房预售许可证明。

口诀:一房又抵、一房二卖、故瞒已抵、拆迁补偿、无证售。

② 具有以下情形之一的,当事人可以申请预告登记:(1)预购商品房;(2)以预购商品房设定抵押;(3)房屋所有权转让、抵押;(4)法律法规规定的其他情形。预告登记后,债权消灭或者能够进行不动产登记之日起3个月内未申请登记的,预告登记失效。

诺不得对要约的内容作出任何变更的外,该承诺有效,合同的内容以承诺的内容为准。

3.到达生效

(1)到达的界定。

要约到达受要约人,并不是指要约一定实际到达受要约人(或者其代理人)手中,要约只要送达受要约人通常的地址、住所或者能够控制的地方(如信箱)即为到达。

(2)要约、承诺的生效。

要约到达受要约人时生效;承诺自通知到达要约人时生效;承诺不需要通知的,自根据交易习惯或者要约的要求作出承诺的行为时生效。

(3)要约、承诺的撤回。

撤回要约的通知应当在要约到达受要约人之前或者与要约同时到达受要约人;撤回承诺的通知应当在承诺通知到达要约人之前或者与承诺通知同时到达要约人,即在承诺生效之前到达要约人。

(4)要约的撤销。

承诺生效,合同成立;因此,承诺不存在撤销的问题。撤销要约的通知应当在受要约人"发出"承诺通知之前到达受要约人,但下列情形下的要约不得撤销:

①要约人确定了承诺期限的;
②以其他形式明示要约不可撤销的;
③受要约人"有理由认为"要约是不可撤销的,并已经为履行合同"做了准备工作"。

(5)承诺的迟延与迟到。

	承诺的迟延	承诺的迟到
行为形态	受要约人"超过承诺期限发出"承诺	受要约人"在承诺期限内发出"承诺,按照通常情况能够及时到达要约人,但因其他原因致使承诺到达要约人时超过承诺期限
法律效果	除要约人及时通知受要约人该承诺有效的以外,迟延承诺应视为"新要约"	除要约人及时通知受要约人因承诺超过期限不接受该承诺的以外,迟到承诺为"有效承诺"

4.要约的失效

(1)拒绝要约的通知到达要约人;
(2)要约人依法撤销要约;
(3)承诺期限届满,受要约人未作出承诺;
(4)受要约人对要约的内容作出实质性变更。

【考点链接2】 预告登记

当事人签订买卖房屋或者其他不动产物权的协议,为保障将来实现物权,按照约定可以向登记机构申请预告登记。

具有以下情形之一的,当事人可以申请预告登记:(1)预购商品房;(2)以预购商品房设定抵押;(3)房屋所有权转让、抵押;(4)法律法规规定的其他情形。

预告登记后,未经预告登记的权利人同意,处分该不动产的,不发生物权效力。

预告登记后,债权消灭或者自能够进行不动产登记之日起3个月内未申请登记的,预告登记失效。

【考点链接3】 共有制度

1. 共同共有

(1)共同共有的概念。

共同共有是基于共同关系产生的,共同关系表现为夫妻关系、家庭关系。依《物权法》第103条的规定,家庭关系中的共有为共同共有,包括《婚姻法》规定的夫妻共同财产、《继承法》上的遗产、《农村土地承包法》中的家庭承包财产等。另外,以家庭共有财产投资的个人独资企业中的财产,亦属家庭成员共同共有。

(2)共同共有的内部关系。

第一,关于共有物的管理。主要涉及对共有物的重大修缮及管理费用的分担。《物权法》第97条规定,对共有的不动产或者动产做重大修缮的,应当经全体共同共有人同意,但共有人之间另有约定的除外。《物权法》第98条规定,对共有物的管理费用以及其他负担,有约定的,按照约定;没有约定或者约定不明确的,共同共有人共同负担。

第二,关于共有物的分割。共同共有关系存续期间,原则上禁止对共有物进行分割,原因在于,分割共有物即意味着共同共有关系的破裂。《物权法》第99条规定,共有人约定不得分割共有的不动产或者动产,以维持共有关系的,应当按照约定,但共有人有重大理由需要分割的,可以请求分割;没有约定或者约定不明确的,共同共有人在共有的基础丧失或者有重大理由需要分割时,可以请求分割。因分割对其他共有人造成损害的,应当给予赔偿。共同共有财产分割后,一个或者数个原共有人出卖自己分得的财产时,如果出卖的财产与其他原共有人分得的财产属于一个整体或者配套使用,其他原共有人享有优先购买权。

第三,关于对外债权债务的内部效力。共同共有人之一对外受领的全部债权所得为所有共有人共享,其他共有人不存在主张分享的问题;用于承担债务的财产属于全体共有人共同共有的财产,故对外承担债务后,共有人之间亦不存在分担的问题。为此,《物权法》第102条规定,在共有人内部关系上,除共有人另有约定外,共同共有人共同享有债权、承担债务。

(3)共同共有的外部关系。

共同共有的外部关系主要涉及处分共有物的问题。既然全体共有人对共有物不分份额地享有共有权,即意味着各共有人之间地位平等,因此,原则上,物之处分须征得全体一致同意,共有人之间若是另有约定,则从其约定。

问题是,若共有人之一未征得其他共有人同意,擅自将共有物所有权转让给第三人,该转让行为效力如何?

一般情况下,此转让行为构成无权处分,依无权处分的基本规则,其有效性取决于其他共有人追认与否。只要有任何一位共有人拒绝追认,该无权处分行为即无效,受让人不能取得共有物的所有权;若所有其他共同人均表示追认,则无权处分转化为有权处分,转让行为有效,受让人取得共有物所有权。在其他共有人未表示是否追认之前,无权处分行为既非有效,亦非无效,处于效力待定状态。需要注意的是,效力待定的只是无权处分行为,该处分行为以直接转移所有权为目的,属物权行为。与第三人签订的共有物买卖合同则属债权行为,该行为不以处分权为有效要件,故无论其他共有人是否同意,买卖合同均有效。当其他共有人拒绝追认因而转让行为无效时,作为出卖人的共有人因无法向作为买受人的第三人履行转移所有权的义务,故应向第三人承担合同法上的违约责任。

不过,如果第三人不知并且没有义务知道所受让的标的物存在其他共有人,或者,虽然知道存在其他共有人,但不知并且没有义务知道共有人转让标的物时未征得其他共有人的同意,该第三人即构成善意,可依善意取得制度取得标的物所有权,此时,即便其他共有人表示反对,亦不影响转让行为的有效性。但如此一来,其他共有人将因擅自转让共有物的行为而失去共有物,为了获得法律救济,其他共有人应有权向转让人请求损害赔偿。

2. 按份共有

(1)按份共有的概念。

按份共有人对共有的不动产或者动产享有的份额,没有约定或者约定不明确的,按照出资额确定;不能确定出资额的,视为等额享有。按份共有的特点在于分享权利、分担义务,这是与共同共有的最大不同。

(2)按份共有的内部关系。

第一,共有物的管理。按份共有人对共有的不动产或者动产做重大修缮的,应当经占份额2/3以上的按份共有人同意,但共有人之间另有规定的除外。同时,对共有物的管理费用以及其他负担,有约定的,按照约定;没有约定或者约定不明的,按份共有人按照其份额负担。

第二,共有物的分割。共有人约定不得分割共有的不动产或者动产,以维持共有关系的,应当按照约定,但共有人有重大理由需要分割的,可以请求分割;没有约定或者约定不明确的,按份共有人可以随时请求分割,共同共有人在共有的基础丧失或者有重大理由需要分割时,可以请求分割。因分割对其他共有人造成损害的,应当给予赔偿。

第三,对外债权债务的内部效力。因共有的不动产或者动产产生的债权债务,在对外关系上,共有人享有连带债权、承担连带债务,但法律另有规定或者第三人知道共有人不具有连带债权债务关系的除外;在共有人内部关系上,除共有人另有约定外,按份共有人按照份额享有债权、承担债务。偿还债务超过自己应当承担份额的按份共有人,有权向其他共有人追偿。

(3)按份共有的外部关系。

第一,共有物的处分。应当经占份额2/3以上的按份共有人同意。未满2/3份额却转让共有物者,亦构成无权处分,其处理规则与上述共同共有相同。

第二,份额的处分。按份共有人有权自由处分自己的共有份额,无须取得其他共有人的同意,但是共有人将份额出让给共有人以外的第三人时,其他共有人在同等条件下,有优先购买的权利。

【总结】(1)共有物的处分。处分共有的不动产或者动产以及对共有的不动产或者动产做重大修缮的,应当经占份额2/3以上的按份共有人或者全体共同共有人同意,但共有人之间另有约定的除外。

(2)费用承担。一个或几个共有人未经占份额2/3以上的按份共有人同意或者其他共同共有人同意,擅自处分共有财产的,其处分行为应当作为效力待定的民事行为处理。但第三人善意、有偿取得该财产的,应当维护第三人的合法权益,对其他共有人的损失,由擅自处分共有财产的人赔偿。

(3)共有财产的分割。对共有物的管理费用以及其他负担,有约定的,按照约定;没有约定或者约定不明确的,按份共有人按照其份额负担,共同共有人共同负担。

【第四集】|"蜜月"

【关键词】 格式条款和免责条款、抵押权的效力和实现、不动产的登记制度、公示催告制度

凤姐结婚了,想着怎么也得浪漫一把啊,于是决定去旅游。两个人思来想去都定不下来地点,凤姐说,那我们就拿出地球仪闭上眼睛转,手指到哪里就去哪里。两人觉得这样很公平,就开始转了,结果手指到的是印度。该国的旅游宣传语是:"让你的人生从此改变,谁来谁知道。"凤姐大惊,天哪!印度!去印度旅游我疯了吗?挣扎过后,听从旅行社的建议,报名参加了乙旅行社组织的新马泰(新疆、马栏山、泰州)3日游。本次旅行的目的地马栏山上有大量的凶猛野兽,并且野生的华南虎经常咬伤游客,因此,乙旅行社告知参团游客不能到山上游玩,但未明确告知原因是山上有猛兽。凤姐喜欢爬山,爬到山顶时,正好碰到华南虎们在嬉戏,华南虎看到凤姐后,二话不说就咬了凤姐一口,但可能因为凤姐的肉味道比较特别,华南虎不喜欢,从而放过了凤姐。凤姐受了惊吓,医疗费也花了3万元。事后,凤姐要求乙旅行社赔偿,乙旅行社以"已知会游客只能在山下活动"和"旅游合同已声明游客的人身安全、财产安全自行负责,与旅行社无关"为由,拒绝赔偿。此时,该旅行社拒赔的理由不成立。根据《合同法》规定,合同中下列免责条款无效:(1)造成对方人身伤害的;(2)因故意或者重大过失造成对方财产损失的。

凤姐在休养期间,本来想清静一下,结果有几个好姐妹打着问候病情的幌子来咨询法律问题(凤姐熟读人文社会科学的诸多书目,对于法律也有所涉猎)。

先说凤妹,凤妹有一套房子,她将该房屋抵押向丙银行贷款,并办理抵押登记,后又将该房屋出租给王九居住。借款期限届满,凤妹并未归还借款和利息,经拍卖王八取得了该房屋的所有权。凤妹问,王八获得所有权后,是否可以解除租赁合同。此时,凤姐理了理思路说到,王八取得房屋所有权后,有权解除租赁合同。根据规定,抵押权设立后抵押财产出租的,该租赁关系不得对抗已经登记的抵押权。当然,如果抵押人凤妹未书面告知承租人王九该财产已抵押的,凤妹对出租抵押物造成承租人王九的损失承担赔偿责任。

再说露露。露露通过一系列炒作而逐渐走红,并挣了一套房子,但她妹毛毛认为这套房子应该为两人共有,遂申请更正登记。露露肯定不同意啊,心想我一路坎坷,凭什么说是你的就是你的啊?毛毛一看露露不同意,遂进行异议登记。而这时,F货看中了露露的这套房子欲买之,但由于异议登记事实的存在,导致露露的房子无法成交,给露露造成了一定的损失。这时露露想起凤姐是个海归,应该博学多才,就咨询凤姐如何保护自己的利益。凤姐说:"露露啊,你现在发达了还记得我啊,看在以前的姐妹情分上就告诉你。这要看你妹毛毛有没有确凿的证据证明这套房子有她一份,如果没有的话,根据规定,为了避免不动产物权的效力不因异议登记而长期处于不稳定状态,法律要求异议登记申请人在异议登记之日起15日内起诉,不起

诉的,则异议登记失效。异议登记不当,造成权利人损害的,权利人可以向申请人请求损害赔偿。"

接着是妲己。妲己的父亲去世,其名下有一套房屋由妲己继承,但未办理过户登记手续。妲己在住该房子时,经常睹物思人,遂委托丙中介公司出卖其父留下的房屋,并约定按照销售价款的2‰支付报酬。同时,妲己自己也在二手房交易网上挂出了出售该房屋的相关信息。几天后,在丙中介公司的促成下,妲己与丁签订了房屋买卖合同,合同约定房屋总价款为100万元,丁于合同签订当日依约支付了第一期购房款20万元,双方准备办理产权过户登记手续。妲己问凤姐这种情况应该如何办理过户,能否将其父的名字直接过户为丁?凤姐说:"不可以。根据规定,因继承或者受遗赠获得物权的主体在处分该物权时,仍应当依法办理登记,未经登记,不发生物权效力。所以,该房屋产权应先登记在你妲己名下,然后再过户至丁名下,以后要学会一步一步走。"

还有竹剑。她跟凤姐说,"姐,我的主人吩咐我咨询您个法律问题。"凤姐说,"你主人是谁?很厉害吗?"竹剑说,"我主人您都不知道啊?嵩山童姥啊!老厉害了,精通嵩山折梅手和嵩山六阳掌,而且精通暗器,杀人不用第二招。"凤姐一听,心想:我去,嵩山咋都出童姥了啊,这种人还是不要得罪的好。就跟竹剑说,"好吧,我是一个尊老爱幼的好孩子。"竹剑说:"事情是这样的。李秋水出票给无崖子,票据价额60万元,无崖子背书转让给童姥,童姥跑到人民法院书面提出申请'青天大老爷,俺的票据没了,能不能劳烦您直接要求付款人把60万元给我啊?'童姥想问法官能满足她么?"凤姐说:"此事,你要具体分析:如果童姥是真正的持票人,就可以要求付款人将60万元支付给童姥。""那么,如何确定童姥是真正的持票人?""至少应当解决两个问题:(1)票据是由李秋水给无崖子,由无崖子给童姥的;(2)童姥并没有将该票据转让给其他人(比如,虚竹、段誉)。搞定第一个问题很容易,把转给童姥之前的李秋水和无崖子叫来问问就行了;但是要证明童姥没有转出去稍微有点困难,要找到这些第三人也就是虚竹或段誉在哪里,虚竹或段誉就是我们要寻找的利害关系人。这时,法院可以发布公告要求相关的利害关系人及时到法院申报自己的权利。如果有人如段誉申报权利,法院要通知其出示票据,审查是否是公告的票据权利,如果是,童姥和段誉另行确权。如果公告期满,没有人申报权利,法院就可以认为没有相关的利害关系人,那么童姥就可以被推定为真正的权利人,就可以要求付款人把60万元打给她了。"根据规定,利害关系人在人民法院作出除权判决之前申报权利的,人民法院应通知其向人民法院出示票据,并通知公示催告申请人查看该票据;如果该票据就是申请人申请公示催告的票据,人民法院应裁定终结公示催告程序,并通知申请人和付款人;如果该票据并非申请人公示催告的票据,人民法院应裁定驳回利害关系人的申报。

还没完,苍老师也来咨询了。甲向乙银行按揭贷款购下一套房屋,房屋交付使用后甲将该房屋出租给苍老师,月租金6 000元。因为苍老师最近拍片较少,岛国又发生核泄漏和严重经济衰退,甲无法如期清偿贷款,乙银行拟实现抵押权。这时,苍老师就有个疑问:如果要交房租,应该交给谁呢?为此,她请教了凤姐。凤姐很高兴,毕竟是国际友人请教,于是就告诉她:"自该房屋被法院扣押之日起,乙银行有权向你苍老师收取租金,但前提是通知你,如果乙银行不通知你,你可以继续向甲支付房租,如果乙银行已经通知你,那么你就应该向乙银行支付房租。"根据规定,债务人不履行到期债务或者发生当事人约定的实现抵押权的情形,致使抵押财产被人民法院依法扣押的,自扣押之日起抵押权人有权收取该抵押财产的天然孳息或者法定孳息,但抵押权人未通知应当清偿法定孳息的义务人的除外。同时,还应注意,抵押权人所收取的孳息应当先充抵收取孳息的费用。

最后是赵飞燕。飞燕说："我准备做财务,要知道些相关知识,想请教你关于本票和支票的具体制度。""哎呀,你真是找对人了,我在国外读的就是商法学,而且学的是相当好啊!听清楚了。"首先是本票。我国的本票仅限于银行本票、见票即付(出票人签发,承诺自己见票即付,无承兑制度)。我国实务中的本票仅仅发挥支付功能,与银行汇票类似,而不像商业汇票那样可以发挥信用功能。我国法律关于汇票的规定是比较完整的,而在本票制度中,只规定了本票的特别制度,其他制度一般可以适用汇票的规定(并非完全适用,比如不会发生所谓期前追索的问题)。

在款式方面,分为三个方面:其一,绝对必要记载事项。包括表明"本票"的字样、无条件支付的承诺、确定的金额、收款人名称、出票日期、出票人签章,但没有"没有付款人名称"。其二,相对必要记载事项。(1)付款地,未记载付款地的,出票人的营业场所为付款地。(2)出票地,未记载出票地的,出票人的营业场所为出票地。但没有"没有付款日期"。其三,任意记载事项。出票人如果记载了"不得转让"字样,该本票不得转让。

在被提示人方面,与汇票不同,本票的出票人是最终的票据责任人,持票人应当向出票人提示付款。

在提示付款期限方面,持票人的提示见票并请求付款的期限最长不得超过2个月。超过这一期限提示付款的,即丧失对出票人之外的前手的追索权。

再说支票的具体制度。支票与汇票非常类似,其基本当事人(出票行为的当事人)有三个:出票人、付款人、收款人。其最特殊之处是,付款人的资格有明确的限制。支票的付款人,必须是办理支票存款业务的银行或者其他金融机构。其他组织或者个人不能成为支票的付款人。根据规定,支票的出票人,必须是在经中国人民银行批准办理支票存款业务的银行、城市信用合作社和农村信用合作社开立支票存款账户的企业、其他组织和个人。一个单位或者个人在银行开立支票存款业务后,存入一定的款项,即可领用空白的支票本,供其在需要时签发支票。

在我国,支票主要发挥的是支付手段的功能。因此,现行法不允许支票所记载的付款人进行承兑。持票人请求付款时,假如出票人在付款人处的存款金额足够支付支票金额,则付款人应当付款;如果不足,则付款人应当拒绝付款。此外,支票均为见票即付,不存在远期支票。支票的另一个特点是,收款人名称并非出票行为的绝对必要记载事项,可以授权补记。

在款式方面,包括六个方面:其一,绝对必要记载事项。包括表明"支票"的字样、无条件支付的委托、确定的金额(可以授权补记)、付款人名称、出票日期、出票人签章,但"没有收款人名称"。其二,相对必要记载事项。(1)付款地,未记载付款地的,付款人的营业场所为付款地。(2)出票地,未记载出票地的,出票人的营业场所、住所或者经常居住地为出票地。其三,任意记载事项。支票上的金额、收款人名称可以由出票人授权补记。其四,记载不发生《票据法》上效力的事项。出票人免除其担保付款责任的记载不发生《票据法》上的效力。其五,记载本身无效事项。如果出票人记载了以其他方式计算的到期日,该记载无效。其六,记载使支票无效事项。记载了付款人支付票据金额的条件,支票无效。

在付款方面:(1)支票的持票人应当自出票日起10日内提示付款;异地使用的支票,其提示付款的期限由中国人民银行另行规定。超过该期限提示付款的,付款人不予付款,持票人丧失对出票人之外的前手的追索权。(2)持票人请求付款时,假如出票人在付款人处的存款金额不足,付款人不予付款。

【考点链接1】 格式条款和免责条款

(1)提供格式条款的一方应当遵循公平原则确定当事人之间的权利和义务,并采取合理的方式提请对方注意免除或限制其责任的条款,按照对方的要求,对该条款予以说明。提供格式条款的一方对已尽合理提示及说明义务承担举证责任。

(2)格式条款具有《合同法》规定的合同无效(损害社会公共利益、违反法律的强制性规定、以合法形式掩盖非法目的等)和免责条款无效的情形(造成对方人身伤害的、因故意或者重大过失造成对方财产损失的)时,该条款无效。

(3)提供格式条款的一方免除其责任、加重对方责任、排除对方主要权利的,该格式条款无效。

(4)对格式条款有两种以上解释的,应当作出不利于提供格式条款一方的解释;格式条款与非格式条款不一致的,应当采用"非格式条款"。

(5)免责条款是指合同当事人在合同中规定的排除或限制一方当事人未来责任的条款。

《合同法》规定,合同中下列免责条款无效:①造成对方人身伤害的;②因故意或者重大过失造成对方财产损失的。

【考点链接2】 抵押权的效力和实现

1.抵押物孳息的收取

(1)债务人不履行到期债务或者发生当事人约定的实现抵押权的情形,致使抵押财产被人民法院依法扣押的,自扣押之日起抵押权人有权收取该抵押财产的天然孳息或者法定孳息,但抵押权人未通知应当清偿法定孳息的义务人的除外。

(2)抵押权人所收取的孳息应当先充抵收取孳息的费用。

2.抵押与租赁的关系(谁在前,谁优先)

(1)出租在先,抵押在后。

原租赁关系不受该抵押权的影响,抵押权实现后,租赁合同在有效期内对抵押物的受让人继续有效。

(2)抵押在先,出租在后。

该租赁关系不得对抗已登记的抵押权,抵押权实现后,租赁合同对受让人不具有约束力。抵押人未书面告知承租人该财产已抵押的,抵押人对出租抵押物造成承租人的损失承担赔偿责任;抵押人已书面告知承租人该财产已抵押的,抵押权实现造成承租人的损失,由承租人自己承担。

3.抵押物的处分权

抵押期间,抵押人经抵押权人"同意"转让抵押财产的,应当将转让所得的价款向抵押权人提前清偿债务或者提存。转让的价款超过债权数额的部分归抵押人所有,不足部分由债务人清偿。抵押期间,抵押人未经抵押权人同意,不得转让抵押财产,但受让人代为清偿债务消灭抵押权的除外。

【解释】(1)如果抵押物已经登记,抵押人转让抵押物时,应当经抵押权人"同意",否则该转让行为无效(但受让人代为清偿全部债务消灭抵押权的除外);(2)如果抵押物未经登记的,抵押权不能对抗善意第三人。

4.抵押权人的权利

(1)保全抵押物。

(2)放弃抵押权或者变更抵押权的顺位。

①抵押权人与抵押人可以协议变更抵押权顺位以及被担保的债权数额等内容,但抵押

的变更,未经其他抵押权人书面同意,不得对其他抵押权人产生不利影响。

②债务人以自己的财产设定抵押,抵押权人放弃该抵押权、抵押权顺位或者变更抵押权的,其他担保人在抵押权人丧失优先受偿权益的范围内免除担保责任,但其他担保人承诺仍然提供担保的除外。

5.优先受偿权

债务人不履行到期债务或者发生当事人约定的实现抵押权的情形,抵押权人可以与抵押人协议以抵押财产折价或者以拍卖、变卖该抵押财产所得的价款优先受偿。不足清偿债权的部分由债务人按普通债权清偿。

6.抵押权的实现

抵押物折价或者拍卖、变卖所得价款,当事人没有约定的,清偿程序如下:(1)实现抵押权的费用;(2)主债权的利息;(3)主债权。

【提示】债务人不履行到期债务时,抵押权人可以与抵押人协议以抵押财产折价或者以拍卖、变卖该抵押财产所得的价款优先受偿。协议损害其他债权人利益的,其他债权人可以在知道或者应当知道撤销事由之日起1年内请求人民法院撤销该协议。

第一,多个抵押权并存时的清偿顺序。

(1)同一财产向两个以上债权人设定抵押时的清偿顺序。

①抵押权已登记的,按照登记的先后顺序清偿;顺序相同的,按照债权比例清偿;如果当事人同一天在不同的法定登记部门办理抵押物登记的,视为顺序相同。

②抵押权已登记的先于未登记的受偿。

③抵押权未登记的,按照债权比例清偿。

(2)顺序在先的抵押权与该财产的所有权归属一人时,该财产的所有权人可以其抵押权对抗顺序在后的抵押权。

第二,与其他物权并存时的清偿顺序。

同一财产法定登记的抵押权与质权并存时,抵押权人优先于质权人受偿;同一财产抵押权与留置权并存时,留置权人优先于抵押权人受偿。

【解释】留置权(法定担保物权)＞法定登记的抵押权(登记公示)＞质权(交付公示)＞未登记的抵押权(未公示)。

《合同法》第286条规定:建设工程合同的发包人未按照约定支付工程价款的,承包人可以催告发包人在合理期限内支付价款。发包人逾期不支付的,承包人可以与发包人协议将工程折价,也可以申请人民法院将该工程依法拍卖,建筑工程的价款享有优先受偿权。承包人的优先受偿权优于抵押权和其他债权。如果同一财产有抵押权与《合同法》第286条规定的优先受偿权并存时,《合同法》第286条规定的优先受偿权优先于抵押权。

7.涤除权

原则上,抵押人若未经抵押权人同意而转让抵押财产,转让行为无效,但受让人若是通过代为清偿债务的方式消灭抵押权,则转让行为有效。受让人以清偿债务的方式涤除抵押权,以获得抵押物所有权的权利,称为涤除权。抵押权的存在价值就是为保障债权实现,若债权已得到清偿,抵押权便随之消灭。此时,抵押物的转让,自然无须债权人表示同意。

【考点链接3】 不动产的登记制度

不动产登记,由不动产所在地登记机关办理。

（1）登记簿与权属证书。不动产权属证书记载的事项，应当与不动产登记簿一致；记载不一致的，除有证据证明不动产登记簿确有错误外，以不动产登记簿为准。

（2）更正登记。权利人、利害关系人认为不动产登记簿记载的事项错误的，可以申请更正登记。不动产登记簿记载的权利人书面同意更正或者有证据证明登记确有错误的，登记机构应当予以更正。

（3）异议登记。①异议登记是利害关系人对不动产登记簿记载的权利提出异议并记入登记簿的行为，是在更正登记不能获得权利人同意后的补救措施。②异议登记使得登记簿上所记载权利失去正确性推定的效力，因此异议登记后第三人不得主张基于登记而产生的公信力。③为了避免不动产物权的效力不因异议登记而长期处于不稳定，法律要求异议登记申请人在异议登记之日起15日内起诉，不起诉的，则异议登记失效。④异议登记不当，造成权利人损害的，权利人可以向申请人请求损害赔偿。①

（4）土地总登记、初始登记、变更登记、转移登记与注销登记。

①土地部分：在初始登记之前，须作总登记，指的是在一定时间内对辖区内全部土地或者特定区域内土地进行的全面登记。初始登记是首次将具体土地权利登入登记簿的行为，变更登记是权利人发生改变或地址和土地用途等内容发生变更而进行的登记，注销登记是指土地权利的消灭登记。

②房屋部分：并无总登记，房屋登记变更时分别对应转移登记（权利主体变更）与变更登记（权利内容变更）。②

【考点链接4】 公示催告制度

1.定义

公示催告是指法院根据失票人的申请，以公示的方式催告利害关系人（不确定的权利人）在一定期限内向法院申报权利，到期无人申报权利的，法院将根据申请人的申请作出除权判决的一种非诉讼程序。在该程序下，申请人声称自己是已丧失之特定票据上的权利人，法院则向社会发出公告，催促可能存在的票据利害关系人申报权利。如果没有人在指定期限内申报权利，则可以推定申请人的主张成立。在其申请法院作出除权判决时，法院应作出该判决，确认申请人为票据权利人。这样，申请人就可以持除权判决书行使票据权利。如果有利害关系人前来就同一票据申报权利，法院并不在该程序下对申请人与申报权利人之间的争议进行实体审理，而是会裁定终结该程序。申请人如欲主张票据权利，可以向对方提起普通民事诉讼。挂失止付并非公示催告的前置程序。失票人可以不申请挂失止付，而直接向法院申请公示催告。

2.适用的票据种类

可以背书转让的票据丧失的，持票人可以申请公示催告。填明"现金"字样的银行汇票、银行本票和现金支票不得背书转让，不能申请公示催告。

3.公示催告申请人的资格

可以申请公示催告的失票人，是指在丧失票据占有以前的最后合法持票人，也就是票据所记载的票据权利人。出票人已经签章的授权补记的支票丧失后，持票人也可以申请公示催告。

---

① 异议登记的目的仅是将权利人以及利害关系人对不动产登记簿记载的权利所提出的异议记入登记簿，是一种对真正权利人利益的临时性保护措施，异议登记使原登记簿上所记载权利失去正确性推定的效力，第三人也不得主张依照登记的公信力而受到保护。

② 土地登记的登记机构为土地管理部门，房屋登记的登记机构是房屋管理部门。

4.具体程序

(1)失票人向票据付款地的基层法院提出书面的公示催告申请。

(2)法院收到申请后,应当立即审查。符合条件的,通知予以受理。

(3)法院在受理公示催告申请的同时通知付款人或者代理付款人停止支付。付款人或者代理付款人应当停止支付,直到公示催告程序终结。

(4)法院在受理后的3日内发出公告,催促利害关系人申报权利。公示催告的期间由人民法院根据情况决定,但不得少于60日。

(5)利害关系人在法院作出除权判决之前申报权利的,法院应通知其向法院出示票据,并通知公示催告申请人查看该票据。如果该票据就是申请人申请公示催告的票据,法院应裁定终结公示催告程序,并通知申请人和付款人。如果该票据并非申请人公示催告的票据,法院应裁定驳回利害关系人的申报。

(6)公示催告期届满,且无上述(5)所列应裁定终结公示催告程序的事由,申请人可以在届满次日起1个月内,申请法院作出除权判决。逾期未申请的,法院终结公示催告程序。

5.除权判决的效力

除权判决有两个主要效力:第一,确认申请人是票据权利人。第二,宣告票据失去效力,即票据权利与票据相分离,票据不再是票据权利的载体。这样,申请人有权持除权判决向票据上的权利人主张票据权利。

6.除权判决的撤销

利害关系人因为正当理由不能在除权判决之前向法院及时申报权利的,自知道或者应当知道判决公告之日起1年内,可以向作出除权判决的法院起诉,请求撤销除权判决。

★【考点延伸】票据丧失及补救的其他措施

1. 票据丧失概述

法律上设置了几种制度对失票人提供法律救济:挂失止付、公示催告、提起诉讼。

路径:(1)先挂失止付,再公示催告或提起诉讼;(2)直接公示催告或提起诉讼。

2. 挂失止付

挂失支付是指失票人将票据丧失的情形通知付款人(包括代理付款人),付款人接到通知后决定暂停支付,以防止他人取得票据金额的临时性救济措施。

(1)适用的票据种类:①已承兑的商业汇票;②支票;③填明"现金"字样和代理付款人的银行汇票;④填明"现金"字样的银行本票。须注意:未填明"现金"字样和代理付款人的银行汇票以及未填明"现金"字样的银行本票丧失,不得挂失止付。

(2)程序:付款人在收到通知书前已经依法向持票人付款的,不再接受挂失止付。

(3)效力:是一种临时性措施,申请人是不是真正的票据权利人,只能由人民法院认定。①申请挂失止付的当事人,必须在申请之前已经向法院申请公示催告或者起诉,或者应当在通知挂失止付后的3日内向法院申请公示催告或者起诉;否则挂失止付失去效力。②如果自收到通知书之日起12日内还没有收到法院的止付通知书,自第13日起,挂失止付通知书失效。

须注意:若收到止付通知书,应当停止支付,直到公示催告程序终结。

3. 提起民事诉讼

《票据法司法解释》规定了三种与票据权利有关的民事诉讼:票据返还之诉、请求补发票据之诉、请求付款之诉。

票据权利人可以基于其所有权而请求占有票据的人返还票据。

【第五集】| 钻石

【关键词】 先占、拾得遗失物、善意取得制度、抵押权的设定和实现

在凤姐休养期间,生活不能自理,完全由 A 货来打理。A 货觉得自己越来越重要,心态也发生了变化,胆子也越来越大。他想,我为凤姐付出了这么多,理应得到相当丰厚的回报,而且我自己没什么本事和能力,是不是考虑给自己留条后路呢?

A 货想出一招,可以去买些股票啊,于是就去了证券公司,很正经地问:"如果我买了股票成为这家公司的股东之后,我享有哪些权利呢?"有个小伙子问:"先生,您有多少钱买股票啊?"A 货说:"几百万吧。"小伙子一听来劲了,认真地给 A 货解释了一下所谓的"股东权利"。

小伙子为忽悠 A 货,说了很多权利,A 货听得开心死了。结果你懂的。

"A 先生,股东权利啊[①],简单说就是指股东向公司出资或认购股份而对公司享有的权利。您买了股票之后,以下权利都会享有的,当然是包括并且不仅是以下权利。"

1. 表决权(通俗说就是一股一票或者按照出资比例)

(1)公司持有的本公司股份没有表决权。(2)公司为"股东或者实际控制人"提供担保的,必须经股东会或者股东大会决议。接受担保的股东或者受实际控制人支配的股东不得参加表决,该项表决由出席会议的"其他股东"所持表决权的过半数通过。

2. 选举权或被选举权

股东大会选举董事、监事,可依照公司章程的规定或者股东大会的决议,实行累积投票制。累积投票制是指公司股东大会选举董事或者监事时,有表决权的每一股份拥有与应选董事或者监事人数相同的表决权,股东拥有的表决权可以集中使用。

3. 依法转让出资额或者股份的权利

4. 知情权

(1)有限责任公司:股东有权查阅、复制公司章程、股东会会议记录、董事会会议决议、监事会会议决议和财务会计报告(可能是忽悠外人的假账)。股东"可以要求"查阅公司会计账簿(仅限于查阅,无权复制)。股东要求查阅公司会计账簿的,应当向公司提出书面请求,说明目的。公司有合理根据认为股东查阅会计账簿有不正当目的,可能损害公司合法利益的,可以拒绝提供查阅,并应当自股东提出书面请求之日起 15 日内书面答复股东并说明理由。公司拒绝提供查阅的,股东可以请求人民法院要求公司提供查阅。

(2)股份有限公司:股东有权查阅公司章程、股东名册、公司债券存根、股东大会会议记录、董事会会议决议、监事会会议决议、财务会计报告。

---

① 提示:知情权两者不同,查账权、实缴的出资比例分红权为有限公司专用,临时提案权为股份有限公司专用。

5. 建议和质询权

股东会或者股东大会要求董事、监事、高级管理人员列席会议的,董事、监事、高级管理人员应当列席并接受股东的质询。

6. 新股优先认购权

有限责任公司新增资本时,股东有权优先按照实缴的出资比例认缴出资。但是,全体股东约定不按照出资比例优先认缴出资的除外。

7. 股利分配请求权

这是分红权。不管是股份有限公司还是有限责任公司,都要先看公司章程的约定。有约定从约定,无约定按照出资比例行使表决权。(1)有限责任公司的股东按照实缴的出资比例分取红利;但是,全体股东可以事先约定不按照出资比例分取红利。(2)股份有限公司按照股东持有的股份比例分配,但股份有限公司章程规定不按持股比例分配的除外。

8. 提议召开临时股东大会

(1)有限责任公司代表1/10以上表决权的股东,可以提议召开临时股东会。
(2)股份有限公司单独或者合计持有10%以上表决权的股东,可以提议召开临时股东大会。

9. 临时提案权

单独或者合计持有公司3%以上股份的股东,可以在股东大会召开10日前提出临时提案并书面提交董事会;董事会应当在收到提案后2日内通知其他股东,并将该临时提案提交股东大会审议。临时提案的内容应当属于股东大会职权范围,并有明确议题和具体决议事项。

10. 异议股东股份收买请求权

这项权利是指股东(大)会作出股东利害关系产生实质性影响的决议时,对该决议有异议的股东,有权要求公司以公平价格回购其所持出资额或者股份,从而退出公司。

(1)有限责任公司。

有限责任公司在出现下列三种情形之一的,对股东会决议投反对票的股东,可以请求公司按照合理价格收购其股权:一是公司连续5年不向股东分配利润,而公司该5年连续盈利,并且符合法律规定的分配利润条件的;二是公司合并、分立、转让主要财产的;三是公司章程规定的营业期限届满或者章程规定的其他解散事由出现,股东会会议通过决议修改章程使公司存续的。如果双方作出相关决议,在60日内不能达成股权回购协议的,该股东有权自决议作出之日起,在90日内向人民法院提起诉讼,要求法院判决让公司以合理的价格回购股权。①

(2)股份有限公司。

股份有限公司异议股东股份收买请求权仅限于股东大会作出的公司合并、分立决议持有异议。自股东大会会议决议通过之日起60日内,股东与公司不能达成股权收购协议的,股东可以自股东会会议决议通过之日起90日内向人民法院提起诉讼,要求公司回购股权。

11. 申请法院解算公司的权利

公司经营发生严重困难,继续存续会使股东利益受到重大损失,通过其他途径不能解决的,持有公司全部股东表决权10%以上的股东,可以请求法院解散公司。

12. 公司剩余财产的分配请求权

公司终止后,向其全体债权人清偿债务之后尚有剩余财产的,股东有权请求分配。

---

① 口诀:五年有钱不分红,合并、分立、转财产;期限届满还想干(改章程)。

A货原本想买些股票搞点钱为自己留条后路,但天不遂人愿,股市实在是太低迷了,A货投资时是5 000点,到现在已经跌破了1 900点,而且还在持续"自由落体",A货这心里天天犹如刀割啊!有股民情不自禁地自嘲道:今日的股市,真像一个弃儿,姥姥不疼,舅舅不爱。A货的MP6里也经常循环着这么几句歌词:"在那山的那边海的那边,有一群小股民,他们辛勤又努力,他们选股又割肉,他们不论何时上班下班都在看信息,他们偶尔还要拿跳水冠军。噢~苦恼的小股民,噢~可怜的小股民,他们齐心合力开动脑筋躲过了一个庄,最终还是沦陷黑色星期一……"①这首改编自蓝精灵的《小股民之歌》近日在股民之间疯传,唱得股民心寒,也真实地唱出了股民悲凉的心态。

股市投资巨亏,A货想着整点别的。想着想着,又打起了凤姐钻石的主意。

凤姐有两颗钻石,不是很大,各有1斤重。A货擅自将其中一颗抵押给小泽借了几百万元(其实,前述A货买股票的钱就是他抵押钻石借来的)。4月1日签订抵押合同,但未办理抵押登记。其中,合同中约定A货不能偿还借款时钻石直接归小泽所有。根据规定,当事人以动产设定抵押的,抵押权自抵押合同生效之日起设立。只是未登记的,不能对抗善意第三人。此外,合同中约定A货不能偿还借款时钻石直接归小泽所有的条款无效,此条款为"流质条款",即当事人在订立抵押合同时,不得在合同中约定在债务履行期满抵押权人未受清偿时,抵押物的所有权转移为债权人所有。如果合同中有这样的条款,则该条款无效,即"流质条款无效"。流质条款无效不影响抵押合同其他条款的效力。

4月3日,A货把钻石卖给了玛利亚。4月4日,玛利亚付款并交付。根据规定,抵押合同自签订之日起生效;只是未登记的,不能对抗善意第三人。A货和小泽之间买卖钻石并未登记,不能对抗善意第三人玛利亚,所以玛利亚可以基于善意取得制度取得该货物的所有权,而小泽则可以基于生效的抵押合同弥补自己的权利。

接着说另外一颗钻石。A货在他的旧衣服中私藏了另一颗1斤重的钻石,但被凤姐当作废旧品扔掉,被露露捡到了。此时,露露可以基于先占制度(对象为无主物,对于遗失物、赃物不能主张先占)取得旧衣服。但1斤的钻石并不是无主物,属于遗失物。那么,露露在捡到遗失物后,应该及时通知权利人(A货)领取,或者送交警察叔叔等。警察叔叔在收到钻石后,如果知道权利人是A货的,应当及时通知其领取;不知道的,应当及时发布招领公告。自警察叔叔发出招领公告之日起6个月内无人认领的,遗失物归国家所有。注意不是归A货、露露抑或凤姐所有。

A货发现自己私藏的钻石不见了,甚是慌张,但不敢声张,背着凤姐发了一个悬赏广告,声称捡到者如果归还,将酬谢1 000万日元(真够"大方"的,居然用日元酬谢!)。此时,如果露露良心发现,主动将钻石交与A货,A货应该兑现承诺,酬谢露露1 000万日元(根据法律规定,拾得人虽不能取得遗失物的所有权,却可享有费用偿还请求权;在遗失人发出悬赏广告时,归还失物的拾得人还享有悬赏广告所允诺的报酬请求权)。

假如露露刚买了一个爱马仕的包包,急需用钱,就将该钻石以1万美元的价格卖给了臭臭,此时,对于A货而言,可以向露露主张损害赔偿,或者自知道或者应当知道受让人臭臭之日起2年内,向臭臭请求返还钻石(根据法律规定,所有权人或者其他权利人有权追回遗失物;该遗失物通过转让被他人占有的,权利人有权向无处分权人请求损害赔偿,或者自知道或者应

---

① 《小股民歌唱得股民心寒 老股民被迫享受股市低迷》,http://finance.sina.com.cn/money/lcfa/20110923/075610528589.shtml.

当知道受让人之日起2年内向受让人请求返还原物)。但是,假如臭臭是通过寄售店或者拍卖会上花10万美元购得该钻石的,A货请求返还钻石时,应该向臭臭返还10万美元。这时,A货向臭臭支付10万美元后,可以向露露追偿(根据法律规定,如果受让人通过拍卖或者向具有经营资格的经营者购得该遗失物的,权利人请求返还原物时应当支付受让人所付的费用。权利人向受让人支付所付费用后,有权向无处分权人追偿)。

【考点链接1】 先占

以所有权人的意思占有无主动产便是先占。先占人基于先占行为取得无主动产的所有权。

【考点链接2】 拾得遗失物

(1)拾得遗失物,应当返还权利人。拾得人应当及时通知权利人领取,或者送交公安等有关部门。

(2)拾得人在返还拾得物时,可以要求支付必要费用,但不得要求支付报酬。但遗失人发出悬赏广告,愿意支付一定报酬的,不得反悔。

(3)有关部门收到遗失物,知道权利人的,应当及时通知其领取;不知道的,应当及时发布招领公告。遗失物自发布招领公告之日起6个月内无人认领的,归国家所有。

(4)拾得人拒不返还遗失物,按侵权行为处理。拾得人不得要求支付必要费用,也无权请求权利人按照承诺履行义务。

(5)拾得人在遗失物送交有关部门前,有关部门在遗失物被领取前,应当妥善保管遗失物。因故意或者重大过失致使遗失物毁损、灭失的,应当承担民事责任。

(6)遗失物通过转让为他人占有。①权利人有权向无处分权人请求损害赔偿,或者自知道或者应当知道受让人之日起2年内向受让人请求返还原物。②受让人通过拍卖或者向具有经营资格的经营者购得该遗失物的,权利人请求返还原物时应当支付受让人所付的费用。权利人向受让人支付所付费用后,有权向无处分权人追偿。

【提示】拾得遗失物、赃物、漂流物、隐藏物、埋藏物一般不能适用善意取得制度。

【考点链接3】 善意取得制度

1. 善意取得的构成要件

无处分权人将不动产或者动产转让给受让人的,所有权人有权追回;除法律另有规定外,符合下列情形的,受让人取得该不动产或者动产的所有权:(1)受让人受让该不动产或者动产时是善意的。只要受让财产时善意即可,受让人在让与后是否为善意,并不影响其取得所有权。(2)以合理的价格转让。如果以无偿方式取得财产时,不适用善意取得制度。(3)转让的不动产或者动产依照法律规定应当登记的已经登记,不需要登记的已经交付给受让人。

2. 善意取得的法律效果

(1)在原权利人与受让人之间,原权利人丧失标的物所有权,而受让人则基于善意取得制度而获得标的物所有权。(2)在让与人与受让人之间,让与人与受让人基于有偿法律行为而发生债的法律关系,在受让人获得标的物所有权以后,应当承担向让与人支付价款的义务,而不能根据让与人无权处分而拒绝支付价款。(3)在原权利人与让与人之间,由于善意取得的法律效果是所有权发生转移,因此,原权利人无权要求让与人返还原物,只能要求无权处分人承担赔偿责任,也可以要求让与人返还不当得利。

须注意:如果基于事实行为、公法行为和直接基于法律规定而发生的物权变动,均不存在善意取得的问题;转让人基于原权利人的意思合法占有标的物(委托物),遗失物、盗窃物(脱手物)一般不适用善意取得制度;物权变动公示手续已经完成(动产已交付,不动产已登记);他物权,如建设用地使用权、抵押权、留置权、质权也可以善意取得。

★【考点比较】票据的善意取得

1.含义

票据权利的善意取得,是指无处分权人处分他人的票据权利,受让人依照票据法所规定的票据转让方式取得票据,并且善意、无重大过失、支付相当对价,则可以取得票据权利的法律制度。制定该制度的目的是为了保障交易安全,促进票据的流通性。

【无权处分VS无权代理】

无权处分:以自己的名义处分他人的票据权利;善意相对人的保护是通过善意取得。

无权代理:仅仅作为代理人签章,代理他人处分;善意相对人的保护是通过表见代理。

2.票据权利善意取得的要件

(1)转让人是形式上的票据权利人,享有处分权。转让人须为票据记载的最后持票人(收款人或者被背书人),受让人才有理由相信其具有处分权。因此,转让人须为票据记载的最后持票人(收款人或者被背书人),受让人才有理由相信其具有处分权。

(2)转让人没有处分权。虽然票据记载了特定的人是票据权利人,此人却可能因为各种原因而在实质上并不享有票据权利。

【情形一】转让人从其前手取得票据权利的,其前手没有完全民事行为能力。例如,A对B签发转账支票,B取得票据后丧失民事行为能力,但仍将支票背书转让给C。C将支票背书转让给D。根据规定,B对C的背书行为无效,C不能取得票据权利。因此,B仍然是票据权利人。C对D的背书转让,其实质是在处分B的票据权利。C没有处分权。

【情形二】转让人从其前手取得票据权利时,其前手的意思表示不真实。例如,A公司以B公司为收款人而签发汇票,B公司受C公司的欺诈而背书转让,C公司又背书转让给D公司。根据规定,C公司未从B公司处取得票据权利。因此,C公司对D公司的背书转让,其实质是在处分B公司的票据权利。C公司没有处分权。

【情形三】转让人从其前手取得票据权利时,其前手的代理人是无权代理,且不符合表见代理的要件。例如,汇票的收款人是B公司,C公司从B公司受让票据权利时,明知B公司的代理人X并无代理权。这是狭义无权代理,代理行为不发生效力,C公司未取得票据权利。因此,C公司对D公司的背书转让,其实质是在处分B公司的票据权利。C公司没有处分权。

【情形四】转让人并非票据记载的权利人,但是冒充权利人并伪造其签章而转让票据权利。例如,A公司对B签发转让支票,B的票据遗失,被C拾得。C对D声称自己就是B,并签下B的名字背书转让。根据规定,C的行为构成伪造,其实质是在处分B的票据权利。C并无处分权。

【情形五】转让人从其前手取得票据权利时,其前手的签章乃是被伪造的,且转让人并未善意取得票据权利。同上例,并且C对D声称自己就是B时,D因重大过失而不知C的说法是假的,或者,D明知B不是C(甚至C与D串通而为),那么,D不能基于C的背书而取得票据权利。这样,当D对E背书转让时,其实质是在处分B的票据权利。D并无处分权。

【情形六】转让人从其前手取得票据权利时,没有真实的交易关系和债权债务关系,并导致票据行为无效。这样,转让人虽然在形式上体现为票据权利人,却并非真正的权利人。其再背书转让时,实质上是对他人(其前手)的票据权利进行无权处分。

(3)受让人依照票据法规定的转让方式取得票据。这主要是指,受让人是基于背书转让的方式取得票据。这一背书须符合一般背书行为的形式和实质要件。

(4)受让人善意且无重大过失。即受让人并不知道转让人没有处分权,并且非因重大过失而不知情。如果受让人明知转让人没有处分权,也就是存在恶意,则不能取得票据权利。

如果受让人并非明知,也应尽到一定程度的注意以审查转让人是否有处分权。例如,应当审查转让人的身份是否就是票据上所记载的权利人。在上述情形五中,D应审查C的身份证,以确定其是否就是B。如果D未提出这一要求即轻信,或者C提供的身份证显然是伪造的,而D竟然未能识别,则D有重大过失。但是,如果C伪造的带有自己照片的"B"的身份证十分逼真,普通人难以识别,则应认为D并无过失,或者仅有轻过失。

转让人没有处分权的多数情形是因为转让人与其前手之间的票据行为无效。应当认为,受让人并无义务审查转让人与其前手之间的法律关系,更没有义务审查更早的法律关系。只有在受让人因为某种其他原因而知道或者应当知道相关事由时,才导致其存在恶意或者有重大过失。

(5)受让人须付出相当对价。《票据法》第十三条虽然没有明确规定票据的善意受让人须付出相当的对价,但是,《票据法》规定:"因税收、继承、赠与可以依法无偿取得票据的,不受给付对价的限制。但是,所享有的票据权利不得优于其前手的权利。"可见,无偿取得票据的受让人所能够取得的权利不能优于其前手。在无权处分的情形下,前手并不享有票据权利,因此,无偿的善意受让人也不能取得票据权利。

3.票据权利善意取得的类推适用

(1)形式合法的无效出票行为的收款人,背书转让给他人。

【案例】无权代理人A以甲公司的名义签发一张支票,收款人乙公司明知A没有代理权,代理行为无效,乙公司不能取得票据权利。如果乙公司将票据背书转让给丙公司,且符合善意取得的要件,丙公司应可取得票据权利。就票据关系的其他当事人而言,乙公司承担背书人的票据责任;根据规定,甲公司不承担票据责任,A承担作为出票人的票据责任。

(2)票据行为完成记载后遗失、被盗。

【案例】甲拟出票给乙,记载完毕后票据遗失。丙冒充乙并伪造乙的签章,将其背书转让给丁。如果符合善意取得的要件,则丁可以取得票据权利。就其他当事人而言,乙、丙作为票据伪造的被伪造人和伪造人,均不承担票据责任。甲的签章是真实签章,应承担票据责任。

(3)票据质权的善意取得。

无权处分人如果并非将票据权利转让他人,而是为他人设定质权,也应适用善意取得制度。

【考点链接4】 抵押权的设定和实现

1.抵押的概念与特征

抵押,是指债务人或者第三人不转移对财产的占有,将该财产抵押给债权人,债务人不履行到期债务或者发生当事人约定的实现抵押权的情形时,债权人有权依法以该财产折价或者以拍卖、变卖该财产的价款优先受偿。抵押中提供财产担保的债务人或者第三人为抵押人,债权人为抵押权人,提供担保的财产为抵押物。

(1)抵押权是不移转标的物占有的一种担保物权。

(2)是否移转标的物的占有是抵押权与其他担保物权的重要区别。

(3)由于抵押权的设定不需要移转占有,因此,抵押权的设定不能采用占有移转的公示方法,而必须采用登记或其他方法公示。

2. 抵押权的设定

抵押权可以基于法律行为(签订抵押合同),也可以基于事实行为(继承或者善意取得抵押权)取得。抵押权的设定是指基于法律行为取得抵押权。

当事人在订立抵押合同时,不得在合同中约定在债务履行期满抵押权人未受清偿时,抵押物的所有权转移为债权人所有。如果合同中有这样的条款,则该条款无效,即流质条款无效。流质条款无效不影响抵押合同其他条款的效力。

【举例】甲向乙借款,以自己房子做抵押,并在抵押合同中约定,如甲到期不归还借款,该房直接归乙所有。这一条款即为流质条款,为无效条款,但仅仅是该流质条款无效,并不影响抵押合同其他条款的效力。

3. 抵押物

(1)学校、医院、幼儿园等以公益为目的的事业单位、社会团体的教育设施、医疗卫生设施,不能抵押;但当事人以其教育设施、医疗卫生设施以外的财产为自身债务设定抵押的,人民法院可以认定抵押有效。

(2)所有权、使用权不明或者有争议的财产,不能抵押。

(3)依法被查封、扣押、监管的财产,不能抵押;已经设定抵押的财产被查封、扣压的,不影响抵押权的效力。

(4)经法定程序确认为违法、违章的建筑物,不能抵押。

(5)城市房地产以建筑物抵押的,该建筑物占用范围内的建设用地使用权一并抵押;以建设用地使用权抵押的,该土地上的建筑物一并抵押,即"房随地走、地随房走"。

(6)农村集体土地只能"地随房走",不能"房随地走"。乡镇、村企业的建设用地使用权不得"单独"抵押;以乡镇、村企业的厂房等建筑物抵押的,其占用范围内的建设用地使用权一并抵押。在实现抵押权后,未经法定程序,不得改变土地所有权的性质和土地用途。

【口诀】手里有房,心中不慌;手里无房,全身都晃。

(7)以城市房地产设定抵押的,土地上新增的房屋不属于抵押物。抵押权实现时,可以依法将该土地上新增的房屋与抵押物一同变价,但对新增房屋的变价所得,抵押权人无权优先受偿。

(8)当事人以农作物和与其尚未分离的土地使用权同时抵押的,土地使用权部分的抵押无效(耕地不能抵押)。

(9)只有以招标、拍卖、公开协商等方式取得的"荒地"等土地承包经营权,才可以抵押。

可以作为抵押物的财产	不得用于抵押的财产
(1)建筑物和其他土地附着物; (2)建设用地使用权; (3)以招标、拍卖、公开协商等方式取得的荒地等土地承包经营权; (4)生产设备、原材料、半成品、产品; (5)正在建造的建筑物、船舶、航空器; (6)交通运输工具; (7)法律、行政法规未禁止抵押的其他财产。 注意:抵押人可以将上述所列的可以抵押的财产一并抵押	(1)土地所有权; (2)耕地、宅基地、自留地、自留山等集体所有的土地使用权,但法律规定可以抵押的除外; (3)学校、幼儿园、医院等以公益为目的的事业单位、社会团体的教育设施、医疗卫生设施和其他社会公益设施; (4)所有权、使用权不明或者有争议的财产; (5)依法被查封、扣押、监管的财产; (6)法律、行政法规规定不得抵押的其他财产

4.抵押登记

(1)登记是抵押权的设立条件(登记生效)。

①建筑物和其他土地附着物；

②建设用地使用权；

③以招标、拍卖、公开协商等方式取得的荒地等土地承包经营权；

④正在建造的建筑物。

【解释】不动产的抵押必须办理抵押物登记,抵押权自登记之日起设立。如果当事人未办理登记,只是抵押权未设立,但不影响抵押合同的生效。应注意的是：抵押合同自签订之日起成立并生效,是否登记不影响抵押合同的生效,只影响抵押权的设立。抵押物登记记载的内容与抵押合同约定的内容不一致的,以登记记载的内容为准。

【提示】如果当事人未办理登记,虽然抵押权没有设立,但是抵押合同已经生效。

(2)登记为对抗第三人的效力。

以除法定登记财产以外的其他财产设定抵押的,当事人可以自愿办理登记。当事人以生产设备、原材料、半成品、产品,正在建造的船舶、航空器,交通运输工具设定抵押,抵押权自抵押合同生效时(签订时)设立。但未经登记,不得对抗善意第三人。

【解释】这些财产无论是否进行了抵押登记,抵押合同自签订之日起生效,抵押权自抵押合同签订(生效)之日起设立。只是未登记的,不能对抗善意第三人。

【第六集】| 土豪车

【关键词】 独立董事制度、试用买卖合同、特殊动产的多重买卖、普通动产的多重买卖合同、不可抗力

A货私藏钻石的事后来还是被凤姐知道了,凤姐知道后大发雷霆,暴打了A货数顿。并放下豪言,如果A货再敢为之,会将其汗毛全部拔光,并运用"古代十大酷刑"折磨他。A货听后,毛骨悚然,遂精心伺候凤姐,凤姐非常满意,也就没把A货的汗毛拔光。

凤姐回国后,一直没回老家看望父母,在各种折腾后有了点钱,也有底气回家了(其实啊,有没有钱都没关系,回家才是最重要的)。加之被A货惹毛了,就回老家散散心吧。正好遇见多年不见且超级有名的C大爷,C大爷是国内一所著名大学的教授,担任几家上市公司的独立董事,但平常忙于各种事务,已经10年没回家了。最近《老年人权益保障法》颁布,规定不常回家看看就属于违法,自己也突感内疚和自责,于是就买了高档礼品回家看看。

列位,您多久没回家看看父母长辈了呢?很多人会觉得"常回家看看"属于道德评价的范畴,如果法律干涉属于道德范畴的行为,这属于法律的倒退。但我们换种角度思考,"常回家看看"本质上是子女赡养和孝顺父母的一种外在表现,而子女孝顺父母符合法制的基本精神。"常回家看看"的立法虽然执行起来难度较大,但其社会意义在高度发达的现代社会,事实上是一种进步。父母对子女的爱从来都是不图回报、无怨无悔的。但我们扪心自问,我们对父母爱的程度有多深?我们结婚、买房子诸如此类,都花的是谁的钱?是父母。父母不会说再要回来或者有任何怨言,但如果父母需要买房子或者其他需要我们支持的时候,我们会不会有所迟疑?我们对此是否应该认真反省呢?父母一天天衰弱和憔悴,我们和父母的感情却一天天疏远。亲情是这个世界上最重要的情感,不要让无休止的欲望和野心阻隔了我们回家的脚步,冲淡了我们内心深处的爱。凤姐尚如此重情,各位有空就回家看看吧。

回头再说凤姐,到家后叫上所有的亲戚朋友办了一场家庭聚会。期间,因为C大爷一直是凤姐崇拜的偶像和努力的方向,就像小孩子一样缠着C大爷。C大爷只是在凤姐很小的时候见过凤姐,这次见面分外开心,并且夸奖凤姐是"女大十八变,越变越漂亮"。期间,凤姐问到C大爷是如何成功的,怎么才能成为上市公司的独立董事?

C大爷分七个方面给凤姐解释了上市公司的独立董事制度:

1. 独立董事的概念

不在公司担任除董事之外的其他职务,并与其所受聘的上市公司及其主要股东不存在可能妨碍其进行客观判断的关系的董事。中国证监会具体要求上市公司董事会成员中应当至少1/3为独立董事。

2. 独立董事的任职条件

具有 5 年以上法律、经济或者其他履行独立董事职责所必需的工作经验,热爱祖国等。

以下人员不得担任独立董事:(1)在上市公司或者其附属企业任职的人员及其直系亲属、主要社会关系(直系亲属是指配偶、父母、子女等;主要社会关系是指兄弟姐妹、岳父母、儿媳女婿、兄弟姐妹的配偶、配偶的兄弟姐妹等);(2)直接或间接持有上市公司已发行股份 1% 以上或者是上市公司前 10 名股东中的自然人股东及其直系亲属;(3)在直接或间接持有上市公司已发行股份 5% 以上的股东单位或者在上市公司前 5 名股东单位任职的人员及其直系亲属;(4)最近 1 年内曾经具有前三项所列举情形的人员;(5)为上市公司或者其附属企业提供财务、法律、咨询等服务的人员;(6)公司章程规定的其他人员;(7)中国证监会认定的其他人员。

3. 独立董事的提名

上市公司董事会、监事会、单独或者合并持有上市公司已发行股份 1% 以上的股东可以提出独立董事候选人,并经股东大会选举决定。

4. 独立董事的任期

(1)独立董事每届任期与该上市公司其他董事任期相同,任期届满,连选可以连任,但是连任时间不得超过 6 年。(2)独立董事如果连续 3 次未亲自出席董事会会议,应由董事会提请股东大会予以撤换。(3)独立董事在任期届满前不得无故被免职。提前免职的,上市公司应将其作为特别披露事项予以披露,被免职的独立董事认为公司的免职理由不当的,可以作出公开的声明。

5. 独立董事的特别职权

(1)重大关联交易(指上市公司拟与关联人达成的总额高于 300 万元或高于上市公司最近经审计净资产值的 5% 的关联交易)应由独立董事认可后,提交董事会讨论;独立董事作出判断前,可以聘请中介机构出具独立财务顾问报告,作为其判断的依据。(2)向董事会提议聘用或解聘会计师事务所。(3)向董事会提请召开临时股东大会。(4)提议召开董事会。(5)独立聘请外部审计机构和咨询机构。(6)可以在股东大会召开前公开向股东征集投票权。

【解释】独立董事行使上述职权应当取得全体独立董事的 1/2 以上同意。如果上述提议未被采纳或上述职权不能正常行使,上市公司应将有关情况予以披露。

6. 应当发表独立意见的情形

独立董事应当对上市公司的以下重大事项向董事会或股东大会发表独立意见:(1)提名、任免董事;(2)聘任或解聘高级管理人员;(3)公司董事、高级管理人员的薪酬;(4)上市公司的股东、实际控制人及其关联企业对上市公司现有或新发生的总额高于 300 万元或高于上市公司最近经审计净资产值的 5% 的借款或其他资金往来,以及公司是否采取有效措施回收欠款;(5)独立董事认为可能损害中小股东权益的事项;(6)公司章程规定的其他事项。

独立董事应当就上述事项发表以下几类意见之一:同意,保留意见及其理由,反对意见及其理由,无法发表意见及其障碍。如有关事项属于需要披露的事项,上市公司应当将独立董事的意见予以公告,独立董事出现意见分歧无法达成一致时,董事会应将独立董事的意见分别披露。

7. 独立董事的撤换和辞职

(1)独立董事连续 3 次未亲自出席董事会会议的,由董事会提请股东大会予以撤换。(2)独立董事在任期届满前可以提出辞职。如因独立董事辞职导致公司董事会中独立董事所占的比例低于规定的最低要求时,该独立董事的辞职报告应当在下任独立董事填补其缺额后生效。

凤姐从老家出来,没有直接回上海而是去了海南。在海南的一个著名派对上,遇到了一个比A货帅气百倍的男人B货。B货是一名歌手,参加过众多选秀节目,而且特别善于在观众和评委面前煽情,总是说自己父亲病故、亲戚重病治不好、女朋友跟人跑了,以博取大众的眼泪和同情。而B货看中了凤姐的珠光宝气,于是发挥自己的煽情和造假神功,成功获取了凤姐的芳心。凤姐意欲赠送B货一辆金色的QQ。于是,两人到一家QQ的6S店进行体验,并签订了一份试用买卖合同。因为凤姐第一次签订试用买卖合同,为此特别咨询了相关律师。律师给凤姐详细讲解了试用买卖合同。

【考点链接1】 试用买卖合同

试用买卖,是指出卖人与买受人约定,于买卖合同成立时,出卖人将标的物交付给买受人试验或检验,若买受人在试用期内认可该买卖,则买卖合同溯及至合同成立时生效的特殊买卖。试用买卖具有以下特征:(1)买卖合同已经成立,但尚未生效。以买受人的认可作为合同的生效条件。(2)认可系形成权,是否认可是买受人的自由。试用期间无约定的按补缺规则不能确定的,由出卖人确定。试用买卖的买受人在试用期内可以购买标的物,也可以拒绝购买。

试用买卖合同的试用期间届满的法律后果:(1)买受人对是否购买标的物未作表示的,视为购买;(2)买受人已无保留地支付部分或全部价款的,视为同意购买;(3)买受人对标的物进行试用以外的行为(如出租、出售等),视为同意购买。

【口诀】不置可否、欣然付款、自主处分,视为购买。

但买卖合同存在下列约定内容之一的,不属于试用买卖。买受人主张属于试用买卖的,人民法院不予支持:(1)约定标的物经过试用或者检验符合一定要求时,买受人应当购买标的物;(2)约定第三人经试验对标的物认可时,买受人应当购买标的物;(3)约定买受人在一定期间内可以调换标的物;(4)约定买受人在一定期间内可以退还标的物。

2月1日,B货的家乡发大水,B货非常有故乡情结,想着自己现在"发达了"也绝对不能忘记江东父老,遂决定卖车捐钱。于是,3月1日,B货将该车出卖给秦桧,但未交付。4月1日,B货又将该车出卖给宋江,也未交付。5月1日,B货又将该车出卖给丁,同样没有交付。8月1日,秦桧、宋江、丁都起诉B货,请求B货实际履行,以使自己取得该车所有权。这属于特殊动产的多重买卖,法院将这三个诉讼合并审理。

【考点链接2】 特殊动产的多重买卖

多重买卖具有三个要素:(1)出卖人为同一个人(B货);(2)对象为同一动产(某车);(3)出卖人与两个以上的买受人分别订立买卖合同,并且在订立每一买卖合同时,对该车均享有处分权。

须注意:假如B货将汽车交付给宋江后,又将该车出卖给丁,则B货、丁间的买卖合同属于无权处分,这样,B货、丁之间的买卖合同就不属于多重买卖合同中的一部分了。

根据法律规定,出卖人就同一船舶、航空器、机动车等特殊动产订立多重买卖合同,在买卖合同均有效的情况下,买受人均要求实际履行合同的,应当按照以下情形分别处理:(1)先行受领交付的买受人请求出卖人履行办理所有权转移登记手续等合同义务的,人民法院应予支持;(2)均未受领交付,先行办理所有权转移登记手续的买受人请求出卖人履行交付标的物等合同义务的,人民法院应予支持;(3)均未受领交付,也未办理所有权转移登记手续,依法成立在先合同的买受人请求出卖人履行交付标的物和办理所有权转移登记手续等合同义务的,人民法院应予支持;(4)出卖人将标的物交付给买受人之一,又为其他买受人办理所有权转移登记,已受领交付的买受人请求将标的物所有权登记在自己名下的,人民法院应予支持(交付>登记>合同)。

因此,应分别依照下列情形处理:(1)假设B货已于7月1日将汽车交付给宋江。应确定宋江已经取得所有权,宋江还有权请求B货办理过户登记。秦桧、丁请求B货交付汽车的实际履行请求权不能得到支持,秦桧、丁只能对B货主张其他救济方式(如损害赔偿或解除合同)。(2)假设截止到8月1日,B货尚未向任何人完成交付,但B货于7月1日给丁办理了过户登记。应支持丁请求B货交付汽车的实际履行请求权,交付后,丁取得汽车所有权。驳回秦桧、宋江请求B货交付汽车的实际履行请求权,秦桧、宋江对B货只能主张其他救济方式(如损害赔偿或解除合同)。(3)假设截止到8月1日,B货尚未向任何人完成交付,也未给任何人办理过户登记。应支持秦桧请求B货交付汽车的实际履行请求权,交付后,秦桧取得汽车所有权。同时,应驳回宋江、丁的实际履行请求权。因为秦桧的合同成立在先。(4)假设B货于6月1日将汽车交付给宋江,又于7月1日给丁办理了过户登记。应确认交付具有优先于登记的效力。宋江有权请求登记机关注销丁的登记,然后请求B货给自己办理过户登记。秦桧、丁请求B货交付汽车的实际履行请求权不能得到支持。秦桧、丁只能请求B货承担其他违约责任。

【考点链接3】 普通动产的多重买卖合同

出卖人就同一普通动产订立多重买卖合同,在买卖合同均有效的情况下,买受人均要求实际履行合同的,应当按照以下情形分别处理:(1)先行受领交付的买受人请求确认所有权已经转移的,人民法院应予支持;(2)均未受领交付,先行支付价款的买受人请求出卖人履行交付标的物等合同义务的,人民法院应予支持;(3)均未受领交付,也未支付价款,依法成立在先合同的买受人请求出卖人履行交付标的物等合同义务的,人民法院应予支持(交付>价款>合同)。

【考点链接4】 不可抗力

不可抗力是指不能预见、不能避免并不能克服的客观情况。常见的不可抗力包括:(1)自然灾害,如地震、台风、洪水、海啸等;(2)政府行为,如运输合同订立后,由于政府颁布某运的法律,使合同不能履行;(3)社会异常现象,如罢工、骚乱。

不可抗力发生后对当事人责任的影响,要注意几点:(1)不可抗力并非当然免责,要根据不可抗力对合同履行的影响决定。根据规定,因不可抗力不履行合同的,根据不可抗力的影响,部分或者全部免除责任。(2)当事人迟延履行后发生不可抗力的,不能免除责任。(3)不可抗力事件发生后,主张不可抗力的一方需要履行两个义务:一是及时通报合同不能履行或者需要迟延履行、部分履行的事由,二是取得有关不可抗力的证明。

另外,除了不可抗力,《合同法》还规定了另外一个免责理由,即情势变更制度。即合同成立以后,如果客观情况发生了当事人在订立合同时无法预见的、非不可抗力造成的不属于商业风险的重大变化,继续履行合同对于一方当事人明显不公平或者不能实现合同目的,当事人请求法院变更或解除的,人民法院应根据公平原则,并结合案件的实际情况确定是否变更或解除。

B货这个人比较功利,只想着如何榨取凤姐的钱,经常跟凤姐说,我家里某个人又病重了、我自己投资股市又失败了,让凤姐拿钱支持。凤姐也无所谓,B货要多少就给多少。有一次,CCTV新闻频道午间新闻在报道中国皮鞋遭受欧盟反倾销的新闻,并对近年来中国遭受反倾销的系列事件做了回顾和整理。B货深知凤姐是个爱面子的人,要凤姐甘愿掏钱就必须主动讨巧凤姐,便指着电视问:"女神,能给我讲讲电视上说的反倾销这些玩意儿是什么意思吗?宝贝你博学多才,上知天文下知地理,古今中外融会贯通,好不好?"众所周知,凤姐经常学习和阅读经济类和《知音》、《故事会》等人文社科类书籍,所以对于反倾销知识并不陌生。

凤姐说："宝贝,你听着。"(请你不要质疑凤姐说的是不是正确,友情提示100%是正确的,原因很简单,因为凤姐是照着书读的)。

反倾销呢属于对外贸易救济措施的一种,其他国家对我们反倾销,我们中国也可以对这些国家的产品进行反倾销。对外贸易救济措施又属于对外贸易法律制度的一部分。

我以我们中国的法律为例,给你讲解一下。

对外贸易救济措施包括三种,分别是反倾销措施、反补贴措施和保障措施。

1. 反倾销措施

倾销与损害过程	(1)倾销,是指在正常贸易过程中进口产品以低于其正常价值的出口价格进入我国市场的行为。 (2)损害,是指倾销对已经建立的国内产业造成实质损害或者产生实质损害威胁,或者对建立国内产业造成实质阻碍。
倾销的构成要件	(1)倾销条件,进口产品的出口价格低于其正常价值,即有倾销的存在。WTO反倾销规则确定的正常价值的确定方法有三种,即出口国国内价格、向第三国出口的价格和推定价格。 (2)损害条件,必须证明产品的倾销对进口国同类产业造成了实质性损害或者实质性损害威胁,或对建立国内产业构成实质性阻碍。 (3)倾销与损害之间的因果关系,即必须证明损害是因进口产品的倾销所致。
反倾销的调查	(1)调查机关。 商务部,涉及农产品时会同农业部。 (2)发起方式。 第一,应国内产业的申请。国内产业或者代表国内产业的自然人、法人或者有关组织,可以向商务部提出反倾销调查的书面申请。商务部应当自收到申请书及有关证据之日起60日内,决定立案调查或者不立案调查。在表示支持申请或者反对申请的国内产业中,支持者的产量占支持者和反对者的总产量的50%以上的,应当认定申请是由国内产业或者代表国内产业提出,可以启动反倾销调查;但是,表示支持申请的国内生产者的产量不足国内同类产品总产量的25%的,不得启动反倾销调查。第二,主动发起调查。在特殊情形下,商务部虽未收到反倾销调查的书面申请,但有充分证据认为存在倾销和损害以及二者之间有因果关系的,可以自行决定立案调查。 (3)调查内容。 调查内容是否存在倾销,是否存在损害,两者之间的因果关系。 第一,是否存在倾销(出口价格必须小于正常价值)。 正常价值:①在出口国(地区)国内市场的正常贸易过程中有可比价格;②以该同类产品出口到一个适当第三国(地区)的可比价格;③以该同类产品在原产国(地区)的生产成本加上合理费用、利润。 出口价格:①实际支付或者应当支付的价格;②以根据该进口产品首次转售给独立购买人的价格推定的价格;③以商务部根据合理基础推定的价格为出口价格。 第二,是否存在损害。 ①对已经建立的国内产业造成实质损害;②产生实质损害威胁;③对建立国内产业造成实质阻碍。 (4)调查程序。 第一,立案。立案调查决定由商务部予以公告,并通知申请人、已知的出口经营者和进口经营者、出口国(地区)政府以及其他有利害关系的组织、个人。 第二,初裁。商务部根据调查结果,就倾销、损害和两者之间的因果关系是否成立作出初裁决定,并予以公告。 第三,终裁。初裁决定确定倾销、损害以及两者之间的因果关系成立的,商务部应当对倾销及倾销幅度、损害及损害程度继续进行调查,并根据调查结果作出终裁决定,予以公告。在作出终裁决定前,应当由商务部将终裁决定所依据的基本事实通知所有已知的利害关系方。 (5)期限。 反倾销调查应自立案调查决定公告之日起12个月内结束;特殊情况下可以延长,但延长期不得超过6个月。

续表

	(6)资料的提供。 商务部调查时,利害关系方应如实反映情况,提供有关资料。利害关系方如不能如实提供资料的,商务部可以根据已经获得的事实和可获得的最佳信息作出裁定。 (7)调查终止。 ①申请人撤销;②无足够证据;③倾销幅度低于2%;④进口量或损害可忽略不计;⑤商务部认为不宜继续进行。
反倾销措施	(1)临时措施。 自开始调查之日起60天后,不超过4个月。在特殊情形下,可以延长至9个月。自反倾销立案调查决定公告之日起60天内,不得采取临时反倾销措施。 ①临时反倾销税;②提供担保。 (2)价格承诺。 ①商务部对倾销以及由倾销造成的损害作出肯定的初裁决定前,不得寻求或者接受价格承诺。 ②不能强迫接受:出口经营者在反倾销调查期间,可以向商务部作出改变价格或者停止以倾销价格出口的价格承诺。商务部可以向出口经营者提出价格承诺的建议,但不得强迫出口经营者作出价格承诺。 ③商务部有决定权:价格承诺能够接受并符合公共利益的,可以决定中止或者终止反倾销调查,不采取临时反倾销措施或者征收反倾销税,决定由商务部予以公告;不接受价格承诺的,应当向有关出口经营者说明理由;出口经营者违反其价格承诺的,商务部可以立即决定恢复反倾销调查,并可以对实施临时反倾销措施前90天内进口的产品追溯征收反倾销税,但违反价格承诺前进口的产品除外。 (3)最终反倾销税。 ①纳税人:进口经营者。 ②税率:反倾销税应当根据不同出口经营者的倾销幅度,分别确定。 ③对象:原则上是终裁决定公布后的进口产品,特殊情况下可追溯征收。 (4)实施期限。 反倾销税的征收期限和价格承诺的履行期限不超过5年,经复审可适当延长反倾销税的征收期限。

2. 反补贴措施

基本原理	进口产品存在补贴,并对我国已经建立的国内产业造成实质损害或者产生实质损害威胁,或者对建立国内产业造成实质阻碍的,我国可以依法进行调查,采取反补贴措施,以消除这种损害、损害威胁、实质阻碍,以保护我国相关产业。
出口国的专向补贴	(1)补贴是指出口国(地区)政府或者其任何公共机构提供的并能够为受补贴者带来利益的财政资助以及任何形式的收入或者价格支持。 (2)反补贴措施针对的不是任何形式的补贴,而是具有以下情形之一的"专向性"补贴: ①由出口国(地区)政府明确确定的某些企业、产业获得的补贴。 ②由出口国(地区)法律、法规明确规定的某些企业、产业获得的补贴。 ③指定特定区域内的企业、产业获得的补贴。 ④以出口实绩为条件获得的补贴。 ⑤以使用本国(地区)产品替代进口产品为条件获得的补贴。
损害	(1)对以及建立的国内产业造成实质损害; (2)对以及建立的国内产业产生实质损害威胁; (3)对国内有关产业的建立造成实质阻碍。 上述三种损害任何一个成立,均可进行反补贴调查并采取措施。

续表

终止	(1)申请人撤销申请的； (2)没有足够证据证明存在补贴、损害或者二者之间有因果关系的； (3)补贴金额为微量补贴； (4)倾销进口产品实际或者潜在的进口量或者损害属于可忽略不计的； (5)通过与有关国家(地区)政府磋商达成协议,不需要继续进行反补贴调查。
反补贴调查及措施	与反倾销措施基本相同,但在承诺方面存在区别： (1)出口国政府承诺取消或限制补贴； (2)出口经营者承诺修改价格。
期限	自临时反补贴措施决定公告规定实施之日起不超过4个月,不得延长。

3. 保障措施

适用条件	即使进口产品没有低价倾销行为,产品出口商也没有接受有关补贴,但只要进口产品数量急剧增加(包括相对增加和绝对增加),并对生产同类产品或者直接竞争产品的国内产业造成严重损害或者严重损害威胁时,就可以采取保障措施。
临时保障措施	(1)前提：当有明确证据表明进口产品数量增加,在不采取临时保障措施将对国内产业造成难以补救的损害的紧急情况下,可以作出初裁决定,并采取临时保障措施。 (2)形式：提高关税。 (3)实施期限：自临时保障措施决定公告规定实施之日起,不超过200天。
最终保障措施	(1)前提：终裁决定确定进口产品数量增加,并由此对国内产业造成损害。 (2)形式：可以是提高关税、实施数量限制等。 (3)组织：①采取提高关税形式的,由商务部提出建议,国务院关税税则委员会根据商务部的建议作出决定,由商务部予以公告。②采取数量限制形式的,由商务部作出决定并予以公告。③海关自公告规定实施之日起执行。 (4)时间：保障措施的实施期限不超过4年。在任何情况下,一项保障措施的实施期限及其延长期限不得超过10年。 (5)适用范围：应当针对正在进口的产品实施,不区分产品来源国(地区)。采取保障措施应当限于防止、补救严重损害并便利调整国内产业所必要的范围内。

4. 贸易救济措施比较

	反倾销	反补贴	保障措施
前提条件	存在倾销 造成损害(实质性损害、实质性损害的威胁、实质性阻碍) 倾销和损害存在因果关系	存在专项性补贴 造成损害(实质性损害、实质性损害的威胁、实质性阻碍) 补贴和损害存在因果关系	进口数量增加 造成严重损害 进口增加和损害存在因果关系
措施	临时反倾销措施(公告起4个月,最长不超过9个月)、价格承诺(出口经营者作出)、反倾销税(向进口经营者征收)	临时反补贴措施(不超过4个月,不得延长)、承诺(出口国政府或出口经营者作出)、反补贴税(向进口经营者征收)	临时保障措施(提高关税)、保障措施(提高关税或者数量限制)
实施期限	不超过5年,经复审有必要可适当延长(注意：反倾销调查为公告起12个月,延长期不超过6个月。)		4年,最长不超过10年
特点	针对特定国家		针对所有WTO成员方法(无歧视)

【第七集】｜报复

【关键词】 无权处分的债权和物权行为的效力、合同的法定解除权、提存、赠与合同、票据的伪造和变造、票据的追索权

由于B货的第三者插足，凤姐逐渐冷落了A货，并不断地辱骂和践踏A货的人格，让A货失望不已。B货和凤姐两人在用"馍馍"聊天时，被A货发现，A货非常生气，但却不敢吱声。

正当A货在卧室思考如果打击报复凤姐、给凤姐一些颜色瞧瞧时，楼下突然响起了巨大的音乐声："苍茫的天涯是我的爱，绵绵的青山脚下花正开，什么样的节奏是最呀最摇摆，什么样的歌声才是最开怀。弯弯的河水从天上来，流向那万紫千红一片海，哗啦啦的……"A货怒不可遏，朝楼下大喊："有没有素质啊，开这么大声音!"但音乐声太大了，根本没人听见。A货有点小烦了，一气之下向跳舞人群泼水。但是楼下的大妈非常英勇，纷纷轻巧地躲开了。A货怒不可遏，拿出了自己的必杀技，放出藏獒驱赶。哎，大妈们一看有异类下来了，本想组成"打狗阵法"迎战的，但转而一想，没必要跟异类生气，反而失了自己的身份，于是主动告退。

A货从楼下上来之后，弄得一身汗，心想这鬼天气真热。想把屋里的空调打开吧，结果所有的空调，不管是大的还是小的都坏了。这叫"福无双至，祸不单行"啊。一怒之下，A货与姐力公司签订买卖空调100台的合同，但当姐力公司向A货交付时，A货后悔了，觉得自己太冲动了，就以空调市场疲软和房子不大等为由，拒绝受领。此时，姐力公司可以向有关部门提存这批空调。根据规定，提存费用由A货支付，在空调提存后，毁损、灭失的风险由A货承担，提存费用由A货负担。如果自提存之日起5年内A货不领取空调，空调扣除提存费用后归国家所有。

之前凤姐青睐A货的时候，送给A货不少好包包，LV、爱马仕、香奈儿等，而且为了让A货成为文艺青年，专门给A货买了两架德国斯坦威的钢琴（一架是用来弹的，一架是备用的，因为A货弹起来很用力）。A货想，反正是你送给我的，我自己没花钱，我都捐了，还能捞个好名声。于是A货与某灾后刚刚建设的希望小学签订了赠与合同，向该小学捐赠20万元现金（把好包包卖了）和钢琴一架（另外一架A货已经弹坏了）。但是A货又后悔了，觉得捐得太多了，于是不愿意履行合同。此时，该小学可以要求A货交付。根据规定，赠与人在赠与财产的权利转移之前可以撤销赠与，但具有救灾、扶贫等社会公益、道德义务性质的赠与合同或者经过公证的赠与合同不得撤销。对于这类赠与合同，如果赠与人不交付赠与的财产，受赠人可以要求交付。

呀，又有机会了。甲公司向小凤公司购买一批金色的iPhone10，为支付货款，签发了一张以甲公司为出票人、以小凤公司为收款人、以M银行为承兑人、票面金额为30万元、到期日为

2028年8月3日的银行承兑汇票,并交付给小凤公司。甲公司和M银行均在该汇票上进行了签章。

A货作为小凤公司的财务人员利用工作之便,将上述汇票扫描,利用其他途径获得M银行的空白银行承兑汇票进行技术处理,"克隆"了一张与原始汇票几乎完全一样的汇票,然后将"克隆汇票"留在小凤公司,将原始汇票偷出。A货以小凤公司的名义,向丙公司购买了一批黄金制品,归自己所有,并将原始汇票背书转让给丙公司,在背书人签章处加盖了伪造的小凤公司公章,签署了虚构的B的姓名。须注意,A货在原始汇票上伪造小凤公司的签章不会导致该汇票无效。根据规定,票据上有伪造签章的,不影响票据上其他真实签章的效力。在此,A货在原始汇票上伪造了背书人小凤公司的签章,其他在票据上真实签章的债务人依然应当承担票据责任,汇票依然有效。

小凤公司为向丁公司购买钢材,将"克隆"汇票背书转让给了丁公司。

在上述汇票付款到期日,丙公司和丁公司分别持有原始汇票和"克隆"汇票向M银行请求付款。M银行以丙公司所持有汇票的背书人的签章系伪造为由拒绝付款,以丁公司持汇票系伪造为由而拒绝付款。

首先,M银行不能拒绝丙公司的付款请求。根据规定,票据上有伪造签章的,不影响票据上其他真实签章的效力。持票人依法提示承兑、提示付款或者行使追索权时,在票据上真正签章人不能以伪造为由进行抗辩。M银行属于在汇票上真正签章的当事人,在持票人丙公司提示付款时,真正签章人M银行不能以伪造为由进行抗辩。须注意:如果M银行拒绝丙公司的付款请求,丙公司可以向甲公司追索,但无权向A货追索。根据规定,由于伪造人没有以自己的名义签章,因此不承担票据责任(只是不承担票据责任,但会有民事甚至刑事责任要承担)。因为A货属于伪造人,A货在票据上没有以自己的名义签章,所以,A货不承担票据责任。

其次,M银行可以拒绝丁公司的付款请求。根据规定,持票人即使是善意取得,对被伪造人也不能行使票据权利。在丁公司持有的票据("克隆"票据)上,M银行的签章系伪造,被伪造人M银行有权拒绝承担票据责任。但是,如果M银行拒绝丁公司的付款请求,丁公司有权向小凤公司追索。根据规定,票据上有伪造签章的,不影响票据上其他真实签章的效力。持票人依法提示承兑、提示付款或者行使追索权时,在票据上真正签章人不能以伪造为由进行抗辩。在丁公司持有的票据("克隆"票据)上,小凤公司的签章是真实有效的,小凤公司应当对丁公司承担票据责任。

还没完呢。A货开始精心策划,想将凤姐名下的财产全部转移到自己名下。经过无数个昼夜的算计,终于让凤姐将原本属于两人共有的七品豪宅,登记在了A货名下。A货甚是开心,心想我报复的机会来了,反正房子是你凤姐出钱买的,我要把你的财产卖掉、挥霍掉,让你欲哭无泪。于是,未经凤姐同意,A货以自己的名义将该房屋出卖给不知情的宋江,并给宋江办理了过户登记。首先,根据法律规定,A货、宋江之间的买卖合同属于因无权处分订立的买卖合同,但处分权的欠缺不影响买卖合同的效力,故A货、宋江的买卖合同有效。其次,如果符合善意取得房屋所有权的构成要件,则宋江直接依照法律规定善意取得房屋所有权。再次,如果不符合善意取得房屋所有权的构成要件,虽然已经完成了房屋的过户登记,但宋江能否取得房屋所有权仍属于效力未定,如果凤姐追认或者A货取得处分权,则A货的无权处分得到补正,无权处分转化为有权处分,宋江可取得房屋所有权;反之,如果不符合善意取得的构成要件,且凤姐拒绝追认或者A货不能取得处分权,则宋江确定不能取得房屋所有权。最后,若因A货欠缺处分权致使宋江不能取得房屋所有权,因买卖合同有效,宋江有权对A货主张违约责任;或者宋江享有法定解除权(因为A货的违约行为致使宋江订立买卖合同的目的不能实现),可以解除合同并请求A货承担损害赔偿责任。

【考点链接1】 无权处分的债权和物权行为的效力

当事人一方以出卖人在缔约时对标的物没有所有权或者处分权为由主张合同无效的,人民法院不予支持;出卖人因未取得所有权或者处分权致使标的物所有权不能转移,买受人要求出卖人承担违约责任或者要求解除合同并主张损害赔偿的,人民法院应予支持(该条为《买卖合同司法解释》的规定)。

须注意:从《买卖合同司法解释》可以看出,无权处分的买卖合同直接有效,如买受人最终无法取得物权,出卖人(无处分权人)构成违约,买受人有权根据有效合同,请求出卖人承担违约责任或者要求解除合同并主张损害赔偿;无权处分涉及的物权行为效力待定,如经原权利人追认或无处分权人事后取得处分权,物权行为转为有效,否则为无效。

我们再举一例来巩固该重要考点:凤姐将相机交给秦桧保管,秦桧擅自将该相机以自己的名义出卖给知情的宋江,并交付相机。(1)秦桧、宋江的买卖合同属于因无权处分订立的买卖合同,因无其他效力瑕疵,秦桧、宋江的买卖合同有效。(2)虽然秦桧、宋江的买卖合同有效,且已经完成了相机的交付,但因秦桧欠缺处分权,所以所有权变动的效果仍为效力待定。如果凤姐追认或者秦桧取得处分权,秦桧的无权处分得到补正,宋江溯及至相机交付之时取得相机的所有权;反之,如果凤姐拒绝追认或者秦桧不能取得处分权,则宋江确定不能取得相机所有权。(3)如果因为秦桧欠缺处分权致使宋江不能取得相机的所有权,宋江有权对秦桧主张违约责任或者解除买卖合同并要求秦桧承担损害赔偿。(4)须注意:根据规定,买卖合同当事人一方违约造成对方损失,对方对损失的发生也有过错,违约方主张扣减相应的损失赔偿额的,人民法院应予支持。即违约责任适用"过错相抵"。因为宋江为恶意受让人,对于秦桧之违约的发生也有过错,所以,在计算秦桧的违约责任时,秦桧有权主张相应减少赔偿数额。

【考点链接2】 合同的法定解除权

1. 一般情况
(1)因不可抗力致使不能实现合同目的。
(2)在履行期限届满之前,当事人一方明确表示或者以自己的行为表明不履行主要债务。
(3)当事人一方延迟履行主要债务,经催告后在合理期限内仍未履行。
(4)当事人一方延迟履行债务或者有其他违约行为致使不能实现合同目的。
(5)当事人在中止履行合同后,如果对方在合理期限内未恢复履行能力并且未提供适当担保的,可以解除合同。①

2. 单方解除权
(1)在承揽合同中,定作人可以随时解除承揽合同,但定作人因此造成承揽人损失的,应当赔偿损失。
(2)在委托合同中,委托人或者受托人可以随时解除委托合同,因解除合同给对方造成损失的,除不可归责于该当事人的事由以外,应当赔偿损失。

---

① 因不可抗力、意外事件致使主合同不能履行的,不适用定金罚则(当事人之间无过错);因当事人延迟履行或者有其他违约行为致使合同目的不能实现,可以适用定金罚则(因一方有过错导致,因此应该适用定金罚则)。

(3)在不定期租赁合同中,出租人或者承租人均可以随时解除合同,但出租人解除合同应当在合理期限之前通知承租人。

(4)租赁物危及承租人的安全或者健康的,即使承租人订立合同时明知该租赁物质量不合格,承租人仍然可以随时解除合同。

3. 合同解除的程序

当事人一方主张解除合同时,应当通知对方,合同自通知到达对方时解除。对方有异议的,可以请求人民法院或者仲裁机构确认解除合同的效力。对方虽有异议,但是在约定的异议期限届满后才提出异议并向人民法院起诉的,人民法院不予支持。如果没有约定异议期间,在解除合同通知到达之日起3个月以后才向人民法院起诉的,人民法院不予支持。

4. 合同解除的效力

(1)尚未履行的,终止履行。(2)已经履行的,根据履行情况和合同性质,当事人可以要求恢复原状、采取其他补救措施,并要求赔偿损失。(3)合同的解除不影响合同中结算条款、清理条款以及解决争议方法条款的效力。

【考点链接3】 提存

1. 提存的概念

提存是指非因可归责于债务人的原因,导致债务人无法履行债务或者难以履行债务的情况下,债务人将标的物交由提存机关保存,以终止合同权利义务关系的行为。

2. 债务人可以将标的物提存的情形

(1)债权人没有正当理由拒绝受领;

(2)债权人下落不明;

(3)债权人死亡未确定继承人或者丧失民事行为能力未确定监护人;

(4)法律规定的其他情形(如抵押人转让抵押物所得的价款,应当向抵押权人提前清偿所担保的债权或者向与抵押权人约定的第三人提存)。

除债权人下落不明的以外,债务人应当及时通知债权人或者债权人的继承人、监护人。

3. 提存的法律效力

(1)标的物提存后,毁损、灭失的风险由债权人承担;

(2)提存期间,标的物的孳息归债权人所有;

(3)提存费用由债权人负担;

(4)标的物不适用于提存或者提存费用过高的,债务人依法可以拍卖或者变卖标的物,提存所得的价款。

债权人自提存之日起5年内不领取提存物的,提存物扣除提存费用后归国家所有。在此,5年期间为不变期间,不适用诉讼时效中止、中断或者延长的规定。

【补充】有关部门收到遗失物,知道权利人,应当及时通知其领取;不知道的,应当及时发布招领公告。遗失物自发布招领公告之日起6个月内无人认领的,归国家所有。

【考点链接4】 赠与合同

1. 赠与合同概述

(1)赠与合同属于单务、无偿、诺成合同。

(2)赠与可以附义务;附义务的,受赠人应当按约履行。

(3)因赠与人故意或重大过失致使赠与的财产毁损灭失的,赠与人应当承担赔偿责任。

(4)赠与的财产有瑕疵的,赠与人不承担责任;附义务的赠与,赠与的财产有瑕疵的,赠与人在附义务的限度内承担与出卖人相同的责任。赠与人故意不告知瑕疵或者保证无瑕疵,造成受赠人损失的,应当承担损害赔偿责任。

(5)赠与合同成立后,赠与人的经济状况显著恶化,严重影响其生产经营或者家庭生活的,可以解除合同,不再履行赠与义务。

2. 赠与合同的撤销

(1)任意撤销:赠与人在赠与财产的权利转移之前可以撤销赠与,但具有救灾、扶贫等社会公益、道德义务性质的赠与合同或者经过公证的赠与合同不得撤销。对于这类赠与合同,如果赠与人不交付赠与的财产的,受赠人可以要求交付。

(2)法定撤销情形:

①严重侵害赠与人或者赠与人的近亲属;

②对赠与人有扶养义务而不履行;

③不履行赠与合同约定的义务。

【提示】法定撤销,是指当受赠人有忘恩行为时,无论赠与财产的权利是否转移,赠与是否具有救灾、扶贫等社会公益、道德义务性质或者经过公证,赠与人或者赠与人的继承人、法定代理人均可以撤销。

(3)撤销权。

①赠与人的撤销权自知道或者应当知道撤销原因之日起1年内行使。

②因受赠人的违法行为致使赠与人死亡或丧失民事行为能力的,赠与人的继承人或者法定代理人的撤销权,应当自知道或者应当知道撤销原因之日起6个月内行使。

如果是法定撤销情形,则撤销权人撤销赠与的,可以向受赠人要求返还赠与的财产。

总结一下撤销期限:

章节	撤销权	撤销权的时效
民事法律行为	可撤销的民事行为	自行为成立之日起1年内
破产法	对破产企业放弃自己的债权等5种行为	(1)如该行为发生在人民法院受理破产案件前6个月至破产宣告之日的期间内,清算组有权行使撤销权,向人民法院申请追回财产; (2)如该行为于破产程序终结之日起1年内被查出,则由人民法院追回财产
合同法总则	可撤销合同	合同保全措施中的撤销权自债权人知道或者应当知道撤销事由之日起1年内行使;自债务人的行为发生之日起5年内没有行使撤销权的,撤销权消灭
合同法分则	赠与合同的撤销	(1)赠与人的撤销权,自知道或者应当知道撤销原因之日起1年内行使; (2)赠与人的继承人或者法定代理人的撤销权,自知道或者应当知道撤销原因之日起6个月内行使

【考点链接5】 票据的伪造和变造

1. 票据伪造

(1)概念。

票据伪造是指假冒或者虚构他人的名义而为的票据行为。具体而言,就是在未获得他人授权的情况下，假冒他人或者声称获得了他人的授权，而径行以他人的名义进行票据行为；或者，虚构某个并不存在的人，并以此人名义进行票据行为。

需要注意的是，如果票据行为人在指明本人的存在并以代理人的身份在票据上签章，即使其欠缺代理权，也不构成票据伪造，而是无权代理。

(2) 票据伪造的构成要件。

①伪造者的行为符合票据行为的形式要件。若不符合形式要件，无论是否构成伪造，票据行为已经确定无效，自然无需特别考虑伪造问题。

②伪造者假冒或者虚构他人名义在票据上签章。

其一，假冒他人名义（在形式上体现为票据行为的代行）：如果行为人获得了本人的授权，或者出现类推适用表见代理的情形，则票据行为有效，本人应该承担票据责任；否则，则构成票据的伪造。

其二，虚构他人（虚构一个并不存在的法人或其他单位）名义：票据行为应无效，虚构人承担票据责任。

(3) 票据伪造的法律后果。

①对被伪造人而言：在虚构他人名义的情形下，并不存在一个被伪造人，因此不存在相应的法律后果问题。在假冒他人名义的情形下，假如属于上文所分析的票据行为无效的情形，被伪造人不承担因为该票据行为所产生的票据责任。

②对伪造人而言：伪造人并未以自己名义在票据上签章，不承担票据责任。但是可能要承担刑事责任、行政法律责任或者民法上的赔偿责任。

③票据伪造的被伪造人，不承担票据责任。票据上有伪造签章的，不影响票据上真实签章的效力。在票据上真正签章的当事人，仍应对被伪造的票据债权人承担票据责任，票据债权人在提示承兑、提示付款或者行使追索权时，在票据上真正签章人不能以伪造为由进行抗辩。

2. 票据变造

(1) 概念。

票据变造是指没有变更权限的人变更票据上签章以外的其他记载事项的行为。票据行为人在票据上记载了一定的事项后，其本人或者其他人又对该事项（签章除外）进行变更的。

(2) 变造与变更权人的变更的区别。

根据规定，票据金额、日期、收款人名称不得更改，更改的票据无效。对票据上的其他记载事项，原记载人（或者经其授权的人）有权更改，更改时应当由原记载人签章证明。

因此，除了金额、日期（应当解释为出票日期）、收款人名称之外的事项，原记载人（或者经其授权的人）有权变更，但是应当专门就记载之变更行为进行签章。通常来说，变更会发生在记载完成后、交付给相对人之前。假如已经交付，则票据行为经按照原记载的内容成立并生效，如果要变更，还应当征得利害关系人的同意，特别是持票人的同意。

关于金额、出票日期、收款人名称这三个事项，任何人均不得变更，包括原记载人自己。如果对这三个事项的变更比较明显，可以通过查看票据而发现，票据无效。

在此，票据无效的含义应理解为，如果出票行为成立时就存在该瑕疵，出票行为无效，其他票据行为也因此而无效，票据权利根本不发生。但是，如果出票行为成立时并无该瑕疵，出票行为已经在当时生效，票据权利就已经发生。

(3) 票据变造的构成要件。

①有变更票据上签章以外记载事项的行为。

②变更行为人没有变更权。

(4)票据变造的法律后果。

①变造前在票据上签章的票据行为人,依照原记载事项负责。

②变造后在票据上签章的票据行为人,依照变造后的记载事项负责。

【考点链接6】 票据的追索权

汇票的追索权(第二顺序权利)[①],是指汇票到期不获付款,到期前不获承兑或者有其他法定原因时,持票人依法向汇票上的债务人请求偿还票据金额、利息和其他法定款项的票据权利。

1.追索权的当事人

(1)追索权人:依法享有追索权的人,包括最初追索权人和再追索权人。最初追索权人,是享有票据权利的最后持票人。有关的票据债务人在被持票人追索而清偿了相应的债务后,就享有了作为持票人的权利,享有再追索权,有权向其前手进行再追索。再追索权人,可以包括背书人、保证人、出票人。其中,关于保证人的追索权,保证人清偿汇票后,可以行使持票人对被保证人及前手的追索权。

(2)被追索人:包括背书人、出票人、保证人、承兑人。其中,承兑人既是付款义务人,也是被追索人。汇票的出票人、背书人、承兑人和保证人对持票人承担连带责任。持票人可以不按照汇票债务人的先后顺序,对其中任何一人、数人或者全体行使追索权。持票人对汇票债务人中的一人或者数人已经进行追索的,对其他汇票债务人仍可以行使追索权,除非回头背书。

2.追索权的取得与保全

(1)到期追索权的发生原因:汇票到期被拒绝付款的,持票人可以行使追索权。

(2)期前追索权[②]的发生原因:对于远期汇票来说,主要有以下几种原因:①被拒绝承兑(包括承兑附条件);②承兑人或者付款人死亡、逃匿;③承兑人或者付款人被宣告破产或者因违法被责令终止业务活动。

(3)追索权的保全。

①持票人须遵期提示、依法取证,才能保全其追索权。

须注意:若没有遵期提示、依法取证,并不丧失对出票人、承兑人的追索权。

②在例外情形下,持票人可以不必提示承兑或者提示付款,即可基于有关证据而行使追索权,而不发生丧失追索权的后果。这主要包括:在票据到期之前或者到期时,出现付款人死亡、逃匿、被宣告破产、被责令终止业务活动等情形,持票人无法对其提示承兑或者提示付款。

此时,持票人无法取得拒绝证明,但是可以依法取得关于付款人死亡或者逃匿的有关证明(包括医院或者有关单位出具的付款人死亡的证明、人民法院出具的宣告付款人失踪或者死亡的证明或者法律文书、公安机关出具的付款人逃匿或者下落不明的证明等),公证机关出具的具有拒绝证明效力的文书,人民法院宣告付款人破产的司法文书以及行政主管部门责令付款人终止业务活动的行政处罚决定。

3.追索的金额

(1)最初追索权的追索金额。持票人行使追索权,可以请求被追索人支付的金额包括:

---

① 《票据法司法解释》将付款请求权称为第一顺序权利,将追索权称为第二顺序权利。

② 期前追索权是指在票据记载的到期日到来之前,如果发生了特定的事由使到期付款已经不可能或者可能性显著降低,法律赋予持票人在到期之前就可以进行追索的权利。

①被拒绝付款的汇票金额;②汇票金额自到期日或提示付款日至清偿日,按中国人民银行规定的利率计算的利息;③取得有关拒绝证明和发出通知书的费用。

(2)再追索权的追索金额。被追索人依照上述规定清偿后,向其他汇票债务人行使再追索权时可以请求支付的金额包括:①已清偿的全部金额;②前项金额自清偿日至再追索清偿日,按中国人民银行规定的利率计算的利息;③发出通知书的费用。

4.追索权的行使

持票人应当自收到被拒绝承兑或者拒绝付款的有关证明之日起3日内,将被拒绝的事由书面通知其直接前手,还可以同时通知其他的追索义务人。如果未按照规定期限通知,虽然仍可以行使追索权,但应当赔偿因为迟延通知而给被追索人造成的损失,赔偿金额以汇票金额为限。持票人的直接前手应当自收到通知之日起3日内书面通知自己的再前手。

此外,持票人应该确定被追索的对象。如前所述,汇票的出票人、背书人、承兑人、保证人对持票人承担连带责任。持票人可以不按照汇票债务人的先后顺序,对其中一人、数人或者全体行使追索权。持票人对汇票债务人中的一人或者数人已经行使追索的,对其他汇票债务人仍可以行使追索权。

5.追索权行使的效力

抗辩切断制度适用于再追索权人与其追索义务人之间的关系。被追索人不得以其对于出票人或者再追索权人的前手之间的抗辩事由对抗再追索权人,除非其相互之间有直接的基础关系,或者再追索权人明知这一抗辩事由的存在。

【第八集】| 男人要证明自己？

【关键词】 动产的浮动抵押、代位权、撤销权、共同担保下的保证责任、债权转让、抵销、留置权、保证合同与保证人、借款合同

凤姐在知道 A 货糟蹋自己的财产后，非常恼怒，意欲实施拔光汗毛的酷刑，但转念一想，是自己有错在先，顿时觉得对不住 A 货，心中的怒火也就逐渐消散了。而 A 货也发现了自己的过错，并主动向凤姐承认，两人也就相安无事。A 货逐渐明白，男人一定要顶天立地，有一番自己的事业，不能靠女人来养活。所以，就在想自己能做点什么事情呢？考 CPA、CFA、CMA、ACCA？考司法考试？考公务员？都太高端了，自己刚刚小学毕业，智商根本达不到那个程度。但是，A 货突然想到自己好像有点生意头脑，以前曾贩卖过女士内衣、电话卡等，而且效益还不错。于是决定还是做生意，用这个来证明自己。

第二天，A 货在衡山路附近闲逛，突然有人跑过来问 A 货："哥们，要碟么，A 的。"A 货故作清纯，问什么意思。这个男的给他介绍了一番，并且告诉他，你以后不看了也可以像我一样转手卖掉啊。A 货一听来劲了，跟自己的想法不谋而合啊。于是，立即向这个男人买了1 500张光碟。

第三天，A 货去新天地附近溜达，听见有人在聊，大意是现在金价"涨"的厉害，买卖黄金应该能赚很多钱，但国家禁止私人之间买卖黄金，如何能找个形式规避法律。A 货有点小聪明，想出一个所谓的"妙招"，两个人要想私下买卖黄金，可以如下操作：A 赠给 B 黄金，B 赠给 A 现金。

事实上，A 货以上做的两件事都是违反法律规定的，也就是说，A 货所签订的两份合同都是无效的。根据规定，有下列情形之一的，合同无效：(1)一方以欺诈、胁迫的手段订立合同，损害国家利益；(2)恶意串通，损害国家、集体或者第三人利益；(3)以合法形式掩盖非法目的；(4)损害社会公共利益；(5)违反法律、行政法规的强制性规定。买光碟的合同，因为违反法律、行政法规的强制性规定而无效。而 A 货想出来的"妙招"属于以合法形式掩盖非法目的，所以，赠与合同也是无效的。

在经过一番试探之后，A 货觉得"小打小闹"并不适合他这种高端有身份的男人，遂决定搞大的。于是在第四天，A 货设立了一个小企业 O，并买了一些设备，主要生产 DVD 等产品，原因是之前买的光碟一直没卖出去，想生产出 DVD 之后和光碟一起配套出售。

第五天，A 货跟乙银行签订了一份借款合同，向乙银行借款1 000万元，借款期限为2025年1月1日至2027年9月1日。A 货想让自己的好朋友阿斗作为保证人，阿斗单方以书面形式向乙银行出具了担保书，乙银行并未提出异议并接受。此时，阿斗成为借款合同的保证人。根据规定，第三人单方以书面形式向债权人出具担保书，债权人接受且未提出异议的，保证合

同成立。

O企业将其现有的以及将有的生产设备、原材料、产品、半成品等一并抵押给乙银行,双方签订了抵押合同并办理了抵押登记。

借款期限届满,O企业经营困难,企业负债累累,无力偿还借款。乙银行经调查发现以下事实:(1)借款期间,O企业将一台DVD以市价500元的价格卖给了不知情的张飞,并已经交付。此时,张飞获得该DVD的所有权。根据规定,经当事人书面协议,企业、个体工商户、农业生产经营者可以将现有的以及将有的生产设备、原材料、半成品、产品抵押,债务人不履行到期债务或者发生当事人约定的实现抵押权的情形,债权人有权就实现抵押权时的动产优先受偿;但不得对抗正常经营活动中已支付合理价款并取得抵押财产的买受人。

(2)O企业有一台生产设备,价值100万元,借款期限届满前2个月,送到F公司修理,但因O企业一直未交付10万元修理费,该设备被F公司留置。此时,F公司作为留置权人,可以优先行使留置权。根据规定,同一动产上已设立抵押权或者质权,该动产又被留置的,留置权人优先受偿。

(3)C公司欠O企业500万元,O企业一直打电话催要该款项,但C公司一直未偿还,而O企业也未采取其他法律措施。此时,乙银行为了保护自己的权益,可以提起代位权诉讼。根据规定,债务人怠于行使其对第三人(次债务人)享有的到期债权,危及债权人债权实现时,债权人为保障自己的债权,可以自己的名义代位行使债务人对次债务人的债权。所谓怠于行使到期债权,是指债务人不以诉讼方式或者仲裁方式向次债务人主张其享有的具有金钱给付内容的到期债权。

(4)2026年6月,在此之前,O企业欠E公司50万元(2026年1月1日到期),而E公司也欠O企业50万元(2026年5月1日到期)。O企业此时可以向E主张抵消50万元。根据规定,当事人互负到期债务,债务标的物种类、品质相同的,任何一方均可主张抵消。在此,O企业和E公司之间的债务均已到期,O企业有权向E主张就50万元的债权债务予以抵消。

(5)O企业曾将一台价值1 000万元的生产设备无偿赠送给了关羽。此时,乙银行可以向法院主张撤销O企业的行为。根据规定,因债务人无偿转让财产,对债权人造成损害的,债权人可以请求人民法院撤销债务人的行为。在此,O企业将机器设备赠送(无偿转让)给关羽,且赠送时O企业的净资产已经为负,显然对乙银行的债权构成损害。

(6)吕布欠O企业20万元。9月11日,O企业与赵云签订债权转让合同,将对吕布的20万元债权以19万元转让给赵云。此时,赵和O企业的债权转让合同生效。根据规定,依法成立的合同,原则上自成立时生效。对于吕布而言,在接到债权转让通知后生效。根据规定,债权人转让权利,不需要经债务人同意,但应当通知债务人;未经通知,该转让对债务人不发生效力。

在知晓以上情况后,乙银行要求阿斗承担保证责任,阿斗辩称:借款债权既有保证担保,同时又有O企业的抵押担保,乙银行应该首先实现抵押权。此时,应先看当事人之间有没有约定,如果没有约定,阿斗的主张成立。根据规定,被担保的债权既有物的担保又有人的担保的,债务人不履行到期债务或者发生当事人约定的实现担保物权的情形,债权人应当按照约定实现债权;没有约定或者约定不明确,债务人自己提供物的担保的,债权人应当先就该物的担保实现债权。

【考点链接1】 动产的浮动抵押

经当事人书面协议,企业、个体工商户、农业生产经营者可以将现有的以及将有的生产设备、原材料、半成品、产品抵押,债务人不能履行到期债务或者发生当事人约定的实现抵押权的情形,债权人有权就实现抵押权时的动产优先受偿。

须注意:(1)浮动抵押标的物限于现有的以及将有的动产;(2)适用主体包括企业、个体工商户和农业生产经营者。

动产浮动抵押的条件有:

(1)特定的主体设立,即企业、个体工商户、农业生产经营者。

(2)特定的财产,即生产设备、原材料、半成品、产品。

(3)实现抵押权的条件是不履行到期债务或者发生当事人约定的实现抵押权的事由。

(4)合同的生效为设立条件,不以登记为要件。

抵押财产在下列情形之一发生时确定:(1)债务履行期届满,债权未实现;(2)抵押人被宣告破产或者被撤销;(3)当事人约定的实现抵押权的情形;(4)严重影响债权实现的其他情形。

在动产浮动抵押"结晶"之前,即使浮动抵押办理了登记,该抵押权也不得对抗正常经营活动中已支付合理价款并取得抵押财产的买受人。

【提示】最高额抵押需要对债权"结晶"(在该时点上向银行总共借了多少钱),浮动抵押需要对抵押财产"结晶"(在该时点上哪些财产应计入抵押财产)。

【考点链接2】 代位权

1. 概念

代位权是指债务人怠于行使其对第三人(次债务人)享有的到期债权,危及债权人债权实现时,债权人为保障自己的债权,可以自己的名义代位行使债务人对次债务人的债权的权利。

2. 代位权行使的条件

(1)债权人对债务人的债权合法。

(2)债务人怠于行使其到期债权,对债权人造成损害。债务人的懈怠行为必须是债务人不以诉讼方式或者仲裁方式向次债务人主张其享有的具有金钱给付内容的到期债权。

(3)债务人的债权已到期。债权人的债权已到期。两个都到期才可以。

(4)债务人的债权不是专属于债务人自身的债权。所谓专属于债务人自身的债权,是指基于扶养关系、抚养关系、赡养关系、继承关系产生的给付请求权和劳动报酬、退休金、养老金、抚恤金、安置费、人寿保险、人身伤害赔偿请求权等权利。

3. 代位权诉讼中的主体及管辖

代位权诉讼中的主体及管辖债权人行使代位权是以自己的名义,以次债务人为被告,债务人为第三人。提起诉讼的管辖法院为被告住所地的人民法院。如果债权人胜诉的,由次债务人承担诉讼费用,且从实现的债权中优先支付。

4. 代位权行使的法律效果

(1)经人民法院审理后认定代位权成立的,由次债务人向债权人履行清偿义务,债权人与债务人、债务人与次债务人之间相应的债权债务关系即予消灭。

(2)债权人的债权就代位权行使的结果有优先受偿权利。

(3)在代位权诉讼中,次债务人对债务人的抗辩,可以向债权人主张。

须注意:(1)债权人提起代位权诉讼的,应当认定对债权人的债权和债务人的债权均发生诉讼时效中断的效力。(2)合伙企业法中合伙人个人的债权人不得代位行使合伙人在合伙企业中的权利。

【考点链接3】 撤销权

1. 概念和性质

撤销权是指债权人对债务人减少财产以致危害债权的行为,请求人民法院予以撤销的权利。合同保全中的撤销权与可撤销合同中的撤销权不同:(1)合同保全中的撤销权是债权人请求人民法院撤销债务人与第三人之间已经生效的法律关系,突破了合同相对性,其效力扩及第三人,其目的是为了恢复债务人的清偿能力;(2)可撤销合同中的撤销权并没有扩及第三人,其目的是为了消除当事人之间意思表示的瑕疵。

2. 撤销权的成立要件

(1)债权人须以自己的名义行使撤销权。

(2)债权人对债务人存在有效债权。

(3)债务人实施了减少财产的处分行为。①放弃到期债权,对债权人造成危害。②无偿转让财产,对债权人造成损害。③以明显不合理的低价转让财产,对债权人造成损害,并且受让人知道该情形。明显不合理低价的判断标准,一般应以交易当地一般经营者的判断,并参考交易当时交易地的物价部门指导价或者市场交易价,结合其他因素综合考虑。一般认为,转让价格达不到交易时交易地的指导价或者市场交易价70%,一般可以视为明显不合理的低价;对转让价格高于当地指导价或者市场交易价30%的,一般可以视为明显不合理的高价。

(4)债务人的处分行为有害于债权人债权的实现。

须注意:(1)债务人的无偿行为(放弃到期债权、无偿转让财产),不论第三人是否善意、恶意取得,均可撤销。(2)债务人的有偿行为(以明显不合理的低价转让和高价购买财产的行为),以第三人的恶意取得为要件,如果第三人主观上无恶意,则不能撤销取得的行为。

3. 撤销权行使的期限

撤销权自债权人知道或者应当知道撤销事由之日起1年内行使,自债务人的行为发生之日起5年内没有行使撤销权的,该撤销权消灭。

4. 撤销权行使的法律效果

(1)一旦人民法院确认债权人的撤销权成立,债务人的处分行为即归于无效。视为自始无效。

(2)撤销权行使的目的是恢复债务人的财产,债权人就撤销权行使的结果并无优先受偿权利。

5. 撤销权诉讼

(1)债权人为原告,债务人为被告,受益人或者受让人为诉讼上的第三人。代位权是次债务人作被告。

(2)债权人行使撤销权所支付的律师代理费、差旅费等必要费用,由债务人负担;第三人有过错的,应当适当分担。明显不合理的价格交易,并且第三人知道,就要适当承担。代位权的时候,诉讼费用由次债务人承担,其他费用由债务人承担。

(3)撤销权诉讼由被告住所地人民法院管辖。

(4)撤销权的行使范围以债权人的债权为限,代位权也是。

代位权和撤销权的区别

	代位权	撤销权
针对债务人的行为	消极行为（怠于行使到期债权）	积极行为（债务人放弃其到期债权，无偿转让财产，以明显不合理的低价转让财产且受让人知道该情形的）
诉讼主体	债权人是原告，次债务人是被告，债务人为诉讼中的第三人	债权人是原告，债务人是被告，受益人或者受让人为诉讼中的第三人
债权人就行使相应权利的结果是否享有优先受偿的权利	享有优先受偿权	无优先受偿权
费用的负担	债权人胜诉的，诉讼费用由次债务人负担。债权人行使代位权的必要费用由债务人承担	债权人行使撤销权的所支付的律师代理费、差旅费等合理费用，由债务人负担；第三人有过错的，应当适当分担

【考点链接4】 共同担保下的保证责任

被担保的债权既有物的担保又有人的担保的，债务人不履行到期债务或者发生当事人约定的实现担保物权的情形时：(1)债权人应当按照约定实现债权；(2)没有约定或者约定不明确，债务人自己提供物的担保的，债权人应当先就该物的担保实现债权(先主后次)；(3)第三人提供物的担保的，债权人可以就物的担保实现债权，也可以要求保证人承担保证责任(没有先后顺序)；(4)没有约定或者约定不明的，如果保证与第三人提供的物的担保并存，其中一人承担了担保责任，则只能向债务人追偿，不能向另外一个担保人追偿。

【考点链接5】 债权转让

1. 债权转让的条件

债权转让是指债权人（转让人）将合同的权利全部或者部分转让给第三人（受让人）的法律制度。债权人转让权利的，无需债务人同意，但应当通知债务人。未经通知，该转让对债务人不发生效力。债权人转让权利的通知不得撤销，但经受让人同意的除外。债权转让不以债务人的同意为生效条件，但是要对债务人发生效力，则必须通知债务人。

2. 禁止债权转让的情形

(1)根据合同性质不得转让。主要是指基于当事人特定身份而订立的合同，如出版合同、委托合同、雇佣合同、赠与合同等。

(2)按照当事人约定不得转让。

(3)依照法律规定不得转让。

3. 债权转让的效力

(1)债权人转让债权无须债务人同意，但应通知债务人，对让与人享有的抗辩权和抵消权，可以向受让人主张。

(2)债务人接到债权转让通知后，债务人对让与人享有债权，并且其债权先于转让的债权到期或者同时到期的，债务人可以向受让人主张抵消。

4. 与债务承担比较

债务人将合同义务的全部或者部分转移给第三人的，应当经债权人同意。

须注意：(1)保证期间，债权人许可债务人转让债务的，应当取得保证人书面同意；保证人对未经其同意转让的债务,不再承担保证责任。(2)债务承担情形下,构成原债务人对债务承认的,应当认定诉讼时效从债务承担意思表示到达债权人之日起中断。

【考点链接6】抵消

1. 约定抵消

当事人互负债务,标的物种类、品质不相同的,经双方协商一致,也可以抵消。

2. 法定抵消

(1)当事人互负到期债务,债务标的物种类、品质相同的,任何一方均可主张抵消。

(2)当事人主张抵消的,应当通知对方,通知到达对方时生效。

(3)抵消不得附条件或者附期限。

(4)法定抵消中的抵消权在性质上属于形成权。

【提示1】效力不完全的债权不能作为主动债权而主张抵消,如诉讼时效届满后的债权,该债权人不得主张抵消;但作为被动债权,对方以其债权主张抵消的,应当允许。

【提示2】一方债务已经到期,另一方债务尚未到期,则未到期的债务人可以主张抵消。

总结提示1和2,作为主动债权可以抵消的,主要是未过诉讼时效、未到期的债权可以作为主动债权向对方提出抵消。

3. 不得抵消的债务

(1)法律规定不得抵消的债务(如因故意侵权产生的债务)。

(2)根据合同性质不能抵消的债务(如提供劳务的债务)。

(3)当事人约定不得抵消的债务。

【考点链接7】留置权

1. 概念

留置权是指债权人合法占有债务人的动产,在债务人不履行到期债务时,债权人有权依法留置该财产,并有权就该财产享有优先受偿的权利。

2. 留置权的成立条件

(1)债权人合法占有债务人的动产。

(2)债权人留置的动产,应当与债权属于同一法律关系,但企业之间留置的除外。(须注意:对于企业之间留置权的行使,可以不以同一债权债务关系为要件。)

(3)债务已届清偿期且债务人未按规定期限履行义务。

3. 留置权的效力

(1)留置权人在占有留置物期间内,除了留置物本身以外,留置权的效力还及于从物、孳息和代位物。

(2)债权人在其债权没有得到清偿时,有权留置债务人的财产,并给债务人确定一个履行期限。根据规定,该履行期限应当在2个月以上。

(3)债务人超过规定的期限仍不履行其债务时,留置权人可依法以留置物折价或拍卖、变卖所得价款优先受偿。

(4)同一动产上已设立抵押权或者质权,该动产又被留置的,留置权人优先受偿;同一财产法定登记的抵押权与质权并存时,抵押权人优先于质权人受偿;质权与未登记抵押权并存时,质权人优先于抵押权人受偿(留置权>登记的抵押权>质权>未登记的抵押权)。

【考点链接 8】 保证合同与保证人

1. 保证合同成立的情形

(1)保证人在债权人与被保证人签订的订有保证条款主合同上,以保证人的身份签字或者盖章,保证合同成立。

(2)第三人单方以书面形式向债权人出具担保书,债权人接受且未提出异议的,保证合同成立。

(3)主合同中虽然没有保证条款,但保证人在主合同上以保证人的身份签字或者盖章的,保证合同成立。

2. 保证人

不能担任保证人的几种情形主要有:(1)主债务人不得同时为保证人。如果主债务人同时为保证人,意味着其责任财产未增加,保证的目的落空。(2)国家机关原则上不得为保证人。但经国务院批准为使用外国政府或者国际经济组织贷款进行转贷的,国家机关可以为保证人。(3)学校、幼儿园、医院等以公益为目的事业单位、社会团体不得作为保证人。但从事经营活动的事业单位、社会团体,可担任保证人。(4)企业法人的职能部门在任何情况下都不能成为保证人。(5)企业法人的分支机构有法人书面授权的,可以在授权范围内提供保证。(6)不具有完全代偿能力的主体,只要以保证人身份订立保证合同后,就应当承担保证责任。

【考点链接 9】 借款合同

1. 借款合同概述

金融机构贷款的借款合同应当采用书面形式,是诺成合同,双方意思表示一致合同即成立;自然人之间的借款合同为实践合同(可以是口头形式),合同从交付借款生效。

借款人未按照约定的借款用途使用借款的,贷款人可以:(1)停止发放借款;(2)提前收回借款;(3)解除合同。

2. 借款的利息

(1)借款的利息不得在本金中扣除,利息预先在本金中扣除的,应当按照实际借款数额返还并计算利息。

(2)支付利息期限不明的处理(先按照合同约定,无约定或者约定不明,依照《合同法》规定仍然不能确定的,适用以下情形):①借款期限不满1年的,应当在返还借款时一并支付;②借款期限在1年以上的,应当在每届满1年时支付,剩余期间不满1年的,应当在返还借款时一并支付。

(3)贷款人按照约定可以检查、监督借款的使用情况。借款人应当按照约定向贷款人定期提供有关财务会计报表等资料。借款人未按照约定的借款用途使用借款的,贷款人可以停止发放借款、提前收回借款或者解除合同。

(4)借款人应当按照约定的期限返还借款。对借款期限没有约定或者约定不明确,依照《合同法》规定仍不能确定的,借款人可以随时返还;贷款人可以催告借款人在合理期限内返还。

(5)借款人提前偿还借款的,除当事人另有约定外,应当按实际借款的期间计算利息。借款人可以在还款期限届满前向贷款人申请展期。贷款人同意的,可以展期。

3. 自然人之间借款的利息支付

(1)对支付利息没有约定或者约定不明确的,视为不支付利息。

(2)自然人之间的借款合同有约定偿还期限而借款人不按期偿还,或者未约定偿还期限但经出借人催告后,借款人仍不偿还的,出借人可以要求借款人偿付逾期利息。

(3)对支付利息有约定的,借款的利率不得违反国家有关限制利率的规定,即不得超过银行同期贷款利率的4倍。超过时,超过部分无效。

第二季
半边天

【第一集】| 崛起？

"大河百代，众浪齐奔，淘尽万古英雄汉；词苑千载，群芳竞秀，盛开一只(枝)女儿花。""弯弓征战作男儿，梦里曾经与画眉。几度思归还把酒，佛云堆上祝明妃。"以上古诗词，都是颂扬和赞美女性的伟大，当然也是凤姐比较喜欢的诗词。凤姐也喜欢将自己比做花木兰、李清照、穆桂英。凤姐还是一个极度狂热的女权主义者，认为女人是世界上最伟大的生物，是先有女人才有了男人，才有了世界，才有了地球，才有了宇宙。但是女人一直作为弱势群体，地位一直被低估，男人则高傲自大、自喻不凡，但却名不副实、能力了了。为了向包括 A 货在内的男人们证明女性的伟大，凤姐决定与好姐妹们成立各种企业，并争取能成功运营。凤姐找来了美美、金莲、朱朱、露露、嘻嘻、果果等，把自己的想法跟她们说了，大家一拍即合。其中，美美还说道："尽管我有个无比有钱且有势的干爹，但他并不是真心对我，而且他并不是我一个人的干爹。"金莲说："尽管我嫁进了豪门，但我只是 6 房，前面还有几个猛虎压着我呢，并且她们只是把我当成一个生育机器，凭什么啊？"露露说："虽然我现在有名了，人尽皆知，经常占据各大门户网站的头版头条，收入也是每年 8 位数起；但我经常受到行业潜规则的威胁，我这冰清玉洁的身子怎么能白白给那些垃圾呢？我还要把它留给我的真命天子呢。"

大家越说越来劲，凤姐一看快 4 点了，再不结束就要留她们吃晚饭了，这么一大帮子人，花销太大，还是赶紧搞定，各回各家，各吃各饭。凤姐咳了几声，突然屋里一片安静。"看来大家都是有身份的女人，高端大气上档次，既然大家有共识，我们现在开始说正事了。我的想法是搞就搞大的，大的现在比较流行的就是上市公司。但是想上市，现在我们还不具备这个条件。我们现在处于起步阶段，千万不能急，要慢慢来。据我所知，我们中国的商业企业大致可以分为个人独资企业、合伙企业和公司这几种类型。姐妹们可以根据自己的喜好选择一种或几种企业类型，当然你意欲成立的类型可以跟其他人的相同。这都不是问题，关键是你怎么经营，能不能经营好，我们不仅要证明给男人们看，我们姐妹之间还要相互督促、互相鼓励，看看姐妹之间谁更出色。"说定，开始认领。凤姐认领了公司，美美、朱朱、露露、果果、嘻嘻也都认领了公司。而金莲看其他人都认领了公司，为了与众不同，自己决定成立一个合伙企业，跟别人不一样才够味。

凤姐提议："作为有身份的女人，我们应该直接把企业名称想好。"沉思后，凤姐的公司叫"骚风"公司（请不要反过来读，谢谢！）。美美说她是个知恩图报的人，干爹对她也不薄，公司就叫"旺菌"吧。朱朱说："我一定要一鸣惊人，惊人的关键是公司的名字首先要惊人，那就叫'朱奋'吧。"天哪，小伙伴们都惊呆了，这名字起得老霸气了。金莲原本想自己的企业叫"门帘子"（从西门庆和潘金莲两个名字中各取一字组成)的，但见美美都这么说了，怕别人说她忘恩负义，所以只好将企业命为"大郎"。露露说自己一路走来不容易，经常被人嘲笑无底线，为了给自己正名，那就叫"有底线"吧。果果想了想，我叫果果，已经有苹果公司，而且它还是驰名商标,为了不侵犯他人知识产权,就叫"西瓜"吧。嘻嘻听完了以上的名字,大笑起来,众人纷纷问她咋了。嘻嘻说:"你们起的名字都太俗,不容易让大众记住,我的企业就不一样了,叫'嘻哈'。"①

---

① 在此,关于这几个公司或企业的名称,暂且让她们这么起名吧,先不去考虑是否符合相关规定了。

【第二集】| 骚风

【关键词】 公司的设立条件、股东会(有限责任公司)、监事会、经营管理机关、不按照规定出资的责任、会计师从事审计活动的侵权赔偿责任

先看我们的主角凤姐以及"骚风"公司。

2028年1月1日,凤姐、乙、丙拟共同出资设立"骚风"贸易有限责任公司(以下简称公司),并共同制定了公司章程草案,有关要点如下:

其一,公司注册资本总额为600万元。凤姐出资180万元,其中,货币出资70万元、计算机软件作价出资110万元。首次货币出资20万元,其余货币出资和计算机软件出资自公司成立之日起1年内缴足。乙出资150万元,其中,机器设备作价出资100万元、特许经营权出资50万元。自公司成立之日起6个月内一次缴足。丙以货币270万元出资,约定一次缴清出资。但是丙又与第三人A达成了一份协议,约定由A代垫资金协助丙缴付全部的货币资金。按照丙与A的约定,在公司验资后由丙再将出资的资金抽回以偿还A,丙在1个月内补足该部分的出资。

【提示】 第一,凤姐以计算机软件出资符合规定。根据规定,股东可以用货币出资,也可以用实物、知识产权、土地使用权等可以用货币估价并可以依法转让的非货币财产作价出资。凤姐以知识产权(计算机软件)出资符合规定。乙以特许经营权出资不符合规定。根据规定,股东不得以劳务、信用、自然人姓名、商誉、特许经营权或者设定担保的财产等作价出资。新《公司法》的相关修改详见[考点链接]的"财产条件"部分。

其二,公司的董事长由凤姐委派,副董事长由乙委派,经理由丙提名并经董事会聘任,经理作为公司的法定代表人。在公司召开股东会会议时,出资各方行使表决权的比例为:凤姐按照注册资本30%的比例行使表决权,乙、丙分别按照注册资本35%的比例行使表决权。在公司召开股东会会议时,应提前25日通知全体股东。

【提示】 第一,董事长、副董事长的产生方式符合规定。根据规定,有限责任公司董事长、副董事长的产生办法由公司章程规定。第二,法定代表人由经理担任符合规定。根据规定,公司法定代表人依照公司章程的规定,由董事长、执行董事或者经理担任。第三,首次股东会由丙召集和主持符合规定。根据规定,有限责任公司的首次股东会由出资最多的股东召集和主持。第四,公司章程规定的出资各方在公司股东会会议上行使表决权的比例符合规定。根据规定,有限责任公司股东会会议由股东按照出资比例行使表决权,但公司章程另有规定的除外。第五,股东会的通知时间符合规定。根据规定,召开股东会会议,应当于会议召开15日以前通知全体股东,但公司章程另有规定或者全体股东另有约定的除外。

其三,公司分配红利时,出资各方依照以下比例进行分配:凤姐享有红利25%的分配权,

乙享有红利40%的分配权,丙享有红利35%的分配权。公司不设监事会,由乙担任监事。

【提示】第一,公司章程规定的出资各方分红比例符合规定。根据规定,有限责任公司按照股东实缴的出资比例进行分配,但全体股东约定不按照出资比例进行分配的除外。第二,公司章程规定不设监事会符合规定。根据规定,股东人数较少或者规模较小的有限责任公司,可以设1~2名监事,不设立监事会。

公司的发起人草案经过法律专业人士指出问题并修正后拟订了正式的发起人协议,凤姐、乙、丙均在协议上签名。后凤姐、乙、丙开始履行发起人协议并聘请B会计师事务所对公司的出资情况进行验资,B会计师事务所在验资过程中发现乙出资的机器设备评估价值为100万元,类似设备市场价值100万元,但该机器设备明显为二手设备,技术水平相对落后,会计师事务所的相关人员查阅该评估报告和相关情况后发现异常,但未予处理。除此之外,B会计师事务所没有发现其他问题,便出具了验资报告,并在验资报告后注明"本报告仅供工商登记使用"。

公司经过工商行政管理机关登记后依法成立,丙依照与A协议的约定,将其投入的货币资金270万元从公司账户中划回到A公司账户,但一直未补齐该部分出资,凤姐和乙依照发起人协议的约定要求丙立刻补足出资,遭到丙的拒绝,随后,凤姐和乙要求第三人A公司承担此责任,A公司以自己仅仅是中间人为由拒绝承担任何责任。此时,丙以第三人代垫资金的方式后再归还的形式进行出资符合规定,A公司拒绝承担连带责任的说法不合法。根据规定,第三人代垫资金协助发起人设立公司,双方明确约定在公司验资后或者在公司成立后将该发起人的出资抽回以偿还该第三人,发起人依照前述约定抽回出资偿还第三人后又不能补足出资,相关权利人可以请求第三人连带承担发起人因抽回出资而产生的相应责任。

公司成立后除了正常经营之外,还向建设银行贷款300万元,后由于公司投资决策失误,贷款所投的项目血本无归,建设银行的贷款无法得到清偿,经调查发现乙所出资机器设备价值显著低于公司所定价值,便就未清偿贷款要求乙以未足额出资部分承担责任,乙以该机器设备是因市场变化导致的贬值,与本人无关为由拒绝补足。此时,乙应该依法补足出资。原因在于,乙出资时明显为二手设备,技术水平相对落后,评估报告上的价值与实际价值不符,应该属于未全面履行出资义务的情况,而非因为市场变化的原因导致出资财产贬值。该部分出资应由乙补足,其他发起人凤姐和丙承担连带责任。根据规定,股东在公司设立时未履行或者未全面履行出资义务,公司的发起人与被告股东承担连带责任;公司的发起人承担责任后,可以向被告股东追偿。

建设银行又向出具验资报告的B会计师事务所要求赔偿,B会计师事务所拒绝承担赔偿责任,理由有两个:一是"本所在验资中并非故意出具,即便承担也仅仅是就被审计单位赔偿后不足部分来承担";二是"本所在验资报告上已经注明是仅供工商登记使用,跟银行贷款没有关系"。随后,建设银行依法向人民法院提起了诉讼。首先,B会计师事务所拒绝承担赔偿责任的第一个理由错误,根据规定,会计师明知出资不实而出具验资报告的情况下,会计师事务所应当承担连带赔偿责任。而参与验资的会计师明知机器设备出资不实仍然出具了验资报告,会计师事务所应当承担赔偿责任。其次,会计师事务所的第二个理由错误,根据规定,会计师事务所在报告中注明"本报告仅供年检使用"、"本报告仅供工商登记使用"等类似内容的,不能作为其免责的事由。

【考点链接1】 公司的设立条件

1. 发起人条件

(1)有限责任公司股东为50人以下。(2)设立股份有限公司发起人为2人以上、200人以下,其中须有半数以上的发起人在中国境内有住所。(3)为设立公司而签署公司章程、向公司认购出资或者股份并履行公司设立职责的人,应当认定为公司的发起人,包括有限责任公司设立时的股东。

2. 财产条件

(1)根据2014年3月1日起实施的新《公司法》修正案,需要特别注意以下两点:其一,将注册资本实缴登记制改为认缴登记制。也就是说,除法律、行政法规以及国务院决定对公司注册资本实缴有另行规定的以外,取消了关于公司股东(发起人)应自公司成立之日起2年内缴足出资,投资公司在5年内缴足出资的规定;取消了一人有限责任公司股东应一次足额缴纳出资的规定。转而采取公司股东(发起人)自主约定认缴出资额、出资方式、出资期限等,并记载于公司章程的方式。其二,放宽注册资本登记条件。除对公司注册资本最低限额有另行规定的以外,取消了有限责任公司、一人有限责任公司、股份有限公司最低注册资本分别应达3万元、10万元、500万元的限制;不再限制公司设立时股东(发起人)的首次出资比例以及货币出资比例。

(2)缴纳注册资本的出资形式:①股东可以用货币出资,也可以用实物、知识产权、土地使用权等可以用货币估价并可以依法转让的非货币财产作价出资;②股东不得以劳务、信用、自然人姓名、商誉、特许经营权或者设定担保的财产等作价出资。

3. 公司章程

(1)股份有限公司由发起人制订公司章程,采用募集方式设立的须经创立大会通过;(2)有限责任公司由设立公司的股东共同制订章程;(3)一人有限责任公司的公司章程由股东制订;(4)国有独资公司章程由国有资产监督管理机构制订,或者由董事会制订报国有资产监督管理机构批准;(5)公司章程对公司、股东、董事、监事、高级管理人员均具有约束力;(6)公司章程的修改属于股东(大)会的特别决议事项。

4. 创立大会

(1)募集设立方式设立公司的,发起人应当在足额缴纳股款、验资证明出具之日后30日内召开公司创立大会。(2)创立大会应当有代表股份总数过半数的发起人、认股人出席方可举行。(3)创立大会必须经出席会议的认股人所持表决权过半数通过的事项,包括但不限于通过公司章程、选举董事会成员和监事会成员、作出不设立公司的决议。(4)董事会应于创立大会结束后30日内,依法向公司登记机关申请设立登记。

5. 有限责任公司与股份有限公司的区别

公司名称	有限责任公司	股份有限公司
设立方式	只能以发起方式设立(封闭型)	既可以发起设立,也可以募集设立(开放型)
股东人数	股东人数为50人以下,有最高人数限制	发起人数为2人以上、200人以下,有最低人数限制
出资证明形式不同	出资证明书(不是有价证券,不得自由转让)	股票(有价证券,可以自由流通)

续表

公司名称	有限责任公司	股份有限公司
股权转让	股东向股东之外的人转让股权,应当经过其他股东过半数同意;经股东同意转让的股权,在同等条件下其他股东有优先购买权	特殊人员所持的股票转让受到限制(发起人、董事、监事、经理等高管)
组织机构	"三会"都可能没有(一人公司可以无股东会)	"三会"必设
信息披露义务不同	无限制	财务状况和经营情况等要依法进行公开披露,上市公司公告中期、年报

★【考点比较1】 外商投资企业的出资方式

外商投资企业的出资方式包括现金、实物、场地使用权、工业产权、专有技术和其他财产权利。

1.现金出资

(1)外方投资者以现金出资时,只能以外币缴付出资,不能以人民币缴付出资。中方投资者用人民币缴付出资。

(2)经审批机关批准,外国投资者也可以用其从中国境内举办的其他外商投资企业获得的人民币利润出资。

(3)外国投资者可以合法获得的境外人民币依法在中国境内开展直接投资。

境外人民币的来源	(1)外国投资者通过跨境贸易人民币结算取得的人民币; (2)从中国境内依法取得并汇出境外的人民币利润; (3)转股、减资、清算、先行回收投资所得人民币; (4)外国投资者通过在境外发行人民币债券、人民币股票等合法方式取得的人民币。
两"不得"、两"可以"	(1)两"不得": ①不得直接或间接用于投资有价证券和金融衍生品; ②不得用于委托贷款。 (2)两"可以": ①可以参与境内上市公司定向发行; ②可以协议转让股票。

2.实物出资

(1)由中外投资各方按照公平合理的原则协商确定,或者聘请中外投资各方同意的第三者评定。

(2)外方投资者用于投资的机器设备或者其他物料,还应报审查批准机关"批准"。

(3)中外投资者用作投资的实物,必须为自己所有且未设立任何担保物权,不得自己以外的他人财产作为自己的实物出资;任何一方都不得用以企业名义取得的贷款、租赁的设备或者其他财产出资;任何一方都不得以企业或者投资他方的财产和权益为其出资担保。

3.场地使用权出资

(1)未用场地使用权作为中方投资者出资,则举办的外商投资企业应向中国政府缴纳场地使用费;

(2)中方投资者以场地使用权作价出资,作价金额应与取得同类场地使用权所应缴纳的使用费相同。

4. 工业产权或专有技术出资

(1)作价：由中外投资各方按照公平合理的原则协商确定，或者聘请中外投资各方同意的第三者评定。

(2)批准：外方投资者作为出资的工业产权、专有技术，应报审查批准机关批准。

(3)外方投资者出资的工业产权、专有技术必须符合下列条件之一：①能显著改进现有产品的性能、质量，提高生产效率；②能显著节约原材料、燃料、动力。而且必须是自己所有并未设立任何担保物权的工业产权或专有技术，仅通过许可证协议方式取得的技术使用权不得用作出资。

5. 外商投资企业的出资比例

(1)合营企业：外国合营者的投资比例一般不得低于合营企业注册资本的25%。

(2)合作企业：①取得法人资格的合作企业，外国合作者的投资比例一般不得低于注册资本的25%；②对不具备法人资格的合作企业，合作各方的投资比例或合作条件，由商务部规定。

(3)外资企业：外资企业的注册资本全部由外国投资者投入。

(4)中外合资股份有限公司：外国股东购买并持有的股份应不低于公司注册资本的25%。

★【考点比较2】外商投资企业的出资期限

1. 外商投资企业的出资期限

(1)外商投资企业的出资期限。

外商投资企业合同中规定一次缴付出资的，投资各方应当自营业执照签发之日起6个月内缴清；合同中规定分期缴付出资的，投资各方第一期出资不得低于各自认缴出资额的15%，并且应当在营业执照签发之日起3个月内缴清，其余部分的出资应当按照《公司法》的规定在2年内缴清。

(2)未按期出资的责任。

未按期出资	双方违约		合营各方未能在规定的期限内缴付出资的，视同合营企业自动解散
	一方违约（催告违约方在1个月内缴付）	守约方	申请批准解散
			申请批准另找投资者
			要求违约方赔偿因未缴付出资所造成的经济损失
		违约方	视同违约方自动退出外商投资企业
		审判机关	守约方不申请，有权吊销该外商投资企业的批准证书

(3)同步出资。

中外合资经营企业的投资者应当按合同规定的比例和期限同步缴付认缴的出资额。因特殊情况不能同步缴付出资的，应报原审批机关批准，并按实际缴付的出资额比例分配收益。

(4)外商投资企业控股投资者在付清全部购买金额或者在其实际缴付的投资额未达到其认缴的全部出资额之前，不能取得企业决策权，不得将其在企业中的权益、资产以合并报表的方式纳入该投资者的财务报表。

2. 外资并购中出资期限的确定

(1)新设期限：外商投资企业合同中规定一次缴付出资的，投资各方应当自营业执照"签发之日"起6个月内缴清；合同中规定分期缴付出资的，投资各方第一期出资不得低于各自认缴出资额的15%，并且应当在营业执照签发之日起3个月内缴清，其余部分的出资应当按照《公司法》的规定在2年(或5年)内缴清。

(2)并购期限:对通过收购国内企业资产或股权设立外商投资企业的外国投资者,应自外商投资企业营业执照"颁发之日"起3个月内支付全部购买金额。对特殊情况需延长支付者,经审批机关批准后,应自营业执照颁发之日起6个月内支付购买总金额的60%以上,在1年内付清全部购买金额。

①外国投资者并购境内企业的期限(外资占比大于25%)。

情 形		相关出资期限的具体规定	要 点
股权并购	购买境内公司股东的股权	外国投资者并购境内企业设立外商投资企业,外国投资者应自外商投资企业营业执照颁发之日起3个月内向转让股权的股东支付全部对价;对特殊情况需要延长者,经审批机关批准后,应自外商投资企业营业执照颁发之日起6个月内支付全部对价的60%以上,1年内付清全部对价,并按实际缴付的出资比例分配收益	适用并购期限
	购买境内公司增资	外国投资者认购境内公司增资,有限责任公司和以发起方式设立的境内股份有限公司的股东应当在公司申请外商投资企业营业执照时缴付不低于20%的新增注册资本,其余部分的出资应当自营业执照签发之日起2年(或5年)内缴清	例外规定
资产并购	先设立后购买	设立外商投资企业,并通过该企业协议购买境内企业资产且运营该资产的,对与资产等额部分的出资,投资者应自外商投资企业营业执照颁发之日起3个月内向境内企业支付全部对价,特殊情况需要延长者,经审批机关批准后,应自外商投资企业营业执照颁发之日起6个月内支付全部对价的60%以上,1年内付清全部对价,并按实际缴付的出资比例分配收益	与资产等额部分的出资,适用并购期限
		其余部分的出资(超过资产等额部分的出资),合同、章程中规定一次缴清出资的,投资者应自外商投资企业营业执照颁发之日起6个月内缴清,合同、章程中规定分期缴付出资的,投资者第一期出资不得低于各自认缴出资额的15%,并应自外商投资企业营业执照颁发之日起3个月内缴清	超过资产等额部分的出资,适用新设期限
	先购买后设立	外国投资者应自外商投资企业营业执照颁发之日起3个月内向出售资产的境内企业支付全部对价。对特殊情况需要延长者,经审批机关批准后,应自外商投资企业营业执照颁发之日起6个月内支付全部对价的60%以上,1年内付清全部对价,并按实际缴付的出资比例分配收益	与资产等额部分的出资,适用并购期限
		外国投资者购入资产后设立外商投资企业是新设外商投资企业的行为,外商投资企业合同中规定一次缴付出资的,投资各方应当自营业执照签发之日起6个月内缴清;合同中规定分期缴付出资的,投资各方第一期出资不得低于各自认缴出资额的15%,并且应当在营业执照签发之日起3个月内缴清	设立出资适用新设期限

②外国投资者并购境内企业设立外商投资企业的出资期限(外资占比小于25%):投资者以现金出资的,应自外商投资企业营业执照颁发之日起3个月内缴清;投资者以实物、工业产权等出资的,应自外商投资企业营业执照颁发之日起6个月内缴清。

【考点比较3】外国投资者并购境内企业的投资总额

(1)注册资本为210万美元以下(不含)的,投资总额不得超过注册资本的10/7倍;

(2)注册资本在210万美元以上至500万美元(不含)的,投资总额不得超过注册资本的2

倍;

(3)注册资本在500万美元以上至1 200万美元(不含)的,投资总额不得超过注册资本的2.5倍;

(4)注册资本在1 200万美元以上的,投资总额不得超过注册资本的3倍。

【考点链接2】 股东会(有限责任公司)

1. 股东会的职权

股东会由全体股东组成,是公司的最高权力机构,股东会的职权主要包括:(1)决定公司的"经营方针"和"投资计划"(须注意:决定公司的经营计划和投资方案属于董事会的职权);(2)选举和更换非由职工代表担任的董事、监事,决定有关董事、监事的报酬事项;①(3)审议批准董事会的报告;(4)审议批准监事会或者监事的报告;(5)审议批准公司的年度财务预算方案、决算方案;(6)审议批准公司的利润分配方案和弥补亏损方案;(7)对公司增加或者减少注册资本作出决议;(8)对发行公司债券作出决议;(9)对公司合并、分立、解散、清算或者变更公司形式作出决议;(10)修改公司章程;(11)公司章程规定的其他职权。

上述职权与股份有限公司的股东大会类似,比较特殊的是:在有限责任公司中,对上述事项,股东以书面形式一致同意的,可以不召开股东会会议,直接作出决定,并由全体股东在决定文件上签名、盖章。

【口诀】经针投划、非职代表、审批报议、增减资、发债券、合分散、清变形、修章程。

2. 股东会会议

有限责任公司股东会会议的形式分为定期会议和临时会议两种。

其中,临时会议的提议召开需如下条件:①代表1/10以上表决权的股东;②1/3以上的董事;③监事会或者不设监事会的公司的监事。

以上人员提议召开临时会议的,应当在2个月内召开临时股东会议。

【口诀】十分之一股、(强)监、三分之一董。

3. 股东会的召集

(1)首次股东会会议由"出资最多"的股东召集和主持。

(2)以后的股东会会议:①由董事会召集,董事长主持。董事长不履行职责的,由副董事长主持;副董事长不履行职责的,由半数以上董事共同推举一名董事主持;公司不设董事会的,由执行董事召集和主持。②董事会不履行职责的,由监事会或不设监事会的公司的监事召集和主持。③监事会和监事不召集和主持的,代表1/10以上表决权的股东可以自行召集和主持。

召开股东会会议,应当在会议召开15日以前通知全体股东,但公司章程另有约定或者全体股东另有约定的除外。股东会应当对所议事项的决定做成会议记录,出席会议的股东应当在会议记录上签名。②

4. 股东会决议

---

① 监事会:所有公司的监事会(不管是有限责任公司、国有独资公司还是股份公司)均应包括职工代表,职工代表的比例不得低于监事会人数的1/3。

董事会:只有"国有独资公司"、"由两个以上的国有企业投资设立的有限责任公司"的董事会才必须包括职工代表,股份有限公司的董事会中可以不包括职工代表。

债权人委员会:债权人委员会由债权人会议选任的债权人代表和1名债务人的职工代表或者工会代表组成,债权人委员会成员不得超过9人。

② 股份有限公司:监事会不召集和主持的,连续90日以上单独或者合计持有公司10%以上股份的股东可以自行召集和主持。

(1)股东会会议由股东按照出资比例行使表决权;但是,公司章程另有规定的除外。

(2)特别决议:股东会会议作出修改公司章程、增加或者减少注册资本的决议,以及公司合并、分立、解散或者变更公司形式的决议,必须经代表2/3以上表决权的股东通过。

须注意:有限责任公司股东会的特别决议必须经全部表决权的2/3以上通过,股份有限公司股东大会的特别决议由出席会议的股东所持表决权的2/3以上通过。

★【考点比较】股东大会(股份有限公司)

1. 职权

股份有限公司股东大会的职权与有限责任公司股东会的职权相同。

上市公司股东大会还有以下职权:

(1)对上市公司解聘、聘用会计师事务所作出决议。

(2)审议上市公司1年内购买、出售重大资产超过上市公司最近一期经审计总资产30%的事项(股东大会的特别决议)。

(3)审议批准变更募集资金用途事项。①

(4)审议股权激励计划。

(5)审议批准下列对外担保行为(注意数字):①上市公司及其控股子公司的对外担保总额,达到或者超过最近一期经审计净资产50%以后提供的任何担保;②上市公司的对外担保总额,达到或者超过最近一期经审计总资产的30%以后提供的任何担保;③为(借款后)资产负债率超过70%的担保对象提供的担保;④单笔担保额超过最近一期经审计净资产10%的担保;⑤上市公司对股东、实际控制人及其关联方提供的担保。

【口诀】总净50,总总30,负债70,单净10,对内担保。

【解释1】上市公司的对外担保总额,达到或者超过最近一期经审计总资产的30%以后提供的任何担保,属于股东大会的特别决议,应当由出席会议的股东所持表决权的2/3以上通过。

【解释2】上市公司对股东、实际控制人及其关联方提供的担保,必须由股东大会作出决议。股东大会在审议为股东、实际控制人及其关联方提供的担保议案时,该股东或受该实际控制人支配的股东不得参与该项表决,该项表决由出席股东大会的其他股东所持表决权的过半数通过。

2. 股东大会的会议形式

股东大会分为年会和临时大会。

(1)股东大会的年度股东大会:上市公司的年度股东大会应当于上一会计年度结束后的6个月内举行。

(2)应当在2个月内召开临时股东大会的情形:①董事人数不足《公司法》规定人数或者公司章程所定人数的2/3时;②公司未弥补的亏损达实收股本总额的1/3时;③单独或者合计持有公司10%以上股份的股东请求时;④董事会认为必要时;⑤监事会提议召开时;⑥公司章程规定的其他情形。

【口诀】少人2:3;亏损1:3,单合1:10;董想监提。

3. 股东大会会议的召集

(1)股东大会会议由董事会召集,董事长主持;董事长不能或者不履行职责的,由副董事长

---

① 上市公司改变招股说明书募集资金用途的,必须由股东大会作出决议,董事会不行。

主持;副董事长不能或者不履行职责的,由半数以上董事共同推举一名董事主持;董事会不能或者不履行召集股东大会会议职责的,监事会应当及时召集和主持;监事会不召集和主持的,连续90日以上单独或者合计持有公司10%以上股份的股东可以自行召集和主持。(2)召开股东大会会议,应当将会议召开的时间、地点和审议的事项于会议召开20日前通知各股东;临时股东大会应当于会议召开15日前通知各股东;发行无记名股票的,应当于会议召开30日前公告会议召开的时间、地点和审议事项。① (3)单独或者合计持有公司3%以上股份的股东,可以在股东大会召开10日前提出临时提案并书面提交董事会;董事会应当在收到提案后2日内通知其他股东,并将该临时提案提交股东大会审议。股东大会不得对向股东通知中未列明的事项作出决议。无记名股票持有人出席股东大会会议的,应当于会议召开5日前至股东大会闭会时将股票交存于公司②。

4. 股东大会会议的表决和决议事项

(1)表决权的行使。股东出席股东大会会议,所持每一股份有一表决权。股东可以委托代理人出席股东大会会议,代理人应当向公司提交股东授权委托书,并在授权范围内行使表决权。公司持有的本公司股份没有表决权。

(2)决议分为特别决议和普通决议。

普通决议:出席会议的股东所持表决权过半数通过。

特别决议:出席会议的股东所持表决权的2/3以上通过。(非上市公司为前4条,上市公司加1条,即4+1。)

①修改公司章程;②增加或者减少注册资本;③公司合并、分立、解散;④变更公司形式;⑤上市公司在一年内购买、出售重大资产或者担保金额超过公司资产总额30%的,应当由股东大会作出决议,并经出席会议的股东所持表决权的2/3以上通过。③

【解释1】股份有限公司股东大会的特别事项与有限责任公司基本相同(除去上市公司的特殊规定)。

【解释2】《公司法》未规定出席股东大会的最低人数和持股比例要求,因此只要满足了提前通知的程序要求,只要有一名股东出席,持有无论多少比例的股权,该股东大会的召开都是有效的。

【解释3】公司持有的本公司股票没有表决权。

5. 累积投票制

所谓累积投票制,是指股东大会选举董事或者监事时,每一股份拥有与应选董事或者监事人数相同的表决权,股东拥有的表决权可以集中使用。该制度的实施有利于中小股东按照其持股比例选举代表进入公司管理层,参与董事会的活动,保护其利益。

上市公司特别规定,控股股东控股比例在30%以上的上市公司,应当采用累积投票制。

其他股份有限公司也可以根据公司章程的规定或者股东大会的决议,实行累积投票制。

6. 记录

股东大会应当对所议事项的决定做成会议记录,主持人、出席会议的董事应当在会议记录上签名。会议记录应当与出席会议的股东的签名册及代理出席的委托书一并保存。

---

① 对于发行公司无记名股票的股东,应该采用公告的方式,即不管召开的是年会还是临时会议,针对持有无记名股票的股东,都应该在会议召开的30日之前依法进行公告。

② 口诀:3%+10+2。

③ 有限责任公司通过特别决议是经代表2/3以上表决权的股东通过,而股份有限公司通过特别决议是经出席会议的股东所持表决权的2/3以上通过。

有限责任公司股东会的会议记录由出席会议的股东签名,董事会的会议记录由出席会议的董事签名,监事会的会议记录由出席会议的监事签名。

【考点链接3】 监事会

1. 监事会(公司的监督机构)的概念和组成

(1)经营规模较大的有限责任公司,设立监事会,监事会成员不得少于3人,由股东代表和适当比例的公司职工代表组成。其中职工代表的比例不得低于1/3。(2)监事会主席由全体监事过半数选举产生。(3)股东人数较少或者经营规模较小的,可以只设1~2名监事,不设监事会。股东代表出任的监事由股东会选举产生,职工代表出任的监事由职工民主选举产生。(4)董事、高级管理人员(经理、副经理、财务负责人)不得兼任监事。

2. 监事的任期

监事的任期每届为3年。监事任期届满,连选可以连任。

3. 监事会的职权

(1)检查公司财务;(2)对董事、高级管理人员执行公司职务的行为进行监督,对违反法律、行政法规、公司章程或者股东会决议的董事、高级管理人员提出罢免的建议;(3)当董事、高级管理人员的行为损害公司的利益时,要求董事、高级管理人员予以纠正;(4)提议召开临时股东会会议,在董事会不履行召集和主持股东会会议职责时召集和主持股东会会议;(5)向股东会会议提出提案;(6)依法对董事、高级管理人员提起诉讼;(7)公司章程规定的其他职权。

4. 监事会的召集和决议

(1)同董事会;(2)监事会决议应当经半数以上监事通过;(3)监事会应当对所议事项的决定做成会议记录,出席会议的监事应当在会议记录上签名。

【考点链接4】 经营管理机关

1. 概念

与董事会、监事会不同,经理不是以会议形式形成决议的机关,而是以自己最终意志为准的执行机关。

2. 职权

有限责任公司可以设经理,由董事会决定聘任或者解聘。据此规定,在有限责任公司中,经理不再是必设机构而成为选设机构。公司章程可以规定不设经理,而设总裁、首席执行官等职务,行使公司的管理职权。

★【考点比较】

【补充1】股份有限公司设经理,由董事会决定聘任或者解聘。公司董事会可以决定由董事会成员兼任经理。

【补充2】上市公司中有关经理的特别规定:(1)上市公司的总经理必须专职,总经理在集团等控股股东单位不得担任除董事以外的其他职务。(2)上市公司总经理及高层管理人员(副总经理、财务主管和董事会秘书)必须在上市公司领薪,不得由控股股东代发薪水。(3)公司不得直接或者通过子公司向董事、监事、高级管理人员提供借款。

【考点链接5】 不按照规定出资的责任

股东不按照规定出资的责任,包括不按规定出资和抽逃出资两个部分。

1. 不按规定出资

(1)补充赔偿责任。

①股东未履行或者未全面履行出资义务,公司或者其他股东请求其向公司依法全面履行出资义务的,人民法院应予支持。

②公司债权人有权请求未履行或者未全面履行出资义务的股东在未出资本息范围内对公司债务不能清偿的部分承担补充赔偿责任;未履行或者未全面履行出资义务的股东已经承担上述责任,其他债权人提出相同请求的,人民法院不予支持。

③股份有限公司的认股人未按期缴纳所认股份的股款,经公司发起人催缴后在合理期间内仍未缴纳,公司发起人对该股份另行募集的,人民法院应当认定该募集行为有效;认股人延期缴纳股款给公司造成损失,公司请求该认股人承担赔偿责任的,人民法院应予支持。

须注意:股东不按照规定缴纳出资的,除应当向公司足额缴纳外,还应当向已按期足额缴纳出资的股东承担违约责任。

(2)连带赔偿责任。

股东在公司设立时未履行或者未全面履行出资义务,发起人(注意只是设立时的股东,与后加入的股东无关,与公司董事、高级管理人员无关)与该股东承担连带责任,但公司发起人承担责任后,可以向该股东追偿。发起人股东的这一资本充实责任是法定责任,不得以发起人协议的约定、公司章程规定或股东会决议免除。

(3)相应赔偿责任。

股东在公司增资时未履行或者未全面履行出资义务,公司、其他股东或者公司债权人有权请求未尽忠实和勤勉义务的董事、高级管理人员(与发起人、监事无关)承担相应的责任;董事、高级管理人员承担责任后,可以向被告股东追偿。

2. 抽逃出资

(1)抽逃出资的认定。

有限责任公司成立后,股东不得抽逃出资。发起人、认股人缴纳股款或者交付抵作股款的出资后,除未按期募足股份、发起人未按期召开创立大会或者创立大会决议不设立公司的情形外,不得抽回股本。

公司成立后,公司、股东或者公司债权人以相关股东的行为符合下列情形之一且损害公司权益为由,请求认定该股东抽逃出资的,人民法院应予支持:①将出资款项转入公司账户验资后又转出;②通过虚构债权债务关系将其出资转出;③制作虚假财务会计报表虚增利润进行分配;④利用关联交易将出资转出;⑤其他未经法定程序将出资抽回的行为。

(2)抽逃出资的具体责任。

①股东抽逃出资,公司或者其他股东请求其向公司返还出资本息、协助抽逃出资的其他股东、董事、高级管理人员或者实际控制人对此承担连带责任的,人民法院应予支持。

②公司债权人请求抽逃出资的股东在抽逃出资本息范围内对公司债务不能清偿的部分承担补充赔偿责任,协助抽逃出资的其他股东、董事、高级管理人员或者实际控制人对此承担连带责任的,人民法院应予支持;抽逃出资的股东已经承担上述责任,其他债权人提出相同请求的,人民法院不予支持。

股东未履行或者未全面履行出资义务或者抽逃出资,公司根据公司章程或者股东会决议对其利润分配请求权、新股优先认购权、剩余财产分配请求权等股东权利作出相应的合理限制,该股东请求认定该限制无效的,人民法院不予支持。

③第三人代垫资金协助发起人设立公司,双方明确约定在公司验资后或者在公司成立后将该发起人的出资抽回以偿还该第三人,发起人依照前述约定抽回出资偿还第三人后又不能补足出资,相关权利人可以请求第三人连带承担发起人因抽回出资而产生的相应责任。

此外,还应注意以下几点:

①有限责任公司的股东未履行出资义务或者抽逃全部出资,经公司催告缴纳或者返还,其在合理期间内仍未缴纳或者返还出资,公司以股东会决议解除该股东的股东资格,该股东请求确认该解除行为无效的,人民法院不予支持。

②股东未尽出资义务或者抽逃出资时,该笔出资所产生的利息损失也属于股东等责任人的赔偿范围。

③公司股东未履行或者未全面履行出资义务或者抽逃出资,公司或者其他股东请求其向公司全面履行出资义务或者返还出资,被告股东以诉讼时效为由进行抗辩的,人民法院不予支持。公司债权人的债权未过诉讼时效期间,依照规定请求未履行或者未全面履行出资义务或者抽逃出资的股东承担赔偿责任,被告股东以出资义务或者返还出资义务超过诉讼时效期间为由进行抗辩的,人民法院不予支持。

④有限责任公司的股东未履行出资义务或者抽逃全部出资,经公司催告缴纳或者返还,其在合理期间内仍未缴纳或者返还出资,公司以股东会决议解除该股东的股东资格,该股东请求确认该解除行为无效的,人民法院不予支持。

须注意:该法条仅适用于有限责任公司,而且仅适用于股东完全未履行出资义务或者抽逃全部出资的情形。

【考点链接6】 会计师从事审计活动的侵权赔偿责任①

1. 过错推定责任

利害关系人②作为原告,只需要证明:(1)存在不实报告;(2)其合理信赖了该不实报告;(3)与被审计单位进行了交易;(4)遭受了损失。即完成了原告方的举证责任,其不需要证明会计师事务所在出具不实报告过程中是否存在过错。会计师事务所是否存在过错的证明责任交由会计师事务所自身来完成,如果其不能举证证明自身没有过错,就推定其有过错,会计师事务所就需要承担侵权赔偿责任。③

2. 连带赔偿责任

注册会计师在审计业务活动中存在下列情形之一,出具不实报告并给利害关系人造成损失的,应当认定会计师事务所与被审计单位承担连带赔偿责任(主观为故意):(1)与被审计单位恶意串通;(2)明知被审计单位对重要事项的财务会计处理与国家有关规定相抵触,而不予指明;(3)明知被审计单位的财务会计处理会直接损害利害关系人的利益,而予以隐瞒或者作不实报告;(4)明知被审计单位的财务会计处理会导致利害关系人产生重大误解,而不予指明;(5)明知被审计单位的会计报表的重要事项有不实的内容,而不予指明;(6)被审计单位示意其

---

① 注册会计师承办下列审计业务:(1)审查企业会计报表,出具审计报告;(2)验证企业资本,出具验资报告;(3)办理企业合并、分立、清算事宜中的审计业务,出具有关的报告;(4)法律、行政法规规定的其他审计业务。

② 利害关系人:因合理信赖或者使用会计师事务所出具的不实报告,与被审计单位进行交易或者从事与被审计单位的股票、债券等有关的交易活动而遭受损失的自然人、法人或者其他组织,应认定为注册会计师法规定的利害关系人。

③ 须注意:利害关系人明知会计师事务所出具的报告为不实报告而仍然使用的,人民法院应当酌情减轻会计师事务所的赔偿责任。会计师事务所在证明自己没有过错时,可以向法院提交与该案件相关的执业准则、规则以及审计工作底稿等。

作不实报告,而不予拒绝。对被审计单位有前款第(2)至(5)项所列行为,注册会计师按照执业准则、规则应当知道的,人民法院应认定其明知。

3. 补充赔偿责任

会计师事务所在审计业务活动中因过失出具不实报告,并给利害关系人造成损失的,人民法院应当根据其过失大小确定其赔偿责任。

注册会计师在审计过程中未保持必要的职业谨慎,存在下列情形之一,并导致报告不实的,人民法院应当认定会计师事务所存在过失:

(1)违反注册会计师法第20条第2、3项的规定①;(2)负责审计的注册会计师以低于行业一般成员应具备的专业水准执业;(3)制定的审计计划存在明显疏漏;(4)未依据执业准则、规则执行必要的审计程序;(5)在发现可能存在错误和舞弊的迹象时,未能追加必要的审计程序予以证实或者排除;(6)未能合理地运用执业准则和规则所要求的重要性原则;(7)未根据审计的要求采用必要的调查方法获取充分的审计证据;(8)明知对总体结论有重大影响的特定审计对象缺少判断能力,未能寻求专家意见而直接形成审计结论;(9)错误判断和评价审计证据;(10)其他违反执业准则、规则确定的工作程序的行为。

此外,人民法院根据确定会计师事务所承担与其过失程度相应的赔偿责任时,应按照下列情形处理:(1)应先由被审计单位赔偿利害关系人的损失。被审计单位的出资人虚假出资、不实出资或者抽逃出资,事后未补足,且依法强制执行被审计单位财产后仍不足以赔偿损失的,出资人应在虚假出资、不实出资或者抽逃出资数额范围内向利害关系人承担补充赔偿责任。(2)对被审计单位、出资人的财产依法强制执行后仍不足以赔偿损失的,由会计师事务所在其不实审计金额范围内承担相应的赔偿责任。(3)会计师事务所对一个或者多个利害关系人承担的赔偿责任应以不实审计金额为限。

4. 会计师事务所的抗辩

会计师事务所能够证明存在以下情形之一的,不承担民事赔偿责任:(1)已经遵守执业准则、规则确定的工作程序并保持必要的职业谨慎,但仍未能发现被审计的会计资料错误;(2)审计业务所必须依赖的金融机构等单位提供虚假或者不实的证明文件,会计师事务所在保持必要的职业谨慎下仍未能发现其虚假或者不实;(3)已对被审计单位的舞弊迹象提出警告并在审计业务报告中予以指明;(4)已经遵照验资程序进行审核并出具报告,但被验资单位在注册登记后抽逃资金;(5)为登记时未出资或者未足额出资的出资人出具不实报告,但出资人在登记后已补足出资。其中(1)~(3)的抗辩理由是证明注册会计师在出具不实报告中没有过错,(4)、(5)依据的理由大体是不实报告与利害关系人的损失之间没有关系。

会计师事务所在报告中注明"本报告仅供年检使用"、"本报告仅供工商登记使用"等类似内容的,不能作为其免责的事由。

5. 诉讼方式

利害关系人未对被审计单位提起诉讼而直接对会计师事务所提起诉讼的,人民法院应当告知其对会计师事务所和被审计单位一并提起诉讼;利害关系人拒不起诉被审计单位的,人民法院应当通知被审计单位作为共同被告参加诉讼。利害关系人对会计师事务所的分支机构提起诉讼的,人民法院可以将该会计师事务所列为共同被告参加诉讼。利害关系人提出被审计

---

① 《注册会计师法》第20条规定:注册会计师执行审计业务,遇到下列情形之一的,应当拒绝出具相关报告:(1)委托人示意其作不实或者不当证明的;(2)委托人故意不提供有关会计资料和文件的;(3)因委托人有其他不合理要求,致使注册会计师出具的报告不能对财务会计的重要事项作出正确表述的。

单位的出资人虚假出资或者出资不实、抽逃出资,且事后未补足的,人民法院可以将该出资人列为第三人参加诉讼。

6. 会计师事务所与分支机构的责任承担

会计师事务所与其分支机构作为共同被告的,会计师事务所对其分支机构的责任部分承担连带赔偿责任。

【第三集】| 旺菌

【关键词】 公司董事、监事、高级管理人员的资格和义务，有限责任公司的股权转让，名义股东和实际出资人，公司法的诉讼制度，一人有限责任公司，公司的财务与会计

2028年8月8日，甲、乙、美美、丁共同出资设立了旺菌有限责任公司（以下简称旺菌公司）。旺菌公司现有数名推荐的董事人选，分别是王某、张某、徐某、赵某，请指出不能担任董事的是哪几位？

一是王某，因担任企业负责人犯重大责任事故罪于2021年6月被判处三年有期徒刑，2034年刑满释放。根据规定，因贪污、贿赂、侵占财产、挪用财产或者破坏社会主义市场经济秩序，被判处刑罚，执行期满未逾5年，王某的重大责任事故罪不属此列。

二是张某，与他人共同投资设立一家有限责任公司，持股70%，该公司长期经营不善，负债累累，于2026年被宣告破产。根据规定，担任破产清算的公司、企业的董事或者厂长、经理，对该公司、企业的破产负有个人责任的，自该企业破产清算完结之日起未逾3年，张某只是大股东，而非"董事或者厂长、经理"。

三是徐某，2023年向他人借款100万元，为期2年，但因资金被股市套住至今未清偿。根据规定，徐某属于个人所负数额较大的债务到期未清偿，所以不具备担任董事的资格。

四是赵某，曾任某音像公司法定代表人，该公司因未经著作权人许可大量复制音像制品于2027年5月被工商部门吊销营业执照，赵某负有个人责任。赵某担任因违法被吊销营业执照、责令关闭的公司、企业的法定代表人，并负有个人责任的，自该公司、企业被吊销营业执照之日起未逾3年，所以不具备担任董事的资格。

2032年6月8日，甲拟将其所持有的全部股权以20万元的价格转让给戊。甲于同日分别向乙、美美、丁发出通知书就股权转让事项征求同意。乙、美美分别于同年6月20日和24日回复，均要求在同等条件下优先购买甲所持公司全部股权。此时，由于旺菌公司章程并未另作规定，因此，乙、美美均主张优先权时，按法定方式处理，即协商确定各自的购买比例；协商不成的，按照转让时各自的出资比例行使优先购买权。

丁于同年6月9日收到甲的通知，至7月15日仍未就此项股权转让事项作出任何答复。此时，丁未作答复视为同意转让。根据规定，股东向股东之外的人转让股权应当书面征求其他股东过半数同意，其他股东自接到书面通知之日起满30日未答复的，视为同意转让。在此，丁6月9日接到通知，7月15日仍未作出答复，已经超过30天。

戊在对公司进行调查的过程中，发现：

其一，乙在公司设立时以机器设备折合30万元用于出资，而该机器设备当时的实际价值仅为10万元。根据规定，如果乙未全面履行出资义务的行为属实，旺菌公司有权要求乙全面

履行出资义务,并向公司赔偿该笔出资所产生的利息损失,甲、美美、丁与乙承担连带责任。

其二,公司股东会于2032年2月就2031年度利润分配作出决议,决定将公司在该年度获得的可分配利润10万元全部分配给股东,并于4月底实施。2032年8月10日,人民法院收到庚的起诉状,庚以其与丁之间订有隐名投资协议为由,要求丁向其返还旺菌公司2031年度的分红;双方约定由庚实际出资,以丁的名义向旺菌公司出资,公司分红归庚所有,庚向丁按月支付报酬。此时,庚的诉讼请求可以得到人民法院的支持。根据规定,实际出资人与名义股东因投资权益的归属发生争议,实际出资人有权以其实际履行了出资义务为由向名义股东主张权利。

其三,丁未经旺菌公司任何人员同意,亦未通知旺菌公司任何人员,直接向人民法院提起诉讼,声称其一直未收到旺菌公司所分配的2031年度红利,要求旺菌公司实施分红决议,向其支付应得红利。此时,丁直接提起诉讼符合规定。根据规定,公司董事、高级管理人员违反法律、行政法规或者公司章程的规定,损害股东(个人)利益的,股东可以(直接作为原告)向人民法院提起诉讼。

其四,设立一人有限责任公司。旺菌公司拟作为唯一股东出资9万元设立Z一人有限责任公司,专门经营贸易公司的上游产品。拟定的设立方案是:注册资本分两期到位,Z公司成立时到位5万元,6个月后再交付剩余4万元。再以Z公司为唯一股东出资设立X有限责任公司,经营贸易公司的下游产品。Z、X两个公司均不设股东会,应由股东会作出的重大决议均由旺菌公司通过电话下达。由于这两家公司都只有旺菌公司一个股东,故公司年度会计报告无需会计师事务所审计。此时,Z、X两公司应由股东会作出的重大决议均由旺菌公司通过电话下达不合法。根据规定,一人有限责任公司应当在每一会计年度终了时编制财务会计报告,并经会计事务所审计。再次提醒大家注意2014年3月1日起实施的新《公司法》修正案的相关变动。

【考点链接1】 公司董事、监事、高级管理人员的资格和义务

首先应明确高级管理人员,是指公司的经理、副经理、财务负责人、上市公司董事会秘书和公司章程规定的其他人员。

忠实义务是指公司的管理层应当以公司或者整体股东的利益最大化为目标,不得损害公司和整体股东的利益,更不得在自身利益与公司利益或者股东整体利益相冲突时偏向自身利益。

勤勉义务是指公司管理层应当在执行公司职务时勤勉尽责,也就是说,就是在执行该职务时应当尽最大努力为公司或者股东的整体利益服务。只要公司管理层在决策时没有利益冲突,是在当时掌握的信息和认知条件下作出的善意决策,即使该决策事后被证明是失败的,也不能追究责任。

1. 公司董事、监事和高级管理人员的资格

有下列情形之一的,不得担任公司的董事、监事、高级管理人员:(1)无民事行为能力或者限制民事行为能力;(2)因贪污、贿赂、侵占财产、挪用财产或者破坏社会主义市场经济秩序,被判处刑罚,执行期满未逾5年,或者因犯罪被剥夺政治权利,执行期满未逾5年;[①](3)担任破产清算的公司、企业的董事或者厂长、经理,对该公司、企业的破产负有个人责任的,自该公司、

---

① 只有上述五类特定的犯罪行为,才受5年的限制。

企业破产清算完结之日起未逾3年;(4)担任因违法被吊销营业执照、责令关闭的公司、企业的法定代表人,并负有个人责任的,自该公司、企业被吊销营业执照之日起未逾3年;①(5)个人所负数额较大的债务到期未清偿。

2. 公司董事、监事和高级管理人员的义务

《公司法》规定,公司董事、高级管理人员不得有下列行为:(1)违反公司章程的规定或者未经股东会、股东大会(而非董事会)同意,与本公司订立合同或者进行交易;即自我交易禁止。②(2)未经股东会或者股东大会同意,利用职务便利为自己或者他人谋取属于公司的商业机会,自营或者为他人经营与所任职公司同类的业务;即竞业禁止。③ (3)违反公司章程的规定,未经股东大会或者董事会同意,将公司资金借贷给他人或者以公司财产为他人提供担保。④ (4)挪用公司资金。(5)将公司资金以其个人名义或者以其他个人名义开立账户存储。(6)接受他人与公司交易的佣金归为己有。(7)擅自披露公司秘密。(8)违反对公司忠实义务的其他行为。⑤

【考点链接2】 有限责任公司的股权转让

1. 内部转让

(1)章程有规定的,按章程规定处理。(2)章程没有另行规定的,有限责任公司的股东之间可以相互转让其全部或者部分股权(无须通知、无须征求意见)。

2. 外部转让

(1)有限责任公司的股东向股东以外的人转让股权,应当经其他股东"过半数"同意。

(2)股东应就其股权转让事项书面通知其他股东征求同意,其他股东自接到书面通知之日起满30日未答复的,视为同意转让。不同意的股东应当购买该转让的股权,不购买的,视为同意转让。

(3)经股东同意转让的股权,在同等条件下,其他股东有优先购买权。两个以上股东主张行使优先购买权的,协商确定各自的购买比例;协商不成的,按照转让时各自的出资比例行使优先购买权。

(4)公司章程对股权转让另有规定的,从其规定。即公司章程可以对股权转让作出与《公司法》不同的规定。(注意:不管是内部转让还是外部转让,必须先看章程约定,有约定按约定,无约定才按上述规则处理)。

(5)股东转让股权后,公司应当注销原股东的出资证明书,向新股东签发出资证明书,修改公司章程和股东名册中有关股东及其出资额的记载,并办理相关的变更登记手续(对该项章程的修改不需要由股东会表决)。

---

① 第3条的范围包括"董事、厂长和经理",第4条的范围仅限于"法定代表人";第3、4条的前提均为"负有个人责任"。

② 除合伙协议另有约定或者经全体合伙人一致同意,普通合伙人不得同本合伙企业进行交易。有限合伙人可以同本有限合伙企业进行交易;但是,合伙协议另有约定的除外。

个人独资企业的受托人未经投资人同意,不得与本企业进行交易。

③ 个人独资企业的受托人未经投资人同意,不得从事与本企业相竞争的业务。

普通合伙人不得自营或者同他人合作经营与本合伙企业相竞争的业务。有限合伙人可以自营或者同他人合作经营与本有限合伙企业相竞争的业务;但是,合伙协议另有约定的除外。

④ 一般情况下,除非公司章程有特别规定或者经股东会(股东大会)的批准同意,公司的董事、经理不得擅自将公司资金借贷给他人。

公司为他人提供担保,按照公司章程的规定由董事会或者股东大会决议;公司为股东或者实际控制人提供担保的,必须经股东大会决议。

公司章程对公司、股东、董事、监事和高级管理人员均有约束力。

⑤ 公司董事、高级管理人员违反上述规定所得的收入应当归公司所有。

3. 强制转让

人民法院依照强制执行程序转让股东的股权时,应当通知公司及全体股东,其他股东在同等条件下有优先购买权。其他股东自人民法院通知之日起满20日不行使优先购买权的,视为放弃优先购买权。

4. 资格继承

在公司章程没有另外规定的情况下,自然人股东死亡后,其合法继承人可以直接继承股东资格。

【考点链接3】 名义股东和实际出资人

1. 名义股东与实际出资人之间的内部合同是否有效?

有限责任公司的实际出资人与名义出资人订立合同,约定由实际出资人出资并享有投资权益,以名义出资人为名义股东,实际出资人与名义股东对该合同效力发生争议的,如无《合同法》第52条(合同无效的情形)规定的情形,人民法院应当认定该合同有效。在实际出资人与名义股东就出资约定合法的情况下,两者因投资权益的归属发生争议,实际出资人以其实际履行了出资义务为由向名义股东主张权利的,人民法院应予支持。名义股东以公司股东名册记载、公司登记机关登记为由否认实际出资人权利的,人民法院不予支持。名义股东和实际出资人间的隐名投资协议只能约定该协议双方当事人,不对第三人产生约束力。

2. 实际出资人如果想从幕后走向前台,展示自己的风采,怎么办?

如果实际出资人请求公司变更股东、签发出资证明书、记载于股东名册、记载于公司章程并办理公司登记机关登记等,此时实际出资人的要求已经突破了前述双方合同的范围,实际出资人将从公司外部进入公司内部,成为公司的成员。在此种情况下,应当参照《公司法》第72条(股东向股东以外的人转让股权)的规定。根据《公司法司法解释(三)》的规定,如果实际出资人未经公司其他股东半数以上同意,请求公司变更股东、签发出资证明书、记载于股东名册、记载于公司章程并办理公司登记机关登记的,人民法院不予支持。

3. 名义股东不着调、瞎折腾怎么办?

名义股东将登记于其名下的股权转让、质押或者以其他方式处分,实际出资人以其对于股权享有实际权利为由,请求认定处分股权行为无效的,人民法院可以参照《物权法》第106条(善意取得制度)的规定处理。这就是说,只要受让方构成善意取得,交易的股权可以最终为其所有。但是,名义股东处分股权造成实际出资人损失,实际出资人请求名义股东承担赔偿责任的,人民法院应予支持。

4. 被冒名了该怎么办?

如果冒用他人名义出资并将该他人作为股东在公司登记机关登记的,冒名登记行为人应当承担相应责任;公司、其他股东或者公司债权人以未履行出资义务为由,请求被冒名登记为股东的承担补足出资责任或者对公司债务不能清偿部分的赔偿责任的,人民法院不予支持。(冒名人承担相应责任,被冒名人不需要承担任何责任。)

★【考点比较】外商投资企业的名义股东与实际投资者

1. 实际投资者走向前台的条件

实际投资者请求确认其在外商投资企业中的股东身份或者请求变更外商投资企业股东的,人民法院不予支持,但同时具备下列条件的除外:(1)实际投资者已经实际投资;(2)名义股东以外的其他股东认可实际投资者的股东身份;(3)人民法院或当事人在诉讼期间就将实际投资者变更为股东,征得了外商投资企业审批机关的同意。

2. 关于内部合同的效力

(1)总体效力:当事人之间约定一方实际投资、另一方作为外商投资企业名义股东,不具有法律、行政法规规定的无效情形的,人民法院应认定该合同有效;一方当事人仅以未经外商投资企业审批机关批准为由主张该合同无效或未生效的,人民法院不予支持。

(2)对内的效力:实际投资者请求名义股东依据双方约定履行相应义务的,人民法院应予支持;双方未约定利益分配,实际投资者请求名义股东向其交付从外商投资企业获得的收益的,人民法院应予支持;名义股东向实际投资者请求支付必要报酬的,人民法院应酌情予以支持。

名义股东不履行与实际投资者之间的合同,致使实际投资者不能实现合同目的,实际投资者请求解除合同并由名义股东承担违约责任的,人民法院应予支持。

(3)对外的效力:实际投资者根据其与名义股东的约定,直接向外商投资企业请求分配利润或者行使其他股东权利的,人民法院不予支持。

3. 内部合同被认定无效后的处理

(1)名义股东持有的股权价值高于实际投资额,实际投资者请求名义股东向其返还投资款并根据其实际投资情况以及名义股东参与外商投资企业经营管理的情况对股权收益在双方之间进行合理分配的,人民法院应予支持;名义股东明确表示放弃股权或者拒绝继续持有股权的,人民法院可以判令以拍卖、变卖名义股东持有的外商投资企业股权所得向实际投资者返还投资款,其余款项根据实际投资者的实际投资情况,名义股东参与外商投资企业经营管理的情况在双方之间进行合理分配。

(2)名义股东持有的股权价值低于实际投资额,实际投资者请求名义股东向其返还现有股权的等值价款的,人民法院应予支持;名义股东明确表示放弃股权或者拒绝继续持有股权的,人民法院可以判令以拍卖、变卖名义股东持有的外商投资企业股权所得向实际投资者返还投资款。实际投资者与名义股东之间的合同因恶意串通,损害国家、集体或者第三人利益,被认定无效的,人民法院应当将因此取得的财产收归国家所有或者返还集体、第三人。

【考点链接4】 公司法的诉讼制度

1. 股东直接诉讼(保护股东自身利益)

公司董事、高级管理人员违反法律、行政法规或者公司章程的规定,损害股东利益的,股东可以(直接作为原告)依法向人民法院提起诉讼。

2. 股东代表诉讼(保护公司)

(1)内部人给公司造成损失。

①董事、高管侵犯公司利益:找监事会。

股东(有限责任公司的股东、股份有限公司连续180日以上单独或者合计持有公司1%以上股份的股东)可以书面请求监事会向人民法院提起诉讼。如果监事会收到股东的书面请求后拒绝提起诉讼,或者自收到请求之日起30日内未提起诉讼,或者情况紧急、不立即提起诉讼将会使公司利益受到难以弥补的损害的,股东有权为了公司的利益以自己的名义直接向人民法院提起诉讼。

②监事侵犯公司利益:找董事会。

股东(有限责任公司的股东、股份有限公司连续180日以上单独或者合计持有公司1%以上股份的股东)可以书面请求董事会向人民法院提起诉讼。如果董事会收到股东的书面请求后拒绝提起诉讼,或者自收到请求之日起30日内未提起诉讼,或者情况紧急、不立即提起诉讼将会使公司利益受到难以弥补的损害的,股东有权为了公司的利益以自己的名义直接向人民法院提起诉讼。

(2)公司以外的他人侵犯公司利益。

股东(有限责任公司的股东、股份有限公司连续180日以上单独或者合计持有公司1%以上股份的股东),可以书面请求董事会或者监事会向人民法院提起诉讼。如果董事会、监事会收到股东的书面请求后拒绝提起诉讼,或者自收到请求之日起30日内未提起诉讼,或者情况紧急、不立即提起诉讼将会使公司利益受到难以弥补的损害的,股东有权为了公司的利益以自己的名义直接向人民法院提起诉讼。

【口诀】董高害公司,请求监事会告,监事害公司,请求董事会告。被拒、三十、急,原告是自己。

【解释1】股东的持股时间和比例限制是什么?(1)有限责任公司没有持股比例和时间限制;(2)股份有限公司必须是连续180日以上单独或者合计持有公司1%以上股份的股东。

【解释2】为什么叫股东代表诉讼?既然被告侵犯的是公司利益,一般情况下应当由董事会、监事会出面,以公司的名义提起诉讼。如果董事会、监事会不管,股东可以先书面请求董事会、监事会来管。只有董事会、监事会收到股东的书面请求后拒绝提起诉讼,或者自收到请求之日起30日内未提起诉讼,或者情况紧急、不立即提起诉讼将会使公司利益受到难以弥补的损害的,股东才能以自己的名义提起诉讼。总之,代表诉讼之所以也称为间接诉讼,即一般情况下,股东必须先找董事会、监事会,只有它们明确拒绝或者超过30日未提起诉讼或者情况紧急的情况下,股东才可以自己的名义起诉。

须注意:股东代表诉讼(间接诉讼)的前提条件是他人侵犯了公司利益(全体股东的利益),股东直接诉讼的前提条件是他人侵犯了个别股东的利益。此时,该股东无需先找公司的董事会、监事会,可以直接提起诉讼。

★【考点比较】公司解散诉讼

1. 强制解散公司的条件

单独或者合计持有公司全部股东表决权10%以上的股东,有下列事由之一,公司继续存续会使股东利益受到重大损失,通过其他途径不能解决,提起解散公司诉讼,人民法院应当受理:

(1)公司持续2年以上无法召开股东会或者股东大会,公司经营管理发生严重困难的;

(2)股东表决时无法达到法定或者公司章程规定的比例,持续2年以上不能作出有效的股东会或者股东大会决议,公司经营管理发生严重困难的;

(3)公司董事长期冲突,并且无法通过股东会或者股东大会解决,公司经营管理发生严重困难的;

(4)经营管理发生其他严重困难,公司继续存续会使股东利益受到重大损失的情形。

2. 不予受理的情形

(1)股东以知情权、利润分配请求权等权益受到损害,或者公司亏损、财产不足以偿还全部债务,以及公司被吊销企业法人营业执照未进行清算等为由,提起解散公司诉讼的,人民法院不予受理。

(2)股东提起解散公司诉讼,同时又申请人民法院对公司进行清算的,人民法院对其提出的清算申请不予受理;人民法院可以告知原告,在人民法院判决解散公司后,依法自行组织清算或者另行申请人民法院对公司进行清算。

(3)人民法院判决驳回解散公司诉讼请求后,提起该诉讼的股东或者其他股东又以同一事实和理由提起解散公司诉讼的,人民法院不予受理。

【考点链接5】 一人有限责任公司

一人有限责任公司,是指只有一个自然人股东或者一个法人股东的有限责任公司。

1. 股东的特别规定

一个自然人只能投资设立一个一人有限责任公司;另外,该一人有限责任公司不能投资设立新的一人有限责任公司。须注意:一个自然人只能投资设立1个一人公司,该一人公司不能再投资设立新的一人公司;但该规定不适用于法人。

2. 组织机构的特别规定

(1)设立。一人有限责任公司应当在公司登记中注明自然人独资或者法人独资,并在公司营业执照中载明。一人有限责任公司章程由股东制定。

(2)组织机构。一人有限责任公司不设股东会。股东行使相应职权作出决定时,应当采用书面形式,并由股东签名后置备于公司。须注意:一人公司没有股东会,但登记上自然人独资或法人独资,这是公示原则的体现。一人公司可以"三会"全无。

3. 强制审计

一人有限责任公司应当在每一会计年度终了时编制财务会计报告,并经会计师事务所审计。须注意:(所有的)公司应当在每一个会计年度终了时编制财务会计报告,并依法经会计师事务所审计。

4. 有限责任的特别规定

一人有限责任公司的股东不能证明公司财产独立于股东自己的财产的,应当对公司债务承担连带责任。

★**【考点延伸】公司法人人格否认制度**

有限责任制度:有限责任公司的股东以其认缴的出资额为限对公司承担责任,股份有限公司的股东以其认购的股份为限对公司承担责任。

(1)公司股东滥用公司法人独立地位和股东有限责任,逃避债务,严重损害公司债权人利益的,股东应当对公司债务承担连带责任。

(2)一人有限责任公司的股东不能证明公司财产独立于股东自己财产的,应当对公司债务承担连带责任。

【解释】公司的最大优点是法律为公司提供了全面的有限责任保护。《公司法》规定,有限责任公司的股东以其认缴的出资额为限对公司承担责任,股份有限公司的股东以其认购的股份为限对公司承担责任。换句话说,股东除了对公司负有出资义务之外,并不对公司的债务承担责任。

有限责任制度使得股东可以将投资的风险与自身的其他资产相隔离,有利于股东控制投资风险,促进了公众的投资意愿,也促进了股票交易市场的蓬勃发展。

但有限责任制度也增加了公司债权人的风险。比如,股东可能通过迫使公司从事高风险义务,以获取更多的收益。因为股东的收益是上不封顶的,但承担的风险是有限的,当公司破产时,资不抵债的风险在有限责任制度下只能由债权人承担。股东滥用公司法人独立地位和股东有限责任的手段很多,司法中比较明确的是,当关联公司存在人格混同,严重损害债权人利益时,关联公司相互之间对外部债务承担连带责任。

【考点链接6】 公司的财务与会计

1. 财务会计报告

公司应当在每一个会计年度终了时编制财务会计报告,并依法经会计师事务所审计。

须注意:一人有限责任公司应当在每一个会计年度终了时编制财务会计报告,并经会计师事务所审计。股份有限公司在公开发行证券时披露的财务会计报告必须经过审计,年度财务会计报告也必须经过审计。非上市公众公司的年度财务会计报告应当经会计师事务所审计。

公司聘用、解聘承办公司审计业务的会计师事务所,依照公司章程的规定,由股东会、股东大会或者董事会决定。

2. 分红权

(1)有限责任公司按照股东实缴的出资比例分配,但全体股东约定不按照出资比例分配的除外。(2)股份有限公司按照股东持有的股份比例分配,但股份有限公司章程规定不按持股比例分配的除外。

3. 盈余公积金

(1)法定公积金。①法定公积金按照税后利润的10%提取,当法定公积金累计额为注册资本的50%以上时,可以不再提取。②用法定公积金转增资本时,转增后留存的法定公积金不得少于转增前注册资本的25%。

(2)任意公积金。任意公积金的提取比例没有限制,用任意公积金转增资本时,不受25%的限制。

4. 资本公积金

资本公积金不得用于弥补亏损。

【第四集】| 朱奋

【关键词】 董事会(有限责任公司),有限责任公司的股权回购,公司设立阶段和设立失败的债务、费用的承担规则,公司法人财产权的限制,公司股东的出资制度,公司合并,公司分立

2028年,朱朱、张某、F、G、Q等成立了朱奋公司,主要生产卫浴产品,如马桶、坐便器、浴缸等产品。

在公司章程中,几位股东约定平均分配公司利润、平均承担公司亏损,并约定不设立监事会。其一,该公司股东之间盈亏分担比例的约定是符合规定的。根据规定,有限责任公司一般按照股东实缴的资本比例分配利润和分担亏损,但全体股东约定不按照出资比例分配的除外。其二,不设立监事会也是符合规定的。根据规定,股东人数较少或者经营规模较小的,可以只设1~2名监事,不设监事会。

公司董事会通过了如下决议:

根据公司未来的发展方向,决定设立市场开发部,并根据总经理A的提名聘任Q为市场开发部经理。此时,公司董事会通过增设市场开发部的规定符合法律规定,但聘任Q为市场开发部经理并不合法。根据规定,决定公司内部机构的设置是董事会的职权,但聘任市场开发部经理是公司总经理的职权。

根据总经理A的提名,解聘财务负责人C的职务,聘任监事D兼任财务负责人。此时,解聘财务负责人C是符合规定的,但聘任监事D兼任财务负责人是不符合规定的。根据规定,董事会有权决定聘任或者解聘公司经理。并根据经理的提名,聘任或者解聘公司副经理、财务负责人,并决定其报酬事项。此外,根据规定,董事、高级管理人员(经理、副经理、财务负责人)不得兼任监事。

胡某为公司董事会的董事,朱奋公司生产的马桶性价比极高,在市场中极其畅销,并且有一句广为流传的广告词:"全国销量领先的高级马桶,还是原来的高度,还是熟悉的感觉!"在上海市的马桶市场占有率非常高。2030年,朱奋公司的马桶产品发生严重滞销,营业额和销售量持续下降。经过调查,发现胡某于2026年与几个同学合资投资设立了B卫浴有限责任公司(以下简称B公司),胡某在B公司任副总经理,具体负责B公司的生产经营。由于B公司马桶的原料、样式、技术、功能等方面与A公司生产的马桶基本一样,导致A公司失去了原有的一部分市场份额。于是,朱奋公司董事会作出如下决议:

要求胡某将从B公司的所得收入归朱奋公司所有;此时,公司要求胡某将其所得收入收归朱奋公司所有符合法律规定。根据规定,董事、监事、高级管理人员未经股东会或者股东大会同意,利用职务便利为自己或者他人谋取属于公司的商业机会,自营或者与他人经营与所任职公司同类的业务,其所得收入应该归公司所有。

撤销胡某朱奋公司董事的职务,增补陈某为朱奋公司的董事。此时,该公司董事会的决议是违法的。根据规定,选举和更换董事属于有限责任公司股东会的职权,公司董事会并没有权利选举和更换公司的董事。

2031年5月,经检查发现朱奋公司设立时F企业出资的机器设备价值明显低于公司章程规定的价额,但经过股东会的决议,将F企业补足出资的义务免除。此时,可以认定F未全面履行出资义务,则朱朱、张某、G、Q作为发起人股东应该承担连带责任。根据规定,股东在公司设立时未履行或者未全面履行出资义务,发起人与被告股东承担连带责任。此外,股东会免除甲的出资义务是不合法的。根据规定,发起人股东的出资义务是法定义务,不得以发起人协议的约定、公司章程规定或者股东会决议免除。

在公司成立过程中,作为朱奋公司发起人的张某为了公司成立后货源充足,曾以自己的名义与D商贸批发公司订购了一批商品,该批货物已经运至朱奋公司的仓库并开始使用,但尚未支付价款。D公司找到朱奋公司要求付款,认为商品已经运至朱奋公司的仓库,应该由设立后的朱奋有限责任公司付款。朱奋公司主张合同是张某订立的,与公司无关,拒绝付款。此时,朱奋公司的理由是不符合法律规定的。根据规定,发起人为设立公司以自己名义订立的合同,对相对人而言,合同中载明的主体是发起人,所以原则上应当由发起人承担合同责任。但是,公司成立后,如果对以发起人名义订立的合同予以确认,或者已经实际享有合同权利或者履行合同义务,合同相对人请求公司承担合同责任的,人民法院应予支持。张某虽然以自己的名义与B公司签订合同,但最后的合同权利由朱奋公司实际享有,此时应由设立后的朱奋公司付款,朱奋公司的理由是不能得到人民法院支持的。

公司经过8年经营,每年都盈利,具备分配利润的条件,股东C在股东会上提出分配股利,但股东会决议当年不分配利润。C要求朱奋公司收购本人持有的公司股权,但在收购价格上无法形成一致意见。此时,C的要求是合法的。根据规定,公司连续5年不向股东分配利润,而该公司连续5年盈利,并且符合法律规定的分配利润条件的,对股东会该项决议投反对票的股东可以请求公司按照合理的价格收购其股权。朱奋公司连续5年盈利,且符合利润分配条件而不分配利润的,C有权要求公司以合理的价格收购自己的股份。根据规定,自股东会会议决议通过之日起60日内,股东与公司不能达成股权收购协议的,股东可以自股东会会议决议通过之日起90日内向人民法院提起诉讼。

朱奋公司为扩大公司生产经营规模,于2032年2月10日召开的股东会上经全体股东表决权的77.77%通过,决定吸收合并E有限责任公司。同年2月18日通知了甲、乙、丙、丁四位债权人,并于2月25日在报纸上进行了公告。3月16日,甲、乙、丙三位债权人均向朱奋公司提出清偿债务的要求,朱奋公司按照规定向甲、乙债权人清偿了债务,向丙债权人提供了相应的担保。4月11日,丁债权人也向朱奋公司提出清偿债务的要求,朱奋公司对丁债权人既未清偿债务,也未提供相应的担保。2032年5月8日,朱奋公司向公司登记机关办理了有关的登记手续。须注意:其一,朱奋公司股东会决定吸收合并E有限责任公司的表决符合规定。根据规定,有限责任公司股东会对公司合并作出决议时,必须经代表2/3以上表决权的股东同意。其二,朱奋公司通知债权人的时间是符合规定的。根据规定,股东会在作出合并决议后,应当自作出合并决议之日起10日内通知债权人,并于30日内在报纸上公告。朱奋公司于2月25日在报纸上进行了公告,这是符合规定的。其三,朱奋公司对甲、乙、丙、丁债权人的要求所作的反应是符合规定的。根据规定,债权人在接到通知之日起30日内,有权要求公司清偿债务或者提供相应的担保。朱奋公司对甲、乙债权人清偿了债务,向丙债权人提供了相应的担保,是符合规定的。由于丁债权人向朱奋公司提出的要求已超过了30日的期限,因此朱奋公司对丁债权人既未清偿债务,也未提供相应的担保,同样是符合规定的。

【考点链接1】 董事会(有限责任公司)
1. 董事会的概念和组成(常设机关、决策机关)
(1)董事会由3~13人组成。股东人数较少或者规模较小的有限责任公司,可以设1名执行董事,不设董事会,执行董事的职权与董事会相当。
【比较】股份有限公司的董事会由5~19人组成。
(2)两个以上的国有企业或者两个以上的其他国有投资主体投资设立的有限责任公司,其董事会成员中应当有公司职工代表。
(3)其他有限责任公司董事会成员中可以有公司职工代表。
(4)董事会中的职工代表由公司职工通过职工代表大会、职工大会或者其他形式民主选举产生。
(5)董事会设董事长一人,可以设副董事长。①
(6)董事长、副董事长的产生办法由公司章程规定。②
2. 董事任期
董事任期由公司章程规定,但每届任期不得超过3年。董事任期届满,连选可以连任。
须注意:董事任期由公司章程规定,只要不超过3年即可;监事任期为法定制,就是3年。
3. 董事会职权
一般职权是拟订方案,提交股东会表决通过。董事会有权直接决定的事项包括:
(1)决定公司的经营计划和投资方案(须注意:股东大会是决定公司的经营方针和投资计划);(2)决定公司内部管理机构的设置;(3)决定聘任或者解聘公司经理,根据经理的提名,聘任或者解聘公司副经理、财务负责人,并决定其报酬事项(公司的高级管理人员,如总经理、副总经理和财务负责人,由董事会任免);(4)制定公司的基本管理制度。
4. 董事会的召集
有限责任公司设立董事会的,董事会会议由董事长召集和主持;董事长不能履行职务或者不履行职务的,由副董事长主持;副董事长不能履行职务或者不履行职务的,由半数以上董事共同推举一名董事主持。
5. 董事会的议事方式和表决程序
董事会的议事方式和表决程序,除《公司法》有规定的外,由公司章程规定。董事会应当对所议事项的决定做成会议记录,出席会议的董事应当在会议记录上签名。董事会决议的表决,实行一人一票。

★【考点比较1】董事会(股份有限公司)
1. 董事会成员的组成
(1)股份有限公司的董事会由5~19人组成;(2)董事由股东大会选举产生;(3)董事成员可以有公司职工代表(由职工代表大会、职工大会或者其他形式民主选举产生)。

---

① 有限责任公司、国有独资公司与股份有限公司"可以"设副董事长;合营企业与合作企业"必须"设副董事长,一方担任董事长的,他方担任副董事长。
② 股份有限公司的董事长和副董事长由董事会"选举"产生。国有独资公司的董事长和副董事长由国有资产监督管理机构"指定"。中外合资经营企业的董事长和副董事长由合营各方协商确定或者由董事会选举产生。中外合作经营企业董事长和副董事长的产生办法由合作章程规定。

2. 董事的任期和董事会的职权

与有限责任公司相同。

3. 董事会机构设置

(1)董事会设董事长1名,可以设副董事长(董事长和副董事长由董事会以全体董事的过半数选举产生)。(2)董事长召集和主持董事会会议,检查董事会决议的实施情况。(3)董事长不能或不履行职务的,由副董事长履行职务。(4)副董事长不履行职务的,由半数以上董事共同推举一名董事履行职务。

上市公司特别规定:(1)董事会可以按照股东大会的有关决议,设立战略、审计、提名、薪酬与考核等专门委员会。(2)专门委员会成员全部由董事组成。(3)审计委员会、提名委员会、薪酬与考核委员会中独立董事应占多数并担任召集人,审计委员会中至少应有1名独立董事是会计专业人士。

4. 董事会会议召开

(1)董事会每年度至少召开两次会议,每次会议应当于会议召开10日前通知全体董事和监事。

(2)临时董事会的召开条件:①代表1/10以上表决权的股东提议;②1/3以上董事提议;③监事会提议。

(3)董事长应当自接到提议后10日内,召集和主持董事会会议。

(4)董事会召开临时会议,可以另定召集董事会的通知方式和通知时限。

【解释1】董事会会议应有过半数的董事出席方可举行。

【解释2】董事会作出决议必须经"全体"(而非出席)董事的"过半数"(>1/2)通过。

【解释3】董事会决议的表决实行一人一票。

【解释4】股份有限公司董事会开会时,董事应当亲自出席,如因故不能出席时,可以"书面"(不能口头)委托其他"董事"(不能是非董事)代为出席,委托书中应载明授权范围。

5. 记录

(1)董事会应当对会议所议事项的决定做成会议记录,出席会议的董事应当在会议记录上签名。(2)董事应当对董事会的决议承担责任。(3)董事会的决议违反法律、行政法规或者公司章程、股东大会决议,致使公司遭受严重损失的,参与决议的董事对公司负赔偿责任。但经证明在表决时曾表明异议并记载于会议记录的,该董事可以免除责任。

★【考点比较2】国有独资公司组织机构的特别规定

1. 国有独资公司不设股东会

国有资产监督管理机构行使股东会职权,可以授权公司董事会行使股东会的部分职权,决定公司的重大事项。

公司的合并、分立、解散、增减注册资本和发行公司债券,必须由国有资产监督管理机构决定。其中,国务院有关规定确定的重要国有独资公司的合并、分立、解散、申请破产,应当由国有资产监督管理机构审核后,报本级人民政府批准。

2. 董事会的特别规定

(1)董事会中必须包括职工代表,职工代表由职工代表大会选举产生;其他董事由国有资产监督管理机构委派。

(2)设董事长1人,"可以"设副董事长(也可以不设副董事长)。

(3)董事长、副董事长由国有资产监督管理机构从董事会成员中指定。

【解释】董事长并非由董事会选举产生,而是由国有资产监督管理机构"指定"。

3. 经营管理机构的特别规定

国有独资公司设经理,由董事会聘任或者解聘。经国有资产监督管理机构同意,董事会成员可以兼任经理。

4. 董事长、副董事长、董事、高级管理人员任职的特别规定

国有独资公司的董事长、副董事长、董事、高级管理人员,未经国有资产监督管理机构同意,不得在其他公司兼职。

5. 监事会的特别规定

(1)监事会成员不得少于5人,其中职工代表的比例不得低于1/3。

(2)监事会成员由国有资产监督管理机构委派,但监事会中的职工代表由职工代表大会选举产生。

(3)监事会主席由国有资产监督管理机构从监事会成员中指定。

6. 公司章程的特别规定

国有独资公司的公司章程由国有资产监督管理机构制定,或者由国有独资公司的董事会制定报国有资产监督管理机构批准。

★【考点比较3】合营企业的性质和组织机构

合营企业的性质均为有限责任公司,合营企业不设立股东会,但包括董事会(最高权力机构)和经营管理机构。

1. 董事会

(1)人数:不得少于3人。

【比较】有限责任公司3~13人,股份有限公司5~19人。

(2)董事长的产生:

①一方担任董事长的,由他方担任副董事长。

【比较】有限责任公司和股份有限公司中是可以有副董事长。

②董事长和副董事长由合营各方协商确定或由董事会选举产生。

【比较】董事长产生办法:有限责任公司为公司章程规定,国有独资公司是有国有资产监督管理机构指定,股份有限公司则为全体董事的过半数选举。

(3)任期:4年。

【比较】公司法中董事任期不超过3年。

(4)法定代表人:董事长是合营企业的法定代表人。

【比较】《公司法》规定的一般公司的法定代表人从董事长、执行董事、经理三者中产生。

(5)定期会议:每年至少召开1次。

【比较】股份有限公司每年至少召开2次,有限责任公司每年至少召开1次。

(6)临时会议:经1/3以上董事提议。

【比较】股份有限公司:(1)代表10%以上表决权的股东提议;(2)1/3以上董事提议;(3)监事会提议。

(7)出席:董事会会议应有2/3以上董事出席方能举行。

【比较】股份有限公司:董事会会议应有过半数的董事出席方可举行。

(8)董事会一般事项的表决:按合营企业章程载明的议事规则决议作出。

(9)董事会特别事项的表决:必须经出席董事会会议的董事一致通过。

①章程的修改；②企业的中止、解散；③注册资本的增加、减少；④合并、分立。

【比较】《公司法》规定的特别表决事项：①修改公司章程；②增加或减少注册资本；③公司合并、分立、解散；④变更公司形式。

2.经营管理机构

负责合营企业的日常经营管理工作。

【考点比较4】 合作企业的性质和组织机构

合作企业如果具有法人资格,性质为有限责任公司;如果不具有法人资格,性质为合伙关系。

1.组织机构

(1)具备法人资格:设立董事会。

(2)不具备法人资格:设立联合管理委员会。

2.董事会

(1)人数:不得少于3人。

(2)任期:不得超过3年。

(3)董事长的产生:①一方担任董事长的,另一方担任副董事长;②合作企业的董事长由合作企业章程规定。

(4)定期会议:每年至少召开1次。

(5)临时会议:经1/3以上董事提议。

(6)召开条件:董事会会议必须有2/3以上董事出席方能举行。

(7)董事会一般事项的表决:经全体董事过半数通过。

(8)董事会特别事项的表决:经出席会议的董事一致通过。

①合作企业章程的修改；②合作企业的解散；③注册资本的增加、减少；④合作企业的合并、分立和变更组织形式；⑤合作企业的资产抵押；⑥委托合作各方以外的他人经营管理。

3.经理

经董事会或者联合管理委员会聘任,董事或者委员可以兼任合作企业的总经理或者其他高级管理职务。

【考点比较5】 外资企业的性质和组织机构

1.性质

一般为有限责任公司,若经过批准,也可以为其他责任形式。

2.组织机构

可以由外国投资者根据企业不同的经营内容、经营规模、经营方式自行设置。

各种董事会比较

	有限公司	股份公司	合营企业	合作企业
性质	执行机构		最高权力机构	
人数	3~13人	5~19人	3人以上	
副董事长	可以有	可以有	一方担任董事长的,另一方担任副董事长	
董事长产生	公司章程规定	全体过半数选举	由合营各方协商确定或由董事会选举产生	合作企业章程规定

续表

	有限公司	股份公司	合营企业	合作企业
任期		不超过3年	4年	不超过3年
会议频率	公司章程规定	每年至少2次	每年至少1次	
临时会议	/	10%以上表决权股东提议； 1/3以上董事提议； 监事会提议	1/3以上董事提议	
召开条件	公司章程规定	过半数董事出席	2/3以上的董事出席	
董事会决议	公司章程规定	一般决议：全体董事的过半数通过； 上市公司董事会审查对外担保：出席会议的2/3以上	一般决议：章程规定； 特别决议：出席的董事一致通过	一般决议：全体过半数； 特别决议：出席的董事一致通过

【考点链接2】 有限责任公司的股权回购

1. 适用情形

有下列情形之一的，对股东会该项决议投反对票的股东可以请求公司按照合理的价格收购其股权：

(1) 公司连续5年不向股东分配利润，而公司该5年连续盈利，并且符合法律规定的分配利润条件的；

(2) 公司合并、分立、转让主要财产的；

(3) 公司章程规定的营业期限届满或者章程规定的其他解散事由出现，股东会会议通过决议修改章程使公司存续的。

2. 程序

自股东会会议决议通过之日起60日内，股东与公司不能达成股权收购协议的，股东可以自股东会会议决议通过之日起90日内向人民法院提起诉讼。

股份有限公司的股份回购（减资、合并、奖励、异议）

情 形	程 序
减少公司注册资本	(1) 经股东大会决议； (2) 公司收购本公司股份后，应当自收购之日起10日内注销
与持有本公司股份的其他公司合并	(1) 经股东大会决议； (2) 公司收购本公司股份后，应当在6个月内转让或者注销
将股份奖励给本公司职工	(1) 经股东大会决议； (2) 收购的本公司股份，不得超过本公司已发行股份总额的5%； (3) 用于收购的资金应当从公司税后利润中支出； (4) 所收购的股份应当在1年内转让给职工
股东因对股东大会作出的公司"合并、分立决议"持有异议，要求公司收购其股份的	公司收购本公司股份后，应当在6个月内转让或者注销

须注意：公司不得接受本公司的股票作为质押权的标的。

【考点链接3】 公司设立阶段和设立失败的债务、费用的承担规则

1. 公司设立阶段的合同责任

(1)发起人为设立公司以自己名义订立的合同,对相对人而言,合同中载明的主体是发起人,所以原则上应当由发起人承担合同责任。但是公司成立后予以确认,或者公司已经实际享有合同权利或者履行合同义务,合同相对人有权请求公司承担责任,否则应由订立合同的发起人承担责任。

(2)发起人以设立中公司名义对外签订合同,公司成立后合同相对人请求公司承担合同责任的,人民法院应予支持。但公司成立后有证据证明发起人是为自己利益而签订该合同,且合同相对人对此是明知的,该合同责任不应当由成立后的公司承担,而应由发起人承担。如果合同相对人不知道发起人是为自己的利益而订立合同,即为善意,则仍应由公司承担合同责任。

2. 设立公司失败的后果

(1)对认股人的责任:如果发行的股份超过招股说明书规定的截止期限尚未募足的,或者发行股份的股款缴足后,发起人在30日内未召开创立大会的,认股人可以按照所缴纳股款并加算银行同期存款利息,要求发起人返还。

(2)对发起人的责任:①公司不能成立时,对设立行为所产生的债务和费用,由发起人承担连带责任。②如果部分发起人承担责任后,请求其他发起人分担的,人民法院应当判令其他发起人按照约定的责任承担比例分担责任;没有约定责任承担比例的,按照约定的出资比例分担责任;没有约定出资比例的,按照均等份额分担责任。③因部分发起人的过错导致公司未成立,其他发起人主张其承担设立行为所产生的费用和债务的,人民法院应当根据过错情况,确定过错一方的责任范围。④发起人因履行公司设立职责造成他人损害,公司成立后受害人请求公司承担侵权赔偿责任的,人民法院应予支持。⑤公司未成立,受害人请求全体发起人承担连带赔偿责任的,人民法院应予支持。⑥公司或者无过错的发起人承担赔偿责任后,可以向有过错的发起人追偿。

【考点链接4】 公司法人财产权的限制

1. 对外投资

(1)公司可以向其他企业投资,但除法律另有规定外,不得成为对所投资企业的债务承担连带责任的出资人。

(2)公司向其他企业投资,按照公司章程的规定由董事会或者股东会、股东大会决议。

(3)公司章程对投资总额及单项投资的数额有限额规定的,不得超过规定的限额。

2. 担保

(1)公司章程对担保的总额或者单项担保的数额有限额规定的,不得超过规定的限额。

(2)对外担保:公司为他人提供担保,按照公司章程的规定由董事会或者股东会、股东大会决议。

(3)对内担保:公司为公司股东或者实际控制人提供担保的,必须经股东会或者股东大会决议。接受担保的股东或者受实际控制人支配的股东不得参加表决,该项表决由出席会议的其他股东所持表决权的过半数通过。

【口诀】对内担保,股决议;对外担保,董股决议。

3. 上市公司对外担保的特别规定

应当由股东大会审议的对外担保:(1)单笔担保额超过最近一期经审计净资产10%的担

保(单净10);(2)上市公司在1年内购买、出售重大资产或者担保金额达到或超过公司资产总额30%的(买卖担保30%);(3)上市公司及其控股子公司的对外担保总额,达到或超过最近一期经审计净资产50%以后提供的任何担保(总净50);(4)为资产负债率超过70%的担保对象提供的担保(负债70);(5)对股东、实际控制人及其关联方提供的担保(对内担保);(6)由董事会审批的对外担保,但出席董事会的无关联关系董事人数不足3人的;(7)公司章程规定的其他事项。须注意:应由股东大会审批的对外担保,必须经董事会审议通过后,方可提交股东大会审批。

4. 借款

(1)除非公司章程有特别规定或者经股东(大)会的批准同意,公司的董事、经理不得擅自将公司资金借贷给他人。

(2)股份有限公司不得直接或者通过子公司向董事、监事、高级管理人员提供借款。

【考点链接5】 公司股东的出资制度

1. 出资方式

(1)股东不得以劳务、信用、自然人姓名、商誉、特许经营权或者设定担保的财产等作价出资。

(2)全体股东的货币出资金额不得低于公司注册资本的30%。

(3)以货币出资的,应当将货币足额存入公司在银行开设的账户。以非货币财产出资的,应当依法办理其财产权的转移手续。

2. 非货币财产出资

(1)对作为出资的非货币财产应当评估作价,核实财产,不得高估或者低估作价;以非货币财产出资的,应当依法办理其财产权的转移手续。

合伙人以非货币财产出资,需要评估作价的,可以由全体合伙人协商确定,也可以由全体合伙人委托法定评估机构评估;普通合伙人以劳务出资的,其评估办法由全体合伙人协商确定,也可以由全体合伙人委托法定评估机构评估。

(2)出资人以非货币财产出资,未依法评估作价,公司、其他股东或者公司债权人请求认定出资人未履行出资义务的,人民法院应当委托具有合法资格的评估机构对该财产评估作价。评估确定的价额显著低于公司章程所定价额的,人民法院应当认定出资人未依法全面履行出资义务。

须注意:出资人以符合法定条件的非货币财产出资后,因市场变化或者其他客观因素导致出资财产贬值,公司、其他股东或者公司债权人请求该出资人承担补足出资责任的,人民法院不予支持。但是,当事人另有约定的除外。

3. 股权出资

(1)投资人可以以其持有的在中国境内设立的有限责任公司或者股份有限公司的股权作为出资,投资于境内其他有限责任公司或者股份有限公司。

(2)但出现下列情形之一的,股权公司的股权不得用于出资:①股权公司的注册资本尚未缴足;②已被设立质权;③已被依法冻结;④股权公司章程约定不得转让;⑤法律、行政法规或者国务院决定规定,股权公司股东转让股权应当报经批准而未经批准等。

(3)出资人以其他公司股权出资,符合下列条件的,人民法院应当认定出资人已履行出资义务:①出资的股权由出资人合法持有并依法可以转让;②出资的股权无权利瑕疵或者权利负担;③出资人已履行关于股权转让的法定手续;④出资的股权已依法进行了价值评估。

股权出资不符合第①至③项规定的,公司、其他股东或者公司债权人请求认定出资人未履行出资义务的,人民法院应当责令该出资人在指定的合理期间内采取补正措施,以符合上述条件;逾期未补正的,人民法院应当认定其未依法全面履行出资义务。

股权出资不符合第④项规定的,公司、其他股东或者公司债权人请求认定出资人未履行出资义务的,人民法院应当委托具有合法资格的评估机构对该财产评估作价。评估确定的价额显著低于公司章程所定价额的,人民法院应当认定出资人未依法全面履行出资义务。

4. 履行出资义务

根据有限责任制度,股东负有的唯一义务就是出资。因此,衡量股东是否已经履行出资义务就是股东需要承担责任的最重要根据。主要包括以下几个方面:

(1)已交付,未办理权属变更(以实际交付为准)。①出资人以房屋、土地使用权或者需要办理权属登记的知识产权等财产出资,已经交付公司使用但未办理权属变更手续,公司、其他股东或者公司债权人主张认定出资人未履行出资义务的,人民法院应当责令当事人在指定的合理期间内办理权属变更手续;在前述期间内办理了权属变更手续的,人民法院应当认定其已经履行了出资义务。②出资人主张自其实际交付财产给公司使用时享有相应股东权利的,人民法院应予支持。①

(2)已办理权属变更,但未交付(以实际交付为准)。出资人以房屋、土地使用权或者需要办理权属登记的知识产权等财产出资,已经办理权属变更手续但未交付给公司使用,公司或者其他股东主张其向公司交付,并在实际交付之前不享有相应股东权利的,人民法院应予支持。

(3)以划拨土地使用权或以设定权利负担的土地使用权出资(先办理,再认定)。出资人以划拨土地使用权出资,或者以设定权利负担的土地使用权出资,公司、其他股东或者公司债权人主张认定出资人未履行出资义务的,人民法院应当责令当事人在指定的合理期间内办理土地变更手续或者解除权利负担;逾期未办理或者未解除的,人民法院应当认定出资人未依法全面履行出资义务。

(4)以不享有处分权的财产出资。当事人之间对于出资行为效力产生争议的,应当按照无权处分的规则进行处理;便该出资行为并非一概无效,公司只要符合善意取得条件,便可取得该财产的所有权。

这些要件包括:①公司在受让该财产时是善意的,即公司不知道也不应当知道出资人对出资财产不享有处分权;在原始设立公司的场合,善意与否的判断应以其他发起人是否知道出资人对其出资不享有处分权为标准。②该财产经评估合理作价。③转让的不动产或者动产依照法律规定应当登记的已经登记,不需要登记的已经交付给受让人。同时符合上述条件的,公司可以基于善意取得制度取得出资财产所有权。如果不符合以上条件,原所有权人有权取回该财产,此时应当视为出资人未履行出资义务。

(5)以违法犯罪所得货币出资。以贪污、受贿、侵占、挪用等违法犯罪所得的货币出资后取得股权的,对违法犯罪行为予以追究、处罚时,应当采取拍卖或者变卖的方式处置其股权。

---

① 外商投资企业合同约定一方当事人以需要办理权属变更登记的标的物出资或者提供合作条件,标的物已交付外商投资企业实际使用,且负有办理权属变更登记义务的一方当事人在人民法院指定的合理期限内完成了登记的:(1)人民法院应当认定该方当事人履行了出资或者提供合作条件的义务;(2)外商投资企业或其股东不得以该方当事人未履行出资义务为由主张该方当事人不享有股东权益;(3)外商投资企业或其股东举证证明该方当事人因迟延办理权属变更登记给外商投资企业造成损失的,有权请求赔偿。

【考点链接6】 公司合并

1. 合并的方式

(1)法定合并(包括吸收合并和新设合并)。

(2)其他可以达到吸收合并效果的并购手段。

①以现金购买资产方式的并购(资产收购);

②以股权购买资产方式的并购(资产收购);

③以现金购买股权方式的并购(股权收购);

④以股权购买股权方式的并购(股权收购)。

资产收购时,首先,被吸收公司的每一笔债务转移至吸收公司承担,都需要经过被吸收公司该债权人同意;对于不同意的债务转移的股东,就只能清偿。其次,被吸收公司的消灭必须经过解散清算程序。

股权收购时,首先,被吸收公司的每一个股东必须都愿意卖出其持有的被吸收公司的股权。对被吸收公司的股东来说,只是一个股权转让的交易,被吸收公司不能通过公司决议要求其股东卖出股份。只要有一个股东不愿意转让股权,整个交易就不可能完成。其次,被吸收公司的消灭必须经过解散清算程序。

2. 公司合并中的通知债权人程序

(1)公司应当自作出合并决议之日起10日内通知债权人,并于30日内在报纸上公告。

(2)债权人自接到通知书之日起30日内,未接到通知书的自公告之日起45日内可以要求公司清偿债务或者提供相应的担保。

3. 公司合并中债权债务的承继

(1)公司(法定)合并时,合并各方的债权、债务,应当由合并后存续的公司或者新设的公司承继。

(2)企业进行吸收合并时,公告通知了债权人,企业吸收合并后,债权人就被合并企业原资产管理人(出资人)隐瞒或遗漏的企业债务起诉合并方的:①如债权人在公告期内申报过该笔债权,合并方在承担民事责任后,可再行向被合并企业原资产管理人(出资人)追偿;②如债权人在公告期内未申报过该笔债权,则合并方不承担民事责任,人民法院可告知债权人另行起诉被合并企业原资产管理人(出资人)。

(3)企业吸收合并或新设合并后,被合并企业应当办理而未办理工商注销登记,债权人起诉被合并企业的,法院应根据企业合并后的具体情况,告知债权人追加责任主体,并判令责任主体承担民事责任。

4. 公司合并中的股东权保护

(1)有限责任公司:股东会对公司合并作出决议时,必须经代表2/3以上表决权的股东通过。

(2)股份有限公司:股东大会对公司合并作出决议时,必须经出席会议的股东所持表决权的2/3以上通过。

(3)对于股东(大)会通过的合并、分立决议,表决时投反对票的股东有权请求公司按照合理的价格收购其股权。自股东会会议决议通过之日起60日内,股东于公司不能达成股权收购协议的,股东可以自股东会会议决议通过之日起90日内向人民法院提起诉讼。

【考点链接7】 公司分立

1.分立的形式

(1)派生分立,是指公司以其部分资产和业务另设一个新的公司,原公司存续,A派生出B。新设分立时,消灭的公司不需要经过解散清算程序。

(2)新设分立,是指公司以其全部资产设立两个以上的新公司,原公司解散,A分立成B和C。当公司派生分立导致原公司资本减少时,原公司减资不需要经过法定的减资程序。

(3)无论公司分立是否导致原公司债务转移,都必须经过全体债权人的同意,未经债权人同意,分立不对其发生效力,债权人可以要求分立后的公司共同承担连带责任。

2.分立决议

属于特别决议,表决时投反对票的股东有权请求公司按照合理的价格收购其股权。

(1)有限责任公司的股东会对公司分立作出决议时,必须经代表2/3以上表决权的股东通过。

(2)股份有限公司的股东大会对公司分立作出决议时,必须经出席会议的股东所持表决权的2/3以上通过。

3.通知债权人的程序

公司应当自作出分立决议之日起10日内通知债权人,并于30日内在报纸上公告。

须注意:公司合并时,有债权人30天、45天内要求公司清偿债务或提供担保,但分立的时候没有赋予债权人请求公司清偿债务或者提供相应担保的权利。

4.债权债务

公司分立前的债务由分立后的公司承担连带责任。但是,公司在分立前与债权人就债务清偿达成的书面协议另有约定的除外。

司法解释对此进一步作了解释:(1)分立时对原企业的债务承担有约定,并经债权人认可的,按照当事人约定处理。(2)企业分立时对原企业债务承担无约定或约定不明,或虽有约定但债权人不予认可的,分立后的企业应当承担连带责任。但是,分立的企业在承担连带责任后,各分立的企业间对原企业债务承担有约定的,按约定处理,没有约定或约定不明的,按分立时的资产比例分担。

因分立而解散的公司(因新设分立而解散的原公司),因其债务由分立后继续存续的公司承继,不需要进行清算。

★【考点比较】外商投资企业的合并与分立

公司合并或分立应符合相关规定,不得导致外国投资者在不允许外商独资、控股或占主导地位的产业的公司中独资控股或占主导地位。公司因合并或分立而导致其所从事的行业或经营范围发生变更的,应符合有关法律、法规及国家产业政策的规定并办理必要的审批手续。

1.审批登记

(1)一般情况:经公司原审批机关批准并到登记机关办理登记。

(2)拟合并公司的原审批机关或登记机关有两个以上:由合并后公司住所地省级商务主管部门和国家工商行政管理总局授权的登记机关作为审批和登记机关。拟合并公司的投资总额之和超过公司原审批机关或合并后公司住所地审批机关审批权限的,由具有相应权限的审批机关审批。

(3)拟合并的公司至少有一家为股份有限公司:商务部审批。

2.要求

在投资者按照公司合同、章程规定缴清出资、提供合作条件且实际开始生产、经营之前，公司之间不得合并，公司不得分立。

3.合并后的组织形式

有限责任公司和有限责任公司合并后为有限责任公司，股份有限公司和股份有限公司合并后为股份有限公司，上市的股份有限公司和有限责任公司合并后为股份有限公司，非上市的股份有限公司和有限责任公司合并后为股份有限公司或有限责任公司。

4.成立日期

(1)公司合并：采取吸收合并，接纳方公司的成立日期为合并后公司的成立日期；采取新设合并，登记机关核准设立登记并签发营业执照的日期为合并后公司的成立日期。

(2)公司分立：因公司分立而设立新公司的，登记机关核准设立登记并签发营业执照的日期为分立后公司的成立日期。

5.投资总额和注册资本

(1)股份有限公司之间合并或者公司合并后为有限责任公司的，合并后公司的注册资本为原公司注册资本额之和。

(2)有限责任公司与股份有限公司合并后为股份有限公司的，合并后公司的注册资本为原有限责任公司净资产额根据拟合并的股份有限公司每股所含净资产额折成的股份额与原股份有限公司股份总额之和。

(3)公司与中国内资企业合并后为外商投资企业，其投资总额为原公司的投资总额与中国内资企业财务审计报告所记载的企业资产总额之和，注册资本为原公司的注册资本额与中国内资企业的注册资本额之和。

6.外国投资者的股权比例

外国投资者的股权比例不得低于分立后公司注册资本的25%，也不得低于合并后公司注册资本的25%。

7.债权债务的承继

(1)合并后存续的公司或者新设的公司全部承继因合并而解散的公司的债权、债务。

(2)分立后的公司按照分立协议承继原公司的债权、债务。

8.审批机关的审批决定和程序

审批机关应自接到规定报送的有关文件之日起45日内，以书面形式作出是否同意合并或分立的初步批复。公司合并的审批机关为商务部的，如果商务部认为公司合并会妨碍公平竞争，可于接到有关文件后，召集有关部门和机构，对拟合并的公司进行听证并进行市场调查，此时，审批期限可延长至180天。

拟合并或分立的公司应当自审批机关就同意公司合并或分立作出初步批复之日起10日内，向债权人发出通知书，并于30日内在全国发行的省级以上报纸上至少公告3次。

公司应在上述通知书和公告中说明对现有公司债务的承继方案。公司债权人自接到通知书之日起30日内，未接到通知书的债权人自第1次公告之日起90日内，有权要求公司对其债务承继方案进行修改，或者要求公司清偿债务或提供相应的担保。

【第五集】| 大郎

【关键词】 合伙企业的设立、合伙事务执行、合伙企业与第三人的关系、合伙人退伙、合伙人性质转变的特殊规定、个人独资企业、质押

2029年1月1日，金莲、乙、丙、丁共同投资设立了大郎有限合伙企业（以下简称大郎企业）。合伙协议约定：金莲、乙为普通合伙人，分别出资10万元；丙、丁为有限合伙人，分别出资15万元；金莲执行合伙企业事务，对外代表大郎企业。根据规定，有限合伙企业由2个以上、50个以下合伙人设立。有限合伙企业由普通合伙人执行合伙事务；有限合伙人不得执行合伙事务，不得对外代表有限合伙企业。

大郎企业在2029年发生下列事实：

1月10日，大郎企业拟聘请一家会计师事务所承办自己企业的审计业务，丁提出聘任F会计师事务所。金莲、乙以"丁为有限合伙人，不得参与合伙事务执行"为由反对丁的提议。此时，金莲和乙的理由是不成立的。根据规定，有限合伙人参与选择承办有限合伙企业审计业务的会计师事务所，不视为执行合伙事务。

2月，金莲以大郎企业的名义与B公司签订了一份12万元的买卖合同。乙获知后，认为该买卖合同损害了大郎企业的利益，且金莲的行为违反了大郎企业内部规定的金莲无权单独与第三人签订超过10万元合同的限制，遂要求各合伙人作出决议，撤销金莲代表大郎企业签订合同的资格。此时，金莲以大郎企业的名义与B公司签订的买卖合同有效。根据规定，合伙企业对合伙人执行合伙企业事务以及对外代表合伙企业权利的限制不得对抗善意的第三人。B公司属于不知情的善意第三人，因此，买卖合同有效。此外，根据规定，合伙协议未约定或者约定不明确，法律也没有特别规定时，实行合伙人一人一票并经全体合伙人过半数通过的表决方法。大郎企业的合伙协议未约定表决办法，所以实行合伙人一人一票并经全体合伙人过半数通过的表决方法。

4月，乙、丙分别征得金莲的同意后，以自己在大郎企业中的财产份额出质，为自己向银行借款提供质押担保。丁对上述事项均不知情，乙、丙之间也对质押担保事项互不知情。此时，乙的质押行为无效。根据规定，普通合伙人以其在合伙企业中的财产份额出质的，须经其他合伙人一致同意；未经其他合伙人一致同意，其行为无效，由此给善意第三人造成损失的，由行为人依法承担赔偿责任。而普通合伙人乙的质押行为未经其他合伙人的同意，因此质押行为无效。根据规定，有限合伙人可以将其在有限合伙企业中的财产份额出质；但合伙协议另有约定的除外。由于合伙协议未对合伙人以财产份额出质事项进行约定，因此，有限合伙人丙的质押行为有效。

8月，丁退伙，并从大郎企业取得退伙结算财产12万元。9月，大郎企业吸收庚作为普通

合伙人入伙,庚出资8万元。10月,大郎企业的债权人C公司要求大郎企业偿还6月份所欠款项50万元。假设大郎企业的全部财产不足清偿C公司的债务,对不足清偿的部分,哪些合伙人应当承担清偿责任?如何承担清偿责任?此时,普通合伙人金莲、乙、庚应承担无限连带责任,退伙的有限合伙人丁以其退伙时从大郎企业分回的12万元财产为限承担有限责任。

11月,丙因所设个人独资企业发生严重亏损不能清偿D公司到期债务,D公司申请人民法院强制执行丙在大郎企业中的财产份额用于清偿其债务。人民法院强制执行丙在大郎企业中的全部财产份额后,金莲、乙、庚决定大郎企业以现有企业组织形式继续经营。金莲、乙、庚决定大郎企业以现有企业组织形式继续经营不合法。根据规定,有限合伙企业仅剩普通合伙人的,应当转为普通合伙企业。人民法院强制执行丙在大郎企业中的全部财产份额后,有限合伙人丙当然退伙,大郎企业中仅剩下普通合伙人,大郎企业应当转为普通合伙企业。

经查:大郎企业内部约定,金莲无权单独与第三人签订超过10万元的合同,B公司与大郎企业签订买卖合同时,不知大郎企业该内部约定。合伙协议未对合伙人以财产份额出质事项进行约定。

【考点链接1】 合伙企业的设立

1. 合伙企业的合伙人条件

(1)普通合伙企业应当有2个以上的合伙人,普通合伙企业的所有合伙人均为普通合伙人。普通合伙人可以是自然人、法人和其他组织,国有独资公司、国有企业、上市公司以及公益性的事业单位、社会团体不得成为普通合伙人(可以成为有限合伙人)。

(2)有限合伙企业由2个以上、50个以下合伙人设立,但是法律另有规定除外。有限合伙企业至少应当有1个普通合伙人。有限合伙企业仅剩有限合伙人的,应当解散;有限合伙企业仅剩普通合伙人的,应当转为普通合伙企业。

2. 合伙企业的出资形式

合伙人可以用货币、实物、知识产权、土地使用权或者其他财产权利出资;普通合伙人可以用劳务出资,但有限合伙人不得以劳务出资。需要评估作价的,可以由全体合伙人协商确定,也可以由全体合伙人委托法定评估机构评估。普通合伙人以劳务出资的,其评估办法由全体合伙人协商确定,并在合伙协议中载明。

3. 合伙企业的名称标注

普通合伙企业应当在其名称中标明"普通合伙"字样;特殊的普通合伙企业应当在其名称中标明"特殊普通合伙"字样;有限合伙企业名称中应当标明"有限合伙"字样。

【考点链接2】 合伙事务执行

1. 合伙事务执行的形式和要求

(1)普通合伙企业的合伙事务可以由全体普通合伙人共同执行,也可以委托一个或者数个普通合伙人执行。有限合伙企业由普通合伙人执行合伙事务;有限合伙人不得执行合伙事务,不得对外代表有限合伙企业。

(2)委托一个或者数个普通合伙人执行合伙事务的,其他普通合伙人不再执行合伙事务;但除合伙协议另有约定外,合伙企业的下列事项应当经全体普通合伙人一致同意:①改变合伙企业的名称;②改变合伙企业的经营范围、主要经营场所的地点;③处分合伙企业的不动产;④转让或者处分合伙企业的知识产权和其他财产权利;⑤以合伙企业名义为他人提供担保;

⑥聘任合伙人以外的人担任合伙企业的经营管理人员。

(3)禁止有限合伙人执行合伙事务,但有限合伙人的下列行为,不视为执行合伙事务:

①参与决定普通合伙人入伙、退伙;②对企业的经营管理提出建议;③参与选择承办有限合伙企业审计业务的会计师事务所;④获取经审计的有限合伙企业财务会计报告;⑤对涉及自身利益的情况,查阅有限合伙企业财务会计账簿等财务资料;⑥在有限合伙企业中的利益受到侵害时,向有责任的合伙人主张权利或者提起诉讼;⑦执行事务合伙人怠于行使权利时,督促其行使权利或者为了本企业的利益以自己的名义提起诉讼;⑧依法为本企业提供担保。

2. 合伙人在执行合伙事务中的权利

(1)合伙人平等享有合伙事务执行权;

(2)执行合伙事务的合伙人对外代表合伙企业;

(3)不参加执行事务的合伙人的监督权;

(4)合伙人查阅账簿权;

(5)合伙人提出异议权和撤销委托执行事务权。

合伙人分别执行合伙事务的,执行事务合伙人可以对其他合伙人执行的事务提出异议。提出异议时,应当暂停该项事务的执行。如果发生争议,按照合伙协议约定的表决办法办理,合伙协议未约定或者约定不明确的,实行合伙人一人一票并经全体合伙人过半数通过的表决办法。受委托执行合伙事务的合伙人不按照合伙协议或者全体合伙人的决定执行事务的,其他合伙人可以决定撤销该委托。

3. 合伙人在执行合伙事务中的义务

(1)执行事务合伙人的报告义务。

由一个或者数个普通合伙人执行合伙事务的,执行事务合伙人应当定期向其他合伙人报告事务执行情况以及合伙企业的经营状况和财务状况,其执行合伙事务所产生的收益归合伙企业,所产生的费用和亏损由合伙企业承担。

(2)竞业禁止。

①普通合伙人不得自营或者同他人合作经营与本企业相竞争的业务。②有限合伙人可以自营或者同他人合作经营与本有限合伙企业相竞争的业务,但合伙协议另有约定的除外。

(3)自我交易禁止。

①除合伙协议另有约定或者经全体合伙人一致同意外,普通合伙人不得同本企业进行交易。②有限合伙人可以同本有限合伙企业进行交易,但是合伙协议另有约定的除外。

(4)禁止损害本企业利益。

合伙人执行合伙事务,或者合伙企业从业人员利用职务上的便利,将应当归合伙企业的利益据为己有的,或者采取其他手段侵占合伙企业财产的,应当将该利益和财产退还合伙企业;给合伙企业或者其他合伙人造成损失的,依法承担赔偿责任。

4. 合伙事务执行的决议办法

决议办法	具体规定
严格按照法律规定处理的事项(绝对事项)	(1)普通合伙人不能从事与本企业相竞争的业务； (2)普通合伙企业的合伙协议不得约定将全部利润分配给部分合伙人或者由部分合伙人承担全部亏损； (3)将合伙人除名必须经其他合伙人一致同意； (4)普通合伙人死亡，继承人为无民事行为能力或者限制民事行为能力人的，经全体合伙人一致同意，可以依法成为有限合伙人，普通合伙企业依法转为有限合伙企业； (5)有限合伙企业由普通合伙人执行合伙事务；有限合伙人不得执行合伙事务，不得对外代表有限合伙企业。
除合伙协议另有约定外(相对事项)，应当经全体(或者其他)合伙人一致同意的事项	(1)合伙企业委托一个或者数个合伙人执行企业事务的，除合伙协议另有约定外，合伙企业的下列事项应当经全体合伙人一致同意： ①改变合伙企业的名称； ②改变合伙企业的经营范围、主要经营场所的地点； ③处分合伙企业的不动产； ④转让或者处分合伙企业的知识产权和其他财产权利； ⑤以合伙企业名义为他人提供担保； ⑥聘任合伙人以外的人担任合伙企业的经营管理人员。 (2)除合伙协议另有约定外，普通合伙人转变为有限合伙人，或者有限合伙人转变为普通合伙人，应当经全体合伙人一致同意。 (3)按照合伙协议的约定或者经全体合伙人一致同意，普通合伙人可以同本企业进行交易。 (4)普通合伙人死亡，继承人具备完全民事行为能力的，按照合伙协议的约定或者经全体合伙人一致同意，可以取得普通合伙人资格。 须注意1：(1)除合伙协议另有约定外，普通合伙人向合伙人以外的人转让其在合伙企业中的全部或者部分财产份额时，须经其他合伙人一致同意。(2)有限合伙人可以按照合伙协议的约定向合伙人以外的人转让其在有限合伙企业中的财产份额，但应当提前30日通知(并非经同意)其他合伙人。 须注意2：(1)普通合伙人以其在合伙企业中的财产份额出质的，须经其他合伙人一致同意；未经其他合伙人一致同意，其行为无效，由此给善意第三人造成损失的，由行为人依法承担赔偿责任。(2)有限合伙人可以将其在有限合伙企业中的财产份额出质，但是，合伙协议另有约定的除外。
有约定从约定，无约定或者约定不明确，实行合伙人一人一票并经全体合伙人过半数通过的表决办法	除上述情形之外的其他事项。

5.合伙企业的损益分配

合伙协议有约定	按约定的比例分配和分担
合伙协议未约定	首先由合伙人协商决定
	协商不成的，由合伙人按照实缴出资比例分配、分担
	无法确定出资比例的，由合伙人平均分配、分担

此外，普通合伙企业的合伙协议不得约定将全部利润分配给部分合伙人或者由部分合伙人承担全部亏损。有限合伙企业不得将全部利润分配给部分合伙人；但是，合伙协议另有约定

的除外。①

6. 非合伙人参与经营管理的资格和权限

(1)聘任非合伙人参与经营管理,除合伙协议另有约定外,应当经全体合伙人一致同意。

(2)由于不具有合伙人资格,只是合伙企业的经营管理人员而已,对企业债务无需承担无限连带责任。

【考点链接3】 合伙企业与第三人的关系

1. 合伙企业对外代表权的限制

合伙企业对合伙人执行合伙事务以及对外代表合伙企业权利的限制,不得对抗善意第三人。

2. 有限合伙人表见代理

第三人有理由相信有限合伙人为普通合伙人并与其交易的,该有限合伙人对该笔交易承担与普通合伙人同样的责任;有限合伙人未经授权以有限合伙企业名义与他人进行交易,给有限合伙企业或者其他合伙人造成损失的,该有限合伙人应当承担赔偿责任。

3. 合伙企业和合伙人的债务清偿

(1)合伙企业的债务清偿与合伙人的关系。

合伙企业的债务先由企业的财产承担,再由合伙人个人财产清偿。具体而言:

①合伙企业财产优先清偿,以合伙企业的全部财产进行清偿;

②合伙企业的财产无法清偿全部到期债务的,合伙人应承担无限连带责任。

所谓合伙人的无限责任,是指当合伙企业的全部财产不足以偿付到期债务时,各个合伙人承担合伙企业的债务不是以其出资额为限,而是以其自有财产来清偿合伙企业的债务。合伙人的连带责任,是指当合伙企业的全部财产不足以偿付到期债务时,合伙企业的债权人就合伙企业所负债务可以向任何一个合伙人主张,该合伙人不得以其出资的份额大小、合伙协议有特别约定、合伙企业债务另有担保人或者自己已经偿付所承担的份额等理由来拒绝。

合伙企业注销后,原普通合伙人对合伙企业存续期间的债务仍应承担无限连带责任。

合伙企业不能清偿到期债务的,债权人可以依法向人民法院提出破产清算申请,也可以要求普通合伙人清偿。合伙企业依法被宣告破产的,普通合伙人对合伙企业债务仍应承担无限连带责任。

③合伙人之间的债务分担和追偿。合伙人由于承担无限连带责任,清偿数额超过其亏损分担比例的,有权向其他合伙人追偿。

关于合伙企业亏损分担比例,《合伙企业法》规定,合伙企业的亏损分担,按照合伙协议的约定办理;合伙协议未约定或者约定不明确的,由合伙人协商决定;协商不成的,由合伙人按照实缴出资比例分担;无法确定出资比例的,由合伙人平均分担。

(2)合伙人的债务清偿与合伙企业的关系。

①合伙人发生与合伙企业无关的债务,相关债权人不得以其债权抵消其对合伙企业的债务,也不得代为行使该合伙人在合伙企业中的权利。②合伙人的自有财产不足清偿其与合伙

---

① 根据《公司法》的规定,公司股东按照实缴的出资比例分取红利;但是,全体股东可以事先约定不按照出资比例分取红利。

有限责任公司经股东同意转让的股权,在同等条件下,其他股东有优先购买权。两个以上股东主张行使优先购买权的,协商确定各自的购买比例;协商不成的,按照转让时各自的出资比例行使优先购买权。

企业无关的债务的,该合伙人可以以其从合伙企业中分取的收益用于清偿;债权人也可以依法请求人民法院强制执行该合伙人在合伙企业中的财产份额用于清偿。

人民法院强制执行合伙人的财产份额时,应当通知全体合伙人,其他合伙人有优先购买权;其他合伙人未购买,又不同意将该财产份额转让给他人的,依照《合伙企业法》的规定为该合伙人办理退伙结算,或者办理削减该合伙人相应财产份额的结算。

根据《公司法》的规定,人民法院依照强制执行程序转让股东的股权时,应当通知公司及全体股东,其他股东在同等条件下有优先购买权。其他股东自人民法院通知之日起满30日不行使优先购买权的,视为放弃优先购买权。

【考点链接4】 合伙人退伙

1. 普通合伙人的退伙

退伙包括四种情形、两种分类,即自愿退伙(协议和通知)和法定退伙(当然和除名)。

(1)协议退伙(先签的协议约定的时间)。合伙协议约定合伙期限的,在合伙企业存续期间,有下列情形之一的,合伙人可以退伙:①合伙协议约定的退伙事由出现;②经全体合伙人一致同意;③发生合伙人难以继续参加合伙的事由;④其他合伙人严重违反合伙协议约定的义务。

(2)单方通知退伙。单方通知退伙是指基于退伙人的单方意思表示而退伙。

合伙协议未约定合伙期限的,合伙人在不给合伙企业事务执行造成不利影响的情况下,可以退伙,但应当提前30日通知其他合伙人。合伙人违反上述规定退伙的,应当赔偿由此给合伙企业造成的损失。

(3)当然退伙(事件导致)。退伙事由实际发生之日为退伙生效日。合伙人有下列情形之一的,当然退伙:①作为合伙人的自然人死亡或者被依法宣告死亡;②个人丧失偿债能力(有限合伙人没有这个退伙原因);③作为合伙人的法人或者其他组织依法被吊销营业执照、责令关闭、撤销,或者被宣告破产;④法律规定或者合伙协议约定合伙人必须具有相关资格而丧失该资格;⑤合伙人在合伙企业中的全部财产份额被人民法院强制执行。

合伙人被依法认定为无民事行为能力人或者限制民事行为能力人的,经其他合伙人一致同意,可以依法转为有限合伙人,普通合伙企业依法转为有限合伙企业。其他合伙人未能一致同意的,该无民事行为能力或者限制民事行为能力的合伙人退伙。

作为有限合伙人的自然人在有限合伙企业存续期间丧失民事行为能力的,其他合伙人不得因此要求其退伙。

(4)除名退伙。合伙人有下列情形之一的,经其他合伙人一致同意,可以决议将其除名:①未履行出资义务;②因故意或者重大过失给合伙企业造成损失;③执行合伙事务时有不正当行为;④发生合伙协议约定的事由。对合伙人的除名决议应当书面通知被除名人。被除名人接到除名通知之日,除名生效,被除名人退伙。被除名人对除名决议有异议的,可以自接到除名通知之日起30日内,向人民法院起诉。

2. 关于合伙人死亡的规定

合伙人死亡或者被依法宣告死亡的,对该合伙人在合伙企业中的财产份额享有合法继承权的继承人,按照合伙协议的约定或者经全体合伙人一致同意,从继承开始之日起,取得该合伙企业的合伙人资格。

有下列情形之一的,合伙企业应当向合伙人的继承人退还被继承合伙人的财产份额:①继承人不愿意成为合伙人;②法律规定或者合伙协议约定合伙人必须具有相关资格,而该继承人未取得该资格;③合伙协议约定不能成为合伙人的其他情形。

合伙人的继承人为无民事行为能力人或者限制民事行为能力人的,经全体合伙人一致同意,可以依法成为有限合伙人,普通合伙企业依法转为有限合伙企业。全体合伙人未能一致同意的,合伙企业应当将被继承合伙人的财产份额退还该继承人。

【提示】要不变有限,要不退钱。

3. 有限合伙人退伙的特殊规定

(1)新入伙的有限合伙人对入伙前有限合伙企业的债务,以其认缴的出资额为限承担责任。

新入伙的普通合伙人对入伙前合伙企业的债务承担无限连带责任。

(2)有限合伙人出现下列之一情形时当然退伙:①作为合伙人的自然人死亡或者被依法宣告死亡;②作为合伙人的法人或者其他组织依法被吊销营业执照、责令关闭、撤销,或者被宣告破产;③法律规定或者合伙协议约定合伙人必须具有相关资格而丧失该资格;④合伙人在合伙企业中的全部财产份额被人民法院强制执行。

(3)作为有限合伙人的自然人在有限合伙企业存续期间丧失民事行为能力的,其他合伙人不得因此要求其退伙。

【比较】在此情形下,普通合伙人经其他合伙人一致同意可以转为有限合伙人;否则,该合伙人退伙。

(4)作为有限合伙人的自然人死亡、被依法宣告死亡或者作为有限合伙人的法人及其他组织终止时,其继承人或者权利承受人可以依法取得该有限合伙人在有限合伙企业中的资格。(当然继承)

【比较】普通合伙人不能当然继承。

(5)有限合伙人退伙后,对基于其退伙前的原因发生的有限合伙企业债务,以其退伙时从有限合伙企业中取回的财产承担责任。

【比较】普通合伙人退伙的,其对基于其退伙前的原因发生的合伙企业债务,承担无限连带责任。

新入伙的普通合伙人对入伙前合伙企业的债务承担无限连带责任。新入伙的有限合伙人对入伙前有限合伙企业的债务,以其认缴的出资额为限承担责任。

有限责任公司新增资本时,股东有权优先按照实缴的出资比例认缴出资。但是,全体股东约定不按照出资比例优先认缴出资的除外。

有限责任公司按照股东实缴的出资比例分配,但全体股东约定不按照出资比例分配的除外。

合伙企业的损益分配:先看约定,再协商,再按实缴出资,最后平均分担。

★【考点延伸】特殊的普通合伙企业

特殊的普通合伙企业责任形式的确定,关键取决于合伙人造成合伙企业损失而为的执业活动的主观心理状态。

(1)有限责任与无限责任相结合。如果是合伙人因故意或者重大过失造成合伙企业债务的,该合伙人应当承担无限责任或者无限连带责任,其他合伙人以其在合伙企业中的财产份额为限承担责任。(对外)

合伙人执业活动中因故意或者重大过失造成的合伙企业债务,以合伙企业财产对外承担

责任后,该合伙人应当按照合伙协议的约定对给合伙企业造成的损失承担赔偿责任。(对内)

(2)无限连带责任。如果是合伙人非因故意或者重大过失造成的合伙企业债务以及合伙企业的其他债务,由全体合伙人承担无限连带责任。

【考点链接5】 合伙人性质转变的特殊规定

除合伙协议另有约定外,普通合伙人转变为有限合伙人,或者有限合伙人转变为普通合伙人,应当经全体合伙人一致同意。

有限合伙人转变为普通合伙人的,对其作为有限合伙人期间有限合伙企业发生的债务承担无限连带责任。普通合伙人转变为有限合伙人的,对其作为普通合伙人期间合伙企业发生的债务承担无限连带责任。

【考点链接6】 个人独资企业

1. 个人独资企业的概念和特征

个人独资企业是由一个自然人投资,财产为投资人个人所有,投资人以其个人财产对企业债务承担无限责任的经营实体。

当投资人申报登记的出资不足以清偿个人独资企业经营所负的债务时,投资人必须以其个人的全部财产用于清偿企业债务。

个人独资企业不具有法人资格,是非法人企业。由于企业和个人融为一体,企业的责任就是投资人个人的责任,企业的财产即是投资人的财产,因此不是法人。个人独资企业没有独立承担民事责任的能力,是指个人独资企业不能以企业财产单独承担债务。个人独资企业虽然不具有法人资格,但却是独立的民事主体,可以自己的名义从事民事活动。

2. 个人独资企业的设立条件

(1)投资人为一个自然人,且只能是中国公民,不包括港、澳、台同胞(港、澳、台同胞设立的企业为外资企业)。此外,国家公务员、党政机关领导干部、法官、检察官、警官、商业银行工作人员等,不得投资设立个人独资企业。

(2)有合法的企业名称。个人独资企业的名称中不得出现"有限"、"有限责任"或者"公司"字样。

(3)有投资人申报的出资。

投资人可以用货币出资,也可以用实物、土地使用权、知识产权或者其他财产权利出资,但不能以"劳务"出资。① 个人独资企业投资人申报的出资可以个人财产出资,也可以家庭共有财产作为个人出资。但以家庭共有财产作为个人出资的,投资人应当在设立(变更)登记申请书上予以注明。

(4)有经营场所和必要的生产条件。

(5)有从业人员。

3. 个人独资企业的事务管理

(1)个人独资企业事务管理的方式。个人独资企业投资人可以自行管理企业事务,也可以委托或者聘用其他具有完全民事行为能力的人负责企业的事务管理。投资人委托或者聘用的人员管理个人独资企业事务时违反双方订立的合同,给投资人造成损害的,承担民事赔偿责

---

① 只有在合伙企业中,普通合伙人才可以劳务方式出资,其他形式的企业均不能以劳务方式出资。

任。

(2)职权的限制。投资人对受托人或者被聘用的人员职权的限制,只对受托人或者被聘用的人员有效,不得对抗善意第三人。①

(3)对受托人的职权限制(法定限制)。①不得擅自以企业财产提供担保;②未经投资人同意,不得从事与本企业相竞争的业务;③未经投资人同意,不得同本企业订立合同或者进行交易;④未经投资人同意,不得擅自将企业商标或者其他知识产权转让给他人使用。

须注意:不得提供担保,不得竞业竞争,不得自我交易,不得转让知识产权。

4. 个人独资企业的解散

个人独资企业有下列情形之一时,应当解散:

(1)投资人决定解散;

(2)投资人死亡或者被宣告死亡,无继承人或者继承人决定放弃继承;

(3)被依法吊销营业执照;

(4)法律、行政法规规定的其他情形。

5. 个人独资企业的清算

(1)通知和公告债权人。个人独资企业解散,由投资人自行清算或者由债权人申请人民法院指定清算人进行清算。投资人自行清算的,应当在清算前15日内书面通知债权人,无法通知的,应予以公告。债权人应当在接到通知之日起30日内,未接到通知的应当在公告之日起60日内,向投资人申报其债权。

(2)财产清偿顺序。个人独资企业解散的,财产应当按照下列顺序清偿(提示:无清算费用):①所欠职工工资和社会保险费用;②所欠税款;③其他债务。

个人独资企业财产不足以清偿债务的,投资人应当以其个人的其他财产予以清偿。(如登记申请书上登记以家庭财产出资的,以投资人家庭财产承担责任。)

(3)投资人的持续偿债责任。个人独资企业解散后,原投资人对个人独资企业存续期间的债务仍应承担偿还责任,但债权人在5年内未向债务人提出偿债请求的,该责任消灭。

【考点链接7】 质押

1. 质押概述

(1)概念。

质押是指债务人或者第三人将其动产或权利移交债权人占有,将该财产作为债的担保,当债务人不履行债务或者发生当事人约定的实现抵押权的情形时,债权人有权依法以该财产变价所得优先受偿。

(2)与抵押比较(质押与抵押的根本区别在于是否转移担保财产的占有)

①质押的标的物可以是动产或者权利,但不能是不动产;抵押的标的物既可以是动产也可以是不动产。

②质权的设定必须移转质物的占有;抵押权的设定不要求移转抵押物的占有。

③由于抵押权设定不移转占有,因此,抵押人可以继续对抵押物占有、使用、收益;由于质押移转标的物的占有,因此,质押人虽然享有对标的物的所有权,但不能直接对质押物进行占

---

① 合伙企业对合伙人执行合伙企业事务以及对外代表合伙企业权利的限制,不得对抗善意第三人。法人的法定代表人超越权限订立的合同,除相对人知道或者应当知道其超越权限的以外,该代表行为有效。

有、使用、收益。

2. 动产质押

(1)动产质押的设定。

①动产质权自质物移交给质权人占有时设立。质押合同是诺成合同,原则上自双方当事人意思表示一致时成立。质物占有的移转不是合同的生效要件。

②出质人以间接占有的财产出质的,书面通知送达占有人时视为移交。

(2)动产质押的标的物。

出质人以其不具有所有权但合法占有的动产出质的,法律保护善意质权人的权利。善意质权人行使质权给动产所有人造成损失的,由出质人承担赔偿责任。

动产质权的效力及于质物的从物。但是从物未随质物移交质权人占有的,质权的效力不及于从物。

(3)动产质押的效力。

①动产质押设立后,在主债务清偿以前,质权人有权占有质物,并有权收取质物所生的孳息(并非取得孳息所有权)。

②质权人在质权存续期间,为担保自己的债务,经出质人同意,以其所占有的质物为第三人设定质权的,应当在原质权所担保的债权范围之内,超过的部分不具有优先受偿的效力。转质权的效力优于原质权。

质权人在质权存续期间,未经出质人同意转质,造成质押财产毁损、灭失的,应当向出质人承担赔偿责任。

3. 权利质押

根据《物权法》第223条规定,债务人或者第三人有权处分的下列权利可以出质:(1)汇票、支票、本票;(2)债券、存款单;(3)仓单、提单;(4)可以转让的基金份额、股权;(5)可以转让的注册商标专用权、专利权、著作权等知识产权中的财产权;(6)应收账款;(7)法律、行政法规规定可以出质的其他财产权利。

(1)有价证券的质押:交付(登记)设立。

①以汇票、支票、本票、债券、存款单、仓单、提单出质的,质权自权利凭证交付之日起设立;没有权利凭证的,质权自有关部门办理出质登记时设立。

②以票据、债券、存款单、仓单、提单出质的,质权人再转让或者质押的无效。

(2)基金份额、股权的质押:登记设立。

①以基金份额、证券登记结算机构登记的股权出质的,质权自证券登记结算机构办理出质登记时设立;以其他股权出质的,质权自工商行政管理部门办理出质登记时设立。

②基金份额、股权出质后,不得转让,但经出质人与质权人协商同意的除外。

(3)知识产权的质押:登记设立。

①设定质押的知识产权仅限于可以转让的财产权,以知识产权中的人身权设定质押无效。(以著作权为例,包括发表权、署名权、修改权、保护作品完整权。)

②设定质权后,未经质权人同意不得转让或者许可他人使用。未经许可转让或者许可他人使用,应当认定为无效。因此给质权人或者第三人造成损失的,由出质人承担民事责任。

(4)应收账款的质押:登记设立。

①质权自信贷征信机构办理出质登记时设立。

②应收账款出质后,不得转让,但经出质人与质权人协商同意的除外。

【第六集】| 有底线

【关键词】 强制信息披露制度、股票转让的限制、非上市公众公司、担保合同无效的法律责任

露露和车模B、人体模特C、房模D等20人成立了"有底线"有限责任公司(以下简称有底线公司)。股东共同制定了公司章程。在公司章程中,对以下事项作了规定:其一,公司董事任期为5年;其二,公司设立监事会,监事会成员为8人,其中包括1名职工代表;其三,股东向股东以外的人转让股权,必须经过其他股东2/3以上同意。首先,公司章程中关于董事任期的规定不合法。根据规定,董事任期由公司章程规定,但每届任期不能超过3年。其次,公司章程中关于监事会代表人数不合法。根据规定,监事会应当包括股东代表和适当比例的公司职工代表,其中职工代表的比例不得低于1/3,具体比例由公司章程规定。有底线公司职工代表的比例显然是不合法的。再次,公司章程中关于股权转让的规定合法。根据规定,公司章程中对股权转让另有规定的,从其规定。

2035年1月,有底线公司准备从有限责任公司转为股份有限公司,上年度公司的实收股本总额为900万元,账面净资产为1 300万元,股东人数为20人,有限责任公司的账面净资产1 300万元按照80%折股并以发起方式设立股份有限公司。股东作为发起人签订了发起人协议,并修改了公司章程,经过股东会讨论通过,依法变更为股份有限公司。此时,有底线公司净资产折股比例符合规定。根据规定,有限责任公司变更为股份有限公司的,折合的股本总额不得高于净资产额。有底线公司的净资产额为1 300万元,折股比例为80%,折合的实收股本1 040万元低于1 300万元,符合规定。

从2035年6月开始,有底线公司的股东陆续将自己的股份非公开转让,其中,露露将自己持有的部分股份转让给15个投资人,B股东将自己持有的部分股份转让给14位投资人,C股东将自己持有的全部股份分别转让给15位投资人,D股东将自己持有的部分股份分别转让给10位投资人。除此之外,其他小股东也受此影响开始陆续转让股份,使得原有小股东和新小股东数总和达到了142人。此时应注意,有底线公司2035年6月开始的股东转让股份的大运动是不需要中国证监会进行核准并定性为非上市公众公司的。根据规定,股票向特定对象转让导致股东累计超过200人的股份有限公司,应当依法向中国证监会申请核准,核准后该公司被定性为非上市公众公司。有底线公司的股东转让股份,股东人数为199人(4+15+14+15-1+10+142),并没有超过200人,所以可以不用经过中国证监会核准。

有底线公司的股票自2039年6月起在上海证券交易所上市交易。2040年以来,有底线公司发生了以下事项:

(1)2040年4月,董事赵某将所持有的公司股票20万股中的2万股卖出;2041年3月,董

事钱某将所持公司股份10万股中的25 000股卖出;董事孙某因要出国定居,于2040年7月辞去董事职务,并于2041年3月将其所持有的公司股份6万股全部卖出。

此时,①赵某卖出公司股票的行为不合法。根据规定,董事、监事、高级管理人员所持本公司股份,自公司股票上市交易之日起1年内不得转让。公司从2039年6月上市,董事赵某于2040年4月转让股份的行为不符合规定。②钱某卖出所持有的公司股票的行为合法。根据规定,董事、监事、高级管理人员在任职期间每年转让的股份不得超过其所持有本公司股份总数的25%,但上市公司董事、监事和高级管理人员所持股份不超过1 000股的,可以一次性全部转让,不受25%的限制。董事钱某转让的股份未超过其持有的股份总数的25%,且其卖出时已超过1年的禁售期。③孙某卖出所持公司股票的行为符合规定。根据规定,董事、监事、高级管理人员离职后6个月内,不得转让其所持有的本公司股份;但是因司法强制执行、继承、遗赠等导致股份变动的除外。孙某是2040年7月辞职的,因此2041年3月转让其持有股份的行为是合法的。

(2)2040年4月1日,有底线公司监事唐某将其于2040年2月1日买入的有底线公司股票10万股全部卖出,获利20万元。2040年4月10日,持有有底线公司2%股份的股东王某(已连续持有8个月)要求有底线公司董事会收回唐某20万元的股票转让收益,但有底线公司董事会直到2040年5月20日仍未执行王某的请求,王某遂于2040年6月1日以自己的名义向人民法院提起诉讼,要求唐某向有底线公司返还20万元的股票转让收益。

此时,①唐某买卖甲公司股票的行为不符合规定。根据规定,上市公司董事、监事、高级管理人员,持有上市公司股份5%以上的股东,将其持有的该公司的股票在买入后6个月内卖出,或者在卖出后6个月内又买入,由此所得收益归该公司所有,公司董事会应当收回其所得收益。②王某的做法符合规定。根据规定,股东(有限责任公司的股东、股份有限公司连续180日以上单独或者合计持有公司1%以上股份的股东)可以书面请求董事会向人民法院提起诉讼。如果董事会收到股东的书面请求后拒绝提起诉讼,或者自收到请求之日起30日内未提起诉讼,或者情况紧急、不立即提起诉讼将会使公司利益受到难以弥补的损害的,股东有权为了公司的利益以自己的名义直接向人民法院提起诉讼。此处,公司董事会不按照规定执行,股东有权要求董事会在30日内执行。公司董事会未在上述期限内执行的,股东有权为了公司的利益以自己的名义直接向人民法院提起诉讼。

(3)2042年6月20日,有底线公司为F公司1 010万元的银行贷款提供担保。经查:F公司借款后的资产负债率将达75%,债权人E银行在明知该项担保未经有底线公司股东大会批准的情况下仍与有底线公司签订了担保合同。银行贷款到期后,债务人F公司不能清偿的债务为800万元。

此时,①甲公司为F公司提供的担保未经股东大会批准不符合规定。根据规定,上市公司为资产负债率超过70%的担保对象提供的担保,应由股东大会审批。②债权人E银行可以要求甲公司清偿的数额不应超过400万元。根据规定,主合同有效而担保合同无效,债权人、担保人有过错的,担保人承担民事责任的部分,不应超过债务人不能清偿部分的1/2。

(4)2042年8月1日,持有有底线公司6%股份的F公司向G银行贷款8 000万元,并以其所持有底线公司6%的股份设定了质押。F公司和G银行于8月1日签订了质押合同,并于8月10日向证券登记结算机构办理了登记。F公司将该事项及时告知了有底线公司董事会,但有底线公司对该信息一直未进行任何披露。

此时,①质押合同于8月1日生效。根据规定,质押合同自合同签订时生效。②G银行的质权于8月10日设立。根据规定,以证券登记结算机构登记的股权出质的,质权自证券登记结算机构办理出质登记时设立。③甲公司的做法不符合规定。根据规定,任一股东所持上市公司5%以上股份被质押,属于重大事件,上市公司应当立即提交临时报告。

【考点链接1】 强制信息披露制度

1. 首次信息披露

首次信息披露主要有招股说明书、债券募集说明书、上市公告书等。

(1)招股说明书(适用于公开发行股票)。

①在股票发行申请文件受理后,发行审核委员会审核前,发行人应当将招股说明书(申报稿)在中国证监会的网站预先披露。预先披露的招股说明书(申报稿)不是发行人发行股票的正式文件,不能含有价格信息,发行人不得据此发行股票。

②招股说明书中引用的财务报表在其最近一期截止日后6个月内有效。特别情况下发行人可申请适当延长,但至多不超过1个月。财务报表应当以年度末、半年度末或季度末为截止日。招股说明书的有效期为6个月,自中国证监会核准发行申请前招股说明书最后一次签署之日起计算。

③发行人及其全体董事、监事和高级管理人员应当在招股说明书上签署书面确认意见,保证招股说明书的内容真实、准确、完整。招股说明书应当加盖发行人公章。保荐人及其保荐代表人应当对招股说明书的真实性、准确性、完整性进行核查,并在核查意见上签字、盖章。

④保荐人出具的发行保荐书、证券服务机构出具的有关文件应当作为招股说明书的备查文件,在中国证监会指定的网站上披露,并置备于发行人住所、拟上市证券交易所、保荐人、主承销商和其他承销机构的住所,以备公众查阅。发行人应当将招股说明书披露于公司网站,时间不得早于前款规定的刊登时间。

(2)债券募集说明书(适用于公司发行债券)。

(3)上市公告书(适用于证券上市交易)。

发行人的董事、监事、高级管理人员,应当对上市公告书签署书面确认意见,保证所披露的信息真实、准确、完整。

2. 持续信息披露

持续信息披露的方式主要有定期报告和临时报告两种。

(1)定期报告。

上市公司应当披露的定期报告包括年度报告、中期报告和季度报告。

①年度报告应当在每个会计年度结束之日起4个月内编制完成并披露。

②中期报告应当在每个会计年度的上半年结束之日起2个月内编制完成并披露。

③季度报告应当在每个会计年度第3个月、第9个月结束后的1个月内编制完成并披露。

(2)临时报告。

凡发生可能对上市公司证券及其衍生品种交易价格产生较大影响的重大事件,投资者尚未得知时,上市公司应当立即披露,说明事件的起因、目前的状态和可能产生的影响。

重大事件包括:

(1)公司的经营方针和经营范围的重大变化;

(2)公司的重大投资行为和重大的购置财产的决定;

(3)公司订立重要合同,可能对公司的资产、负债、权益和经营成果产生重要影响;

(4)公司发生重大债务和未能清偿到期重大债务的违约情况,或者发生大额赔偿责任;
(5)公司发生重大亏损或者重大损失(注意无数额);
(6)公司生产经营的外部条件发生的重大变化;
(7)公司的董事、1/3以上监事或者经理发生变动,董事长或者经理无法履行职责;
【解释】①董事没有数量限制;②仅限于总经理,不包括副经理、财务负责人。)
(8)持有公司5%以上股份的股东或者实际控制人,其持有股份或者控制公司的情况发生较大变化;
(9)公司减资、合并、分立、解散及申请破产的决定,或者依法进入破产程序、被责令关闭;(不包括增资)
(10)涉及公司的重大诉讼、仲裁,股东大会、董事会决议被依法撤销或者宣告无效;
(11)公司涉嫌违法违规被有权机关调查或者受到刑事处罚、重大行政处罚,公司董事、监事、高级管理人员涉嫌违法违纪被有权机关调查或者采取强制措施;
(12)新公布的法律、法规、规章、行业政策可能对公司产生重大影响;
(13)董事会就发行新股或者其他再融资方案、股权激励方案形成相关决议;
(14)法院裁决禁止控股股东转让其所持股份,任一股东所持公司5%以上股份被质押、冻结、司法拍卖、托管、设定信托或者被依法限制表决权;
(15)主要资产被查封、扣押、冻结或者被抵押、质押;
(16)主要或者全部业务陷入停顿;
(17)对外提供重大担保;
(18)获得大额政府补贴等可能对公司资产、负债、权益或者经营成果产生重大影响的额外收益;
(19)变更会计政策、会计估计;
(20)因前期已披露的信息存在差错、未按规定披露或者虚假记载,被有关机关责令改正或者经董事会决定进行更正;
(21)中国证监会规定的其他情形。

3. 信息披露事务管理
(1)上市公司信息披露的制度化管理。
①制定信息披露事务管理制度。
上市公司信息披露事务管理制度应当经公司董事会审议通过,报注册地证监局和证券交易所备案。
②定期报告的编制、审议、披露程序和重大事件的报告、传递、审核、披露程序。
③关联交易的审议程序。
上市公司应当履行关联交易的审议程序,并严格执行关联交易回避表决制度。交易各方不得通过隐瞒关联关系或者采取其他手段,规避上市公司的关联交易审议程序和信息披露义务。
上市公司董事、监事、高级管理人员、持股5%以上的股东及其一致行动人、实际控制人应当及时向上市公司董事会报送上市公司关联人名单及关联关系的说明。
④信息披露的方式。
依法必须披露的信息,应当在国务院证券监督管理机构指定的媒体发布,同时将其置备于公司住所、证券交易所,供社会公众查阅。

(2)上市公司及其他信息披露义务人在信息披露工作中的职责。

①应当真实、准确、完整、及时地同时向所有投资者公开披露信息,不得有虚假记载、误导性陈述或者重大遗漏。

②应当依法披露信息,应当将公告文稿和相关备查文件报送证券交易所登记,并在中国证监会指定的媒体发布。

③在公司网站及其他媒体发布信息的时间不得先于指定媒体,不得以新闻发布或者答记者问等任何形式代替应当履行的报告、公告义务,不得以定期报告形式代替应当履行的临时报告义务。

④应当在最先发生的以下任一时点,及时履行重大事件的信息披露义务:董事会或者监事会就该重大事件形成决议时,有关各方就该重大事件签署意向书或者协议时(比如签订合并协议时),董事、监事或者高级管理人员知悉该重大事件发生并报告时。

"及时"是指自起算日起或者触及披露时点的两个交易日内。

在上述规定的时点之前出现下列情形之一的,上市公司应当及时披露相关事项的现状、可能影响事件进展的风险因素:该重大事件难以保密,该重大事件已经泄漏或者市场出现传闻,公司证券及其衍生品种出现异常交易情况。

⑤上市公司参股公司发生可能对上市公司证券及其衍生品种交易价格产生较大影响的事件的,上市公司应当履行信息披露义务。

(3)上市公司董事、监事和高级管理人员在信息披露工作中的职责。

①上市公司的董事、高级管理人员应当对公司定期报告签署书面确认意见。

②上市公司监事会应当对董事会编制的公司定期报告进行审核并提出书面审核意见。

(4)上市公司的股东、实际控制人在信息披露中的职责。

①上市公司的股东、实际控制人发生以下事件时,应当主动告知上市公司董事会,并配合上市公司履行信息披露义务:持有上市公司5%以上股份的股东或者实际控制人,其持有股份或者控制公司的情况发生较大变化的;法院裁决禁止控股股东转让其所持股份,任何一个股东所持5%以上股份被质押、冻结、司法拍卖、托管、设定信托或者被依法限制表决权的;拟对上市公司进行重大资产或者业务重组的;中国证监会规定的其他情形。

②应当披露的信息在依法披露前已经在媒体上传播或者公司证券及其衍生品种出现交易异常情况的,股东或者实际控制人应当及时、准确地向上市公司作出书面报告,并配合上市公司及时、准确地公告。

③上市公司的股东、实际控制人不得滥用其股东权利、支配地位,不得要求上市公司向其提供内幕信息。

④上市公司的控股股东、实际控制人和发行对象在上市公司非公开发行股票时,应当及时向上市公司提供相关信息,配合上市公司履行信息披露义务。

⑤通过接受委托或者信托等方式持有上市公司5%以上股份的股东或者实际控制人,应当及时将委托人情况告知上市公司,配合上市公司履行信息披露义务。

(5)保荐人、证券服务机构在信息披露中的职责。

保荐人、证券服务机构在为信息披露出具专项文件时,发现上市公司及其他信息披露义务人提供的材料有虚假记载、误导性陈述、重大遗漏或者其他重大违法行为的,应当要求其补充、纠正。信息披露义务人不予补充、纠正的,保荐人、证券服务机构应当及时向公司注册地证监局和证券交易所报告。

【考点链接2】 股票转让的限制

1. 发起人的限制

发起人持有的本公司股份,自公司成立之日起1年内不得转让。但因司法强制执行、继承、遗赠等导致股份变动的除外。

2. 非公开发行股份转让的限制

公司公开发行股份前已发行的股份,自公司股票在证券交易所上市交易之日起1年内不得转让。但因司法强制执行、继承、遗赠等导致股份变动的除外。

3. 董事、监事、高级管理人员的限制

(1)董事、监事、高级管理人员所持本公司股份,自公司股票上市交易之日起1年内不得转让。

(2)董事、监事、高级管理人员在任职期间每年转让的股份不得超过其所持有本公司股份总数的25%(≤25%),但因司法强制执行、继承、遗赠等导致股份变动的除外;上市公司董事、监事和高级管理人员所持股份不超过1 000股的,可以一次性全部转让,不受上述转让比例的限制。

(3)董事、监事、高级管理人员离职后6个月内,不得转让其所持有的本公司股份;但是因司法强制执行、继承、遗赠等导致股份变动的除外。

(4)上市公司董事、监事和高级管理人员在下列期间不得买卖本公司股票:①上市公司定期报告公告前30日内;②上市公司业绩预告、业绩快报公告前10日内;③自可能对本公司股票交易价格产生重大影响的重大事项发生之日或在决策过程中,至依法披露后2个交易日内;④证券交易所规定的其他期间。

4. 短线交易

上市公司董事、监事、高级管理人员、持有上市公司股份5%以上的股东,将其持有的该公司的股票在买入后6个月内卖出,或者在卖出后6个月内又买入,由此所得收益归该公司所有,公司董事会应当收回其所得收益。但是,证券公司因包销购入售后剩余股票而持有5%以上股份的,卖出该股票不受6个月时间限制。

公司董事会不按前款规定执行的,股东有权要求董事会在30日内执行。公司董事会未在上述期限内执行的,股东有权为了公司的利益以自己的名义直接向人民法院提起诉讼(股东代表诉讼);公司董事会不按照规定执行的,负有责任的董事依法承担连带责任。

【解释】"买入后6个月内卖出"是指从最后一笔买入时点起算6个月内卖出的,"卖出后6个月内又买入"是指从最后一笔卖出时点起算6个月内又买入的。

5. 公司收购自身股票的限制

公司不得收购本公司的股份,但有以下情形之一的例外:

情 形	程 序
减少公司注册资本	(1)经股东大会决议; (2)公司收购本公司股份后,应当自收购之日起10日内注销
与持有本公司股份的其他公司合并	(1)经股东大会决议; (2)公司收购本公司股份后,应当在6个月内转让或者注销

续表

情形	程序
将股份奖励给本公司职工	(1)经股东大会决议； (2)收购的本公司股份，不得超过本公司已发行股份总额的5%； (3)用于收购的资金应当从公司税后利润中支出； (4)所收购的股份应当在1年内转让给职工
股东因对股东大会作出的公司"合并、分立决议"持有异议，要求公司收购其股份的	公司收购本公司股份后，应当在6个月内转让或者注销

6. 股票质押的限制

公司不得接受本公司的股票作为质押权的标的。

7. 上市公司非公开发行的股票的限制

发行对象属于下列情形之一的，具体发行对象及其认购价格或者定价原则应当由上市公司董事会的非公开发行股票决议确定，并经股东大会批准，认购的股份自发行结束之日起36个月内不得转让：

(1)上市公司的控股股东、实际控制人或者其控制的关联人；

(2)通过认购本次发行的股份取得上市公司实际控制权的投资者；

(3)董事会拟引入的境内外战略投资者。

除此之外的发行对象，上市公司应当在取得发行核准批文后，按照有关规定以竞价方式确定发行对象和发行价格。发行对象认购的股份自发行结束之日起12个月内不得转让。

8. 上市公司重大资产重组的限制

(1)特定对象以资产认购而取得的上市公司股份，自股份发行结束之日起12个月内不得转让。

(2)属于下列情形之一的，36个月内不得转让：①特定对象为上市公司控股股东、实际控制人或者其控制的关联人；②特定对象通过认购本次发行的股份取得上市公司的实际控制权；③特定对象取得本次发行的股份时，对其用于认购股份的资产持续拥有权益的时间不足12个月。

9. 上市公司收购人的义务

(1)采取要约收购方式的，收购人在收购期限内，不得卖出被收购公司的股票，也不得采取要约规定以外的形式和超出要约的条件买入被收购公司的股票。

(2)收购人持有的被收购上市公司的股票，在收购行为完成后12个月内不得转让。但是，收购人在被收购公司中拥有权益的股份在同一实际控制人控制的不同主体之间进行转让不受前述12个月的限制，但应当遵守《上市公司收购管理办法》有关豁免申请的有关规定。

(3)在一个上市公司中拥有权益的股份达到或者超过该公司已发行股份的30%的，自上述事实发生之日起1年后，每12个月内增持不超过该公司已发行的2%的股份，该增持不超过2%的股份锁定期为增持行为完成之日起6个月。

(4)通过证券交易所的证券交易，投资者及其一致行动人拥有权益的股份达到一个上市公司已发行股份的5%时，应当在该事实发生之日起3日内编制权益变动报告书，向中国证监会、证券交易所提交书面报告，抄报该上市公司所在地的中国证监会派出机构，通知该上市公司，并予公告；在上述期限内，不得再行买卖该上市公司的股票。

(5)投资者及其一致行动人拥有权益的股份达到一个上市公司已发行股份的5%后,通过证券交易所的证券交易,其拥有权益的股份占该上市公司已发行股份的比例每增加或者减少5%,应当依照前款规定进行报告和公告。在报告期限内和作出报告、公告后2日内,不得再行买卖该上市公司的股票。

10. 重整期间,债务人的董事、监事、高级管理人员的限制

在重整期间,债务人的出资人不得请求投资收益分配。在重整期间,债务人的董事、监事、高级管理人员不得向第三人转让其持有的债务人的股权。但是,经人民法院同意的除外。

【考点链接3】 非上市公众公司

非上市公众公司并非《公司法》规定的规定类型,而是基于《证券法》对于公开发行的界定划分出来的新公司类型。因此,目前只具有《证券法》上的意义。中国证监会2012年颁布的《非上市公众公司监督管理办法》(以下简称《非上市公众公司办法》),初步建立起对非上市公众公司的监管体系,并建立全国中小企业股份转让作为其股票发行的交易的市场。

1. 非上市公众公司的概念

根据《非上市公众公司办法》的规定,非上市公众公司是指有下列情形之一且其股票未在证券交易所上市交易的股份有限公司:(1)股票向特定对象发行或者转让导致股东累积超过200人;(2)股票以公开方式向社会公众公开转让。

《证券法》第十条界定公开发行时,将"向特定对象发行证券累积超过200人的",界定为公开发行,其中对股东人数又采用无限制累积的计算方式,导致任何股份公司的股东人数超过200人,无论是因为非公开发行的原因还是因为股东向多人转让股份的原因,都需要经过中国证监会的核准。同时,为了防止公司通过股东转售股份规避公开发行监管,规定"公司股东自行或委托他人以公开方式向社会公众公开转让股票的行为"构成了变相公开发行股票,这又导致任何股份公司的股东公开向社会公众转让股份都必须经过中国证监会的核准。

2. 对非上市公众公司的核准

根据非上市公众公司的定义,股份公司可以因三种原因经过中国证监会的核准后成为非上市公众公司:

(1)因股东非公开转让股票导致股东人数累积超过200人。股票向特定对象转让导致股东累积超过200人的股份有限公司,应当自上述行为发生之日起3个月内,按照中国证监会有关规定制作申请文件。

【解释1】申请文件应当包括但不限于定向转让说明书、律师事务所出具的法律意见书、会计师事务所出具的审计报告。股份有限公司持申请文件向中国证监会申请核准。

【解释2】在提交申请文件前,股份有限公司应当将相关情况通知所有股东。

【解释3】如果股份公司在3个月内将股东人数降至200人以内的,可以不提出申请。

(2)因股份公司申请其股票向社会公开转让。申请其股票向社会公众公开转让的公司,应当按照中国证监会有关规定制作公开转让的申请文件。

【解释1】申请文件应当包括但不限于公开转让说明书、律师事务所出具的法律意见书、具有证券期货相关业务资格的会计师事务所出具的审计报告、证券公司出具的推荐文件、证券交易场所的审查意见。

【解释2】公司持有申请文件向中国证监会申请核准。但在向中国证监会申请前,该股份公司的董事会应当依法就股票公开转让的具体方案作出决议,并提请股东大会批准,股东大会

决议必须经过出席会议的股东所持表决权的2/3以上通过。

(3)因向特定对象发行股票导致股东累积超过200人。公司应当按照中国证监会有关规定制作定向发行的申请文件。

【解释】申请文件应当包括但不限于定向发行说明书、律师事务所出具的法律意见书、具有证券期货相关业务资格的会计师事务所出具的审计报告、证券公司出具的推荐文件。公司持有申请文件向中国证监会申请核准。

3. 与非上市公众公司有关的股票定向发行

(1)发行对象。

无论是普通公司通过向特定对象发行股票导致股东累积超过200人而成为非上市公众公司,还是已经成为非上市公众公司的发行人向特定对象发行股票,都必须经过中国证监会的核准,而且发行对象必须只能是中国证监会规定的特定对象。

(2)特定对象的范围包括下列机构或者自然人:

①公司股东;

②公司的董事、监事、高级管理人员、核心员工;

③符合投资者适当性管理规定的自然人投资者、法人投资者及其他经济组织。

公司确定发行对象时,符合第②项、第③项规定的投资者合计不得超过35名。

(3)核心员工的认定。

核心员工的认定,应当由公司董事会提名,并经全体员工公示和征求意见,由监事会发表明确意见后,经股东大会审议批准。

【口诀】董提、公示、监发、股批。

发行人应当对发行对象的身份进行确认,有充分理由确信发行对象符合本办法和公司的相关规定。发行人应当与发行对象签订包含风险提示条款的认购协议。

(4)决议方式。

发行人董事会应当依法就本次股票发行的具体方案作出决议,并提请股东大会批准,股东大会决议必须经过出席会议的股东所持表决权的2/3以上通过。

【解释1】申请向特定对象发行股票导致股东累积超过200人的股份有限公司,董事会和股东大会决议中还应当包含以下内容:①按照中国证监会的相关规定修改公司章程。②按照法律、行政法规和公司章程的规定建立健全公司治理机制。③履行信息披露义务,按照相关规定披露定向发行说明书、发行情况报告书、年度报告、半年度报告及其他信息披露内容。

【解释2】中国证监会受理申请文件后,依法对公司治理和信息披露以及发行对象情况进行审核,作出是否核准的决定,并出具相关文件。

(5)发行规则。

公司申请定向发行股票,可申请一次核准,分期发行。自中国证监会予以核准之日起,公司应当在3个月内首次发行,剩余数量应当在12个月内发行完毕,超过核准文件限定的有效期未发行的,须重新经中国证监会核准后方可发行。首期发行数量应当不少于总发行数量的50%,剩余各期发行的数量由公司自行确定,每期发行后5个工作日内将发行情况报中国证监会备案。

非上市公众公司向特定对象发行股票后股东累积不超过200人的,或者非上市公众公司在12个月内发行股票累计融资额低于公司净资产的20%的,豁免向中国证监会申请核准,但发行对象应当符合对特定对象范围的规定,并在每次发行后5个工作日内将发行情况报中国证监会备案。

4. 非上市公众公司的监管要求

对非上市公众公司的监管要求主要是：股权清晰，合法规范经营，公司治理机制健全，履行信息披露义务。其中最重要的是履行信息披露义务。依据《非上市公众公司办法》，非上市公众公司应当履行强制信息披露义务。信息披露文件主要包括公开转让说明书、定向转让说明书、定向发行说明书、发行情况报告书、定期报告和临时报告等。具体的内容和格式、编制规则及披露要求，由中国证监会另行制定。

(1)定期报告包括半年度报告和年度报告。

【解释1】公开转让和定向发行的非上市公众公司应当定期披露半年度报告和年度报告。

【解释2】股票向特定对象转让导致股东累积超过200人的非上市公众公司，则只需要每年定期披露年度报告。

【解释3】年度报告中的财务会计报告应当经会计师事务所审计。

(2)发生可能对股票产生重大影响的重大事件，投资者尚未得知时，非上市公众公司应当立即将有关该重大事件的情况报送临时报告，并予以公告，说明事件的起因、目前的状态和可能产生的后果。

(3)非上市公众公司及其他信息披露义务人应当按照法律、行政法规和中国证监会的规定，真实、准确、完整、及时地披露信息，不得有虚假记载、误导性陈述或者重大遗漏，公司及其他信息披露义务人应当真实、准确、完整、及时向所有投资者同时公开披露信息，公司的董事、监事、高级管理人员应当忠实、勤勉地履行职责，保证公司披露信息的真实、准确、完整、及时。

5. 非上市公众公司的股票转让

当股份公司的股东人数累计超过200人时，其必须申请成为非上市公众公司，但也有股份公司主动申请成为非上市公众公司，因为其希望公司的股票能够公开转让，增强流动性，以在未来吸引更多投资。中国证监会除对非上市公众公司提出公司治理的要求外，主要是要求其必须遵守信息披露义务。

同时，中国证监会建立了全国中小企业股份转让系统，为非上市公众公司提供股票发行和交易服务。非上市公众公司的股票应当在中国证券登记结算公司集中登记存管，公开转让应当在依法设立的全国中小企业股份转让系统中进行。

【考点链接4】 担保合同无效的法律责任

担保合同被确认无效时，债务人、担保人、债权人有过错的，应当根据其过错各自承担《合同法》规定的缔约过失责任。

1. 无效担保合同的责任界定

(1)主合同有效而担保合同无效。

①债权人无过错的，由债务人和担保人对主合同债权人的经济损失承担连带赔偿责任；

②债权人、担保人有过错的，担保人承担民事责任的部分，不应超过债务人不能清偿债务部分的1/2。（先债务人还，债务人还不上的部分，由担保人还。）

(2)主合同无效导致担保合同无效。

①担保人无过错的，担保人不承担民事责任；

②担保人有过错的，担保人承担民事责任的部分，不应超过债务人不能清偿债务部分的1/3。

【第七集】| 西瓜

【关键词】 公司债券的发行、融资租赁合同、破产债权、债权人会议、重整程序

西瓜公司是由果果和乙、丙、E、F、G于2032年8月共同投资设立的股份有限公司。2036年4月，西瓜公司经过必要的内部批准程序，决定公开发行公司债券，并向国务院授权的部门报送有关文件，报送文件中涉及有关公开发行公司债券并上市的方案要点如下：

（1）截至2035年12月31日，西瓜公司经过审计后的财务会计资料显示：注册资本为5 000万元，资产总额为26 000万元，负债总额为8 000万元；在负债总额中，没有既往发行债券的记录；2033~2035年度的可分配利润分别为1 200万元、1 600万元和2 000万元。

此时，①净资产符合公司债券的发行条件。根据规定，公开发行公司债券，股份有限责任公司的净资产不低于3 000万元。在此，西瓜公司2035年12月31日的净资产为18 000万元（26 000－8 000），符合规定。②可分配利润符合公司债券发行的条件。根据规定，公开发行公司债券最近3年的平均可分配利润足以支付公司债券1年的利息。西瓜公司最近3年的平均可分配利润为1 600万元，而8 000万元的公司债券1年需支付的利息为320万元（8 000×4%），因此可分配利润符合公司债券发行的条件。

（2）西瓜公司拟发行公司债券8 000万元，募集资金中的1 000万元用于修建职工文体活动中心，其余部分用于生产经营；公司债券年利率为4%，期限为3年。此时，①公司债券数额不符合规定。根据规定，累计债券余额不得超过公司净资产的40%。西瓜公司债券数额（8 000万元）超过了西瓜公司净资产（18 000万元）的40%。②募集资金用途不符合规定。根据规定，公开发行公司债券筹集的资金必须用于核准的用途，不得用于弥补亏损和非生产性支出。而西瓜公司将募集资金中的1 000万元用于修建职工文体活动中心属于非生产性支出。③公司债券的期限符合规定。根据规定，公司债券的上市条件之一为公司债券的期限为1年以上。而西瓜公司的公司债券期限为3年。

（3）公司债券拟由Z承销商包销。根据西瓜公司与Z承销商签订的公司债券包销意向书，公司债券的承销期限为120天，Z承销商在所包销的公司债券中，可以预先购入并留存公司债券2 000万元，其余部分向公众发行。此时，①公司债券由Z承销商包销不符合规定。根据规定，向不特定对象公开发行的证券票面总值超过人民币5 000万元的应当由承销团承销。②承销期限不符合规定。根据规定，证券的代销、包销期限最长不得超过90日。③包销方式不符合规定。根据规定，证券公司在代销、包销期内对所代销、包销的证券应当保证先行出售给认购人，证券公司不得为本公司预留所代销的证券和预先购入并留存所包销的证券。

2040年10月，西瓜公司与甲融资租赁公司（以下简称"甲公司"）订立一份融资租赁合同。该合同约定：甲公司按西瓜公司要求，从国外购进一套花岗岩生产线设备租赁给西瓜公司使

用;租赁期限10年,从设备交付时起算;年租金400万元(每季支付100万元),从设备交付时起算;租期届满后,租赁设备归西瓜公司所有。为了保证西瓜公司履行融资租赁合同规定的义务,丙公司所属的丁分公司在征得丙公司的口头同意后,与甲公司订立了保证合同,约定在西瓜公司不履行融资租赁合同规定的义务时,由丁分公司承担保证责任。此时,丁分公司不应当按照与甲公司签订的保证合同向甲公司承担保证责任。根据规定,企业法人的分支机构未经法人书面授权与债权人订立保证合同的,保证合同无效。丁分公司未取得丙公司的书面授权,丁分公司与甲公司订立的保证合同无效,因此,丁分公司不应当向甲公司承担保证责任。

2041年12月,甲公司依约将采购的设备交付给西瓜公司使用,西瓜公司依约开始向甲公司支付租金。

2043年3月,甲公司获悉:西瓜公司在融资租赁合同洽谈期间所提交的会计报表严重不实,隐瞒了逾期未还银行巨额贷款的事实,伪造了大量客户订单。甲公司随即与西瓜公司协商,并达成了进一步加强担保责任的协议,即西瓜公司将其所有的一栋厂房作抵押,作为其履行融资租赁合同项下义务的担保。为此,甲公司与西瓜公司订立了书面抵押合同,西瓜公司将用于抵押的厂房的所有权证书交甲公司收存。

2044年7月,西瓜公司停止向甲公司支付租金。经甲公司多次催告,西瓜公司一直未支付租金。此时,甲公司在西瓜公司停止支付租金后,不能以西瓜公司存在欺诈行为为由撤销融资租赁合同。根据规定,对于可撤销合同,具有撤销权的当事人应该自知道撤销事由之日起1年内没有行使撤销权的,撤销权消灭。甲公司在2043年3月知道撤销事由后至2044年7月西瓜公司停止支付租金之时已经超过1年。但是,甲公司可以解除融资租赁合同。根据规定,承租人应当按约支付租金;承租人经催告后在合理期限内仍然不支付租金的,出租人可以要求支付全部租金;也可以解除合同,收回租赁物。

甲公司调查的情况显示:西瓜公司实际已处于资不抵债的境地。假如西瓜公司破产,西瓜公司向甲公司租赁的设备不属于破产财产。根据规定,在融资租赁合同中,出租人享有租赁物的所有权,承租人破产的,租赁物不属于破产财产。融资租赁合同尚未履行完毕,租赁设备的所有权属于出租人(甲公司)。

2050年1月8日,A以西瓜公司不能清偿到期债务且资不抵债为由向人民法院提出破产申请。1月21日,人民法院裁定受理破产申请,指定了管理人,并发出公告,要求西瓜公司的所有债权人在5月1日之前申报债权。此时,法院确定的债权申报期限不符合规定。根据规定,债权申报期限自人民法院发布受理破产申请公告之日起计算,最短不得少于30日,最长不得超过3个月。所以,债权申报期限为1月21日至5月1日,超过了最长期限3个月。

在申报债权到期日前,A申报到期债权1 000万元,其中,欠债800万元,违约利息200万元;B申报到期债权1 000万元,该债权附有T公司提供的连带责任保证;C申请债权50万元,该债权在1年后到期;D申报债权1 200万元,该债权附有在西瓜公司一栋楼房上设定的抵押权。在5月2日召开的第一次债权人会议上,管理人和其他债权人认为:A的债权应当只计本金800万元,不计违约罚息200万元;B的债权不应当申报,而应当由连带保证人承担;C的债权未到期,不能确认;D的债权有抵押担保,无需申报确认。此时,须注意四个部分。首先,对A的异议不成立。根据规定,附利息债权在破产申请受理前的利息可作为债权申报。这里的违约利息发生在破产申请受理之前。其次,对B的异议不成立。根据规定,债务人的保证人或者其他连带债务人尚未代替债务人清偿债务的,以其对债务人的将来求偿权申报债权。但是,债权人已经向管理人申报全部债权的除外。所以,债权人可以直接向管理人申报全部债权,也可以要求连带责任保证人清偿。所以,"应当由连带保证人承担"的说法不符合规定。再次,对C的异议不成立。根据规定,未到期的债权,在破产申请受理时视为到期,即可以申报债权。所以,"未到期的债权不能确认"的说法不符合规定。最后,对D的异议不成立。根据规定,债权人申报债权时,应当书面说明债权的数额和有无财产担保,并提交有关证据。所以,有担保债权,也要向管理人申报。

6月10日,西瓜公司的控股股东E向人民法院提出申请,请求对西瓜公司进行破产重整。人民法院审查后认为,该重整申请符合法律规定,裁定西瓜公司重整。随后,D要求拍卖抵押楼房以清偿自己的债权,被西瓜公司拒绝。此时,西瓜公司可以拒绝D为清偿其债权而拍卖抵押楼房的要求。根据规定,在重整期间,对债务人的特定财产享有的担保权暂停行使。所以西瓜公司可以拒绝D的要求。

重整期间,经西瓜公司申请,人民法院批准,西瓜公司在管理人监督下自行管理公司财产和营业事务。6月30日,西瓜公司为维持营业正常进行,以其所有的另一栋楼房设定抵押性银行借贷1 000万元。此时,西瓜公司为借款而以另一楼房提供担保的做法符合规定。根据规定,在重整期间,债务人或者管理人为继续营业而借款的,可以为该借款设定担保。所以西瓜公司的做法符合规定。

10月10日,西瓜公司向人民法院和债权人会议提交了重整计划草案。该草案的主要内容包括:

(1)一般债权人的债权偿还60%,并且分2年支付;(2)公司股东将其拥有的50%的股份按照债权比例分配给一般债权人作为补偿;(3)抵押担保债权人的债权在2年后可以得到本金的全额支付;(4)自破产申请受理开始,所有债权停止计算利息。债权人会议对上述重整计划草案进行了分组表决。除担保债权人组外,各类债权人组和出资人组都通过了重整计划草案。西瓜公司在与担保债权人组协商不成的情况下,申请人民法院批准了重整计划草案。此时,人民法院强行批准重整计划草案不合法。根据规定,只有在担保债权获得全额清偿,其因延期清偿所受损失得到公平补偿,并且其担保权未受到实质性损害的情况下,法院才可以强行批准重整计划草案。这里的有财产担保的债权人只是获得了本金的全额清偿,但其因延期清偿所受损失未得到补偿,法院不能强行批准重整计划草案。

2051年5月,西瓜公司按照重整计划规定的30%的支付比例清偿第一笔债务后,发现公司现金严重不足,重整计划无法继续执行。经管理人申请,人民法院裁定终止重整计划的执行,宣告债务人破产。西瓜公司请求一般债权人返还已经支付的30%的清偿款。此时,终止执行重整计划后,西瓜公司不能请求一般债权人返还已清偿款项。根据规定,人民法院裁定终止重整计划执行的,债权人因执行重整计划所受的清偿仍然有效。

【考点链接1】 公司债券的发行

1. 公司债券发行的概念

公司债券发行是债券发行的一种。债券发行是指发行人以借贷资金为目的,依照法定程序向投资者发行代表一定债权和兑付条件债券的行为。

公司债券	公司股票
持有人是公司的债权人,对于公司享有民法上规定的债权人的所有权利	持有人是公司的股东,享有《公司法》规定的股东权利

续表

公司债券	公司股票
持有人无论公司是否盈利,对公司享有按照约定给付利息的请求权	持有人必须在盈利时才能依法获得股利分配
到了约定期限,必须偿还债券本金	仅在公司解散时,才能请求分配剩余财产
持有人享有优先于股票持有人获得清偿的权利	持有人必须在公司全部债务清偿之后,才能就公司剩余财产请求分配
利率一般是固定的,风险较小	股利分配的高低,与公司经营密切相关,常有变动,风险较大
可由股份有限公司或者有限责任公司发行	只能由股份公司发行

2. 公司债券发行的种类

(1)一般公司债券发行是指发行人依照法定程序,向投资者发行的约定在1年以上期限内还本付息有价证券的行为。

(2)可转换公司债发行是指发行人依照法定程序,向投资者发行的在一定期间内依据约定的条件可以转换成股份的公司债券的行为。

3. 公司债券发行的条件

应当符合的条件	不得发行的情形
(1)股份有限公司的净资产不低于人民币3 000万元,有限责任公司的净资产不低于人民币6 000万元; (2)本次发行后累计公司债券余额不超过最近一期末净资产额的40%; (3)公司的生产经营符合法律、行政法规和公司章程的规定,募集的资金投向符合国家产业政策; (4)最近3个会计年度实现的年均可分配利润不少于公司债券1年的利息; (5)债券的利率不超过国务院限定的利率水平; (6)公司内部控制制度健全,内部控制制度的完整性、合理性、有效性不存在重大缺陷; (7)经资信评级机构评级,债券信用级别良好。	(1)前一次公开发行的公司债券尚未募足; (2)对已发行的公司债券或者其他债务有违约或者迟延支付本息的事实,仍处于继续状态; (3)违反规定,改变公开发行公司债券所募资金的用途; (4)最近36个月内公司财务会计文件存在虚假记载,或公司存在其他重大违法行为; (5)本次发行申请文件存在虚假记载、误导性陈述或者重大遗漏; (6)严重损害投资者合法权益和社会公共利益的其他情形。

公开发行公司债券募集的资金,必须用于核准的用途,不得用于弥补亏损和非生产性支出。

4. 公司债券的期限、面值和发行价格

公司债券的期限在1年以上,公司债券每张面值100元,发行价格由发行人与保荐人通过市场询价确定。

5. 公司债券的发行程序

(1)由股东会或股东大会作出决议。公司申请发行公司债券,应当先由公司董事会制订方案,由股东会或股东大会作出决议。

(2)保荐人保荐。

(3)制作申请文件。公司全体董事、监事、高级管理人员应当在债券募集说明书上签字,保证不存在虚假记载、误导性陈述或者重大遗漏,并声明承担个别和连带的法律责任。

(4)核准。发行公司债券应报证监会核准。公司应当在发行公司债券前的2~5个工作日

内,将经证监会核准的债券募集说明书摘要刊登在至少一种证监会指定的期刊上,同时将其全文刊登在证监会指定的互联网网站上。

(5)发行。发行公司债券,可以申请一次核准,分期发行。自中国证监会核准发行之日起,公司应在6个月内首期发行,剩余数量应当在24个月内发行完毕。超过核准文件限定的时效未发行的,须重新经中国证监会核准后方可发行。首期发行数量应当不少于总发行数量的50%,剩余各期发行的数量由公司自行确定,每期发行完毕后5个工作日内报中国证监会备案。

6. 公司债券持有人的权益保护

(1)有下列情况的,应当召开债券持有人会议:①拟变更债券募集说明书的约定;②拟变更债券受托管理人;③公司不能按期支付本息;④公司减资、合并、分立、解散或者申请破产;⑤保证人或者担保物发生重大变化;⑥发生对债券持有人权益有重大影响的事项。

(2)为公司债券提供担保的,应当符合《物权法》、《担保法》和其他有关法律、法规的规定,担保范围包括债券的本金及利息、违约金、损害赔偿金和实现债权的费用。以保证方式提供担保的,应当为连带责任保证。

【补充1】保证分为一般保证和连带责任保证。所谓连带责任保证,是指当事人在保证合同中约定保证人与债务人对债务承担连带责任的保证。当事人对保证方式没有约定或者约定不明确的,按照连带责任保证承担保证责任。

【补充2】共有人对共有的动产或者不动产没有约定为按份还是共同共有,或者约定不明确的,除共有人具有家庭关系等外,视为按份共有。

7. 可转换公司债券的发行

(1)公开发行可转换债券的条件(非分离交易的可转换债券)。

上市公司发行可转换债券,除应当符合增发股票的一般条件之外,还应当符合以下条件:

①最近3个会计年度加权平均净资产收益率平均不低于6%。扣除非经常性损益后的净利润与扣除前的净利润相比,以低者作为加权平均净资产收益率的计算依据;

②本次发行后累计公司债券余额不超过最近一期末净资产额的40%;

③最近3个会计年度实现的年均可分配利润不少于公司债券1年的利息。

上市公司可以公开发行认股权证和债券分离交易的可转换公司债券(简称分离交易的可转换公司债券,即发行人一次捆绑发行公司债券和认股权证两种交易品种,并可同时上市、分别交易的公司债券形式)。上市公司发行分离交易的可转换公司债券,除符合公开增发股票的一般条件外,还应当符合下列条件:

①公司最近一期末经审计的净资产不低于人民币15亿元;

②最近3个会计年度实现的年均可分配利润不少于公司债券一年的利息;

③最近3个会计年度经营活动产生的现金流量净额平均不少于公司债券一年的利息,但最近3个会计年度加权平均净资产收益率平均不低于6%(扣除非经常性损益后的净利润与扣除前的净利润相比,以低者作为加权平均净资产收益率的计算依据)除外;

④本次发行后累计公司债券余额不超过最近一期末净资产额的40%,预计所附认股权全部行权后募集的资金总量不超过拟发行公司债券金额。

上市公司存在下列情形的,不得公开发行可转换公司债券:

①本次发行申请文件存在虚假记载、误导性陈述或者重大遗漏;

②擅自改变前次公开发行证券募集资金的用途而未纠正;

③上市公司最近12个月内受到过证券交易所的公开谴责；

④上市公司及其控股股东或实际控制人最近12个月内存在未履行向投资者作出的公开承诺的行为。

⑤上市公司或者现任董事、高级管理人员因涉嫌犯罪被司法机关立案侦查或涉嫌违法被证监会立案调查。

⑥严重损害投资者合法权益和社会公共利益的其他情形。

(2) 可转换债券的期限、面值和利率。

可转换公司债券的期限最短为1年，最长为6年。可转换公司债券每张面值100元。可转换公司债券的利率由发行公司与主承销商协商确定，但必须符合国家的有关规定。

(3) 可转换债券持有人的权利保护。

公开发行可转换公司债券，应当提供担保，但最近一期末经审计的净资产不低于人民币15亿元的公司除外。

提供担保的，应当为全额担保，担保范围包括债券的本金及利息、违约金、损害赔偿金和实现债权的费用。

以保证方式提供担保的，应当为连带责任担保，且保证人最近一期经审计的净资产额应不低于其累计对外担保的金额。证券公司或上市公司不得作为发行可转债的担保人，但上市商业银行除外。

设定抵押或质押的，抵押或质押财产的估值应不低于担保金额。

有下列情形之一的，应当召开债券持有人会议：①拟变更募集说明书的约定；②发行人不能按期支付本息；③发行人减资、合并、分立、解散或者申请破产；④保证人或者担保物发生重大变化；⑤其他影响债券持有人重大权益的事项。

(4) 可转换公司债券转为股份。

可转换公司债券自发行结束之日起6个月后方可转换为公司股票。债券持有人对转换股票或者不转换股票有选择权，转换股票的于转股的次日成为发行公司的股东。

转股价格应不低于募集说明书公告日前20个交易日该公司股票交易均价和前一交易日的均价。这里所说的转股价格，是指募集说明书事先约定的可转换公司债券转换为每股股份所支付的价格。

(5) 公开发行可转换公司债券的信息披露。

发行可转换公司债券后，因配股、增发、送股、派息、分立及其他原因引起上市公司股份变动的，应当同时调整转股价格。募集说明书约定转股价格向下修正条款的，应当同时约定：

①转股价格修正方案须提交公司股东大会表决，且须经出席会议的股东所持表决权的2/3以上同意。股东大会进行表决时，持有公司可转换债券的股东应当回避。

②修正后的转股价格不低于前项规定的股东大会召开日前20个交易日该公司股票交易均价和前一交易日的均价。

8. 公司债券的交易

上市交易条件	暂停交易条件	终止交易条件
(1)公司债券的期限为1年以上; (2)公司债券实际发行额不少于人民币5 000万元; (3)公司申请债券上市时仍符合法定的发行条件。	(1)有重大违法行为; (2)发生重大变化不符合上市条件; (3)所募资金不按照核准的用途使用; (4)未按照募集办法履行义务; (5)近2年连续亏损。	有暂停交易第(1)项、第(4)项所列情形之一,经查实后果严重的;或者有第(2)项、第(3)项、第(5)项所列情形之一,在限期内未能消除的。 另外,公司解散或者被宣告破产的。

(1)债券的交易。

①可转换公司债券应当申请在上市公司股票上市的证券交易所上市交易。

②分离交易的可转换公司债券中的公司债券和认股权分别符合证券交易所上市条件的,应当分别上市交易。

③分离交易的可转换公司债券的期限最短为一年。

④分离交易的可转换公司债券募集说明书应当约定,上市公司改变公告的募集资金用途的,赋予债券持有人一次回售的权利。

(2)权证的交易。

①认股权证上市交易时,约定的要素应当包括行权价格、存续期间、行权期间或行权日、行权比例。

②认股权证的行权价格应不低于公告募集说明书日前20个交易日公司股票均价和前一个交易日的均价。

③认股权证的存续期间不超过公司债券的期限,自发行结束之日起不少于6个月。募集说明书公告的权证存续期限不得调整。

④认股权证自发行结束至少已满6个月起方可行权,行权期间为存续期限届满前的一段期间,或者是存续期限内的特定交易日。

【考点链接2】 融资租赁合同

1. 特征和性质

(1)书面形式,两个合同(租赁合同和买卖合同),三方当事人(出租人、承租人、出卖人)。(2)目的是融资,租金是融资的对价;合同解除、标的物维修、标的物质量瑕疵及风险承担等问题原则上均与出租人无关。(3)三方可以约定:出卖人不履行买卖合同义务的,由承租人行使索赔的权利,出租人应当予以协助。(4)出租人根据承租人对出卖人、租赁物的选择订立的买卖合同,未经承租人同意,出租人不得变更与承租人有关的合同内容。(5)出租人享有租赁物的所有权。承租人破产的,租赁物不属于破产财产。(6)融资租赁合同的租金,除当事人另有约定外,应当根据购买租赁物的大部分或全部成本以及出租人的合理利润确定。

2. 双方当事人的权利与义务

(1)出租人也是买受人,其为承租人的使用而特别购入租赁物,因此当租赁物不符合约定或使用目的时,出租人一般不承担责任,但是承租人依赖出租人的技能确定租赁物或出租人干预选择租赁物的除外。(2)出租人应当保证承租人对租赁物的占有、使用;承租人占有租赁物期间,租赁物造成第三人的人身、财产损失的,出租人不承担责任。(3)承租人应当妥善保管、使用租赁物,应当履行占有租赁物期间的维修义务。(4)承租人应当按约支付租金;承租人经催告后在合理期限内仍然不支付租金的,出租人可以要求支付全部租金;也可以解除合同,收回租赁物。(5)出租人和承租人可以约定租赁期间届满租赁物的归属。对租赁物的归属没有约定或者约定不明确的,依照《合同法》有关规定仍不能确定的,租赁物的所有权归出租人。(6)当事人约定期满租赁物归承租人所有,承租人已支付大部分租金,但无力支付剩余租金,出租人因此解除合同收回租赁物的,收回的租赁物价值超过承租人欠付的租金及其他费用的,承租人可以要求部分返还。

★【考点比较】租赁合同

1. 租赁合同的特征和规定

租赁合同是有偿、双务、诺成合同。租赁合同转让的是租赁物的使用权,故租赁物一般应为特定的非消耗物。正因如此,合同的最长期限也应有所限制。租赁期限不得超过20年;超过20年的,超过部分无效;租赁期间届满,当事人可以续订租赁合同,但约定的租赁期限自续订之日起仍不得超过20年。定金数额不得超过主合同标的额的20%,超过主合同标的额20%的部分,人民法院不予支持。自然人之间的借款合同约定支付利息的,不得超过银行同期贷款利率的4倍;超过的,超过部分无效。

2. 不定期租赁

双方如果没有约定租赁期限的,租赁合同按照不定期租赁处理。具体情形包括:(1)租赁期限6个月以上的,合同应当采用书面形式;当事人未采用书面形式的,视为不定期租赁。(2)当事人对租赁期限没有约定或者约定不明确,依照《合同法》有关规定仍不能确定的,视为不定期租赁。(3)租赁期届满,承租人继续使用租赁物,出租人没有提出异议的,原租赁合同继续有效,但租赁期限为不定期。

对于不定期租赁,双方当事人均可以随时解除合同,但出租人解除合同应当在合理期限之前通知承租人。

3. 双方当事人的权利与义务

(1)出租人的维修义务。

①出租人应当履行租赁物的维修义务,但当事人另有约定的除外。

②承租人在租赁物需要维修时可以要求出租人在合理期限内维修。出租人未履行维修义务的,承租人可以自行维修,维修费用由出租人负担。

③因维修租赁物影响承租人使用的,应当相应减少租金或者延长租期。

(2)租赁物的改善。

承租人经出租人同意,可以对租赁物进行改善或者增设他物。承租人未经出租人同意,对租赁物进行改善或者增设他物的,出租人可以要求承租人恢复原状或者赔偿损失。

(3)租赁物的转租。

①承租人未经出租人同意转租的,出租人可以解除(其与承租人之间的)合同。

②承租人经出租人同意,可以将租赁物转租给第三人,承租人与出租人的租赁合同继续有效,第三人对租赁物造成损失的,承租人应当赔偿损失。在租赁期间因占有、使用租赁物获得收益,归承租人所有,但当事人另有约定的除外。

(4)租金的支付期限。

承租人应当按照约定的期限支付租金。对支付期限没有约定或者约定不明确,依照《合同法》的有关规定仍不能确定的:

①租赁期限不满1年的,应当在租赁期限届满时支付;

②租赁期限1年以上的,应当在每届满1年时支付,剩余期间不满1年的,应当在租赁期限届满时支付。承租人无正当理由未支付或者迟延支付租金的,出租人可以要求承租人在合理期限内支付;承租人逾期不支付的,出租人可以解除合同。

(5)买卖不破租赁。

①租赁物在租赁期间发生所有权变动的,不影响租赁合同的效力。

②出租人出卖租赁房屋的,应在出卖之前的合理期限内通知承租人,承租人享有以同等条件优先购买的权利。

须注意:只有在房屋租赁中承租人才有优先购买权,对于其他标的的租赁,并不适用优先购买权。出租人出卖租赁物无需征得承租人同意,但应当提前通知,便于其行使优先购买权。

【提示】先出租后抵押的,租赁合同优先;先抵押后出租的,抵押权优先。

4. 租赁合同的解除与延期

因不可归责于承租人的事由,致使租赁物部分或全部毁损、灭失的,承租人可以要求减少租金或不支付租金;因租赁物部分或全部毁损灭失,致使不能实现合同目的的,承租人可以解除合同。

租赁物危及承租人的安全或健康的,即使承租人订立合同时明知该租赁物质量不合格,承租人仍然可以随时解除合同。

【考点链接3】 破产债权

1. 破产债权申报的一般规则

(1)破产债权的范围。

债务人财产是指破产申请受理时属于债务人的全部财产(包括已经设定担保的财产),以及破产申请受理后至破产程序终结前债务人取得的财产;破产债权是指破产申请受理时对债务人享有的债权(包括有财产担保的债权)。

(2)破产债权申报的期限。

人民法院受理破产申请后,应当确定债权人申报的期限。债权申报期限自人民法院发布受理破产申请公告之日起计算,最短不得少于30日,最长不得超过3个月。

须注意:如果在人民法院确定的债权申报期限内,债权人未申报债权的,可以在破产财产最后分配前补充申报;但是,此前已进行的分配,不再对其补充分配。为审查和确认补充申报债权的费用,由补充申报人承担。

【解释1】所谓破产财产最后分配前,在破产清算程序中,是指破产财产分配方案提交债权人会议表决之前;在重组、和解程序中,是指重组计划草案、和解协议草案提交债权人会议表决之前。

【解释2】补充申报债权人所应承担的费用,仅限于依破产程序审查和确认补充申报债权所实际发生的费用,不得按照法院审理诉讼案件的标准收费。

补充申报的债权人对其申报债权前已经进行完毕的各项破产活动,如债权人会议所作出的各项决议,不得再提出异议。

(3)债权申报的要求。

①职工债权(债务人所欠职工的工资和医疗、伤残补助、抚恤费用,所欠的应当划入职工个人账户的基本养老保险、基本医疗保险费用,以及法律、行政法规规定应当支付给职工的补偿金),不必申报,由管理人调查后列出清单并予以公示。职工对清单记载有异议的,可以提请管

理人更正,管理人不予更正的,可以向法院提出债权确认之诉。

②未到期的债权,在破产申请受理时视为到期。

③附利息的债权,自破产申请受理时起停止计息。

④无利息的债权,无论是否到期均以本金申报债权。

⑤附条件、附期限的债权和诉讼、仲裁未决的债权,债权人可以申报。

⑥债权人申报债权时,应当书面说明债权的数额和有无财产担保,并提交有关证据。申报的债权是连带债权的,应当说明。

⑦连带债权人可以由其中一人代表全体连带债权人申报债权,也可以共同申报债权。

⑧税收债权、社会保障债权以及对债务人特定财产享有担保权的债权,均需依法申报。

⑨连带债务人数人的破产案件均被受理的,其债权人有权就全部债权同时分别在各破产案件中申报债权。债权人从各连带债务人处所获得的清偿总额不得超过其所享有的债权总额,否则应作为不当得利返还各破产人。

2. 破产债权申报的特别规定

(1)债务人(被保证人)破产。

①连带保证。

人民法院受理债务人破产案件后,对于负连带责任的保证人,债权人有权直接要求保证人承担保证责任,也可以先向进入破产程序的债务人追偿,然后再以未受清偿的余额向保证人追偿(应当在破产程序终结之日起6个月内提出)。

债务人的保证人已经代替债务人清偿债务的,以其对债务人的求偿权申报债权。债务人的保证人尚未代替债务人清偿债务的,以其对债务人的将来求偿权预先申报债权。但是,债权人已经向管理人申报全部债权的除外。

【解释】债权人已向管理人申报全部债权的,保证人或连带债务人不能再申报债权,否则就会出现债务人对一项破产债务向债权人和保证人或连带债务人做两次重复清偿,从而损害其他债权人的合法利益。

债权人知道或者应当知道债务人破产,既未申报债权也未通知保证人,致使保证人不能预先行使追偿权的,保证人在该债权在破产程序中可能受偿的范围内免除保证责任。

②一般保证。

人民法院受理债务人破产案件,中止执行程序的,一般保证人不得行使先诉抗辩权。因此,债权人可以直接向一般保证人追偿。

破产案件受理时主债务未到期的,一般保证人并无提前履行保证责任的义务,仍应按照原保证合同的约定承担保证责任。

(2)保证人破产。

①连带保证。

人民法院受理保证人破产案件后,保证人的保证责任不得因其破产而免除。

主债务到期时,债权人可以按照保证合同的约定向保证人申报债权进行追偿;主债务未到期的,视为已到期,在减去未到期的利息后予以提前清偿。取消了保证人的期限利益后,债权人对连带保证人可以直接申报债权进行追偿。

②一般保证。

人民法院受理保证人破产案件后,保证人的保证责任不得因其破产而免除。

一般保证人破产的,不得行使先诉抗辩权。

由于债权人尚未获得主债务人的清偿,申报债权时无法确定一般保证人应承担补充保证责任的大小,但债权人可以就"全部债权"向一般保证人申报债权。在破产财产分配过程中,如果债权人先获得主债务人的清偿,便可根据主债务人的清偿结果相应调整其对一般保证人的破产债权额;如果债权人先从一般保证人处获得清偿,应先行提存,待债权人从主债务人处获得清偿后,再按照一般保证人实际应承担的补充保证责任,按照破产财产分配方案中规定的清偿率,向债权人支付,余额由人民法院分给其他债权人。

一般保证人的补充责任应按债权人申报的破产债权数额(注意:是按照债权人申报的数额,而并非是实际分配数额)确定。

(3)解除合同的损害赔偿请求权的申报。

管理人或者债务人依照《企业破产法》规定解除合同的,对方当事人以因合同解除所产生的损害赔偿请求权申报债权。可申报的债权以实际损失为限,违约金不作为破产债权。

【提示】①对方只能申报债权,申报数额只能是实际损失,不包括违约金。②关于定金,对方支付定金的,也可以申报,数额为双倍。③因管理人请求对方当事人履行双方均未履行完毕的合同所产生的债务,属于共益债务。

(4)委托合同。

第一,债务人是委托合同的委托人,其破产案件被人民法院受理,受托人不知该事实,继续处理委托事务的,受托人以由此产生的请求权申报普通债权。

第二,如果受托人已知该事实,但为了债务人即全体债权人利益而在无法向管理人移交事务的紧急情况下继续处理委托事务的,受托人由此产生的请求权作为共益债务优先受偿。

第三,如果受托人已知委托人破产之事实,无必要的继续处理委托事务,不当增加委托费用与报酬数额的,由此而产生的债权,不得作为破产债权受偿。

(5)出票人破产。

债务人是票据的出票人,其破产案件被人民法院受理,该票据的付款人继续付款或者承兑的,付款人以由此产生的请求权申报债权。

3. 破产债权确认

管理人收到债权申报材料后,应当登记造册,对申报的债权进行审查,并编制债权表。债权表和债权申报材料由管理人保存,供利害关系人查阅。

债务人、债权人对债权表记载的债权无异议的,由人民法院裁定确认。债务人、债权人对债权表记载的债权有异议的,可以向受理破产申请的人民法院提起诉讼。

【考点链接4】 债权人会议

1. 债权人会议的概念

我国破产程序中的债权人会议,是由所有依法申报债权的债权人组成,以保障债权人共同利益为目的,为实现债权人的破产程序参与权、讨论决定有关破产事宜、表达债权人意志、协调债权人行为的破产议事机构。

(1)在破产程序中,债权人会议不是一个独立的民事权利主体,而只是具有自治性质的机构。

(2)债权人会议不能与破产程序之外的主体发生法律关系。债权人会议依召集会议的方式进行活动,虽属于法定必设机关,但不是常设的机构,而是临时性机构。债权人会议仅为决议机关,虽享有法定职权,但本身无执行功能,其所作出的相关决议一般由管理人负责执行。

2. 债权人会议的成员与权利

(1)依法申报债权的债权人均为债权人会议的成员,债权人会议成员均享有表决权(无论是否对债务人的特定财产享有担保权),但对债务人的特定财产享有担保权的债权人,未放弃优先受偿权的,其对通过和解协议和破产财产的分配方案的事项不享有表决权。

(2)凡是申报债权者均有权参加第一次债权人会议,对于第一次会议以后的债权人会议,只有债权得到确认者才有权行使表决权。

(3)因债权存在争议而未被列入债权表者,如果已经提起债权确认诉讼,可以参加债权人会议;但债权尚未确定的债权人,除人民法院能够为其行使表决权而临时确定债权额者外,不得行使表决权。

(4)债权人会议主席由人民法院从有表决权的债权人中指定。

【补充1】管理人由人民法院指定。

【补充2】国有独资公司的董事长、副董事长和监事会主席由国有资产监督管理机构指定。

(5)一般情况下,债务人的职工代表和工会代表在债权人会议上没有表决权。但是,如果职工劳动债权不能从破产财产中获得全额优先受偿,或者在重整程序中债权人会议决议通过影响其清偿利益的重整计划草案等情况时,职工债权人应享有表决权。

3. 债权人会议的召集

第一次债权人会议由人民法院召集,自债权申报期限届满之日起15日内召开。以后的债权人会议,在人民法院认为必要时,或者管理人向债权人会议主席提议时、债权人委员会向债权人会议主席提议时、占债权总额1/4以上的债权人向债权人会议主席提议时召开。召开债权人会议,管理人应当提前15日通知已知的债权人。

4. 债权人会议的职权

(1)核查债权;

(2)申请人民法院更换管理人,审查管理人的费用和报酬;

(【提示】债权人会议不能直接更换管理人。)

(3)监督管理人;

(4)选任和更换债权人委员会成员;

(5)决定继续或者停止债务人的营业;

(【提示】在第一次债权人会议召开之前,管理人有权决定继续或者停止债务人的营业,在第一次债权人会议召开之后,这属于债权人会议的职权范围。)

(6)通过重整计划;

(7)通过和解协议;

(8)通过债务人财产的管理方案;

(9)通过破产财产的变价方案;

(【提示】上述(8)、(9)项债权人会议一次表决未通过的,法院裁定。)

(10)通过破产财产的分配方案。

(【提示】该事项经两次表决仍未通过的,由人民法院裁定。)

【解释】债权人对人民法院批准债务人财产的管理方案和通过破产财产的变价方案不服的,或者债权额占无财产担保债权总额1/2以上的债权人对人民法院批准破产财产分配方案的裁定不服的,可以自裁定宣布之日或者收到通知之日起15日内向该人民法院申请复议。复议期间不停止裁定的执行。

5. 债权人会议的决议

(1)一般决议。

债权人会议的决议,由出席会议的有表决权的债权人过半数通过,并且其所代表的债权额必须占无财产担保债权总额的1/2以上,但是法律另有规定的除外。债权人会议的决议,对于全体债权人均有约束力。

【提示】双重表决。

(2)特别决议:和解和重整。

①出席会议的同一表决组的债权人过半数同意重整计划草案,并且其所代表的债权额占该组债权总额的2/3以上的,即为该组通过重整计划草案。

【提示】重整草案为分组表决。

②债权人会议通过和解协议的决议,由出席会议的有表决权的债权人过半数同意,并且其所代表的债权额占无财产担保债权总额的2/3以上。

6. 债权人委员会

(1)债权人委员会的概念与组成。

《企业破产法》规定,在债权人会议中可以设置债权人委员会。

债权人委员会为破产程序中的选任机关,由债权人会议根据案件具体情况决定是否有必要设置。债权人委员会中的债权人代表由债权人会议选任、罢免。此外,债权人委员会中还应当有一名债务人企业的职工代表或者工会代表。为便于决定事项、开展工作,债权人委员会的成员人数原则上应为奇数,最多不得超过9人。出任债权人委员会的成员应当经人民法院书面认可。

【补充】国有独资公司的监事会成员不得少于5人,其中职工代表的比例不得低于1/3。

(2)债权人委员会的职权。

债权人委员会行使下列职权:

①监督债务人财产的管理和处分;

②监督破产财产分配;

③提议召开债权人会议;

④债权人会议委托的其他职权。

债权人委员会执行职务时,有权要求管理人、债务人的有关人员对其职权范围内的事务作出说明或者提供有关文件。管理人、债务人的有关人员违反法律规定拒绝接受监督的,债权人委员会有权就监督事项请求人民法院作出决定强制施行。人民法院接到债权人委员会的请求应当在5日内作出决定。

管理人实施下列行为,应当及时报告债权人委员会:

①涉及土地、房屋等不动产权益的转让;

②探矿权、采矿权、知识产权等财产权的转让;

③全部库存或者营业的转让;

④借款;

⑤设定财产担保;

⑥债权和有价证券的转让;

⑦履行债务人和对方当事人均未履行完毕的合同;

⑧放弃权利;

⑨担保物的取回;
⑩对债权人利益有重大影响的其他财产处分行为。

未设立债权人委员会的,管理人实施上述行为应当及时报告人民法院。

【考点链接5】 重整程序

1. 重整制度的概念与意义

重整是指对已经或可能发生破产原因但又有挽救希望与价值的企业,通过对各方利害关系人的利益协调,借助法律强制进行股权、营业、资产重组与债务清理,以避免破产、获得更生的法律制度。我国重整制度的适用范围为企业法人,由于其程序复杂、费用高昂、耗时很长,故实践中主要适用于大型企业,中小型企业往往采用更为简化的和解程序。

2. 重整制度的特征

(1)重整申请时间提前,启动主体多元化。提出破产清算与和解申请,以债务人已经发生破产原因为前提,而重整申请不仅在债务人已经发生破产原因时可以提出,而且在其有破产原因发生的可能时即可提出。

主体方面,可以由多方主体提出,不仅债务人、债权人可以提出,债务人的股东也可在一定条件下提出。根据《企业破产法》的规定,国务院金融监督管理机构可以向人民法院提出对金融机构进行重整的申请。

(2)参与重整活动的主体多元化、重整措施多样化。债权人包括有物权担保的债权人、债务人及债务人的股东等各方利益关系人均参与重整程序的进行。

(3)担保物权受限。在重整程序中,物权担保债权人的优先受偿权受到限制,这是其与破产法上其他程序的重大不同之处。限制担保物权的目的,是为保证债务人不因担保财产的清偿执行而影响其生产经营,无法进行重整。

(4)重整程序具有强制性。只要债权人会议各表决组及股东组以法定多数通过重整计划,经法院批准,对所有当事人均具有法律效力。

(5)债务人可负责制订、执行重整计划。除非债务人存在破产欺诈、无经营能力等情况,根据规定,在重整期间,经债务人申请、人民法院批准,债务人可以在管理人的监督下制订重整计划草案,自行管理财产和营业事务。

3. 重整申请

(1)按照《企业破产法》的规定,债务人或者债权人可以直接向人民法院申请对债务人进行重整。

(2)债权人申请对债务人进行破产清算的,在人民法院受理破产申请后、宣告债务人破产前,债务人或者出资额占债务人注册资本1/10以上的出资人,可以向人民法院申请重整。国务院金融监管机构可以向人民法院提出对金融机构进行重整的申请。

人民法院经审查认为重整申请符合规定的,应当裁定债务人重整,并予以公告。

【解释】提出破产清算与和解申请,以债务人已发生破产原因为前提,而重整申请则在债务人有发生破产原因的可能时即可提出,可以使债务人获得更为充分的挽救机会。

(3)上市公司破产重整申请的特别规定。

①上市公司破产重整召开听证会的条件:债权人对上市公司提出重整申请,上市公司在法律规定的时间内提出异议,或者债权人、上市公司、出资人分别向人民法院提出破产清算申请和重整申请的,人民法院应当组织召开听证会。人民法院召开听证会的,应当于听证会召开前

通知申请人、被申请人,并送达相关申请材料。公司债权人、出资人、实际控制人等利害关系人申请参加听证的,人民法院应当予以准许。人民法院应当就申请人是否具备申请资格、上市公司是否已经发生重整事由、上市公司是否具备重整可行性等内容进行听证。

②最高院的审查制度:由于上市公司的破产重整案件较为敏感,涉及众多的利益关系,所以,人民法院在裁定受理上市公司破产重整申请前,应当将相关资料逐级报送最高人民法院审查。

③信息保密工作与披露义务:对于股票仍在正常交易的上市公司,在上市公司破产重整申请相关信息披露前,上市公司及其债权人、出资人等利害关系人应当按照法律、行政法规、证券监管机构的部门规章及证券交易所上市规则做好信息保密工作。上市公司的债权人提出破产重整申请的,人民法院应当要求债权人提供其已就此告知上市公司的有关证据。上市公司应当按照相关规则及时履行信息披露义务。

④管理人的职责和义务:上市公司进入破产重整程序后,由管理人履行相关法律、行政法规、部门规章和公司章程规定的原上市公司董事会、董事和高级管理人员承担的职责和义务,上市公司自行管理财产和营业事务的除外。管理人在上市公司破产重整程序中存在信息披露违法违规行为的,应当依法承担相应的责任。

4. 重整期间

(1)自人民法院裁定债务人重整之日起至重整程序终止,为重整期间。须注意,所谓重整期间,仅指重整申请受理至重整计划草案得到债权人会议分组表决通过和人民法院审查批准,或重整计划草案未能得到债权人会议分组表决通过或人民法院不予批准的期间,不包括重整计划得到批准后的执行期间。

(2)在重整期间,债务人的财产管理和营业事务执行,可以由管理人或者债务人负责。经债务人申请、人民法院批准,债务人可以在管理人的监督下自行管理财产和营业事务。

(3)为了保证重整的顺利进行,在重整期间,对债务人的特定财产享有的担保权暂停行使。但是,对企业重整无保留必要的担保财产,经债务人或者管理人同意,担保权人可以行使担保权。此外,担保物有损坏或者价值明显减少的可能,足以危害担保人权利的,担保权人可以向法院请求恢复行使担保权。

【比较】在重整程序中,为了保证重整的顺利进行,有财产担保的债权人的优先受偿权受到限制,而在破产清算和和解程序中则不受限制,仍然可以优先受偿。

(4)在重整期间,债务人或者管理人为继续营业而借款的,可以为该借款设定担保。债务人在重整期间为重整进行而发生的费用与债务,原则上属于共益债务,可以不受重整程序限制地从债务人财产中受偿。

(5)债务人合法占有的他人财产,该财产的权利人在重整期间要求取回的,应当符合事先约定的条件。

(6)在重整期间,债务人的出资人不得请求投资收益分配。在重整期间,债务人的董事、监事、高级管理人员不得向第三人转让其持有的债务人的股权。但是,经人民法院同意的除外。

(7)在重整期间,有下列情形之一的,经管理人或者利害关系人请求,人民法院应当裁定终止重整程序,并宣告债务人破产:①债务人的经营状况和财产状况继续恶化,缺乏挽救的可能性;②债务人有欺诈、恶意减少债务人财产或者其他显著不利于债权人的行为;③由于债务人的行为致使管理人无法执行职务。

5. 重整计划的制订

(1)制作人。

债务人自行管理财产和营业事务的,由债务人制作重整计划草案;管理人负责管理财产和营业事务的,由管理人制作重整计划草案。

债权人、股东、战略投资人等利害关系人也可以制作重整计划草案,提交给债务人或管理人。但不能直接向债权人会议提交。

(2)提交重整计划草案的时间、后果。

债务人或者管理人应当自人民法院裁定债务人重整之日起6个月内,同时向人民法院和债权人会议提交重整计划草案。期限届满,经债务人或者管理人请求,有正当理由的,人民法院可以裁定延期3个月。债务人或者管理人未按期提出重整计划草案的,人民法院应当裁定终止重整程序,并宣告债务人破产。

(3)重整计划草案的内容。

根据《企业破产法》规定:"重整计划草案应当包括下列内容:①债务人的经营方案;②债权分类;③债权调整方案;④债权受偿方案;⑤重整计划的执行期限;⑥重整计划执行的监督期限;⑦有利于债务人重整的其他方案。"所谓经营方案,是指债务人的经营管理方案、融资方案以及股权、资产与业务重组方案等有关具体重整措施内容的方案。

6. 重整计划草案的表决与批准

(1)分组表决。

重整计划草案在债权人会议上进行分组表决,表决组的划分要充分体现出当事人在调整计划中的差别利益。根据《企业破产法》规定,债权人参加讨论重整计划草案的债权人会议,依照下列债权分类,分组对重整计划草案进行表决:①对债务人的特定财产享有担保权的债权;②债务人所欠职工的工资和医疗、伤残补助、抚恤费用,所欠的应当划入职工个人账户的基本养老保险、基本医疗保险费用,以及法律、行政法规规定应当支付给职工的补偿金;③债务人所欠税款;④普通债权。

人民法院在必要时,可以决定在普通债权组中设小额债权组对重整计划草案进行表决。《企业破产法》规定的债权分组是指导性的,不是强制性的。除法律列举的组别划分外,人民法院还可以根据案件具体情况,决定设置其他组别,如公司债债权人组、次级债债权人组等。但是,表决组别的设置不得损害表决结果的公平性。

重整计划不得规定减免纳入社会统筹账户的社会保险费用,该项费用的债权人不参加重整计划草案的表决。

(2)人民法院应当自收到重整计划草案之日起30日内召开债权人会议对重整计划草案进行表决。出席会议的同一表决组的债权人过半数同意重整计划草案,并且其所代表的债权额占该组债权总额的2/3以上的,即为该组通过重整计划草案。各表决组均通过重整计划草案时,重整计划即为通过。人民法院经审查认为符合规定的,裁定批准。

【解释】债务人的出资人代表可以列席讨论重整计划草案的债权人会议。重整计划草案涉及出资人权益调整事项的,应当单设出资人组,对该事项进行表决。该组进行表决时,只是按照出资比例行使表决权,与人数无关。

(3)部分表决组未通过重整计划草案的,债务人或者管理人可以同未通过重整计划草案的表决组协商。该表决组可以在协商后再表决一次。双方协商的结果不得损害其他表决组的利益。

未通过重整计划草案的表决组拒绝再次表决或者再次表决仍未通过重整计划草案,但重

整计划草案符合下列条件的,债务人或者管理人可以申请人民法院批准重整计划草案:

①按照重整计划草案,对债务人的特定财产享有担保权的债权就该特定财产将获得全额清偿,其因延期清偿所受的损失将得到公平补偿,并且其担保权未受到实质性影响,或者该表决组已经通过重整计划草案。

②按照重整计划草案,职工债权和债务人所欠税款将获得全额清偿,或者相应表决组已经通过重整计划草案。

③按照重整计划草案,普通债权所获得的清偿比例,不低于其在重整计划草案被提请批准时依照破产清算程序所能获得的清偿比例,或者该表决组已经通过重整计划草案。

④重整计划草案对出资人权益的调整公平、公正,或者出资人组已经通过重整计划草案。

⑤重整计划草案公平对待同一表决组的成员,并且所规定的债权清偿顺序不违反《企业破产法》的规定。

⑥债务人的经营方案具有可行性。

人民法院经审查认为重整计划草案符合前款规定的,应当自收到申请之日起30日内裁定批准,终止重整程序,并予以公告。

【解释】人民法院可以在保证反对者的既得利益不受损害(要保证反对重整计划草案的债权人或者出资人在重整中至少可以获得在破产清算中本可获得的清偿)等法定条件下强制批准重整计划,以避免因部分利害关系人的反对而无法进行重整。

(4)重整计划草案未获得债权人会议的通过且未获得人民法院的批准,或者债权人会议通过的重整计划未获得人民法院批准的,人民法院应当裁定终止重整程序,并宣告债务人破产。

7. 上市公司破产重整计划制订和批准的特别规定

(1)上市公司或者管理人制订的上市公司重整计划草案应当包括详细的经营方案。有关经营方案涉及并购重组等行政许可审批事项的,上市公司或者管理人应当聘请经证券监管机构核准的财务顾问机构、律师事务所以及具有证券期货业务资格的会计师事务所、资产评估机构等证券服务机构按照证券监管机构的有关要求及格式编制相关材料,并作为重整计划草案及其经营方案的必备文件。

(2)控股股东、实际控制人及其关联方在上市公司破产重整程序前因违规占用、担保等行为对上市公司造成损害的,制订重整计划草案时应当根据其过错对控股股东及实际控制人支配的股东的股权作相应调整。

(3)上市公司重整计划草案涉及证券监管机构行政许可事项的,受理案件的人民法院应当通过最高人民法院,启动与中国证券监督管理委员会的会商机制。即由最高人民法院将有关材料函送中国证券监督管理委员会,由中国证券监督管理委员会安排并购重组专家咨询委员会对会商案件进行研究。并购重组专家咨询委员会应当按照与并购重组审核委员会相同的审核标准,对提起会商的行政许可事项进行研究并出具专家咨询意见。人民法院应当参考专家咨询意见,作出是否批准重整计划草案的裁定。

(4)人民法院裁定批准重整计划后,重整计划内容涉及证券监管机构并购重组行政许可事项的,上市公司应当按照相关规定履行行政许可核准程序。重整计划草案提交出资人组表决且经人民法院裁定批准后,上市公司无需再行召开股东大会,可以直接向证券监管机构提交出资人组表决结果及人民法院裁定书,以申请并购重组许可。

8. 重整计划的执行、监督与终止

(1)重整计划的执行。

重整计划由债务人负责执行(不论由债务人还是管理人制订的重整计划,均由债务人执行)。人民法院裁定批准重整计划后,已接管财产和营业事务的管理人应当向债务人移交财产和营业事务。

(2)重整计划的监督。

管理人负责监督重整计划的执行。

(3)重整计划的效力。

①重整计划的约束力。

经人民法院裁定批准的重整计划,对债务人和全体债权人均有约束力,包括对债务人的特定财产享有担保权的债权人。

【补充】经裁定生效的和解协议对债务人及和解债权人有约束力。

②对保证人的影响。

债权人对债务人的保证人和其他连带债务人所享有的权利,不受重整计划的影响,可以按照原合同约定行使权利。

③债权人未依法申报债权的后果。

债权人未依法申报债权的,在重整计划执行期间不得行使权利;在重整计划执行完毕后,可以按照重整计划规定的同类债权的清偿条件行使权利。在重整程序中,债权人未依法申报债权的,在债务人或管理人向人民法院和债权人会议提交重整计划草案表决后,不得再补充申报债权。

④重整计划的变更。

重整计划在执行过程中确需变更的,由债务人提出变更方案,经负责监督的管理人审查后向人民法院提出申请。人民法院决定受理重整计划变更申请的,受重组计划变更影响的利害关系人应当按照原重整计划表决程序重新表决后,人民法院依法裁定是否批准重整计划的变更。

⑤重整计划的终止。

人民法院裁定终止重整计划执行的,债权人在重整计划中作出的债权调整的承诺失去效力,但为重整计划的执行提供的担保继续有效。债权人因执行重整计划所受的清偿仍然有效,债权未受清偿的部分作为破产债权。在重整计划执行中已经接受清偿的债权人,只有在其他同顺位债权人同自己所受的清偿达到同一比例时,才能继续接受分配(承诺失效,担保、清偿有效)。

⑥按照重整计划减免的债务,自重整计划执行完毕时起,债务人不再承担清偿责任。

【第八集】| 嘻哈

【关键词】 委托合同、票据权利的取得、票据权利的消灭、票据抗辩、票据保证、汇票承兑、汇票的付款

2035年1月,嘻嘻与呵呵、吼吼等一干人成立嘻哈公司,主营音乐制品的生产和销售。嘻哈公司成立后发展势头较好,在公司的营业业务中发生了以下几件事情:

7月,嘻哈公司与乙公司订立委托合同,委托乙公司购买一批货物,乙公司不收取报酬。此时,乙公司如果经嘻哈公司同意,转委托第三人处理委托事务的,乙公司仅就第三人的选任及其对第三人的指示承担责任。如果乙公司因重大过失给嘻哈公司造成损失,嘻哈公司可以要求赔偿损失。而嘻哈公司、乙公司均有权随时解除委托合同,但除不可归责于当事人的事由外,应当赔偿解除合同给对方造成的损失。根据规定,转委托经同意的,委托人可以就委托事务直接指示第三人,受托人仅就第三人的选任及其对第三人的指示承担责任;无偿的委托合同,因受托人的"故意或重大过失"给委托人造成损失的,委托人可要求赔偿损失;委托人或者受托人可以随时解除委托合同,因解除合同给对方造成损失的,除不可归责于当事人的事由外,应当赔偿损失。

8月,嘻哈公司为支付货款,向B公司签发了一张金额为300万元的银行承兑汇票,工商银行作为承兑人在票面上签章。B公司收到汇票后将其背书转让给C公司,以偿还所欠C公司的租金,但未在"被背书人"栏内记载C公司的名称。

C公司欠D公司一笔应付账款,遂直接将D公司记载为B公司的被背书人,并将汇票交给D公司。D公司随后又将汇票背书转让给E公司,用于偿付工程款,并于票据上注明:"工程验收合格则转让生效。"此时,尽管D公司背书给E公司时附有条件,但是D公司对E公司的背书转让是生效的。根据规定,背书时附有条件的,所附条件不具有汇票上的效力。

D公司与E公司因工程存在严重质量问题、未能验收合格而发生纠纷。纠纷期间,E公司为支付广告费,欲将汇票背书转让给F公司。F公司负责人知悉D与E之间存在工程纠纷,对该汇票产生疑虑,遂要求E公司之关联企业G公司与F公司签订了一份保证合同。该保证合同约定,G公司就E公司对F公司承担的票据责任提供连带责任保证。但是,G公司未在汇票上记载任何内容,亦未签章。在此须注意:D公司可以以其与E公司的工程纠纷尚未解决为由,拒绝向F公司承担票据责任。F公司明知D公司与E公司的工程纠纷尚未解决,却仍然接受汇票,故其权利不能优先于其前手E公司。根据规定,票据债务人不得以自己与持票人的前手之间的抗辩事由对抗持票人,但持票人明知存在抗辩事由而取得票据的除外。

F公司于汇票到期日向银行提示付款,银行以嘻哈公司未在该行存入足额资金为由拒绝付款。F公司遂向C、D、E、G公司追索。

此时,须注意以下三点:第一,C公司不应向F公司承担票据责任。由于C公司未在汇票上签章,因此不是票据法律关系的当事人,不应承担任何票据责任。

第二,F公司不能向G公司行使票据上的追索权。根据规定,办理票据保证手续时,应在票据上记载保证文句并由保证人签章。G公司未在票据上记载任何内容,亦未签章,其行为不构成票据保证,G公司不属于票据债务人,故F公司不能向其行使票据上的追索权。

第三,G公司应当向F公司承担保证责任。尽管G公司不存在票据上的保证责任,但G公司与F公司签订了保证合同,适用《担保法》有关保证责任的规定。作为连带责任保证人,在E公司不履行债务时,G公司应当承担保证责任。

9月,为向1A公司支付购买音像制品的货款,嘻哈公司向自己开户的3C银行申请开具银行承兑汇票。3C银行审核同意后,嘻哈公司依约存入3C银行300万元保证金,并签发了以自己为出票人、1A公司为收款人、3C银行为承兑人、金额为1 000万元的银行承兑汇票,3C银行在该汇票上作为承兑人签章。嘻哈公司将上述汇票交付1A公司以支付货款。

1A公司收到汇票后,在约定的期限向嘻哈公司交付完毕音像制品。为向4D公司支付采购价款,1A公司又将该汇票背书转让给4D公司。

嘻哈公司收到1A公司交付的音像制品后,经过检验,发现产品存在重大质量问题,在与1A公司多次交涉无果后,解除了合同,并将收到的音像制品全部退还1A公司。1A公司承诺向嘻哈公司返还货款,但未能履行。嘻哈公司在解除合同后,立即将该事实通知3C银行,要求该银行不得对其开出的汇票付款。直到该汇票到期日,嘻哈公司也未依约定将剩余汇票金额存入3C银行。4D公司在该汇票到期时,持票请求3C银行付款,3C银行以嘻哈公司已经解除与1A公司的合同以及嘻哈公司未将剩余汇票金额存入账户为由,拒绝了4D公司的付款请求。

在嘻哈公司发生的这个业务案例中,应该注意以下三点:其一,3C银行拒绝4D公司付款请求的两个理由均不成立。首先,3C银行以嘻哈公司已经解除与1A公司的合同为由拒绝4D公司的付款请求不成立。票据关系一经形成,就与基础关系相分离,基础关系是否存在、是否有效,对票据关系都不起影响作用。所以,3C银行不得以嘻哈公司已经解除与1A公司的合同为由拒绝4D公司的付款请求。其次,3C银行不得以嘻哈公司未将剩余汇票金额存入账户为由,拒绝4D公司的付款请求。根据规定,承兑人(3C银行)不得以其与出票人(嘻哈公司)之间的资金关系对抗持票人,拒绝支付汇票金额(抗辩切断制度)。

其二,4D公司有权向嘻哈公司追索。首先,根据规定,持票人在票据到期不获付款时,可以不按照汇票债务人的先后顺序,对出票人、背书人、承兑人和保证人中的任何一人、数人或者全体行使追索权。其次,票据债务人不得以自己与持票人的前手之间的抗辩事由对抗持票人。所以,尽管1A公司对嘻哈公司违约,但嘻哈公司不得以此为由对抗4D公司。

其三,嘻哈公司有权拒绝1A公司的请求。根据规定,票据债务人可以对不履行约定义务的与自己有直接债权债务关系的持票人进行抗辩。在此,由于直接相对人1A公司在买卖合同中未履行约定义务,因此嘻哈公司有权拒绝1A公司的请求。

2036年4月1日,嘻哈公司向B2公司签发100万元的银行承兑汇票,甲银行是承兑人,签发的是见票后3个月付款的银行承兑汇票。这种见票后定期付款的汇票,需要尽快去提示承兑,提示承兑的时间自出票之日起不能超过1个月,假设提示承兑日期为4月10日,则7月10日为到期日。B2公司背书转给CC,CC背书转给DD,DD提示付款的时间是到期日起的10天,即7月20日提示付款。如果7月28日DD才去银行要求付款,超过了10天,那么DD

的票据权利没有消灭,即付款请求权没有消灭,DD 作出说明以后,在到期日起 2 年内可以向银行甲要求付款。

嘻哈公司向 SB 公司签发 100 万元的商业汇票,甲银行是承兑人,出票日期是 4 月 1 日,签发的是出票后 3 个月付款的银行承兑汇票。SB 公司背书给 WC 公司,WC 公司背书给 HD 公司。7 月 1 日是到期日,HD 应该在 7 月 10 日之前提示付款。7 月 1 日,HD 向甲银行要求付款,甲银行以嘻哈公司的账上只有 80 万元、不足 100 万元为由而拒绝付款。对于见票即付的支票,银行可以以账面金额不足拒绝支付,但是对于汇票,只要银行承兑了,甲银行就成为主债务人,即第一付款人,必须无条件当日付款,所以银行不对,但是毕竟拒绝付款了,站在 HD 的角度,HD 的付款请求权没有实现,就可以行使追索权,可找嘻哈公司、SB、WC 以及甲银行行使追索权。HD 向 WC 追索,这行使的是首次追索权,在拒绝之日起 6 个月内行使,WC 向 HD 支付 100 万元,那么 WC 就成为持票人,WC 可向 SB 追索,再追索期间为从清偿之日起 3 个月;SB 作为持票人,可向出票人嘻哈公司追索。有到期日的,SB 的追索期限是从到期日起 2 年;因为嘻哈公司是出票人(注意追索对象的不同,追索时间相应区分)。

【考点链接 1】 委托合同

委托合同是委托人和受托人约定,由受托人处理委托人事务的合同。但具有人身属性的事项,如结婚、离婚、收养子女等,不适用委托合同。

1.委托事务的处理

(1)受托人应当按照委托人的指示处理委托事务,原则上受托人应当亲自处理委托事务。经委托人同意,受托人可以转委托。

(2)转委托经同意的,委托人可以就委托事务直接指示转委托的第三人,受托人仅就第三人的选任及其对第三人的指示承担责任。

(3)转委托未经同意的,受托人应当对转委托的第三人的行为承担责任,但在紧急情况下受托人为维护委托人的利益需要转委托的除外。

2.隐名代理(受托人以自己名义从事代理行为)

(1)受托人以自己的名义,在委托人的授权范围内与第三人订立的合同,第三人在订立合同时知道受托人与委托人之间的代理关系的,该合同直接约束委托人和第三人,但有确切证据证明该合同只约束受托人和第三人的除外。

(2)受托人以自己的名义与第三人订立合同时,第三人不知道受托人与委托人之间的代理关系的,受托人因第三人的原因对委托人不履行义务,受托人应当向委托人披露第三人,委托人因此可以行使受托人对第三人的权利,但第三人如果知道该委托人存在,就不会与受托人订立合同的除外。

(3)受托人因委托人的原因对第三人不履行义务,受托人应当向第三人披露委托人,第三人因此可以选择受托人或者委托人作为相对人主张其权利,但第三人不得变更选定的相对人。

(4)委托人行使受托人对第三人的权利的,第三人可以向委托人主张其对受托人的抗辩。第三人选定委托人作为其相对人的,委托人可以向第三人主张其对受托人的抗辩以及受托人对第三人的抗辩。

3.委托合同的费用和报酬

(1)委托人应当预付处理委托事务的费用。受托人为处理委托事务垫付的必要费用,委托人应当偿还该费用及其利息。

(2)受托人完成委托事务的,委托人应当向其支付报酬。

(3)因不可归责于受托人的事由,委托合同解除或者委托事务不能完成的,委托人应当向受托人支付相应的报酬;当事人另有约定的,按照其约定。

4.损失赔偿

(1)有偿的委托合同,因受托人的过错给委托人造成损失的,委托人可以要求赔偿损失。

(2)无偿的委托合同,因受托人的故意或重大过失给委托人造成损失的,委托人可以要求赔偿损失。

【解释】无偿的委托合同,对受托人的主观要求更高一些,即在故意或重大过失时才承担赔偿责任。

(3)受托人处理委托事务时,因不可归责于自己的事由受到损失的,可以向委托人要求赔偿损失。委托人经受托人同意,可以在受托人之外委托第三人处理委托事务。因此给受托人造成损失的,受托人可以向委托人要求赔偿损失。

5.委托合同的随时解除

委托人或者受托人可以随时解除委托合同,因解除合同给对方造成损失的,除不可归责于该当事人的事由以外,应当赔偿损失。

【考点链接2】 票据权利的取得

1.票据权利的取得原因

票据权利,乃是依票据行为而发生的债权。因此,票据行为显然是票据权利最主要的发生原因。但是,票据权利也可能因为其他原因而取得。

(1)依票据行为而取得票据权利。

票据行为是一种民事法律行为。我国《票据法》规定的依票据行为取得票据权利的情形有以下四种:

①依出票行为而取得。出票行为是票据上的第一个票据行为,有效的出票可以使票据上第一次发生票据权利。

②依让与而取得。其中最为主要的是依照票据法上的让与方式而为的让与。一般是指让与背书。

③依票据保证而取得。票据保证人提供了票据保证,票据权利人即可以向保证人行使票据权利。

④依票据质押而取得。质押行为虽然在严格意义上并未使得票据质权人取得票据权利,但是质权人可以像票据权利人一样直接行使票据权利。

(2)依法律规定而直接取得票据权利。

在特定情形下,当事人并非基于他人的票据行为而取得票据权利,而是基于法律的规定而直接取得票据权利。具体可包括下列两类情形:

①依票据法上的规定而取得。其中最主要的是,被追索人(含票据保证人)向持票人偿还票据金额、利息和费用后,可以取得票据权利。

②依其他法律规定而取得。其中比较主要的是,因为继承、法人合并或者分立、税收等原因而取得票据权利。

2.票据行为的概念与特征

(1)定义。

票据行为包括出票、背书、承兑、保证四种。其中承兑为汇票所独有,其他三种票据行为是三种票据所共有的。

(2)特征。

①要式法律行为:体现在书面形式上(记载于票据的票面),行为人必须要签章,票据行为都有特定的"款式"(法律针对每一种票据行为,分别规定了哪些属于"绝对必要记载事项",哪些属于"相对必要记载事项")。

②票据行为的解释以文义解释为主(除非有"对人抗辩"):票据行为的解释,原则上仅仅使用文义解释。根据规定,出票人和其他票据义务人都应当按照所记载的事项承担票据责任。

③格式化的法律行为:当事人要进行票据行为,必须按照规定的要求去做。

④票据行为的独立性:一个票据行为如果形式上合法但因为欠缺其他要件而无效,原则上不影响其他票据行为的效力。

【解释1】无民事行为能力人或者限制民事行为能力人在票据上签章的,其签章无效,但是不影响其他签章的效力。

【解释2】票据上有伪造、变造的签章的,不影响票据上其他真实签章的效力。

【解释3】保证人对合法取得汇票的持票人所享有的汇票权利,承担保证责任。但是,被保证人的债务因汇票记载事项欠缺而无效的除外。也就是说,被保证人的债务如果非因为汇票记载事项欠缺而无效,而是因为其他原因而无效,保证人仍应承担保证责任。

【解释4】票据行为独立性的例外:

①因为恶意或者重大过失而取得票据:以欺诈、偷盗或者胁迫等手段取得票据的,或者明知有前列情形,出于恶意取得票据的,不得享有票据权利。

持票人因重大过失取得不符合《票据法》规定的票据的,也不得享有票据权利。

②票据抗辩切断:票据债务人不得以自己与出票人或者与持票人的前手之间的抗辩事由,对抗持票人。但是,持票人明知存在抗辩事由而取得票据的除外。

票据债务人可以对不履行约定义务的与自己有直接债权债务关系的持票人进行抗辩。

《票据法》所称抗辩,是指票据债务人根据本法规定对票据债权人拒绝履行义务的行为。

(3)票据行为的成立与生效。

①票据凭证。《票据法》规定:"票据凭证的格式和印制管理办法,由中国人民银行规定。"

《票据管理实施办法》规定:"票据当事人应当使用中国人民银行规定的统一格式的票据。"

《支付结算办法》规定:"未使用按中国人民银行统一规定印制的票据,票据无效。"

②特定事项的记载方式。《票据法》规定:"票据金额以中文大写和数码同时记载,两者必须一致,两者不一致的,票据无效。"

《票据法》规定:"票据金额、日期、收款人名称不得更改,更改的票据无效。"

③签章方式。按照《票据法》第七条的规定,票据行为人必须在票据上签章,其签章方式必须符合如下要求:自然人的签章,为签名、盖章或者签名加盖章。法人和其他单位的签章,为该法人或者该单位的盖章,加其法定代表人或者其授权的代理人的签章(签名、盖章或者签名加盖章)。

并且,法律对于法人或者其他单位的盖章,还明确规定了其具体类型。

a.银行的签章。银行作为银行汇票的出票人、银行承兑汇票的承兑人签章时,应当加盖该银行的汇票专用章。作为银行本票的出票人签章时,应当加盖银行本票专用章。根据规定,加盖银行公章的也有效。

b.其他法人或者单位的签章。商业汇票上的出票人、支票的出票人的签章,应当加盖该单位的财务专用章或者公章。

【解释1】法人的签章为该法人的盖章加其法定代表人或者其授权的代理人的签名或者盖章(而非签名加盖章)。

【解释2】银行汇票、银行本票的出票人以及银行承兑汇票的承兑人在票据上未加盖规定的专用章而加盖该银行的公章,支票的出票人在票据上未加盖与该单位在银行预留签章一致的财务专用章而加盖该出票人公章的,签章人仍应当承担票据责任。

【解释3】出票人的签章不符合规定的,票据无效;承兑人、保证人在票据上的签章不符合规定的,其签章无效,但不影响其他符合规定签章的效力;背书人在票据上的签章不符合规定的,其签章无效,但不影响其前手符合规定签章的效力;无民事行为能力人、限制民事行为能力人在票据上签章的,其签章无效,但不影响其他符合规定签章的效力。

【补充1】出票人在票据上的签章不符合《票据法》和《票据管理实施办法》规定的,票据无效;

【补充2】承兑人、保证人在票据上的签章不符合《票据法》和《票据管理实施办法》规定的,其签章无效,但是不影响票据上其他签章的效力。

【补充3】背书人在票据上的签章不符合规定的,其签章无效,但不影响其前手符合规定签章的效力。

(4)票据记载事项。

票据记载事项一般分为绝对必要记载事项、相对必要记载事项、任意记载(可以记载)事项、记载不生票据法上效力的事项、记载本身无效事项、记载使票据行为无效事项。在此,以汇票为例进行说明。

第一,绝对必要记载事项。未记载,票据行为无效。汇票必须记载下列事项:①表明"汇票"的字样;②无条件支付的委托;③确定的金额;④付款人名称;⑤收款人名称;⑥出票日期;⑦出票人签章。汇票上未记载前款规定事项之一的,汇票无效。

第二,相对必要记载事项。未记载,票据行为仍然有效,但是按法律规定决定相关事项。①汇票上记载付款日期、付款地、出票地等事项的,应当清楚、明确。②汇票上未记载付款日期的,为见票即付。③汇票上未记载付款地的,付款人的营业场所、住所或者经常居住地为付款地。④汇票上未记载出票地的,出票人的营业场所、住所或者经常居住地为出票地。

第三,任意记载(可以记载)事项。未记载,不发生相应效果;记载了,发生票据法的效力。①出票人在汇票上记载"不得转让"字样的,汇票不得转让。②背书人在汇票上记载"不得转让"字样,其后手再背书转让的,原背书人对后手的被背书人不承担保证责任。

第四,记载不产生票据法上效力的事项。记载不产生票据法上的效力,产生民法上的效力(如背书附条件、在票据之外另外以书面形式记载)。①背书不得附有条件。背书时附有条件的,所附条件不具有汇票上的效力。②票据行为必须在票据(票据正面、背面或者粘单)上进行记载,才可能产生票据法上的效力。如果在票据之外另外以书面形式记载有关事项,即使其内容和票据有关,也不发生票据法上的效力。

第五,记载本身无效事项。在票据法和民法上均无效,不影响票据行为本身的效力。如汇票的出票人免除其担保承兑、担保付款责任的记载。

其六,记载使票据行为无效事项。记载不仅该记载无效,而且整个票据行为无效。付款人承兑汇票,不得附有条件;承兑附有条件的,视为拒绝承兑。汇票上未记载《票据法》第22条规定事项之一的,汇票无效。

(5)交付。

票据行为首先表现为票据行为人在票据上进行记载。但是行为人的记载行为并非立即导致票据行为成立。票据行为人还必须将进行了这种记载的票据交付给相对人,票据行为才成立。

【解释1】涂销自己的背书。

【案例】甲公司是某张汇票记载的收款人,甲公司拟将汇票背书转让给乙公司,在完成了背书记载后,又因为某种原因(如乙公司未按照约定交货)而不欲使乙公司取得票据权利,则可以自行涂销自己的背书记载(但是应当另行签章以证明其自己涂销了背书记载)。之后,如因为购买货物须向丙公司付款,可以另行以丙公司为被背书人而为背书记载,并交付丙公司。丙公司可以取得票据权利。

【解释2】记载＋遗失或被盗:所记载的票据权利人并不能取得对行为人的票据权利,不过,如果有第三人善意取得,则第三人取得票据权利。

【案例】汇票的收款人甲公司完成了对乙公司的背书记载后票据遗失,拾得人丙向丁公司声称其乃是乙公司的代理人,并伪造了乙公司的签章将其背书转让给丁公司,如果丁公司基于善意取得制度而取得票据权利,其虽然对乙公司不享有票据权利(基于票据伪造的法律规定),但是对甲公司则可以主张票据权利。

3.票据行为的实质要件

(1)票据行为能力。无民事行为能力人或者限制民事行为能力人在票据上签章的,其签章无效,但是不影响其他签章的效力。

(2)意思表示真实。以欺诈、偷盗或者胁迫等手段取得票据的,或者明知有前列情形,出于恶意取得票据的,不得享有票据权利。

(3)如果票据行为由代理人进行,则代理权的欠缺也会影响票据行为的效力。

(4)如果背书转让票据的背书人并不享有处分权,则背书行为无效。但是,如果符合善意取得的要件,则转让背书行为可以有效。

(5)基础关系对票据行为效力的影响。

【考点链接3】 票据权利的消灭

1.票据权利的消灭事由概述

(1)一般消灭原因。票据债务人(汇票的付款人或者承兑人、支票的付款人、本票的出票人)向票据权利人支付了票据金额,票据权利全部消灭。

(2)因为没有进行票据权利的保全而导致追索权消灭。权利人没有按照规定期限提示承兑、权利人没有按照规定期限提示付款、权利人在受到拒绝时没有依法取证。

(3)消灭时效期间的经过。票据权利人没有在法定的消灭时效期间内行使权利。

2.追索权因为未进行票据权利保全而消灭

按照《票据法》的规定,票据权利人原则上应当在规定的时间、地点,以规定的方法提示付款或者提示承兑(遵期提示);并且,在被拒绝时,应当依法取得相应的证明(依法取证)。否则,其追索权将因此而消灭。因此,遵期提示和依法取证的行为在理论上称为"票据权利的保全",也就是票据权利人为防止票据权利丧失而为的行为。

(1)遵期提示。

①汇票到期日的四种记载方式:见票即付、定日付款、出票后定期付款、见票后定期付款。

见票即付,是指一经持票人提示,付款人即应付款。本票和支票均为见票即付的票据。

定日付款,是指在汇票上明确记载特定的日期为到期日。

出票后定期付款,是指出票后一定的期间经过后的日期为到期日。此种付款日期,与定日付款在实质上并无区别,只是需要一定的计算。

见票后定期付款,是指汇票的持票人向付款人提示承兑,付款人予以承兑或者拒绝承兑后,以承兑日或者拒绝承兑证书做成之日为基础,经计算而确定到期日。这种付款日期,无法直接依照票面记载而确定到期日。

②遵期提示承兑期限(商业汇票特有,见票即付的汇票无需提示承兑)。

定日付款:到期日前提示承兑。

出票后定期付款:到期日前提示承兑。

见票后定期付款:出票日起1个月提示承兑。

汇票未按照规定期限提示承兑的,持票人丧失对其前手的追索权,但并不丧失对出票人的追索权。

③遵期提示付款期限。

商业汇票(非见票即付):到期日起10日。

商业汇票(见票即付):出票日起1个月。

银行汇票:出票日起1个月。

银行本票:出票日起2个月。

支票:出票日起10日。

未按照规定期限提示付款,持票人即丧失对出票人、汇票承兑人之外的前手的追索权。

(2)依法取证。

①要求:持票人提示承兑或者提示付款被拒绝的,承兑人或者付款人必须出具拒绝证明,或者出具退票理由书。如果因为其他原因而导致持票人不能取得拒绝证明,或者汇票承兑人或者付款人破产,或者被责令终止业务活动,持票人可以以其他证明替代拒绝证明。上述规定也适用于本票、支票。

②后果:如果持票人未取得拒绝证明或者具有相同效力的其他证明,或者在行使追索权时不出示该证明,则不能行使追索权,但仍享有对出票人、承兑人的追索权。

须注意:持票人未能遵期提示,即使取得了上述证明,也丧失了对前手(出票人、承兑人除外)的追索权。

3. 票据时效

(1)概念。

票据时效,也称票据权利的消灭时效,是指票据权利人如果未在法定期间内行使权利,其权利归于消灭的票据法律制度。

(2)付款请求权的消灭时效(票据上的主债务的消灭时效期间)。

银行本票、银行汇票、见票即付的商业汇票:出票日起2年;

远期(定日付款、出票后定期付款、见票后定期付款)商业汇票:到期日起2年。

(3)追索权的消灭时效(票据上的次债务的消灭时效期间)。

行使追索权的对象	期限	起算点
对远期商业汇票的出票人和承兑人	2年	自票据到期日起
对见票即付的商业汇票和银行汇票、本票的出票人	2年	自出票日起
对支票的出票人	6个月	自出票日起
对前手(不包括出票人和追索人)的追索权	6个月	自被拒绝承兑或被拒绝付款之日起
对前手(不包括出票人和追索人)的再追索权	3个月	自清偿日或被起诉日起

须注意：追索权和再追索权的时效，是指对前手的时效，不包括对票据出票人的追索权。超过6个月或3个月，持票人仍可对出票人行使追索权或再追索权。

(4)票据时效的中止、中断。

我国《票据法》并未明确规定票据时效的中止、中断问题。

票据时效期间的中止、中断，只对发生时效中断事由的当事人有效，持票人对其他票据债务人的票据时效的计算方法，并不因此而受影响。

(5)利益返还请求权。

持票人(包括票载权利人、清偿后的背书人、保证人)因超过票据权利时效或者因票据记载事项欠缺而丧失票据权利的，仍享有民事权利，可以请求出票人或者承兑人返还其与未支付的票据金额相当的利益。票据时效期间已满，票据权利归于消灭。

须注意：利益返还请求权并非票据权利，而是票据法规定的一种特别权利，不适用票据时效的规定，适用民法上关于诉讼时效的一般规定。

提示承兑、提示付款、票据权利消灭期限

票据类型		提示承兑期限	提示付款期限	票据权利消灭时效
银行汇票(见票即付)		不需要	出票日起1个月	出票日起2年
商业汇票	见票即付	不需要	出票日起1个月	出票日起2年
	定日付款、出票后定期付款	到期日前提示	到期日起10日	到期日起2年
	见票后定期付款	出票日起1个月		
银行本票(见票即付)		不需要	出票日起2个月	出票日起2年
支票(见票即付)		不需要	出票日起10日	出票日起6个月
法律后果		未在法定期限内提示承兑，丧失对前手的追索权	未在法定期限内提示付款，丧失对前手的追索权，但对承兑人不发生失权的效力，因为承兑人承担绝对责任	票据权利消灭

【考点链接4】 票据抗辩

1.概念

票据抗辩，是指票据上记载的票据债务人基于合法事由对持票人拒绝履行票据债务的行为。票据记载的债务人，包括出票人、承兑人、转让背书和质押背书人、保证人。

票据抗辩分为两种：一是票据上物的抗辩，也称为绝对的抗辩，是指票据所记载的债务人可以对任何持票人主张的抗辩；二是人的抗辩，也称为相对的抗辩，票据债务人仅可以对特定的持票人主张的抗辩事由。

2.物的抗辩的情形

(1)票据所记载的全部票据权利均不存在。

①出票行为因为法定形式要件的欠缺而无效(如大小写不一致、出票行为附有条件)。

②票据权利已经消灭(例如,汇票付款人或者承兑人、本票出票人、支票付款人已经付款)。

(2)票据上记载的特定债务人的债务不存在。

①签章人是无民事行为能力人或者限制民事行为能力人的,其签章无效,不承担票据责任。

②狭义无权代理的情况下,本人不承担票据责任;或者在超越代理权的情况下,本人对超越权限部分不承担票据责任。

③票据伪造的被伪造人,不承担票据责任。

④票据被变造时,变造前在票据上签章的债务人,可以拒绝依照变造后的记载事项承担票据责任。

⑤对特定债务人的票据时效期间经过,其票据债务消灭。

⑥对特定票据债务人的追索权,因为未进行票据权利的保全而丧失。

(3)票据权利的行使不符合债的内容。

①票据权利人行使其权利的时间、地点、方式不符合票据记载或者法律规定(例如,票据未到期向付款人提示付款)。

②法院经公示催告后作出除权判决的,票据权利人持票据(而非除权判决)主张权利的。此种情形下,虽然除权判决所认定的权利人仍然有票据权利,但是其票据本身已经失效,不可以再作为权利凭证。

3.人的抗辩

(1)基于持票人方面的原因。

①持票人不享有票据权利。有效的汇票上的收款人对他人进行转让背书,该背书行为因为某种原因而无效(如背书人欠缺行为能力、狭义无权代理、无权处分未善意取得、票据伪造等),则被背书人并未取得票据权利,票据权利仍由收款人享有。假如被背书人向票据记载的债务人(承兑人、出票人、收款人)主张权利时,其可以此为由拒绝付款。

②持票人不能够证明其权利。背书不连续,持票人又不能证明背书中断之处乃是由于其他合法原因造成。

③背书人记载了"不得转让"字样,记载人对于其直接后手的后手不承担票据责任。

(2)票据债务人可以(基于基础关系)对不履行约定义务的与自己有直接债权债务关系的持票人抗辩。例如,A为了支付买卖合同上的货款而对B签发或者背书转让票据。当B向A主张票据权利时,如果B在买卖合同上构成违约,则A可以此为理由拒绝履行其在票据上的债务。

(3)票据债务人以其对持票人的前手之间的抗辩事由对抗持票人。

①持票人未给付对价而取得票据。因税收、继承、赠与可以依法无偿取得票据的,不受给付对价的限制;但其享有的票据权利不得优于其前手的权利。如上例,若B以赠与为目的将票据背书转让给C,或者为了缴纳税收而背书转让给税务机关,或者在B死亡时,C作为继承人而取得票据权利,那么,A有权以B违反买卖合同为由,拒绝对C承担票据责任。同样,假设C以赠与为目的而将票据背书转让给D,当D对A主张票据权利时,A有权提出相同的抗

辩。

②明知(交付之时)出票人对持票人的前手存在抗辩事由而取得票据。如果持票人明知票据债务人与出票人或者与持票人的前手之间存在抗辩事由,仍受让票据权利的,票据债务人可以对抗该持票人。再如上例,如果B拟为支付租金而将票据背书转让给C之前,C知道A、B之间存在买卖合同关系,也知道B已经对A构成违约,也就是说,知道A对B有权以买卖合同上的事由对抗其票据权利,却仍然接受B背书转让票据,那么,A有权以该事由对抗C,拒绝履行票据债务。

4. 抗辩切断制度

除了持票人未给付对价而取得票据或持票人明知抗辩事由之外,票据债务人不得以自己与出票人或者与持票人的前手之间的抗辩事由对抗持票人(善意＋对价)。

【总结】抗辩切断 VS 善意取得

这是两种不同的制度,尽管其目的均在于保障持票人的利益。善意取得所处理的问题是,善意受让人是否可以在无权处分的情形下取得票据权利,并同时导致原来的票据权利人丧失其权利。该制度并不直接涉及谁要承担票据责任,以及抗辩事由的问题。从实际结果来看,由于善意取得的构成要件包括了善意且无重大过失、给付相当的对价,善意受让人必然受到抗辩切断制度的保护,其取得票据权利是无瑕疵的权利,前手之间的抗辩事由均不得对抗善意受让人。而在抗辩切断制度所涉及的问题之下,持票人的前手并非对其无权处分。例如,A为了支付买卖合同上的货款而对B签发或者背书转让票据。当B向A主张票据权利时,如果B在买卖合同上构成违约,则A可以以此为理由拒绝履行其在票据上的债务。此时,尽管A、B之间有合同上的抗辩,B在票据关系上却因为A的背书而成为票据权利人,B对C转让时,不论C是否给付对价或者明知该抗辩事由,B对C的处分均为有权处分,因此这里并不存在善意取得制度的适用问题。C所取得的权利的情况,只考虑抗辩切断制度是否适用。

【考点链接5】 票据保证

1. 概念

汇票的保证,是指票据债务人之外的人,为担保特定票据债务人的债务履行,以负担同一内容的票据债务为目的,在票据上记载有关事项并签章的票据行为。票据保证是一种票据行为,必须在票据上记载有关事项,才能发生票据保证的效力。

保证人未在票据或者粘单上记载"保证"字样而另行签订保证合同或者保证条款的,不属于票据保证,可以具有民法上的保证的效力,但是并不发生票据保证的效力。

2. 票据保证的实质要件

国家机关、以公益为目的的事业单位、社会团体、企业法人的分支机构和职能部门作为票据保证人的,票据保证无效,但经国务院批准为使用外国政府或者国际经济组织贷款进行转贷,国家机关提供票据保证的,以及企业法人的分支机构在法人书面授权范围内提供票据保证的除外。

3. 保证的款式

(1)绝对必要记载事项:保证文句(表明"保证"的字样),保证人的名称和住所,保证人签章。

(2)相对必要记载事项:①被保证人名称。未记载被保证人的,已承兑的汇票,承兑人为被保证人;未承兑的汇票,出票人为被保证人。②保证日期。未记载保证日期,出票日期为保证日期。

(3)记载不生票据法上效力事项：①保证不得附条件。附有条件的，不影响对汇票的保证责任(条件无效，保证有效)。②保证人为出票人、付款人、承兑人保证的，应当在票据的正面记载保证事项；保证人为背书人保证的，应当在票据的背面或者其粘单上记载保证事项。

出票附条件	出票不得附条件，附有条件的，出票无效
背书附条件	背书不得附条件，附有条件的，所附条件无效，背书有效
承兑附条件	承兑不得附条件，附有条件的，视为拒绝承兑
保证附条件	保证不得附条件，附有条件的，所附条件无效，保证有效

4.保证的效力

(1)对保证人的效力。

①票据保证人责任的从属性。保证人与被保证人负同一责任。持票人对被保证人可以主张的任何票据权利，均可向保证人行使，包括在行使票据权利的顺序上，也是一致的。票据保证人不享有先诉抗辩权，从而与民法上的一般保证不同；此外，持票人并非在被保证人迟延履行时才有权向票据保证人主张权利，而是可以直接对其行使权利。

②票据保证人责任的独立性。保证人对合法取得汇票的持票人所享有的汇票权利，承担保证责任。但是，被保证人的债务因汇票记载事项欠缺而无效的除外。所以，要看是由于什么原因导致的，如果是实质原因(如欠缺民事行为能力、签章伪造、无权代理、欺诈、胁迫等)，则不能行使对物抗辩；如果是形式原因(汇票记载事项欠缺而无效)，则可以行使对物抗辩(即任何持票人主张保证人承担保证责任，保证人都可以不承担)。

【案例】甲公司签发汇票给乙公司，以A银行为付款人。A银行承兑。乙公司被B伪造签章而背书转让给恶意的丙公司，丙公司背书转让给善意无过失的丁公司，丁公司被戊公司胁迫而背书转让。C在"背书"栏中以乙公司为被保证人进行了票据保证的记载并签章。从票据权利的归属来看，乙公司的签章被伪造，丙公司恶意，因此背书行为无效。但是丙公司背书转让给丁公司，丁公司善意取得票据权利。丁公司受到戊公司胁迫，背书行为无效，戊公司并未取得票据权利，丁公司仍然是票据权利人。从票据保证来看，C的票据保证以乙公司为被保证人，乙公司的转让背书并非因为欠缺形式要件而无效，因此，C的票据保证仍然有效。(背书连续主要是指背书在形式上连续，如果背书在实质上不连续，付款人仍应对持票人付款。)有权对C主张票据保证上的权利的，是票据权利人。如上分析，戊公司并非真正的票据权利人，C可以对其拒绝履行债务。假设丁公司对戊公司提起票据返还诉讼并胜诉，重新取得票据后，如对C主张票据权利，则C应当承担保证责任。具体而言，C的票据责任与被保证人乙公司相同。假设丁公司在票据到期日直接向C主张票据金额，C可以拒绝其请求，因为C的票据责任只与乙公司应有的责任相同。假如丁公司向承兑人A银行请求付款而遭到拒绝，在保全其票据权利后，直接向C追索，C应当承担票据责任。C对丁公司承担票据责任后，有权向甲公司、A银行再追索，但是无权对丙公司追索。

③票据保证人责任的连带性。保证人应当与被保证人对持票人承担连带责任；保证人为两人以上的，保证人之间承担连带责任。

(2)对持票人的效力。

如果承兑人是被保证人，持票人有权向保证人行使付款请求权。如果转让背书人、出票人是被保证人，持票人有权对其行使追索权。

(3)对被保证人及其前手、后手的效力。

①如果出票人、转让背书人是被保证人，保证人履行票据债务后，被保证人的后手的票据责任消灭，但是，被保证人及其前手的票据责任仍然存在，保证人成为票据权利人，可以对其行使再追索权。②如果承兑人是被保证人，保证人向持票人履行票据债务后，票据关系全部消灭。③适用抗辩切断制度。被再追索的票据债务人，不得以其与被保证人或者被保证人的前手之间的抗辩事由对抗善意的保证人。

【考点链接6】 汇票承兑

承兑，是指远期汇票的付款人在票据正面作承诺在票据到期日无条件支付票据金额的记载并签章，然后将票据交付请求承兑之人的票据行为。

需要注意的是，实践中有人将票据债务人支付票据金额的行为称为承兑，这是不准确的，付款人要在票据上签章，同意承担支付票据金额的票据责任才能称为承兑人，应注意区分。付款人承兑汇票后，应当承担到期付款的责任。承兑人是汇票上的主债务人，承担最终的追索责任。持票人即使未按期提示承兑，也不丧失对承兑人的追索权。见票即付的汇票无需提示承兑。

1.提示承兑

持票人提示承兑，应在一定期限内进行。定日付款或者出票后定期付款的汇票，持票人应当在汇票到期日前向付款人提示承兑。见票后定期付款的汇票，持票人应当自出票日起1个月内向付款人提示承兑。汇票未按照规定期限提示承兑的，持票人丧失对其前手(出票人除外)的追索权。

2.付款人承兑或者拒绝承兑

付款人对向其提示承兑的汇票，应当自收到提示承兑的汇票之日起3日内承兑或者拒绝承兑。如果付款人在3日内不作承兑与否表示的，则应视为拒绝承兑。

付款人通常基于与出票人之间的约定，而有义务在持票人提示承兑时进行承兑。但是，付款人的这一义务仅仅是民法上的义务。如果其拒绝承兑，仍然在票据法上发生拒绝承兑的法律效果。至于其如何对出票人承担违约责任，则是民法上的问题，应另行解决。这就是票据法上所谓的"承兑自由原则"。

3.汇票的交还

付款人拒绝承兑的，在进行承兑的记载后，应当交还汇票，并出具拒绝证明。

4.承兑的款式

(1)绝对必要记载事项：承兑文句("承兑"字样)以及签章。

(2)相对必要记载事项：承兑日期。未记载承兑日期的，则以收到提示承兑的汇票之日起的第3日为承兑日期。

(3)记载使承兑无效事项：承兑附有条件的，视为拒绝承兑。也就是说，承兑行为因此而无效。

【考点链接7】 汇票的付款

1.汇票付款的概念

汇票付款是指付款人或者代理付款人依照汇票文义支付票据金额的行为。出票是票据关系的起点,一般而言,付款是票据关系的终点。但付款并非一种票据行为。依照票据行为的定义,票据行为是能够导致票据权利、义务发生的法律行为。在通常情形下,付款是票据关系的重点。付款人或者代理付款人支付票据金额后,票据关系全部消灭。付款包括两个步骤:一是持票人的提示付款行为,二是付款人或者代理付款人支付票据金额的行为。

2.提示付款的时间及例外

(1)见票即付的汇票,自出票日起1个月内向付款人提示付款。

(2)定日付款、出票后定期付款或者见票后定期付款的汇票,自到期日起10日内向承兑人提示付款。未在该期限内提示付款的,持票人丧失对部分前手的追索权,但对承兑人、出票人的票据权利仍然还在。

(3)提示付款的例外。①持票人对于远期汇票提示承兑时被拒绝,在取得付款人的拒绝证书后,可以向前手行使追索权。此时,持票人自然不必再毫无意义地提示付款。②因承兑人或者付款人死亡、逃匿或者其他原因无法对其提示付款;承兑人或者付款人被人民法院依法宣告破产;承兑人或者付款人因违法被责令终止业务活动,以及票据权利人丧失了票据。此时,持票人可以不必向其提示付款。

3.付款

(1)审查义务。对于票据权利的真实性,付款人原则上仅有形式审查的义务,即仅从票据的外观进行审查。主要包括:票据凭证是否符合法律规定;出票、背书等票据行为是否记载了绝对必要记载事项,是否记载了使票据行为无效事项等;票据记载的到期日是否到来。特别应当审查转让背书是否连续。

对于票据权利的真实性,付款人没有实质审查的义务。票据行为可能因为欠缺某个实质要件而无效,但是在票据的形式上却没有瑕疵。付款人并无义务审查各个实质要件是否满足,即使客观上有欠缺,例如,持票人的前手欠缺民事行为能力,或者其签章是伪造的,并且因此而导致持票人并非真正的票据权利人,付款人也不承担责任。

提示付款人身份的真实性问题,付款人应当进行实质审查。这一事项并非票据所记载的事项,只能进行实质审查。例如,票据所记载的最后被背书人是"张晓叁",在票据到期时,某人持"张晓叁"的居民身份证提示付款,付款人应当审查此人是不是"张晓叁"。具体方法,只能是审查其居民身份证的真实性,身份证上的照片是否与提示付款人相吻合。

(2)汇票的前手与缴回。持票人获得付款的,应当在汇票上签收,并将汇票交给付款人。持票人委托银行收款的,受委托的银行将代收的汇票金额转账收入持票人账户,视同签收。

(3)付款的效力。付款人对票据权利人进行付款的,汇票上的票据关系全部消灭,全体票据债务人的债务消灭。

4.错误付款

根据规定:"付款人及其代理付款人以恶意或者有重大过失付款的,应当自行承担责任。"根据该规定,付款人(或者代理付款人)将票据金额支付给非票据权利人时,应区分其过错状态来确定付款的法律后果。

(1)善意且无重大过失的错误付款。假如付款人不知道提示付款人并非票据权利人,并且因为无过失或者轻过失而不知情,则付款人的付款行为与一般的付款具有相同的效力。也就是说,全部票据关系均消灭。真正票据权利人的权利也因此而消灭,只能根据民法上的侵权责任制度或者不当得利制度向获得票据金额的当事人主张权利。

(2)恶意或者重大过失付款。如果付款人明知持票人(提示付款人)并非票据权利人("恶意"），或者虽然并非明知，但是进行一般的审查即可获知持票人并非票据权利人，但是没有进行审查或者经过审查而没有发现，则向持票人付款的"应当自行承担责任"。也就是说，此时的付款并不发生通常情形下付款的效力，票据关系并不因此而消灭，真正的票据权利人的权利仍然存在，各个票据债务人（包括承兑人）的票据责任仍然继续存在。付款人因为已经对提示付款人付款而发生的损失，另行适用民法制度解决。

【解释】付款人对于票据权利的真实性问题，并无实质审查的义务，只有形式审查的义务。假如票据存在形式上的瑕疵，付款人可以通过形式审查即发现持票人并非真正的票据权利人，即可认为付款人至少存在重大过失。

假如票据上的某个票据行为欠缺某个实质要件并因此而无效，导致持票人并非票据权利人，那么如上文所言，付款人对此并无审查的义务。

假如付款人因为未审查而不知情，并不能认为其有过失。但是，假如付款人因为某种其他原因而知情，却以其没有实质审查义务为由而"假装"不知情，仍构成"恶意"付款。

假如付款人因为某种其他原因而应当知情，并且由于重大过失而未了解有关情况，那么，尽管其的确不知道提示付款人非票据权利人，也构成重大过失付款。

假如票据存在形式上的瑕疵（主要是出票行为上的瑕疵）而导致票据整体无效，那么，票据上并不存在任何真正的票据权利人，也就不存在所谓恶意或者重大过失付款的问题。

（3）期前的错误付款。对定日付款、出票后定期付款或者见票后定期付款的汇票，付款人在到期日前付款的，由付款人自行承担所产生的责任。

【解释】对于远期汇票，付款人如果在到期日之前付款，且提示付款人是真正的票据权利人，那么付款的法律效果与到期之后的付款相同。但是，假如发生了错误付款，那么即使付款人善意且无过失，仍然要自行承担所产生的责任。其法律效果与恶意或者重大过失付款相同。

错误付款	到期付款	善意且无重大过失的错误付款：付款人的付款行为与一般的付款具有相同的效力，全部票据关系均消灭
		恶意或者重大过失付款：票据关系并不因此而消灭，真正的票据权利人的权利仍然存在，各个票据债务人（包括承兑人）的票据责任仍然继续存在。付款人因为已经对提示付款人付款而发生的损失，另行适用民法制度解决
	期前付款	提示付款人是真正的票据权利人：付款的法律效果与到期之后的付款相同
		发生了错误付款：即使付款人善意且无过失，仍然要自行承担所产生的责任。其法律效果与正常付款中的恶意或者重大过失付款相同

第三季 沉浮

第三卷

論說

【第一集】| 开讲啦

【关键词】 建设工程合同、借款合同、商品房买卖合同、建设用地使用权

骚风公司在凤总的英明领导下,不断发展壮大,不再局限于小打小闹地倒卖些小玩意,开始逐渐涉及房地产开发等高端行业。在涉足房地产行业之初,凤姐就强调要做有良心的房地产开发商,以"回报企业、回报社会、回报国家"为己任,以"不搞虚假宣传、不欺骗消费者、不搞腐败拿地、不破坏环境、不画纸窗户"为承诺,立志建设文明和谐的幸福家园。为让2 000万名下岗职工再就业,让1亿名大学生找到第一份工作,建立了"小凤"慈善基金(并非用来圈钱,而是真的做慈善),投资建立了1 000所希望小学。此外还投资足球,请世界名帅瓜迪奥拉做主教练,斯科拉里、穆里尼奥、马拉多纳、希丁克、卡佩罗组成教练团队,弗格森做球队顾问,贝克汉姆做球队推广大使,卡马乔做专职球童的助理,先后引进了梅西、C罗、鲁尼、伊布、阿奎罗、厄齐尔、哈维、伊涅斯塔、阿尔维斯、贝尔、阿扎尔、法尔考、杰拉德、兰帕德、卡卡、法布雷加斯、罗本、里贝里、特里、卢西奥、蒂亚戈席尔瓦、基耶利尼、皮克、卡西利亚斯、布冯、切赫等球员,但是他们很低调,无论对手怎么叫嚣、怎么辱骂践踏,都做到以实际行动干掉他们,几乎场场20∶0以上,横扫亚洲其他球队,最终赢得了亚冠冠军以及世俱杯冠军等荣誉。骚风公司逐渐成功实现社会效益和经济效益的双赢,颠覆了社会公众的传统认识:原来,房地产开发商可以这样当,钱可以这样赚,公司可以这样管。当然,凤姐也逐渐收获了公众的认可和赞许,经常上头版头条并接受高端媒体的采访。例如,凤姐上了"周豫有约"。凤姐奉承豫姐说:"我是看着你的节目长大的,你怎么能这么瘦啊!好羡慕你啊!还有您那标志性的头发真是有型啊!"

上"背靠背",凤姐直接问主持人,"你是新来的吧,怎么之前没怎么见过你?你们这个节目的主持人好像很有话题性,什么'去从政'、'有外遇'、'小三上位'等,你们是怎么做到的,能不能分享一下?"这一问把主持人问蒙了,呆在那里如木头一样。

上"一日谈",凤姐在后台还调侃小撒。凤姐说:"小撒啊,我认识你的一个著名的女性朋友。你的这个女性朋友和她的一个男朋友最近很火啊,不过这个男性朋友好像总是上不了头版头条,但是唱的歌还是相当不错的。小撒,你看看你又不是唱歌的,又有固定工作,而且还有本地户口。[①] 你知道你为什么没有俘获她的芳心吗?"小撒苦笑说不知道。"嘿嘿。其实很简单,就是你要学会讨好她妈妈,投其所好啊。而且你要学会当众并极其煽情地表白。你听听人家的表白:此刻我有一些话想对所有人,想对你说:我想象有一天早上醒来你我看到的头版头条不再是我们躲避着与我们生命无关的那些窥探者的消息,而是爱与宽容。我想象有一天我可以抱着你,不再感觉到你为了抵御所有这些肮脏与不公而散发的坚强和委屈,我想看到你因

---

① 改编自《中国好歌曲》中王矜霖的原创歌曲《她妈妈不喜欢我》。

为幸福和快乐而发出的释然的欢笑。我想象有一天你我都已苍老,我们相互搀扶着走在每一条向前的路上,我们都会告诉身边的朋友,他的爱给了我所有!亲爱的,你辛苦了!我没有想到过一份简单的爱会给你带来这么多负重!谢谢你给我的所有关怀和理解,尤其是那些孤立无助的时刻你温暖的陪伴,它让我始终强大坚定!我要让你成为世界上最幸福的女人,不是因为这一生积累的名望、地位与财富,而仅仅因为我默默恒久的爱!今天,说出这些话语是那么艰难却又那么快乐,这都是我这么长时间以来埋在心底的话语!这一切只是因为下面我要唱给你听的这首歌的名字:我如此爱你![①]"

"别介意,我是跟你开玩笑的,我本人还是非常欣赏你的才华的。"凤姐看小撤面露难色赶紧解释道。

演讲完之后,在同学们的提问环节,同学们问了很多问题,在此说两个代表性的:

一个同学问:"现在网上有一段话,叫'矛盾的中国人'——我们鄙视拼爹族,却又恨爹不成'刚';我们讥讽一夜暴富,但却私下里买彩票;我们恨贪官,又拼命报考公务员;我们痛恨富二代,但结婚又想着傍大款;我们讥讽不正之风,自己办事却忙找关系;我们痛恨收礼的,却盼着别人收下你的礼……请问凤总您怎么看?"凤姐想了想,"怎么说呢?老实说,我们确实有问题,既然有问题那就不能逃避,因为只有正视,才能有所改变。事实上,我并不完全同意以上观点,上述话语有以偏概全之嫌。例如,美国是世界上超级发达的大国,它的公民何尝不想自己的爹地是'刚'或'江'啊。买彩票并不是只有我们中国人才买啊,世界各地的人们都在买彩票,以买彩票这个个案来说明我们中国人是矛盾的,我觉得缺乏准确的论证。人是有独立性的,每个人都有不同的性格和特点,所以,我个人的建议是,同学们应该要有自己独立的想法,万万不可人云亦云,丧失独立性。"

另有同学问:"凤总像您这样有身份的高端人士,为什么会选择回国创业呢?"凤姐说:"有几个原因吧。一是美国太不安全,比如美国人可以合法持有枪支。你想啊,我在一个餐厅吃饭的时候,如果对面的人看我不顺眼,完全可以拿出枪来,'嘣'的一下把我干掉啊。而且有无数的恐怖分子在时刻准备着想再对美国进行恐怖袭击,惨啊。"

"二是完全没自由、没人权。你每时每刻都被监视着,天哪,我这冰清玉洁的身体以及我跟我闺蜜的说话都是无遮蔽的,太可怕了。所以我就很纳闷,美国这种没人权、没自由的国家,凭什么每年都出所谓的人权国别报告,污蔑和指责我们中国的人权状况。随便监视本国国民,警察滥用职权、打死国民,印第安文化长期受到压制,种族歧视无比严重。"

"三是很多美国人仇视中国人,这也是我最受不了的。给同学们举个例子,我在美国的时候,看过美国广播公司一档深夜脱口秀节目'吉米鸡毛秀'(变态的节目、变态的名字、变态的问题),主持人吉米·坎摩尔邀请了4位不同肤色的孩子组成'儿童圆桌会议',吃着糖果讨论国家大事,以讽刺'国会议员像儿童一样爱闹脾气'。但当吉米问道,'我们欠中国1.3万亿美元债务,怎样才能还完?'时,一名6岁的白人儿童竟然称'要绕到地球另一边去,杀光中国人'。吉米这个畜生竟然调侃道,'杀光所有中国人?这是一个很有趣的点子。'这种辱华的事件不胜枚举。我们中国是美国的债主,他们这是要造反啊!这个世界太疯狂了,杨白劳都开始咬黄世仁了。"

"好了,我有点乏了。最后呢,我引用我很喜欢的一句电影台词送给大家:青春是有限的,

---

① 以上告白源自于网络,http://ent.163.com/13/1109/22/9D99KPFU00034JAU.html。笔者在此引用该段告白,绝无诋毁和辱骂之意,原因主要有两个:首先,主要是对于如此优美的告白实在爱不释手,写得实在是太好了。其次,我要承认我一直是该原创者的歌迷,他的歌基本我都会唱。

不能在犹豫和观望中度过。① 努力吧,少年。"

讲演毕,在场的所有人都集体起立鼓掌,同学们的心情可谓是心潮澎湃、思绪万千啊!眼睛都湿润了,同学们纷纷表示将来会以凤姐为榜样和目标,好好学习,天天向上,将来定要报效祖国,回馈社会,做一个对社会有用的四有新人。

好了,先不扯了,看一个骚风公司的房地产开发案例吧。

骚风公司于2030年1月10日通过拍卖方式拍得位于上海外滩的一块居住用地;办理了建设用地使用权登记,并获得建设用地使用权证。2030年2月21日,按照相应的建筑规划,骚风公司以取得的上述建设用地使用权开发"日月天地"高档住宅房地产项目(以下简称"日月项目"),该项目规划建筑总面积234 567.89平方米,容积率为2.4,由10幢高层板楼组成,按照国家相关部门的要求,其中2幢(9号楼和10号楼)中的共40套房屋是专门为当地回迁居民配建的回迁安置房,在拆迁时已经与原居民签订了拆迁补偿安置协议,明确了各个被拆迁居民的房屋位置。2030年3月1日,骚风公司与B建筑公司(以下简称"B公司")签订建设工程承包合同。该合同约定:(1)由B公司作为总承包商承建该商品楼开发项目,建设工期为2年;(2)建设工程价款为5亿元,骚风公司应当在2032年3月1日竣工之日支付全部工程价款;(3)由B公司为该建设工程垫资8 000万元,垫资利息为年利率8%(中国人民银行同期同类贷款利率为6%)。另外,骚风公司与B公司在签订建设工程合同时,对欠付的工程价款是否支付利息未进行约定。此时,骚风公司应当按照年利率6%的标准向B公司支付垫资利息。根据规定,当事人对垫资和垫资利息有约定,承包人可以请求按照约定返还垫资及利息;但是约定的利息计算标准高于中国人民银行同期同类贷款利率的部分除外。此外,骚风公司对欠付B公司的工程价款应当支付利息。根据规定,当事人对于工程欠款有约定的,按照约定执行;未约定的,应当按照同期同类贷款利率计算。利息从2032年3月1日起按照中国人民银行发布的同期同类贷款利率计算。

2030年3月10日,经骚风公司同意,B公司将自己承包的部分工作分包给C公司。但后来C公司擅自将自己承包的工程再分包给D公司。此时,C公司擅自将自己承包的工程再分给D公司的行为无效。根据规定,禁止分包人将其承包的工程再分包。

2030年4月1日,骚风公司与乙银行签订借款合同,该合同约定:骚风公司向乙银行借款1亿元,借款期限为2年;借款利率为年利率5.8%,2年应付利息在发放借款之日预先一次从借款本金中扣除;借款期满时一次全额归还所借款项;借款用途为用于日月房地产项目开发建设;骚风公司应当按季向乙银行提供有关财务会计报表和借款资金使用情况;任何一方违约,违约方应当向守约方按借款总额支付1%的违约金。同时约定将该在建的商品楼1号楼和2号楼作为借款的抵押担保,骚风公司与乙银行共同办理了抵押登记手续,抵押担保合同中约定可以对已经抵押的1号楼与2号楼进行预售。此时,借款合同约定借款利息预先从借款本金中扣除不符合有关规定。根据规定,借款利息不得预先从借款本金中扣除。利息预先在本金中扣除的,应当按照实际借款数额返还借款并计算利息。乙银行预先从借款本金中扣除利息的做法不符合有关规定,骚风公司可以按照实际借款数额返还借款。另外,乙银行与骚风公司设定的抵押权无效。根据规定,以正在建造的建筑物设定抵押的,应当办理抵押物登记,抵押权自登记之日起设立。作为抵押物的日月项目建设在抵押时办理了抵押登记,因此抵押权设立。另须注意:根据《合同法》规定,如果借款人未按照约定的借款用途使用借款的,贷款人可

---

① 引自电影《致我们终将逝去的青春》,导演赵薇,监制关锦鹏,编剧李樯。

以停止发放借款、提前收回借款或解除合同。

2031年2月1日,骚风公司取得该商品房项目1~5号楼的预售许可证,开盘向社会销售。期间,该楼盘做了多场销售活动,打出来的广告语是"日月天地:尊贵,不仅仅在于建筑"。主持人就让现场的买房者对下一句,如果对得够刺激、够劲爆,将送出每平方米3折的重磅优惠。最后,一个"温文尔雅"的男士夺魁。他是这么回答的,"尊贵,不仅仅在于建筑,还在于旁边的桑拿"。

由于销售推介活动做得成功,楼盘质量也不错,当月该楼盘销售火爆,1~5号楼均已售完。此时,骚风公司隐瞒1号楼已经抵押给银行的事实进行销售不符合规定。涉及的买房人均有权要求解除与骚风公司的商品房买卖合同并赔偿损失,还可以要求骚风公司承担不超过已付房款1倍的惩罚性赔偿金。

其中,1号楼购房者全部为全款购房,骚风公司隐瞒了1号楼已经抵押给银行的事实,2号楼大部分为购房人按揭购房,为了能够为购房人办理贷款,骚风公司以1号楼的房款偿还了部分乙银行的贷款,解除了2号楼的抵押。

2031年5月1日,骚风公司取得该商品房项目6~10号楼的预售许可证,二期开盘中,骚风公司6~7号楼房屋全部预售完毕,8号楼有40套房屋因各方面原因未销售,剩余全部售完,购房人均已经支付购房款。

2032年2月1日,骚风公司清偿了向乙银行借的贷款。3月1日,该建设工程经验收合格并支付,但骚风公司未按照合同约定支付工程价款。8月10日,B公司以骚风公司为被告诉至人民法院,主张对该小区8号楼进行整体拍卖优先受偿。此时,B公司主张对该小区8号楼进行整体拍卖优先受偿不符合规定。根据规定,如果消费者交付商品房的全部或者大部分款项后,承包人就该商品房享有的工程价款优先受偿权不得对抗买受人。B公司只能要求对8号楼尚未销售的40套房屋要求拍卖并优先受偿。

4月1日,日月小区购房人陆续办理入住手续,发现了以下情形:

试举一例:单某入住日月小区,单某购买的是一套套内建筑面积为150平方米、建筑面积为160平方米的房屋,收房时测量实际的建筑面积为160平方米,但单某发现套内建筑面积为143平方米,即实际套内建筑面积与合同约定的面积误差已经超过3‰。此时,单某可以行使法定解除权解除商品买卖合同。根据规定,房屋套内建筑面积或者建筑面积与合同约定的面积误差比绝对值超过3‰的,买房者可以行使法定解除权。

凤姐后来知晓骚风公司诸多不靠谱的行为,主动登报向利益受损的消费者道歉并承诺严格按照法律规定进行赔偿。此外还重申,我们骚风公司开发房地产,是本着以人为本、造福人民的终极目的,绝非单纯为了金钱。欢迎社会各界进行监督,如果举报属实,定当重奖。

【考点链接1】 建设工程合同

1. 建设工程合同的概念及特点

性质:本质上属于承揽合同,因此合同法没有规定的,可以适用承揽合同的有关规定。

建设工程合同应当采用书面形式,应以招标方式订立。针对实践中为规避招标程序,中标后订立"阴阳"两套合同的做法,《建设工程合同解释》规定,当事人就同一建设工程另行订立的建设工程施工合同与经过备案的中标合同实质性内容不一致的,应以备案的合同作为结算工程款的依据。

2. 建设工程合同的无效

(1)下列情形之一的,属于无效:①承包人未取得建筑施工企业资质或超资质等级的;②没有资质的实际施工人借用有施工资质的企业名义的;③建设工程必须进行招标而未招标或中标无效的。

(2)承包人超越资质等级许可的业务范围签订的建设工程施工合同,在建设工程竣工前取得相应资质等级的,不按无效合同处理。

(3)建设工程施工合同无效,但建筑工程竣工验收合格,承包人可以请求参照合同约定支付工程价款。

(4)建设工程施工合同无效,且建筑工程竣工验收不合格,按照以下情形分别处理:①修复后验收合格的,发包人可以请求承包人承担修复的费用;②修复后验收不合格的,承包人无权要求支付工程款。发包人对建设工程不合格造成的损失有过错的,也应承担相应的民事责任。

3. 建筑工程合同的分包

(1)发包人不得将应当由一个承包人完成的建筑工程肢解成若干部分分包给几个承包人。

(2)经发包人同意,总承包人可以将自己承包的"部分工作"交由第三人完成。第三人就其完成的工作成果与总承包人或勘察、设计、施工承包人向发包人承担"连带责任"。①

(3)承包人不得将其承包的全部工程转包或将其承包的工程肢解后以分包的名义分别转包。

(4)建设工程主体结构的施工必须由总承包人自行完成。

(5)禁止分包人将其承包的工程再分包。

【解释1】对具有劳务作业资质的承包人与总承包人、分包人签订的劳务合同,不得以转包建设工程违法为由确认无效。

【解释2】承包人非法转包、违法分包或没有资质的实际施工人借用有资质的建筑企业名义与他人签订的建设施工合同的行为无效。法院可以收缴当事人的非法所得。

4. 承包人垫资

(1)当事人对垫资和垫资利息有约定的,承包人可以请求按照约定返还垫资及利息;但是约定的利息计算标准高于中国人民银行发布的同期同类贷款利率的部分除外。

(2)当事人对垫资没有约定的,按照工程欠款处理。

(3)当事人对垫资利息没有约定的,承包人无权请求支付利息。

【补充】工程欠款的利息,当事人有约定的,按照约定处理;没有约定的,按照同期贷款利率计息。

5. 委托监理合同

发包人委托工程监理人代表其对承包人的工程建设情况进行监督,适用合同法委托合同的规定。

6. 承包人的解除权

承包人基于以下情形之一的,发包人可以请求解除建设工程施工合同:

(1)明确表示或者以行为表明不履行合同主要义务的;

(2)在合同约定的期限内没有完工,且在发包人催告的合理期限内仍未完工的;

(3)已经完成的建设工程质量不合格,并拒绝修复的;

---

① 在承揽合同中,承揽人经定作人的同意,将其承揽的主要工作交由第三人完成的,由承揽人(就第三人完成的部分)向定作人负责。建设工程合同突破了合同的相对性,而承揽合同并未突破。

(4)将承包的建设工程非法转包、违法分包的。

7. 发包人的解除权

发包人具有以下情形之一,致使承包人无法施工,且在催告的合理期限内仍未履行相应义务的,承包人可以请求解除建设工程施工合同:

(1)未按约定支付工程欠款的;

(2)提供的主要建筑材料、建筑构配件和设备不符合强制性标准的;

(3)不履行合同约定的协助义务的。

解除后,已完成的建设工程合格的,发包方应当按约支付相应地价款;不合格的,参照前述施工合同无效且工程质量验收不合格的情形处理。

8. 建设工程合同的竣工

当事人对建设工程实际竣工日期有争议的,按照以下情形分别处理:

(1)建设工程经竣工验收合格的,以竣工验收合格之日为竣工日期;

(2)承包人已经提交竣工验收报告,发包人拖延验收的,以承包人提交验收报告之日为竣工日期;

(3)建设工程未经竣工验收,发包人擅自使用的,以转移占有建设工程之日为竣工日期。

竣工前对工程质量有争议的,经鉴定合格的,鉴定期间为顺延工期期间。

9. 工程价款的结算

有约按约;约定按固定价结算工程款的,一方当事人不得请求对工程造价进行鉴定。

(1)建设工程价款的优先受偿权。

①建设工程优先受偿权的含义。建设工程合同的发包人未按照约定支付价款的,承包人可以催告发包人在合理期限内支付价款。发包人逾期不支付的,除按照建设工程不宜折价、拍卖的以外,承包人可以与发包人协议将该工程折价,也可以申请人民法院将该工程依法拍卖。建设工程的价款就该工程折价或者拍卖的价款优先受偿。

②建筑工程承包人对工程价款享有优先受偿权,该优先受偿权优先于抵押权和其他债权。

③建设工程优先受偿权的限制。如果消费者交付购买商品房的全部或者大部分款项后,承包人就该商品房享有的工程价款优先受偿权不得对抗买受人。

④建设工程价款的界定。建设工程价款包括承包人为建设工程应当支付的工作人员报酬、材料款等实际支出的费用,不包括承包人因发包人违约所造成的损失。

⑤建设工程价款优先受偿权的期限。建筑工程承包人行使优先权的期限为6个月,自建设工程竣工之日起或者建设工程合同约定的竣工之日起计算。

(2)欠付工程款的利息处理。

当事人对欠付工程价款利息计付标准有约定的,按照约定处理;没有约定的,按照中国人民银行发布的同期同类贷款利率计息。利息从应付工程价款之日计付。当事人对付款时间没有约定或者约定不明的,下列时间视为应付款时间:①建设工程已实际交付的,为交付之日;②建设工程没有交付的,为提交竣工结算文件之日;③建设工程未交付,工程价款也未结算的,为当事人起诉之日。

10. 当事人的其他义务

因建设工程质量发生争议的,发包人可以以总承包人、分包人和实际施工人为共同被告提起诉讼。

实际施工人以转包人、违法分包人为被告起诉的,人民法院应当依法受理。实际施工人以发包人为被告主张权利的,人民法院可以追加转包人或者违法分包人为本案当事人。发包人只在欠付工程价款范围内对实际施工人承担责任。

【考点链接2】 借款合同

1. 借款合同概述

金融机构贷款的借款合同应当采用书面形式,是诺成合同,双方意思表示一致合同即成立;自然人之间的借款合同为实践合同(可以是口头形式),合同从交付借款生效。

借款人未按照约定的借款用途使用借款的,贷款人可以:(1)停止发放借款;(2)提前收回借款;(3)解除合同。

2. 借款的利息

(1)借款的利息不得在本金中扣除,利息预先在本金中扣除的,应当按照实际借款数额返还并计算利息。

(2)支付利息期限不明的处理(先按照合同约定,无约定或者约定不明,依照《合同法》规定仍然不能确定的,适用以下情形):①借款期限不满1年的,应当在返还借款时一并支付;②借款期限在1年以上的,应当在每届满1年时支付,剩余期间不满1年的,应当在返还借款时一并支付。

(3)贷款人按照约定可以检查、监督借款的使用情况。借款人应当按照约定向贷款人定期提供有关财务会计报表等资料。借款人未按照约定的借款用途使用借款的,贷款人可以停止发放借款、提前收回借款或者解除合同。

(4)借款人应当按照约定的期限返还借款。对借款期限没有约定或者约定不明确,依照《合同法》规定仍不能确定的,借款人可以随时返还;贷款人可以催告借款人在合理期限内返还。

(5)借款人提前偿还借款的,除当事人另有约定外,应当按实际借款的期间计算利息。借款人可以在还款期限届满前向贷款人申请展期。贷款人同意的,可以展期。

3. 自然人之间借款的利息支付

(1)对支付利息没有约定或者约定不明确的,视为不支付利息。

(2)自然人之间的借款合同有约定偿还期限而借款人不按期偿还,或者未约定偿还期限但经出借人催告后,借款人仍不偿还的,出借人可以要求借款人偿付逾期利息。

(3)对支付利息有约定的,借款的利率不得违反国家有关限制利率的规定,即不得超过"银行同期贷款利率的4倍"。超过时,超过部分无效。

【考点链接3】 商品房买卖合同

1. 商品房销售广告的性质认定

对于商品房销售中出现的销售广告和宣传资料,根据最高人民法院的司法解释,有几个要点:

第一,有关商品房的销售广告和宣传资料为要约邀请,对出卖人无合同上的约束力;

第二,就商品房开发规划范围内的房屋及相关设施所作的说明和允诺具体确定,并对合同的订立以及房屋价格的确定有重大影响的,视为要约;

第三,第二点的内容即使未订入合同,仍属于合同的组成部分,当事人违反这些内容的,承担违约责任。

2. 商品房预售合同的效力

商品房预售,属于法律规定的特许经营范围,因此出卖人必须申领商品房预售许可证明。出卖人未取得预售许可而与买受人订立预售合同的,合同无效,但是在起诉前取得预售许可的,合同有效。

商品房预售合同应当办理登记备案手续,但该登记备案手续并非合同生效条件,当事人另有约定的除外。

3. 被拆迁人的优先权

拆迁人与被拆迁人按照所有权调换形式设立拆迁补偿安置协议,明确约定拆迁人以位置、用途特定的房屋对被拆迁人予以补偿安置,如果拆迁人将该补偿安置房屋另行出卖给第三人,被拆迁人请求优先取得补偿安置房屋的,应予支持。

4. 商品房买卖中法定解除权的行使

根据最高人民法院的司法解释,商品房买卖合同中解除权行使的情形包括:

第一,因房屋主体结构质量不合格不能交付使用,或者房屋交付使用后,房屋主体结构质量经核验确属不合格的;

第二,因房屋质量问题严重影响正常居住使用的;

第三,房屋套内建筑面积或者建筑面积与合同约定的面积误差比绝对值超过3%的;

第四,出卖人迟延交付房屋或者买受人迟延支付购房款,经催告后在3个月的合理期限内仍未履行的;

第五,约定或者法定的办理房屋所有权登记的期限届满后超过1年,因出卖人的原因导致买受人无法办理房屋所有权登记的。

5. 可以适用惩罚性赔偿金的情形

在下列情形下,由于出卖人的行为构成了欺诈,因此买受人可以在解除合同并赔偿损失的前提下,还可以要求出卖人承担不超过已付房款1倍的惩罚性赔偿金:

第一,商品房买卖合同订立后,出卖人未告知买受人又将该房屋抵押给第三人;

第二,商品房买卖合同订立后,出卖人又将该房屋出卖给第三人;

第三,故意隐瞒没有取得商品房预售许可证明的事实或者提供虚假商品房预售许可证明;

第四,故意隐瞒所售房屋已经抵押的事实;

第五,故意隐瞒所售房屋已经出卖给第三人或者为拆迁补偿安置房屋的事实。

【口诀】一房二卖,一房又抵,无证预售,故瞒已抵,拆迁补偿。

6. 商品房买卖合同与贷款合同的效力关系

第一,贷款合同未能订立,导致商品房买卖合同不能履行的,则当事人可以要求解除合同,并分析贷款合同未能订立的原因,在可归责于一方当事人的情况下,由该当事人赔偿损失。

第二,商品房买卖合同无效、被撤销或者被解除,则贷款合同也应相应解除,出卖人应当将收受的购房贷款和购房款的本金及利息分别返还给担保权人和买受人。

【考点链接4】 建设用地使用权

原则上,除兴建乡镇企业、村民建设住宅、乡镇村公共设施及公益事业建设经依法批准使用本集体经济组织农民集体所有土地的外,其他对集体土地的建设利用,必须先征归国有,然后取得国有建设用地使用权。建设用地使用权有创设取得与移转取得两种方式,分别对应国有土地的一级市场与二级市场。其中,创设取得可采取无偿划拨或有偿出让等方式,移转取得则有转让、互换、出资、赠与或抵押等方式。

1. 创设取得

(1)无偿划拨。

土地使用权划拨,是指县级以上人民政府依法批准,在土地使用者缴纳补偿、安置等费用后将该幅土地交付其使用,或者将土地使用权无偿交付给土地使用者使用的行为。

下列建设用地的土地使用权,确属必需的,可以有县级以上人民政府依法批准划拨:国家机关用地和军事用地,城市基础设施用地和公益事业用地,国家重点扶持的能源、交通、水利等项目用地,法律、行政法规规定的其他用地。

严格限制以划拨方式设立建设用地使用权。采取划拨方式的,应当遵守法律、行政法规关于土地用途的规定。用于商业开发的建设用地,不得以划拨方式取得建设用地使用权。

(2)有偿出让。

①建设用地使用权出让,可以采取拍卖、招标或者双方协议的方式。

②其中,工业、商业、旅游、娱乐和商品住宅等经营性用地以及同一土地有两个以上意向用地者的,应当采取招标、拍卖等公开竞价的方式出让,不能采取无偿划拨方式。没有条件,不能采取拍卖、招标方式的,可以采取双方协议的方式。采取双方协议方式出让土地使用权的出让金不得低于按国家规定所确定的最低价。

③土地使用权出让合同约定的使用年限届满,土地使用者需要继续使用土地的,应当至迟于届满前一年申请续期,除根据社会公共利益需要收回该幅土地的,应当予以批准。经批准准予续期的,应当重新签订土地使用权出让合同,依照规定支付土地使用权出让金。

④住宅建设用地使用权期间届满的,自动续期。

2. 移转取得

(1)移转取得的方式。

建设用地使用权转让、互换、出资、赠与或者抵押的,当事人应当采取书面形式订立相应的合同。使用期限由当事人约定,但不得超过建设用地使用权的剩余期限。

第一,以出让方式取得土地使用权的,转让房地产时,应当符合下列条件:①按照出让合同约定已经支付全部土地使用权出让金,并取得土地使用权证书;②按照出让合同约定进行投资开发,属于房屋建设工程的,完成开发投资总额的25%以上,属于成片开发土地的,形成工业用地或者其他建设用地条件。③转让房地产时房屋已经建成的,还应当持有房屋所有权证书(《城市房地产管理法》第39条)。

第二,以划拨方式取得土地使用权的,转让房地产时,应当按照国务院规定,报有批准权的人民政府审批。有批准权的人民政府准予转让的,应当由受让方办理土地使用权出让手续,并依照国家有关规定缴纳土地使用权出让金。

(2)让与禁止。

《城市房地产管理法》规定,下列房地产,不得转让:①以出让方式取得土地使用权的,不符合本法第39条规定的条件的;②司法机关和行政机关依法裁定、决定查封或者以其他形式限制房地产权利的;③依法收回土地使用权的;④共有房地产,未经其他共有人书面同意的;⑤权属有争议的;⑥未依法登记领取权属证书的;⑦法律、行政法规规定禁止转让的其他情形。

3. 建设用地使用权登记

(1)设立建设用地使用权的,应当向登记机构申请建设用地使用权登记。建设用地使用权自登记时设立。登记机构应当向建设用地使用权人发放建设用地使用权证书。

(2)建设用地使用权转让、互换、出资或者赠与的,应当向登记机构申请变更登记。

(3)建设用地使用权消灭的,出让人应当及时办理注销登记。登记机构应当收回建设用地使用权证书。

4. 建设用地使用权的期限

(1)以无偿划拨方式取得的建设用地使用权,除法律、行政法规另有规定外,没有使用期限的限制。

(2)以有偿出让方式取得的建设用地使用权,出让最高年限按下列用途确定:①居住用地70年;②工业用地50年;③教育、科技、文化、卫生、体育用地50年;④商业、旅游、娱乐用地40年;⑤综合或者其他用地50年。

5. 建设用地使用权的终止

(1)建设用地使用权因土地使用权出让合同规定的使用年限届满、提前收回及土地灭失等原因而终止。

(2)出现下列情形之一,由有关政府土地行政主管部门报经原批准用地的政府或者有批准权的政府批准,可以收回国有土地使用权:①为公共利益需要使用土地;②为实施城市规划进行旧城区改建,需要调整使用土地;③土地出让等有偿使用合同约定的使用期限届满,土地使用者未申请续期或者申请续期未获批准;④因单位撤销、迁移等原因,停止使用原划拨的国有土地;⑤公路、铁路、机场、矿场等经核准报废。

【第二集】| 向何处去?

【关键词】 股票市场结构、主板和中小板上市的公司首次公开发行股票并上市的条件、创业板上市的公司首次公开发行股票并上市的条件、首次公开发行股票的程序和承销的条件

骚风公司在凤姐的英明领导下,在全体职工的共同努力下,蒸蒸日上,不断攀登新高峰。

这时的凤姐已经不是当初的凤姐了,多了一份成熟,多了一份执着,多了一份思考。凤姐在思考骚风公司的未来发展之路,如何带领公司员工过上更好的生活。

公司元老们的建议是上市。

凤姐听到"上市"两个字,有过短暂的冲动和激情,但旋即又消失了。元老们始终坚持上市的想法,并一有机会就同凤姐据理力争。甚至在露露的婚礼上,凤姐与这些老朋友们还为此争执,场面别提有多尴尬。

而之前"巾帼之约"的姐妹成立的公司很多都已经上市了,现在发展得也很不错,自己是不是落后了,是不是跟不上时代发展了呢? 凤姐随之陷入了深深的思考。

几年后。

在这几年中,凤姐想了很多:我最好的朋友为什么为了上市跟我"形同陌路"? 我自己倾注全力的企业如果上市了,就意味着自己的股权被稀释,意味着自己的影响力会大打折扣,意味着自己可能会失去对整个公司的控制力和掌控力。但是不上市又怎么办呢? 自己的能力是有限的,如何让这么多人死心塌地地追随你,靠友情、靠亲情吗? 好像不行。那究竟靠什么? 凤姐的最终结论是钱,是资本。当然这是一个极其痛苦的抉择,企业要发展,要做大做强,就必须有源源不断的资金支持,而上市是获得资金支持的绝好途径。尽管上市会打破原有的内部平衡,会打破企业原有的人情世故,但别无选择,凤姐毕竟是饱读诗书、充满智慧的有身份的"女神"。经过心理的不断焦灼和反复后,凤姐想要完成骚风公司的"凤凰涅槃"就必须上市,于是凤姐同意了美美的建议——上市。

既然要上市,就必须先选择在哪个交易所以及哪个板块上市。是上交所还是深交所? 是主板、中小板还是创业板呢?

【考点链接1】 股票市场结构

目前中国的交易所市场,即场内市场,主要由两个交易所(上海证券交易所和深圳证券交易所)、三个板块(主板市场、中小企业板、创业板)构成,在交易模式上又区分为集中竞价的交易模式和大宗交易模式。

1. 主板市场

上海证券交易所全部为主板市场。深圳证券交易所的部分板块为主板市场。主板市场类

似于精品店,主要为那些资质较高的企业股票提供交易服务,因此上市门槛较高。在主板市场上,交易也可以区分为集中竞价的交易模式和大宗交易模式。

(1)集中竞价的交易市场。我国证券交易所采用了国际上较为先进的技术,基本上实现了交易的自动化。因此,目前,两个证券交易所的主要交易大多通过计算机系统报单、配对成交,不再需要有形的交易大厅和场内报单的交易代理人。

由于交易所只接受会员的申报,因此,投资者必须委托作为交易所会员的证券经纪商下达买卖股票的指令,经纪商按照接受客户委托的先后顺序向交易主机申报。

我国目前的证券集中竞价交易一般采用电脑集合竞价和连续竞价两种交易方式。集合竞价是指对一段时间内接受的买卖申报一次性集中撮合的竞价方式,连续竞价是指对买卖申报连续撮合的竞价方式。在连续交易市场,交易是在交易日的各个时点连续不断地进行的,只要根据订单匹配规则,存在两个相匹配的订单,交易就会发生。而集合竞价市场则是一个间断性的市场,即投资者作出买卖委托后,不能立即按照有关规则执行并成交,而是在某一规定的时间,由有关机构将在不同时点收到的订单集中起来,按照同一价格进行匹配成交。

证券交易按价格优先、时间优先的原则竞价撮合成交。成交时价格优先的原则为:较高价格买进申报优先于较低价格买进申报,较低价格卖出申报优先于较高价格卖出申报。成交时时间优先的原则为:买卖方向、价格相同的,先申报者优先于后申报者。先后顺序按交易主机接受申报的时间确定。

在我国证券交易市场中,集合竞价被用来产生每个交易日的开盘价格。上海证券市场开盘集合竞价过程为:从9点15分开始接受集合竞价订单,到9点25分结束,随即给出集合竞价的成交价格,也就是当天的开盘价。9点25分到9点30分期间不接收任何订单。9点30分开始重新接收订单,并开始连续竞价交易阶段,连续交易阶段上午从9点30分至11点30分,下午从13点至15点。每周一到周五为交易日。

(2)大宗交易系统。为了改善对机构投资者的服务、提高对机构投资者的吸引力、解决大宗交易遇到的流动性问题、提高大宗交易的撮合效率、降低大宗交易的成本、减小大宗交易对市场稳定性的冲击,证券交易市场一般都建立了专门的大宗交易制度:以正常规模交易的交易制度为基础,对大宗交易的撮合方式、价格确定和信息披露等方面采取特殊的处理方式。

我国上海和深圳两个证券交易所从2002年开始建立大宗交易制度。

上海证券交易所规定,证券单笔买卖达到如下最低限额的,可以采用大宗交易方式:

A股交易数量在50万股(含)以上,或交易金额在300万元(含)人民币以上;B股交易数量在50万股(含)以上,或交易金额在30万美元(含)以上。

大宗交易的成交价格,由买方和卖方在当日最高和最低成交价格之间确定。该证券当日无成交的,以前收盘价为成交价。

2.中小企业板块

2004年5月,深圳证券交易所发布《设立中小企业板块实施方案》(以下简称《实施方案》),宣布在停止接受新上市公司3年后,深圳证券交易所转型为面向中小企业的证券发行和上市的专门板块。

中小企业板块并非是在原有交易所市场之外的独立市场。按照深圳交易所的《实施方案》,中小企业板块的总体设计,可以概括为"两个不变"和"四个独立"。

"两个不变",是指中小企业板块运行所遵循的法律、法规和部门规章,与主板市场相同;中小企业板块的上市公司符合主板市场的发行上市条件和信息披露要求。

"四个独立",是指中小企业板块是主板市场的组成部分,同时实行运行独立、监察独立、代码独立、指数独立。

运行独立是指中小企业板块的交易由独立于主板市场交易系统的第二交易系统承担。

监察独立是指深圳交易所将建立独立的监察系统实施对中小企业板块的实时监控,该系统将针对中小企业板块的交易特点和风险特征设置独立的监控指标和报警阈值。

代码独立是指将中小企业板块股票作为一个整体,使用与主板市场不同的股票编码。

指数独立是指中小企业板块将在上市股票达到一定数量后,发布该板块独立的指数。

中小企业板块主要安排主板市场拟发行上市企业中流通股本规模相对较小的公司在该板块上市,并根据市场需求,确定适当的发行规模和发行方式。

目前,深圳证券交易所要求的中小企业主要是主业突出、具有较好成长性和较高科技含量的中小企业。

3.创业板

与中小企业板不同,创业板是不同于主板的一个交易所市场,俗称"二板市场"。由于交易所的主板市场上市条件比较高,不利于中小企业特别是高新技术企业上市融资,因此,为中小企业能够顺利获得资金,有必要特别开设专门的股票交易市场,即二板市场。

虽然中国在2000年就决定设立创业板市场,但正式启动则是在2009年。2009年4月,中国证监会发布《首次公开发行股票并在创业板上市暂行管理办法》(中国证券监督管理委员会令第61号),自该年5月1日起实施。2009年9月21日,第一批创业板公司公开发行;同年10月30日,第一批28家公司的股票在创业板上市交易。

创业板采用了与主板市场和中小企业板有所不同的上市标准,主要表现为在具体盈利要求等方面有所放松。但由于创业板市场仍然属于交易所市场,在创业板挂牌交易仍然属于证券上市,因此,其仍然必须符合《证券法》第50条对于上市条件的一般规定。

而相比较之下,场外交易市场与前述的交易所市场有较为明显的区别,在这些交易市场上挂牌交易股票的公司,不被视为上市公司。

1.全国中小企业股份转让系统

中国证监会于2012年设立全国中小企业股份转让系统公司,负责运营全国中小企业股份转让系统。

全国中小企业股份转让系统是经国务院批准设立的全国性证券交易场所。股票在全国股份转让系统挂牌的公司(以下简称"挂牌公司")为非上市公众公司,股东人数可以超过200人,接受中国证监会的统一监督管理。全国中小企业股份转让系统公司负责组织和监督挂牌公司的股票转让及相关活动,实行自律管理。

全国中小企业股份转让系统中,挂牌股票转让可以采取做市方式、协议方式、竞价方式或证监会批准的其他转让方式。

全国中小企业股份转让系统实行投资者适当性管理制度。参与股票转让的投资者应当具备一定的证券投资经验和相应的风险识别和承担能力,了解、熟悉相关的业务规则。

2.证券公司代办股份转让系统

2001年6月12日经中国证监会批准,中国证券业协会发布《证券公司代办股份转让服务业务试点办法》(以下简称"代办股份转让办法"),设立证券公司代办股份转让市场,被人们习惯上称为"老三板市场"。目前,可以在代办股份转让市场挂牌交易股票的公司主要有两类:一类是在原STAQ、NET系统挂牌的公司,另一类是退市公司。数量最多的是后者。

代办股份转让系统根据股份转让公司质量,实行区别对待,股份分类转让。同时,满足以下条件的股份转让公司,股份每周转让五次:(1)规范履行信息披露义务。(2)股东权益为正值或净利润为正值。(3)最近年度财务报告未被注册会计师出具否定意见或拒绝发表意见。股东权益和净利润均为负值,或最近年度财务报告被注册会计师出具否定意见或拒绝发表意见的公司,其股份每周一、三、五转让三次。未与主办券商签订委托代办股份转让协议,或不履行基本信息披露义务的公司,其股份实行每周五集合竞价转让一次的方式。

代办股份转让是独立于证券交易所之外的一个系统,投资者在进行股份委托转让前,需要专门在代办股份转让服务业务的证券商处开立非上市股份有限公司股份转让账户,用于非上市公司股份的交易。

交易报价采集中竞价的方式,转让日申报时间内接受的所有转让申报采用一次性集中竞价方式配对成交。股份转让价格实行5%的涨跌幅限制。

3. 产权交易所

产权交易所是伴随着企业兼并活动在中国的增多而产生的。1988年5月,武汉市成立了我国第一家企业产权转让市场,并制定相应的交易规则。1997~1998年,国务院对产权交易市场进行清理整顿,将所有未经国务院批准擅自设立的产权交易所(中心)、证券交易中心和证券交易自动报价系统等机构,所从事的非上市公司股票、股权证等股权类证券的交易活动都列为场外非法股票交易,予以取缔。而中国共产党的十五大特别是十五届四中全会作出的《中共中央关于国有企业改革和发展的若干重大问题的决定》(1999年9月22日),提出推进国有企业的改革和发展的战略目标,为产权交易所的全面发展提供了条件,我国目前有产权交易所100多家,分布全国各地。

以上是场内和场外交易所的基本知识,而对于首次发行股票并上市的条件,是要区分主板和中小板以及创业板的。

【考点链接2】 主板和中小板上市的公司首次公开发行股票并上市的条件

(1)发行人应当是依法设立且合法存续一定期限的股份有限公司。

①股份有限公司应自成立后,持续经营时间在3年以上。

②有限责任公司按原账面净资产值折股整体变更为股份有限公司的,持续经营时间可以从有限责任公司成立之日起计算,并达3年以上。[①]

③经国务院批准,有限责任公司依法变更为股份有限公司时,可以采取募集设立方式公开发行股票。

④经国务院批准,可以不受上述时间的限制。

(2)发行人已合法并真实取得注册资本项下载明的资产。注册资本已缴足,发起人或股东用作出资的资产财产权已转移,发行人的主要资产不存在重大权属纠纷。

(3)发行人的生产经营符合法律、行政法规和公司章程的规定,符合国家产业政策。

(4)发行人最近3年内主营业务和董事、高级管理人员没有发生重大变化,实际控制人没有发生变更。

第一,《首发管理办法》要求发行人最近3年内实际控制人没有发生变更,旨在以公司控制权的稳定为标准,判断公司是否具有持续发展、持续盈利的能力,以便投资者在对公司的持续

---

① 根据《公司法》的规定,有限责任公司变更为股份有限公司时,折合的实收股本总额不得高于公司净资产额。

发展和盈利能力拥有较为明确的情况下作出投资决策。

第二,在发行人存在多人共同拥有公司控制权的情况下,其中某个小股东变更,不构成公司控制权变更。

第三,如果发行人最近3年内持有、实际支配公司表决权比例最高的人发生变化,且变化前后的股东不属于同一实际控制人,视为公司控制权发生变更。

第四,当发行人不存在拥有公司控制权的人或者公司控制权的归属难以判断的,如果符合以下情形,可视为公司控制权没有发生变更:①发行人的股权及控制结构、经营管理层和主营业务在首发前3年内没有发生重大变化;②发行人的股权及实际控制结构不影响公司治理的有效性;③发行人及其保荐人和律师能够提供证据充分证明。

第五,因国有资产监督管理需要,国务院或者省级人民政府国有资产监督管理机构无偿划转直属国有控股企业的国有股权或者对该企业进行重组等导致发行人控股股东发生变更的,如果发生以下情形,可以视为公司控制权没有发生变更:①有关国有股权无偿划转或者重组等属于国有资产监督管理机构或者省级人民政府按照相关程序决策通过,且发行人能够提供有关决策或者批复文件;②发行人与原控股股东不存在同业竞争或者大量的关联交易,不存在故意规避《首发管理办法》规定的其他发行条件的情形;③有关国有股权无偿划转或者重组等对发行人的经营管理层、主营业务和独立性没有重大不利影响。不属于上述规定情形的国有股权无偿划转或者重组等导致发行人控股股东发生变更的,视为公司控制权发生变更。

第六,为了上市,发行人往往进行改制,以实现主营业务整体发行上市、降低管理成本、发挥业务协同优势、提高企业规模经济效益。此时发行人往往会对同一公司控制权下相同、类似或相关业务进行重组,这时发行人是否符合"最近3年内主营业务没有发生重大变化"的要求,颇有疑问。中国证监会解释认为:发行人报告期内存在对同一公司控制权人下相同、类似或相关业务进行重组情况的,如同时符合下列条件,视为主营业务没有发生重大变化:①被重组方应当自报告期期初起即与发行人受同一公司控制权人控制,如果被重组方是在报告期内新设立的,应当自成立之日即与发行人受同一公司控制权人控制。②被重组进入发行人的业务与发行人重组前的业务具有相关性(相同、类似行业或同一产业链的上下游)。

(5)股权清晰。

发行人的股权清晰,控股股东和受控股股东、实际控制人支配的股东持有的发行人股份不存在重大权属纠纷。

(6)发行人的资产完整,人员、财务、机构和业务独立。

【提示】不存在《公司法》法人人格否认的情形。

①人员独立:发行人的总经理、副总经理、财务负责人和董事会秘书等高级管理人员不得在控股股东、实际控制人及其控制的其他企业中担任除董事、监事以外的其他职务,不得在控股股东、实际控制人及其控制的其他企业领薪。

发行人的财务人员不得在控股股东、实际控制人及其控制的其他企业中兼职。

②业务独立:发行人的业务应当独立于控股股东、实际控制人及其控制的其他企业,与控股股东、实际控制人及其控制的其他企业间不得有同业竞争或者显失公平的关联交易。

③财务独立:独立决策,不得共用银行账号。

④经营管理机构独立(不得混同)。

(7)发行人具备健全且运行良好的组织机构。

(8)发行人具有持续盈利能力。

发行人不得有下列影响持续盈利能力的情形:
①发行人的经营模式、产品或服务的品种结构已经或者将发生重大变化,并对发行人的持续盈利能力构成重大不利影响。
②发行人的行业地位或发行人所处行业的经营环境已经或者将发生重大变化,并对发行人的持续盈利能力构成重大不利影响。
③发行人最近1个会计年度的营业收入或净利润对关联方或者存在重大不确定性的客户存在重大依赖。
④发行人最近1个会计年度的净利润主要来自合并财务报表范围以外的投资收益。
⑤发行人在用的商标、专利、专有技术以及特许经营权等重要资产或技术的取得或者使用存在重大不利变化的风险。

(9)发行人的财务状况良好。
①财务管理规范:内部控制在所有重大方面有效,并由注册会计师出具了无保留结论的内部控制鉴证报告;发行人的会计基础工作规范、财务会计报表编制规范,在所有重大方面都公允反映了发行人的财务状况、经营成果和现金流量,并由注册会计师出具了无保留意见审计报告;发行人编制的财务报表应以实际发生的交易或者事项为依据;在进行会计确认、计量、报告时应当保持应有的谨慎;对相同或相似的经济业务,应当选用一致的会计政策,不得随意变更;发行人完整披露关联方关系并按重要性原则恰当披露关联交易;关联交易价格公允,不存在通过关联交易操纵利润的情形。
②发行人发行股票并上市的财务指标主要包括以下要求:

首发的财务指标	要 求
发行前股本总额	不少于人民币3 000万元(同上市交易)
最近3个会计年度净利润	均为正数且累计超过人民币3 000万元(净利润以扣除非经常性损益前后较低者为计算依据)
最近3个会计年度经营活动产生的现金流量净额或者最近3个会计年度营业收入	累计超过人民币5 000万元;累计超过人民币3亿元
最近一期期末无形资产(扣除土地使用权、水面养殖权和采矿权等后)占净资产的比例	不高于20%
最近一期期末	不存在未弥补亏损

③依法纳税。经营成果不存在对税收优惠的依赖。
④不存在重大偿债风险,不存在影响持续经营的担保、诉讼以及仲裁等重大或有事项。
⑤财务资料真实完整。发行人披露的财务资料不得有以下情形:第一,故意遗漏或虚构交易、事项或其他重要信息;第二,滥用会计政策或会计估计;第三,操纵、伪造或篡改编制财务报表所依据的会计记录或相关凭证。

(10)发行人募集资金用途符合规定。
①发行人募集资金原则上应当用于主营业务。
②除金融类企业外,募集资金使用项目不得为持有交易性金融资产和可供出售的金融资产、借予他人、委托理财等财务性投资,不得直接或者间接投资于以买卖有价证券为主要业务的公司。
③发行人应当建立募集资产专项存储制度,募集资金应当存放于董事会决定的专项账户。

(11) 构成首次发行股票并上市的法定障碍的情形：

①最近36个月内未经法定机关核准，擅自公开或者变相公开发行过证券；或者有关违法行为虽然发生在36个月前，但目前仍处于持续状态。

②最近36个月内违反工商、税收、土地、环保、海关以及其他法律、行政法规，受到行政处罚，且情节严重。

③最近36个月内曾向中国证监会提出发行申请，但报送的发行申请文件有虚假记载、误导性陈述或重大遗漏，或者不符合发行条件以欺骗手段骗取发行核准，或者以不正当手段干扰中国证监会及其发行审核委员会审核工作，或者伪造、变造发行人或其董事、监事、高级管理人员的签字、盖章。

④本次报送的发行申请文件有虚假记载、误导性陈述或者重大遗漏。

⑤涉嫌犯罪被司法机关立案侦查，尚未有明确结论意见。

⑥严重损害投资者合法权益和社会公共利益的其他情形。

【考点链接3】 创业板上市的公司首次公开发行股票并上市的条件

在创业板上市的公司一般是自主创新企业及其他成长型创业企业，这类企业往往经营规模较小，具有较大的发展潜力，但同时也具有较大的经营管理风险。根据《创业板首发管理暂行办法》的规定，公司在创业板上市，首次公开发行股票，与在主板和中小板上市的公司相比较，其条件相对要低。其首次发行股票，应当符合如下条件：

(1)发行人是依法设立且持续经营3年以上的股份有限公司；有限责任公司按原账面净资产值折股整体变更为股份有限公司的，持续经营时间可以从有限责任公司成立之日起计算。

(2)最近2年连续盈利，最近2年净利润累计不少于1 000万元，且持续增长；或者最近1年盈利，且净利润不少于500万元，最近1年营业收入不少于5 000万元，最近2年营业收入增长率均不低于30%；净利润以扣除非经常性损益前后孰低者为计算依据。

(3)最近一期末净资产不少于2 000万元，且不存在未弥补亏损。

(4)发行后股本总额不少于3 000万元（主板、中小板是发行前）。

(5)发行人的注册资本已足额缴纳，发起人或者股东用作出资的资产的财产权转移手续已办理完毕；发行人的主要资产不存在重大权属纠纷。

(6)发行人应当主要经营一种业务，其生产经营活动符合法律、行政法规和公司章程的规定，符合国家产业政策及环境保护政策。

(7)发行人最近2年内主营业务和董事、高级管理人员均没有发生重大变化，实际控制人没有发生变更。主板是最近3年。

(8)发行人应当具有持续盈利能力（与主板的规定一样），不存在下列情形：

①发行人的经营模式、产品或服务的品种结构已经或者将发生重大变化，并对发行人的持续盈利能力构成重大不利影响。

②发行人的行业地位或发行人所处行业的经营环境已经或者将发生重大变化，并对发行人的持续盈利能力构成重大不利影响。

③发行人在用的商标、专利、专有技术、特许经营权等重要资产或者技术的取得或者使用存在重大不利变化的风险。

④发行人最近1年的营业收入或净利润对关联方或者有重大不确定性的客户存在重大依赖。

⑤发行人最近1年的净利润主要来自合并财务报表范围以外的投资收益。

⑥其他可能对发行人持续盈利能力构成重大不利影响的情形。

(9)发行人依法纳税,享受的各项税收优惠符合相关法律法规的规定;发行人的经营成果对税收优惠不存在严重依赖。发行人不存在重大偿债风险,不存在影响持续经营的担保、诉讼以及仲裁等重大或有事项。

(10)发行人的股权清晰,控股股东和受控股股东、实际控制人支配的股东所持发行人的股份不存在重大权属纠纷。

(11)发行人资产完整,业务及人员、财务、机构独立,具有完整的业务体系和直接面向市场独立经营的能力;与控股股东、实际控制人及其控制的其他企业间不存在同业竞争,以及严重影响公司独立性或者显失公允的关联交易;发行人具有完善的公司治理结构,依法建立健全股东大会、董事会、监事会以及独立董事、董事会秘书、审计委员会制度,相关机构和人员能够依法履行职责。

(12)发行人会计基础工作规范、财务报表的编制符合企业会计准则和相关会计制度的规定,在所有重大方面公允地反映了发行人的财务状况、经营成果和现金流量,并由注册会计师出具无保留意见的审计报告;发行人内部控制制度健全且被有效执行,能够合理保证公司财务报告的可靠性、生产经营的合法性、营运的效率与效果,并由注册会计师出具无保留结论的内部控制鉴证报告;发行人具有严格的资金管理制度,不存在资金被控股股东、实际控制人及其控制的其他企业以借款、代偿债务、代垫款项或者其他方式占用的情形。

(13)发行人的公司章程已明确对外担保的审批权限和审议程序,不存在为控股股东、实际控制人及其控制的其他企业进行违规担保的情形。

(14)发行人的董事、监事和高级管理人员具备法律、行政法规和规章规定的资格,了解股票发行上市相关法律法规,知悉上市公司及其董事、监事和高级管理人员的法定义务和责任,且不存在下列情形:

①被中国证监会采取证券市场禁入措施尚在禁入期的。

②最近3年内受到中国证监会行政处罚,或者最近1年内受到证券交易所公开谴责的。

③因涉嫌犯罪被司法机关立案侦查或者涉嫌违法违规被中国证监会立案调查,尚未有明确结论意见的。

(15)发行人及其控股股东、实际控制人最近3年内不存在损害投资者合法权益和社会公共利益的重大违法行为;发行人及其控股股东、实际控制人最近3年内不存在未经法定机关核准,擅自公开或者变相公开发行证券,或者有关违法行为虽然发生在3年前,但目前仍处于持续状态的情形。

(16)发行人募集资金应当用于主营业务,并有明确的用途。募集资金数额和投资项目应当与发行人现有生产经营规模、财务状况、技术水平和管理能力等相适应。发行人应当建立募集资金专项存储制度,募集资金应当存放于董事会决定的专项账户。

【考点链接4】 首次公开发行股票的程序和承销的条件

1.首次公开发行股票的程序

董事会提出方案→股东大会批准→保荐人保荐申报→中国证监会核准→发行股票(6个月内)→证券公司承销→备案

【解释1】证监会或者国务院授权的部门针对已经作出的核准证券发行的决定,发现不符合法定条件或者法定程序,尚未发行证券的,应当予以撤销,停止发行。已经发行尚未上市的,撤销发行核准决定,发行人应当按照发行价并加算银行同期存款利息返还证券持有人;保荐人应当与发行人承担连带责任,但是能够证明自己没有过错的除外;发行人的控股股东、实际控制人有过错的,应当与发行人承担连带责任。

【解释2】股票依法发行后,发行人经营与收益的变化,由发行人自行负责;由此变化引致的投资风险,由投资者自行负责。

2.股票承销

(1)股票承销是指证券公司依照协议包销或者代销发行人向社会公开发行股票的行为,包括代销和包销两种。股票代销是指证券公司代发行人发售股票,在承销期结束时,将未售出的股票全部退还给发行人的承销方式。股票包销分两种情况:一是证券公司将发行人的股票按照协议全部购入,然后再向投资者销售,当卖出价高于购入价时,其差价归证券公司所有;当卖出价低于购入价时,其损失由证券公司承担。二是证券公司在承销期结束后,将售后剩余股票全部自行购入。在这种承销方式下,证券公司要与发行人签订合同,在承销期内,是一种代销行为;在承销期满后,是一种包销行为。

证券公司在股票代销、包销期内,对所代销、包销的证券应当保证先行出售给认购人,证券公司不得为本公司预留所代销的证券和预先购入并留存所包销的证券。

(2)发行人向不特定对象公开发行的证券以及法律、行政法规规定应当由证券公司承销的,发行人应当同证券公司签订承销协议。其中,向不特定对象公开发行的证券票面总值超过人民币5 000万元的,应当由承销团承销。承销团应当由主承销和参与承销的证券公司组成。这个承销团需要两个以上的证券公司才可以。

(3)证券的代销、包销期限最长不得超过90日。

(4)股票发行采用代销方式,代销期限届满,向投资者出售的股票数量未达到拟公开发行股票数量70%的,为发行失败。发行人应当按照发行价并加算银行同期存款利息返还股票认购人。

(5)公开发行股票,代销、包销期限届满,发行人应当在规定的期限内将股票发行情况报国务院证券监督管理机构备案。

【第三集】| 旺不起来了

【关键词】 破产原因、债务人财产、破产和解制度、别除权

由于干爹的没落,美美失去了精神支柱和资金来源,直接导致旺菌公司经营状况惨淡、每况愈下。作为法定代表人的美美很害怕,就玩起了失踪,谁也不知道美美去哪里了。

旺菌公司欠付 ED 公司到期欠款 2 000 万元,ED 公司多次催要,旺菌公司工作人员均以公司法定代表人失踪、公司财产无人有权处分为由拒绝偿还。ED 公司无奈,向人民法院提出了对旺菌公司进行破产清算的申请。人民法院收到申请后通知了旺菌公司,旺菌公司却提出了因法定代表人失踪,现无人负责管理公司财产,无法支付欠付 ED 公司的款项,并提供了相应的证据。但人民法院在审查后认为旺菌公司异议不成立,于 2041 年 3 月 19 日,人民法院受理了对旺菌公司进行破产清算的申请。此时,人民法院受理破产申请的做法符合规定。根据规定,债务人不能清偿到期债务,且明显缺乏清偿能力的,债权人有权向法院提出破产申请。旺菌公司的法定代表人下落不明且无其他人负责管理财产,无法清偿债务,属于明显缺乏清偿能力。

管理人接管旺菌公司后,对其债权债务进行了清理。其中,包括以下事实:

(1)2040 年 1 月 7 日,鉴于与乙公司之间的长期业务合作关系,旺菌公司向乙公司赠送复印机一台,价值 2.5 万元。此时,管理人无权撤销旺菌公司向乙公司赠送复印机的行为。根据规定,人民法院受理破产申请前 1 年内,债务人无偿转让财产的,管理人有权请求人民法院予以撤销。在此,旺菌公司向乙公司赠送复印机的行为发生于破产受理 1 年之前。

(2)2040 年 1 月 15 日,旺菌公司以其部分设备作抵押,为乙公司所欠丙公司 80 万元货款提供了担保,并办理了抵押登记。后乙公司未能在约定期限内清偿所欠丙公司货款。2040 年 3 月 30 日,经旺菌、乙、丙三方协商,旺菌公司将抵押设备依法变现 70 万元,价款全部用于偿还丙公司后,丙公司仍有 10 万元货款未得到清偿。此时,丙公司无权就其未获清偿的 10 万元货款向管理人申报债权。根据规定,破产人仅作为担保人为他人债务提供物权担保,担保债权人的债权虽然在破产程序中可以构成别除权,但因破产人不是主债务人,在担保物价款不足以清偿担保债额时,余债不得作为破产债权向破产人要求清偿,只能向原主债务人求偿。

(3)2040 年 5 月 7 日,旺菌公司与丁公司订立合同,从丁公司处租赁机床一台,双方约定:租期 1 年、租金 5 万元。当日,旺菌公司向丁公司支付 5 万元租金,丁公司向旺菌公司交付机床。2041 年 3 月 8 日,旺菌公司故意隐瞒事实,以机床所有人的身份将该机床以 20 万元的市场价格卖给戊公司,双方约定,戊公司应于 2041 年 5 月 1 日前付清全部价款。当日,旺菌公司向戊公司交付了机床。人民法院受理旺菌公司破产清算申请后,丁公司向管理人要求返还其出租给旺菌公司的机床时,得知机床已被旺菌公司卖给戊公司而戊公司尚未支付 20 万元价款

的事实。须注意三点:其一,丁公司无权要求戊公司返还机床。根据规定,戊公司受让财产时主观上为善意、以合理价格有偿受让,且机床已经交付,戊公司有权主张善意取得该机床的所有权,丁公司则已经丧失了对该机床的所有权。其二,丁公司无权要求管理人请求人民法院撤销旺菌公司与戊公司之间的机床买卖行为。根据规定,人民法院受理破产申请前1年内,以明显不合理价格进行交易的,管理人有权请求人民法院予以撤销。在此,戊公司受让丁公司机床的价格合理(以市场价格受让)。其三,丁公司有权要求戊公司将20万元机床价款直接支付给自己。根据规定,如果转让其财产的对待给付财产尚未支付(如购买价款)或存在补偿金等,该财产的权利人有权取回代偿物。在此,戊公司购买机床的价款尚未支付,丁公司有权行使代偿取回权。

(4) 2040年12月1日,旺菌公司向A银行借款100万元,期限为1年,庚公司为该笔借款向A银行提供了连带责任保证。此时须注意两点:①人民法院受理债务人破产案件后,对于负连带责任的保证人,债权人有权直接要求保证人承担保证责任,也可以先向进入破产程序的债务人追偿,然后再以未受清偿的余额向保证人追偿(应当在破产程序终结之日起6个月内提出)。②债务人的保证人已经代替债务人清偿债务的,以其对债务人的求偿权申报债权。债务人的保证人尚未代替债务人清偿债务的,以其对债务人的将来求偿权预先申报债权。但是,债权人已经向管理人申报全部债权的除外。

(5)破产申请受理前,D公司欠付旺菌公司到期货款15万元未付,而旺菌公司则欠付某仓库15万元的仓储费未付;破产申请受理后,D公司以5万元的价格从该仓手中受让其15万元的债权,并主张以此抵消其欠付旺菌公司的15万元货款。此时,D公司不能以破产受理后从他人手中取得的债权抵消其欠付旺菌公司的货款。根据规定,债务人的债务人在破产申请受理后取得他人对债务人的债权的,不得抵消。

2041年4月5日,由于旺菌公司申请的一项国家一类新药获得批准证书,经营出现转机,遂向人民法院申请和解,同时提交了和解协议草案。人民法院审查后受理了旺菌公司的和解申请,并裁定和解。2041年6月23日,债权人会议通过了和解协议,主要内容如下:除对旺菌公司特定财产享有担保物权的债权人外,其他债权人均按30%的比例减免旺菌公司债务;自和解协议执行完毕之日起,旺菌公司不再承担清偿责任;旺菌公司与主要债权人建立战略性合作安排等。2041年8月31日,和解协议执行完毕。A银行就旺菌公司所欠其100万元借款本息申报债权后,通过和解程序获偿70%。随后,A银行致函庚公司,要求其承担保证责任,清偿其剩余30%未获偿借款本息,庚公司回函拒绝,理由是:A银行等债权人已与旺菌公司达成减免债务的和解协议,主债务减免后,保证债务也应按相应比例减免。此时,庚公司的理由不成立。根据规定,和解债权人对债务人的保证人和其他连带债务人所享有的权利,不受和解协议的影响。

【考点链接1】 破产原因

1. 概述

破产原因是企业法人不能清偿到期债务,并且资产不足以清偿全部债务或者明显缺乏清偿能力。

【提示】我国破产原因总的来看用的是"不能清偿",强调的是对"到期债务"的清偿能力,包括资产、信用等其他能力,属于现金流量表标准。

【解释1】所谓不能清偿,是指债务人对请求偿还的到期债务,因丧失清偿能力而持续无法偿还的客观财产状况,是一种全面地、长期地不能清偿债务的财产状态。这里的到期债务是指已到偿还期限、提出清偿要求、无合理争议或已生效法律文书确定的债务。不能清偿在法律上的着眼点是债务关系能否正常维持。

【解释2】资不抵债是指债务人的资产不足以清偿全部债务,其着眼点是资债比例关系及因此产生的清偿风险。在考察债务人的偿还能力时仅以实有财产为限,不考虑信用、能力等其他偿还因素;计算债务数额时,不考虑是否到期,均纳入总额之内。债务人在资不抵债时,如到期债务数额不大,并不一定不能偿还。而且还存在以资产之外的信用、能力方式还债的可能。因此,资不抵债并不必然导致不能清偿。只有当债务人资不抵债且明显缺乏清偿能力时,才能构成破产的原因。

2.《企业破产法》及司法解释对破产原因的界定

(1)破产原因【《破产法司法解释(一)》第1条】。

①债务人不能清偿到期债务并且具有下列情形之一的,人民法院应当认定其具备破产原因:资产不足以清偿全部债务;明显缺乏清偿能力。相关当事人以对债务人的债务负有连带责任的人未丧失清偿能力为由,主张债务人不具备破产原因的,人民法院应不予支持。

②具体而言,破产原因可以分为两种情况:债务人不能清偿到期债务,并且资产不足以清偿全部债务,主要适用于债务人提出破产申请且其资不抵债情况通过形式审查即可判断的案件;债务人不能清偿到期债务,并且明显缺乏清偿能力,主要适用于债权人提出破产申请和债务人提出破产申请但其资不抵债状况通过形式审查不易判断的案件。

破产原因	适用情况
债务人不能清偿到期债务,且资不抵债	债务人提出破产申请且资不抵债情况通过形式审查即可判断的案件
债务人不能清偿到期债务,且明显缺乏清偿能力	债权人提出破产申请的案件;债务人提出破产申请但其资不抵债状况通过形式审查难以判断的案件

③对债务人丧失清偿能力、发生破产原因的认定,不以其他对其债务负有清偿义务者(如连带责任人、担保人)也丧失清偿能力、不能代为清偿为条件。只要债务人本人不能清偿到期债务即为发生破产原因,其他人对其负债的连带责任、担保责任,不能视为债务人的清偿能力或其延伸。

(2)【《破产法司法解释(一)》第2条】"不能清偿"的界定。

下列情形同时存在的,人民法院应当认定债务人不能清偿到期债务:

①债权债务关系依法成立;

②债务履行期限已经届满;

③债务人未完全清偿债务。

(3)【《破产法司法解释(一)》第3条】"资不抵债"的界定。

债务人的资产负债表,或者审计报告、资产评估报告等显示其全部资产不足以偿付全部负债的,人民法院应当认定债务人资产不足以清偿全部债务,但有相反证据足以证明债务人资产能够偿付全部负债的除外。

(4)【《破产法司法解释(一)》第4条】"明显缺乏清偿能力"的界定。

债务人账面资产虽大于负债,但存在下列情形之一的,人民法院应当认定其明显缺乏清偿能力：

①因资金严重不足或者财产不能变现等原因，无法清偿债务。尽管有时账面资产(土地使用权、厂房)虽大于负债，但不能变现，就可以理解为明显缺乏清偿能力。

②法定代表人下落不明且无其他人员负责管理财产，无法清偿债务。

③经人民法院强制执行，无法清偿债务。

【解释】《企业破产法》第7条规定，只要债务人不能清偿到期债务，无需考虑资不抵债问题，债权人就可以向人民法院提出破产申请。

只要债务人的任何一个债权人经人民法院强制执行未能得到清偿，其每一个债权人均有权提出破产申请。

④长期亏损且经营扭亏困难，无法清偿债务。

【解释】考虑到债务人不能清偿债务，同时长期亏损且经营扭亏困难，虽然账面资产大于负债，但未来只会是持续性地减少，进一步损害债权人利益，所以，应当认定其发生破产申请原因。

⑤导致债务人丧失清偿能力的其他情形。

【考点链接2】 债务人财产

1. 债务人财产的一般规定

(1)债务人财产的范围。

债务人财产，是指破产申请受理时属于债务人的全部财产，以及破产申请受理后至破产程序终结前债务人取得的财产。

【解释1】已作为担保物的财产也属于债务人财产。

【解释2】不属于债务人财产的情形：

①债务人基于仓储、保管、承揽、代销、借用、寄存、租赁、信托、委托交易、融资租赁等法律关系占有、使用的他人财产，不属于债务人财产，权利人可以行使取回权取回。

②债务人在所有权保留买卖中尚未取得所有权的财产，不属于债务人财产，但是管理人有权要求继续履行合同从而取得财产所有权。

③所有权专属于国家且不得转让的财产(如矿产资源)、债务人工会所有的财产，不属于债务人财产。

(2)债务人财产的收回。

①人民法院受理破产申请后，债务人的出资人尚未完全履行出资义务的，管理人应当要求该出资人缴纳所认缴的出资，而不受出资期限的限制。

【解释】根据《公司法》规定，出资人是以认缴的而不是实缴的出资或股份对公司承担责任，所以在企业破产时，出资人必须立即缴纳所认缴的出资，而不受原出资期限是否已到的限制。

②债务人的董事、监事和高级管理人员利用职权从企业获取的非正常收入和侵占的企业财产，管理人应当追回。

【解释】所谓非正常收入，是指债务人的董事、监事和高级管理人员在企业发生破产原因后取得的绩效奖金、过分高出企业职工平均工资的收入部分以及在拖欠职工工资的情况下获取的工资性收入。

③在人民法院受理破产申请后，管理人可以通过清偿债务或者提供为债权人接受的担保，取回质物、留置物。管理人所作的债务清偿或者替代担保，在质物或者留置物的价值低于被担

保的债权额时,以该质物或者留置物当时的市场价值为限;否则,就可能出现对无担保债权不公平清偿的情况。

2. 破产撤销权与无效行为制度

(1)债务人的无效行为。

①为逃避债务而隐匿、转移财产的;

②虚构债务或者承认不真实的债务的。

【解释】为逃避债务而隐匿、转移财产,是指债务人的行为客观上构成逃避债务的后果,而不是要求债务人必须具有逃避债务的目的。因为无论债务人有无逃避债务的目的,其在丧失清偿能力时隐匿、转移财产,本身就是损害债权人利益的无效行为。

(2)撤销权。

①1年。

人民法院受理破产申请前1年内,涉及债务人财产的下列行为,管理人有权请求人民法院予以撤销:

a.无偿转让财产的;

b.以明显不合理的价格进行交易的;

c.对没有财产担保的债务提供财产担保的;

d.对未到期的债务提前清偿的;

e.放弃债权的。

【补充】合同保全中的撤销权:因债务人放弃其到期债权或者无偿转让财产,对债权人造成损害的,债权人可以请求人民法院撤销债务人的行为。债务人以明显不合理的低价转让财产,对债权人造成损害,并且受让人知道该情形的,债权人也可以请求法院撤销债务人的行为。撤销权的行使范围以债权人的债权为限。债权人行使撤销权的必要费用,由债务人负担。撤销权自债权人知道或者应当知道撤销事由之日起1年内行使。自债务人的行为发生之日起5年内没有行使撤销权的,该撤销权消灭。

【解释1】无偿转让中的财产,既包括实物资产也包括财产性权利,其行为方式也不完全局限于转让这一种类型,无偿设置用益物权也应包括在内。

【解释2】"以明显不合理的价格进行交易"中,不合理的交易条件不仅限于价格条件的不合理,付款条件、付款期限等其他交易条件明显不合理的不公平交易,也可以撤销。

【解释3】"对没有财产担保的债务提供财产担保的"是指对原来已经成立的无财产担保的债务补充设置担保,不包括债务人在可撤销期间内设定债务的同时提供的财产担保(属于对价行为,是正常的交易活动)。

【解释4】"放弃债权",即债务免除、放弃权利,是指以明示或默示的方式放弃对他人的债权,包括放弃债权等权利、不为诉讼时效的中断、撤回诉讼、对诉讼标的的舍弃等。

②6个月。

人民法院受理破产申请前6个月内,债务人不能清偿到期债务,并且资产不足以清偿全部债务或者明显缺乏清偿能力,仍对个别债权人进行清偿的,管理人有权请求人民法院予以撤销。但是,个别清偿使债务人财产受益的除外。

【解释1】这是对债务人在发生破产原因时清偿到期债务行为的撤销。债务人发生破产原因,本应及时申请破产,以减少债权人的损失并保障公平清偿。但其不申请破产,反而继续个别清偿债务,就可能会造成清偿不公,出现债务人对其关联人的债务的优先偏袒性清偿等,所以法律规定虽是对到期债务的清偿,也可以加以撤销。

【解释2】"对个别债权人进行清偿"是指对无财产担保债权人的个别清偿,对有财产担保的债权人在担保物的市价范围内所作的清偿不受限制。

【解释3】应将可撤销行为限定在"恶意所为"的范围内,对清偿是否存在恶意,可以根据被清偿的债权人与债务人是否存在关联关系或其他特殊利益关系、债务清偿是否具有必要性、急迫性等来分析确认。例如,债务人为维系正常生产的需要支付的水费、电费等,对这些支付管理人请求撤销的,人民法院应不予支持。

【解释4】根据规定,撤销权原则上由管理人统一行使。对个别债权人的清偿如被撤销,管理人有权予以追回,计入破产财产。但在重整程序中,债务人可以在管理人的监督下自行管理财产和营业事务,其职权相当于管理人。此时,在不与债务人利益发生冲突的情况下,撤销权可以由债务人自行行使,管理人负责监督。但如与债务人利益发生冲突,撤销权由管理人行使更有利于保护债权人权益。

【解释5】人民法院受理破产申请后,债务人对个别债权人的债务清偿无效。

(3)在破产程序终结之日起2年内,债权人可以行使破产撤销权或者针对债务人的无效行为而追回财产。在此期间追回的财产,应用于对"全体债权人"的分配。

在破产清算程序终结2年之后,债权人发现因无效行为而应追回的财产,或可行使民法、合同法上的撤销权追回的财产时,仍可行使相应权利追回财产,但追回的财产一般不再用于对全体债权人清偿,而是用于对追回财产的债权人"个别清偿"。

3. 取回权

(1)一般取回权。

①概念:人民法院受理破产申请后,债务人占有的不属于债务人的财产,该财产的权利人可以通过管理人取回。

②取回权的基础权利主要是物权,尤其是所有权等;但也不排除债权产生取回权的情况。实践中主要表现为,加工承揽合同的承揽人破产,定作人享有取回权;承运人破产,托运人取回托运货物;保管人破产,寄存人或存货人享有取回权。

③代偿取回权:一般取回权的行使通常只限于取回原物;如在破产受理前,原物已被债务人卖出或灭失,权利人的取回权消灭,一般只能以物价即直接损失额作为破产债权要求清偿。但是,如果转让其财产的对待给付财产尚未支付,或存在第三人的相应赔偿金、补偿金如保险赔款等,该财产的权利人还有权要求管理人将收取对待给付财产或赔偿金的权利转给自己,或是取回原标的物的代偿物,这就是代偿取回权。代偿取回权行使的基本前提是代偿物与债务人的其他财产能够加以区分。

④不易保管财产的价值保全:如果管理人占有他人的财产不及时变现其价值将严重贬损,或者是鲜活易腐等不易保管的财产,为了保全财产价值,在权利人主张行使取回权之前,管理人可以将该财产及时变价并提存变价款,该财产的权利人可以就该变价款主张行使取回权。

⑤取回权的追及效力。

管理人接管债务人财产后,误将他人享有取回权的财产转让(无权处分),如果受让人符合善意取得的条件,该合同确定为有效,则权利人可以依法对管理人行使代偿取回权。

a.受让人尚未支付对价财产或支付价金,权利人有权要求管理人转让对受让人的请求权,以该请求权为对象行使代偿取回权。

b.受让人的对价财产已向管理人支付,但该对价财产能够与债务人的其他财产相区分,则原权利人有权请求对该替代财产行使代偿取回权。

c.如果对价财产虽为管理人取得,但已经混同于债务人的其他财产,原权利人的损失作为共益债务,从债务人财产中优先支付。

d.由于管理人未尽到忠实、勤勉义务,给权利人造成损失的,在该项损失列为共益债务支付后,管理人应当依法向破产企业的债权人承担赔偿责任。

(2)出卖人取回权。

人民法院受理破产申请时,出卖人已将买卖标的物向作为买受人的债务人发运,债务人尚未收到且未付清全部价款的,出卖人可以取回在运途中的标的物。但是,管理人可以支付全部价款,请求出卖人交付标的物。

【解释】只要买受人之破产案件受理时货物尚在运途之中、债务人未付清全款、出卖人向管理人表示行使取回权,即发生取回法律效力,并不要求出卖人必须在买受人(即管理人)收到货物前实际控制并取回货物。但是,管理人可以支付全部价款,请求出卖人交付标的物。

4. 抵消权

(1)破产法上的抵消权,是指债权人在破产申请受理前对债务人即破产人负有债务的,无论是否已到清偿期限、标的是否相同,均可在破产财产最终分配确定前向管理人主张相互抵消的权利。

(2)债权人在破产申请受理前对债务人负有债务的,可以向管理人主张抵消。

【解释1】该权利只能为债权人行使,管理人(或债务人,即破产人)不得主动主张债务抵消。

【解释2】债权人应当在破产财产最终分配确定之前向管理人主张抵消权。所谓"破产财产最终分配确定之前":①在破产清算程序中,是指破产财产分配方案提交债权人会议表决之前。②在重组与和解程序中,是指和解协议草案、重整计划草案提交债权人会议表决之前。如果允许债权人在破产财产最终分配确定之后还可以行使抵消权,则会严重影响破产程序的顺利进行。

(3)与合同法中的抵消权的区别:合同法规定双方互负到期债务,品质、种类相同时,任何一方都可以主张,且通知即可;品质、种类不同的,协商后也可以抵消;必须是受案前互负的债务。

(4)债权人在破产申请受理前对债务人负有债务的,均可以向管理人主张抵消。但是,有下列情形之一的,不得抵消:

①债务人的债务人在破产申请受理后取得他人对债务人的债权的。

②债权人已知债务人有不能清偿到期债务或者破产申请的事实,对债务人负担债务的;但是,债权人因为法律规定或者有破产申请1年前所发生的原因而负担债务的除外。

③债务人的债务人已知债务人有不能清偿到期债务或者破产申请的事实,对债务人取得债权的;但是,债务人的债务人因为法律规定或者有破产申请1年前所发生的原因而取得债权的除外。

④股东的破产债权,不得与其欠付的注册资本金相抵消。

【考点链接3】 破产和解制度

1.和解的概念和特征

和解是预防债务人破产的法律制度之一。在发生破产原因时,债务人可以提出和解申请及和解协议草案,由债权人会议表决,如能获得通过,再经人民法院裁定认可后生效执行,可以避免被宣告破产。因和解程序只能在债务人发生破产原因后才能提出申请,挽救企业的时机较晚,且不能约束对债务人的特定财产享有担保权的债权人,所以其挽救债务人的强制性效果不如重整程序,主要适用于没有重要财产设置物权担保的企业以及中小型企业,但其具有简单易行、成本低廉、时间快等优势。《企业破产法》在设置重整程序后,为给当事人提供更多的避免破产的方式与机会,仍在立法中设置和解制度。

2.和解程序

(1)和解申请只能由债务人提出。

(2)债务人可以直接向人民法院申请和解;也可以在人民法院受理破产申请后、宣告债务人破产前,向人民法院申请和解。

(3)和解程序对就债务人特定财产享有担保权的权利人无约束力,该权利人自人民法院裁定和解之日即受理和解申请、启动和解程序之日起,可以对担保物行使权利。

(4)债权人会议通过和解协议的决议,由出席会议的有表决权的债权人过半数同意,并且其所代表的债权额占无财产担保债权总额的2/3以上。对债务人的特定财产享有担保权的债权人,对此事项无表决权,也不受和解协议的约束。

(5)债权人会议通过和解协议的,由人民法院裁定认可,终止和解程序,并予以公告。和解协议草案经债权人会议表决未获得通过,或者已经债权人会议通过的和解协议未获得人民法院认可的,人民法院应当裁定终止和解程序,并宣告债务人破产。

3.和解协议的效力

(1)经人民法院裁定认可的和解协议,对债务人和全体"和解债权人"均有约束力。

【解释】和解债权人是指人民法院受理破产申请时对债务人享有无物权担保债权的人。有财产担保的债权人不受和解协议的约束,但重整计划对全体债权人均有约束力。

(2)按照和解协议减免的债务,自和解协议执行完毕时起,债务人不再承担清偿责任。

(3)和解债权人未依照规定申报债权的,在和解协议执行期间不得行使权利;在和解协议执行完毕后,可以按照和解协议规定的清偿条件行使权利。

(4)债权人未依法申报债权的,在债务人向债权人会议提交和解协议草案付诸表决后,不得再补充申报债权。

(5)和解债权人对债务人的保证人和其他连带债务人所享有的权利,不受和解协议的影响。

【解释】和解协议对债务人的保证人或连带债务人无效。即和解债权人对债务人所作的债务减免或者延期偿还的让步,效力不及于债务人的保证人或者连带债务人,他们仍应按照原来债的约定或者法定责任承担保证或者连带责任。

(6)债务人不能执行或者不执行和解协议的,人民法院经和解债权人请求,应当裁定终止和解协议的执行,并宣告债务人破产(和解协议无强制执行力)。

(7)人民法院裁定终止和解协议执行的:①和解债权人在和解协议中作出的债权调整的承诺失去效力;②但担保人为和解协议的执行提供的担保继续有效;③和解债权人因执行和解协议所受的清偿仍然有效,债权未受清偿的部分只有在其他同顺位债权人同自己所受的清偿达到同一比例时,才能继续接受分配。

	重 整	和 解
提起期间	直接申请； 人民法院受理破产申请后、宣告债务人破产前	直接申请； 人民法院受理破产申请后、宣告债务人破产前
提起人	债权人； 债务人； 出资额占债务人注册资本1/10以上的出资人	只有债务人可以提起
表决通过	经出席会议的同一表决组的债权人过半数同意，并且其所代表的债权额占该组债权总额的2/3以上。各表决组均通过重整计划草案时，重整计划即为通过（分组表决）	由出席会议的有表决权的债权人过半数同意，并且其所代表的债权额占无财产担保债权总额的2/3以上（不分组）
表决生效	须经人民法院批准	须经人民法院认可
未放弃对债务人特定财产享有担保权的债权人是否享有表决权	享有	不享有
对未放弃对债务人特定财产享有担保权的债权人的效力	有效	无效（和解债权人中不包括该等债权人）
债权人对债务人的保证人和其他连带债务人所享有的权利是否受影响	不受影响	不受影响
执行人	债务人	债务人
执行后果	按照重整计划或者和解协议减免的债务，自重整计划或者和解协议执行完毕时起，债务人不再承担清偿责任。债权人作出的债权调整的承诺失去效力，但为执行提供的担保继续有效。债权人因执行所受的清偿仍然有效，债权人未受清偿的部分作为破产债权。在执行中已经接受清偿的债权人，只有在其他同顺位债权人同自己所受的清偿到同一比例时，才能继续接受破产分配	

【考点链接4】 别除权

根据规定："对破产人的特定财产享有担保权的权利人，对该特定财产享有优先受偿的权利。"此项权利即是破产法理论上的别除权。别除权是指债权人因其债权设有物权担保或享有法定特别优先权，而在破产程序中就债务人（即破产人）特定财产享有的优先受偿权利。别除权的优先受偿权不受破产清算与和解程序的限制，但在重整程序中受到一定限制。

根据规定，别除权之债权属于破产债权，其担保物属于破产财产。据此，别除权人享有破产申请权，也应当申报债权，未依法申报债权者不得依照破产法程序行使权利。

（1）对破产人的特定财产享有担保权的权利人，对该特定财产享有优先受偿的权利。其行使优先受偿权利未能完全受偿的，其未受偿的债权作为普通债权；放弃优先受偿权利的，其债权作为普通债权。

【解释1】其优先受偿权的行使不受破产清算与和解程序的限制，但在重整程序中受到限制。因此，对破产企业的特定财产享有担保权的债权人，未放弃优先受偿权利的，对通过"和解协议和破产财产的分配方案"不享有表决权。

【解释2】别除权主要涉及担保物权（抵押、质押、留置）和法定特别优先权（民用航空器优先权、船舶优先权、建设工程价款优先权），但与保证无关。

【解释3】担保物仍属于破产财产，有财产担保的债权仍属于破产债权。因此，有财产担保的债权人仍应当申报债权。

【解释4】人民法院受理破产申请前1年内，债务人对原来没有财产担保的债务事后提供财产担保的，管理人有权请求人民法院予以撤销。

(2)破产企业以自己财产为自己提供抵押担保。

①如果有财产担保的债权人放弃优先受偿权利的，其债权作为普通债权。

②债权人行使优先受偿权利未能完全受偿的，其未受偿的债权作为普通债权，但优先受偿的部分是别除权。

(3)破产企业以自己财产为他人提供抵押担保。

①如果破产企业仅作为担保人为他人债务提供物权担保，担保债权人的债权虽然在破产程序中可以构成别除权，但因破产企业不是主债务人，在担保物价款不足以清偿担保债额时，余债不得作为破产债权向破产企业要求清偿，只能向原主债务人求偿。

②别除权人如放弃优先受偿权利，其债权也不能转为对破产企业的破产债权，因为两人之间只有担保关系，无基础债务关系。

(4)第三人以其财产为破产企业提供抵押担保（不属于别除权）。

下表是否构成别除权？

谁为谁提供	不放弃优先受偿权利	放弃优先受偿权利
自己为自己：以自己的财产为自己债务抵押担保	构成别除权； 未受偿的债权作为普通债权	不构成别除权； 债权作为普通债权
自己为他人：以自己的财产为他人债务抵押担保	构成别除权； 未清除部分不得作为破产债权向破产企业要求清偿，只能向原主债务人求偿	不构成别除权； 不能申报债权，找原主债务人求偿
第三人为自己：第三人以其财产为破产企业的债务抵押担保	不构成别除权； 只能申报普通债权	

【第四集】｜真烦啊

【关键词】 技术合同、买卖合同的特别解除规则、保证方式、票据行为的代理、汇票的背书、公司的解散和清算

朱奋公司为了扩大市场占有率，决定加大研发支持和投入力度，遂与刘某等主体进行合作，开发划时代的马桶。但是，天不遂人愿，遇到了不少烦心事。

朱奋公司和甲、丙合作开发一项马桶冲水的新技术，合同中未约定权利归属。该项技术开发完成后，甲、丙想要申请专利，而朱奋公司则主张通过商业秘密来保护。此时，甲、丙不得申请专利。根据规定，合作开发完成的发明创造，除当事人另有约定外，申请专利的权利属于合作开发的当事人共有。合作开发的当事人一方不同意申请专利的，另一方或者其他各方不得申请专利。而朱奋公司并不希望申请专利，那么甲、丙不得申请专利。

朱奋公司与刘某签订了一份技术开发合同，约定由刘某为甲研究所开发一套智能马桶控制软件，该软件有静音冲水、暖风烘干、水温调节、抗菌除臭、音乐播放、马桶盖自动开启闭合等功能。3个月后，刘某按约定交付了技术成果，朱奋公司却未按约定支付报酬。由于没有约定技术成果的归属，双方发生争执。此时，申请专利的权利属于刘某，且刘某有权获得约定的报酬；如果刘某转让专利申请权，甲研究所享有以同等条件优先受让的权利；如果刘某取得专利权，甲研究所可以免费实施该专利。根据规定，委托开发合同的委托人应当按照约定支付研究开发经费和报酬，提供技术资料、原始数据，完成协作事项，接受研究开发成果。委托开发完成的发明创造，除当事人另有约定的以外，申请专利的权利属于研究开发人。研究开发人取得专利权的，委托人可以免费实施该专利。研究开发人转让专利申请权的，委托人享有以同等条件优先受让的权利。

朱奋公司委托伟业公司开发一种节水马桶的技术秘密成果，未约定成果使用权、转让权以及利益分配办法。朱奋公司按约定支付了研究开发费用。伟业公司按约定时间开发出该技术秘密成果后，在没有向朱奋公司交付之前，将其转让给丙公司。此时，朱奋公司和伟业公司均有该技术秘密成果的使用权和转让权。根据规定，委托开发或者合作开发完成的技术秘密成果的使用权、转让权以及利益的分配办法，由当事人约定。没有约定或者约定不明确，依照法律规定仍不能确定的，当事人均有使用和转让的权利，但委托开发的研究开发人不得在向委托人交付研究开发成果之前，将研究开发成果转让给第三人。此外，因为丙公司是善意第三人，出于对善意第三人的保护，伟业公司与丙公司的转让合同有效，但伟业应赔偿朱奋公司因此受到的损失。

朱奋公司与乙公司签订一份技术开发合同，未约定技术秘密成果的归属。朱奋公司按约支付了研究开发经费和报酬后，乙公司交付了全部技术成果资料。后朱奋公司在未告知乙公

司的情况下,以普通使用许可的方式许可飞并公司使用该技术,乙公司在未告知朱奋公司的情况下,以独占使用许可的方式许可丁公司使用该技术。首先,朱奋公司与乙公司均享有该技术秘密的使用权和转让权。根据规定,委托开发或者合作开发完成的技术秘密成果的使用权、转让权以及利益的分配办法,由当事人约定。没有约定或者约定不明确,依照法律规定仍不能确定的,当事人均有使用和转让的权利,但委托开发的研究开发人不得在向委托人交付研究开发成果之前,将研究开发成果转让给第三人。其次,乙公司与丁公司签订的许可使用合同无效。《合同法》所称"当事人均有使用和转让的权利",包括当事人均有不经对方同意而自己使用或者以普通使用许可的方式许可他人使用技术秘密,并独占由此所获利益的权利。当事人一方将技术秘密成果的转让权让与他人,或者以独占或者排他使用许可的方式许可他人使用技术秘密,未经对方当事人同意或者追认的,应当认定该让与或者许可行为无效。

朱奋公司与千度公司签订一份专利实施许可合同,约定千度公司在专利有效期限内独占实施朱奋公司的专利技术,并特别约定千度公司不得擅自改进该专利技术。后千度公司根据消费者的反馈意见,在未经朱奋公司许可的情形下对专利技术做了改进,并对改进技术采取了保密措施;但无法确定改进技术归属。此时,朱奋公司无权要求分享改进技术。技术转让合同不得限制技术竞争和技术发展,限制当事人一方在合同标的技术基础上进行新的研究开发的技术合同无效。当事人可以按照互利的原则,在技术转让合同中约定实施专利、使用技术秘密后续改进的技术成果的分享办法;没有约定或者约定不明确,依照《合同法》的有关规定仍不能确定的,一方后续改进的技术成果,其他各方无权分享。

朱奋公司与神奇公司签订一份买卖合同,朱奋公司向神奇公司购买5台机器及附带的维修工具用以生产新型马桶盖,机器编号分别为E、F、G、X、Y,拟分别用于不同厂区。神奇公司向朱奋公司如期交付5台机器及附带的维修工具。经验收,E机器存在重大质量瑕疵而无法使用,F机器附带的维修工具亦属不合格品,其他机器及维修工具不存在质量问题。此时,朱奋公司可以就买卖合同中F机器的维修工具与E机器的部分解除。根据规定,标的物为数物,其中一物不符合约定的,买受人可以就该物解除合同,但该物与他物分离使标的物的价值显受损害的,当事人可以就数物解除合同;在此,E机器存在重大质量瑕疵不会导致F、G、X、Y机器无法使用或者价值显受损害;因标的物的主物不符合约定而解除合同的,解除合同的效力及于从物;标的物的从物因不符合约定被解除的,解除的效力不及于主物,即从物(F机器的维修工具)有瑕疵的,买受人仅可解除与从物有关的合同部分。

朱奋公司向银行贷款100万元,FC公司作为连带保证人,保证期间为2038年1月1日至2038年6月30日。如果朱奋公司到期不能清偿债务,则债权人X银行既可以要求朱奋公司清偿债务,也可以在保证期间内直接要求FC公司承担保证责任。假设,X银行于2038年4月1日要求FC公司承担保证责任时,注意以下两种情况:其一,如果FC公司拒绝承担保证责任,则X银行对FC公司就可以提起诉讼,2年的诉讼时效期间从2038年4月1日(债权人要求保证人承担保证责任之日起)开始计算。其二,如果FC公司比较实在,在4月1日履行了保证责任主动还了钱,则FC公司可以向主债务人朱奋公司追偿。如果朱奋公司拒绝,则FC公司对朱奋公司就可以提起诉讼,2年的诉讼时效期间自2038年4月1日(保证人向债权人承担保证责任之日)开始计算。

再说一件烦心事。Kitty公司出票给灰太狼公司以支付购买漫画书的货款,灰太狼公司将票据背书转让给柯南公司以支付调查喜羊羊行踪的费用,柯南公司委托丁丁银行收款,并依法作成委托收款背书。注意区分以下四种情况:

其一，如果丁丁银行进一步作成委托收款背书，委托舒克银行收款，属于有权代理（仅作委托收款，并未超越丁丁银行的授权）。

其二，如果丁丁银行在票面上记载"受柯南公司委托将票据背书转让给朱奋公司"并以自己的名义签章，朱奋公司不应当轻信丁丁银行单方面的说辞（原因在于，委托收款背书的权限并不包括转让票据权利），如果朱奋公司轻信，属于重大过失取得票据，所以不享有票据权利（除非柯南公司予以追认），当然丁丁银行的行为也构成无权代理，因此朱奋公司既无权向本人灰太狼公司主张票据权利，也无权要求在票据上签章的无权代理人丁丁银行承担票据责任。根据规定，如果相对人明知代理人没有代理权或因过失而不知，如果无权代理人未继续转让票据，代理行为应当不发生效力，相对人不能取得票据权利；本人或无权代理人均不承担票据责任。当然，如果本人在事后表示追认，票据行为有效；本人（被代理人）承担票据责任。

其三，如果朱奋公司要求丁丁银行出具授权证明，而丁丁银行提供了盖有柯南公司公章的授权委托书，该委托书是丁丁银行通过其他途径取得的盖有柯南公司公章的空白授权委托书后，私自填写授权事项后向朱奋公司提供的，即使后来查明该授权委托书并非柯南公司亲自出具，朱奋公司仍有权主张构成表见代理，相应地，本人柯南公司应承担票据责任，而无权代理人丁丁银行不承担票据责任。根据规定，如果满足了表见代理的要件，相对人取得票据权利，此时，本人应当承担票据责任，无权代理人不承担票据责任（可能要承担其他责任）。

其四，如果朱奋公司不能主张表见代理，但其已经将票据转让给贝塔公司，这时，贝塔公司如果符合善意取得的要件，则享有票据权利，此时，本人柯南公司不需要承担票据责任（理由在于，本人并未在票据上作真实签章），而无权处分人丁公司需要承担票据责任（因为转让签章是由丁丁银行以自己名义作出的）。根据规定，票据代理构成狭义无权代理，但是相对人又对他人进行票据行为，假如满足善意取得的要件，本人仍然不承担票据责任，但无权代理人应当承担票据责任。

几年以后，发生了这么一件让朱朱和朱奋公司更烦的事。Z为朱奋公司的股东，持有该公司15%的表决权。Z与公司的另外两个股东长期意见不合，已有2年未开成股东会，公司经营管理出现严重困难，Z与其他股东多次协商未果。此时，Z可以向法院提起解散公司诉讼，请求法院解散公司。根据规定，公司持续2年以上无法召开股东会或者股东大会，公司经营管理发生严重困难的，单独或者合计持有公司全部股东表决权10%的股东，可以提起解散公司诉讼。但是请注意，股东提起解散公司诉讼，同时又申请人民法院对公司进行清算的，法院对其提出的清算申请不予受理。人民法院可以告知原告，在法院判决解散公司后，依法自行组织清算或者另行申请法院对公司进行清算。而且法院判决驳回解散公司诉讼请求后，提起该诉讼的股东或者其他股东又以同一事实和理由提起解散公司诉讼的，人民法院不予受理。

【考点链接1】 技术合同

1. 技术合同的无效

(1)具有非法垄断技术、妨碍技术进步或者侵害他人技术成果情形的技术合同无效：

①限制当事人一方在合同标的技术基础上进行新的研究开发或者限制其使用所改进的技术，或者双方交换改进技术的条件不对等，包括要求一方将其自行改进的技术无偿提供给对方、非互惠性转让给对方、无偿独占或者共享该改进技术的知识产权。

②限制当事人一方从其他来源获得与技术提供方类似的技术或者与其竞争的技术。

③阻碍当事人一方根据市场需求，按照合理方式充分实施合同标的技术，包括明显不合理

地限制技术接受方实施合同标的技术生产产品或者提供服务的数量、品种、价格、销售渠道和出口市场。

④要求技术接受方接受并非实施技术必不可少的附带条件,包括购买非必需的技术、原材料、产品、设备、服务以及接收非必需的人员等。

⑤不合理地限制技术接受方购买原材料、零部件、产品或者设备等的渠道或者来源。

⑥禁止技术接受方对合同标的技术知识产权的有效性提出异议或者对提出异议附加条件。

(2)不具有民事主体资格的科研组织订立的技术合同。

不具有民事主体资格的科研组织(如法人或者其他组织设立的从事技术研究开发、转让等活动的课题组、工作室等)订立的技术合同,经法人或者其他组织授权或者认可的,视为法人或者其他组织订立的合同,由法人或者其他组织承担责任;未经法人或者其他组织授权或者认可的,由该科研组织成员共同承担责任,但法人或者其他组织因该合同受益的,应当在其受益范围内承担相应责任。

(3)生产产品或者提供服务未经审批或取得许可的技术合同。

生产产品或者提供服务依法应当经过但未经有关部门审批或者取得行政许可的,不影响当事人订立的相关技术合同的效力。当事人对办理审批或者许可义务没有约定或约定不明确的,由实施技术的一方负责办理,但法律、行政法规另有规定的除外。

(4)侵害他人技术秘密的技术合同被确认无效后:

①侵害他人技术秘密的技术合同被确认无效后,除法律、行政法规另有规定外,善意取得该技术秘密的一方当事人可以在其取得时的范围内继续使用该技术秘密,但应当向权利人支付合理的使用费并承担保密义务。对方继续使用技术秘密但又拒不支付使用费的,权利人可以请求人民法院判令使用人停止使用。不论使用人是否继续使用技术秘密,均应向权利人支付已使用期间的使用费。使用人已向无效合同的让与人支付的使用费应当由让与人负责返还。

②当事人双方恶意串通或者一方知道或者应当知道另一方侵权仍与其订立或者履行合同的,属于共同侵权,侵权人应当承担连带赔偿责任和保密义务,因此取得技术秘密的当事人不得继续使用该技术秘密。

(5)技术合同的解除。

技术合同的一方当事人延迟履行主要义务,经催告后在30日内仍未履行的,对方当事人有权主张解除合同。当事人在催告通知中附有履行期限且该期限超过30日的,在该履行期限届满后方可有权提出解除合同的主张。

2. 职务技术成果

(1)职务技术成果的界定。

职务技术成果是执行法人或者其他组织的工作任务,或者主要是利用法人或者其他组织的物质技术条件所完成的技术成果。所谓执行法人或者其他组织的工作任务,包括以下内容:

①履行法人的岗位职责或者承担法人交付的技术开发任务完成的技术成果;

②离职后1年内继续从事与其原岗位职责或者原单位交付的技术开发任务有关的技术开发工作而完成的技术成果,但法律、法规另有规定的除外;

③主要利用法人的物质技术条件完成的技术成果。

须注意:下列情况不属于主要利用法人的物质技术条件完成的技术成果:①对利用法人提

供的物质技术条件,约定返还资金或者缴纳使用费的;②在技术成果完成后利用法人的物质技术条件进行验证、测试的。

(2)职务技术成果的权利归属。

①个人完成的技术成果,属于执行原所在法人或者其他组织的工作任务,又主要利用了现所在法人或者其他组织的物质技术条件的,应当按照该自然人原所在和现所在法人或者其他组织达成的协议确认权益;不能达成协议的,根据对完成该项技术成果的贡献大小由双方合理分享。

②完成技术成果的个人有在有关技术成果文件上写明自己是技术成果完成者和取得荣誉证书、奖励的权利。

③职务技术成果的使用权、转让权属于法人的,法人可以就该项技术成果订立技术合同。法人订立技术合同转让职务技术成果时,职务技术成果的完成人享有以同等条件优先受让的权利。

3. 技术开发合同中技术成果的权利归属

(1)委托开发。

①委托开发完成的发明创造,除当事人另有约定的外,申请专利的权利属于研究开发人。

②研究开发人取得专利权的,委托人可以免费实施该专利。

③研究开发人转让专利申请权的,委托人享有以同等条件优先受让的权利。

(2)合作开发。

①合作开发完成的发明创造,除当事人另有约定外,申请专利的权利属于合作开发的当事人共有。

②当事人一方转让其共有的专利申请权的,其他各方享有以同等条件优先受让的权利。

③当事人一方声明放弃其共有的专利申请权的,可以由另一方单独申请或者由其他各方共同申请;申请人取得专利权的,放弃专利申请权的一方可以免费实施该专利。

④当事人一方不同意申请专利的,另一方或者其他各方不得申请专利。

(3)委托开发或者合作开发完成的技术秘密。

①委托开发或者合作开发完成的技术秘密成果的使用权、转让权以及利益的分配办法,由当事人约定。

②没有约定或者约定不明确,按照《合同法》的有关规定仍不能确定的,当事人均有使用和转让的权利,包括当事人均有不经对方同意而自己使用或者以普通使用许可的方式许可他人使用技术秘密,并独占由此所获利益的权利。当事人一方将技术秘密成果的转让权让与他人,或者以独占或者排他使用许可的方式许可他人使用技术秘密,未经对方当事人同意或者追认的,应当认定该让与或者许可行为无效。

③委托开发的研究开发人不得在向委托人交付研究开发成果之前,将研究开发成果转让给第三人。

4. 技术转让合同

(1)技术转让合同,是指合法拥有技术的权利人,包括其他有权对外转让技术的人,将现有特定的权利、专利申请、技术秘密的相关权利让与他人,或者许可他人实施、使用所订立的合同。

(2)技术转让合同中关于让与人向受让人提供实施技术的专用设备、原材料或者提供有关的技术咨询、技术服务的约定,属于技术转让合同的组成部分,因此发生的纠纷按照技术转让合同处理。

(3)当事人以技术入股方式订立联营合同,但技术入股人不参与联营体的经营管理,并且以保底条款形式约定联营体或者联营对方支付其技术价款或者使用费的,视为技术转让合同。

当事人对实施专利或者使用技术秘密的期限没有约定或者约定不明确的,受让人实施专利或者使用技术秘密不受期限限制。

当事人可以按照互利原则,在技术合同中约定实施专利、使用技术秘密后续改进的技术成果的分享办法。没有约定或者约定不明确,依照《合同法》的有关规定仍不能确定的,一方后续改进的技术成果,其他各方无权分享。

5.专利申请权转让合同

(1)专利申请权转让合同当事人在办理专利申请权转让登记之前,可以专利申请被驳回或者被视为撤回为由请求解除合同;但在办理专利申请权转让登记之后,则不得因此请求解除合同,当事人另有约定的除外。

(2)专利申请因专利申请权转让合同成立时即存在尚未公开的同样发明创造的在先专利申请被驳回的,当事人可以请求予以变更或者撤销合同。

(3)当事人在订立专利权转让合同或者专利申请权转让合同之前,让与人自己已经实施发明创造的,在合同生效后,受让人可以要求让与人停止实施,但当事人另有约定的除外。

(4)让与人与受让人订立的专利权转让合同、专利申请权转让合同,不影响在合同成立前让与人与他人订立的相关专利实施许可合同或者技术秘密转让合同的效力。

6.专利实施许可合同

(1)专利实施许可包括独占实施许可、排他实施许可、普通实施许可;当事人对专利实施许可方式没有约定或者约定不明确的,认定为"普通实施许可"。

(2)专利实施许可合同约定受让人可以再许可他人实施专利的,认定该再许可属于普通实施许可,但当事人另有约定的除外。

(3)排他实施许可合同的让与人不具有独立实施其专利的条件,以一个普通许可的方式许可他人实施专利的,可以认定为让与人自己实施专利,但当事人另有约定的除外。

(4)当事人之间就申请专利的技术成果所订立的许可使用合同,专利申请公开以前,适用技术秘密转让合同的有关规定;发明专利申请公布以后、授权以前,参照适用专利实施许可合同的有关规定;授权以后,原合同即为专利实施许可合同,适用专利实施许可合同的有关规定;当事人不得以专利实施许可合同的标的是已经申请专利但尚未授权的技术为由主张合同无效。

7.技术咨询合同和技术服务合同

(1)在技术咨询合同、技术服务合同的履行过程中,受托人利用委托人提供的技术资料和工作条件完成的新的技术成果,属于受托人;委托人利用受托人的工作成果完成的新的技术成果,属于委托人;当事人另有约定的,按照其约定。

(2)技术咨询合同受托人发现委托人提供的资料、数据等有明显错误或者缺陷,未在合理期限内通知委托人的,视为其对委托人提供的技术资料、数据等予以认可。委托人在接到受托人的补正通知后未在合理期限内答复并予补正的,发生的损失由委托人承担。

(3)当事人对技术咨询合同委托人提供的技术资料和数据或者受托人提出的咨询报告和意见未约定保密义务,当事人一方引用、发表或者向第三人提供的,不认定为违约行为,但侵害对方当事人对此享有的合法权益的,应当依法承担民事责任。

(4)当事人对技术服务合同受托人提供服务所需费用的负担没有约定或者约定不明确的,由受托人承担。

(5)当事人一方以技术转让的名义提供已进入公有领域的技术,或者在技术转让合同履行过程中合同标的技术进入公有领域,但是技术提供方进行技术指导、传授技术知识,为对方解决特定技术问题符合约定条件的,按照技术服务合同处理,约定的技术转让费可以视为提供技术服务的报酬和费用,但是法律、行政法规另有规定的除外。

【考点链接2】 买卖合同的特别解除规则

(1)因标的物的主物不符合约定而解除合同的,解除合同的效力及于从物。因标的物的从物不符合约定被解除的,解除的效力不及于主物。即从物有瑕疵的,买受人仅可解除与从物有关的合同部分。

(2)标的物为数物,其中一物不符合约定的,买受人可以就该物解除,但该物与他物分离使标的物的价值显受损害的,当事人可以就数物解除合同。

(3)出卖人分批交付标的物的,出卖人对其中一批标的物不交付或者交付不符合约定,致使该批标的物不能实现合同目的的,买受人可以就该批标的物解除合同。

(4)出卖人不交付其中一批标的物或者交付不符合约定,致使今后其他各批标的物的交付不能实现合同目的的,买受人可以就该批以及今后其他各批标的物解除。

(5)买受人如果就其中一批标的物解除,该批标的物与其他各批标的物相互依存的,可以就已经交付和未交付的各批标的物解除合同。

【考点链接3】 保证方式

1.一般保证(补充责任保证)和连带责任保证(按照保证人承担方式的不同)

(1)概念:因为保证人承担责任方式的不同,可以将保证分为一般保证和连带责任保证。所谓一般保证,是指当事人在保证合同中约定,债务人不能履行债务时,由保证人承担保证责任的保证。所谓连带责任保证,是指保证人与债权人在保证合同中约定,在债务人不履行债务时,由保证人对债务承担连带责任的保证。

(2)无约定或约定不明时:依据《担保法》的规定,如果当事人在保证合同中对保证方式没有约定或者约定不明确的,按照连带责任保证承担保证责任。

(3)区别:这两种保证之间最大的区别在于保证人是否享有先诉抗辩权,一般保证的保证人享有先诉抗辩权,连带责任保证的保证人则不享有。

【解释】所谓先诉抗辩权,是指在主合同纠纷未经审判或仲裁,并就债务人财产依法强制执行用于清偿债务前,对债权人可拒绝承担保证责任。

(4)有下列情形之一的,保证人不得行使先诉抗辩权:①债务人住所变更,致使债权人要求其履行债务发生重大困难的,如债务人下落不明、移居境外,且无财产可供执行;②人民法院受理债务人破产案件,中止执行程序的;③保证人以书面形式放弃先诉抗辩权的。

(5)一般保证的保证人在主债权履行期间届满后,向债权人提供了债务人可供执行财产的真实情况的,债权人放弃或怠于行使权利致使该财产不能被执行,保证人可以请求法院在其提供可供执行财产的实际价值范围内免除保证责任。

2.单独和共同保证(保证人≥2人)(从保证人的数量划分)

按照保证人是否约定了各自承担的担保份额,共同保证可以分为按份共同保证和连带共同保证。

(1)按份共同保证。

按份共同保证是保证人与债权人约定按份额对主债务承担保证义务,该约定对债权人有约束力。

(2)连带共同保证。

连带共同保证是各保证人约定均对全部主债务承担保证义务或保证人与债权人之间没有约定所承担的保证份额。

【解释】连带共同保证的债务人在主合同规定的债务履行期届满没有履行债务的,债权人可以要求债务人履行债务,也可以要求任何一个保证人承担全部保证责任。已经承担保证责任的保证人,有权向债务人追偿,或者要求承担连带责任的其他保证人清偿其应当承担的份额。

3. 保证责任

(1)保证的责任范围。

当事人对保证担保的范围没有约定或者约定不明确的,保证人应当对全部债务(主债权及利息、违约金、损害赔偿金和实现债权的费用)承担责任。保证合同对责任范围另有约定的,按照约定执行。

(2)主合同变更与保证责任承担。

第一,保证期间,债权人依法将主债权转让给第三人,保证债权同时转让,保证人在原担保范围内对受让人承担担保责任。但是保证人与债权人事先约定仅对特定的债权人承担保证责任或者禁止债权转让的,保证人不再承担保证责任。

第二,保证期间,债权人许可债务人转让债务的,应当取得保证人的书面同意,保证人对未经其同意转让的债务部分,不再承担保证责任。

第三,保证期间,债权人与债务人协议变更主合同的,应当取得保证人书面同意,未经保证人书面同意的主合同变更,保证人责任并不能免除:

①如果减轻债务人的债务的,保证人仍应当对变更后的合同承担保证责任;

②如果加重债务人的债务的,保证人对加重的部分不承担保证责任。

③如果对主合同履行期间作了变动,未经保证人书面同意的,保证期间为原合同约定的或者法律规定的期间。

④债权人与债务人协议变动主合同内容,但并未实际履行的,保证人仍应当承担保证责任。

第四,主合同当事人双方协议以新贷偿还旧贷,除保证人知道或者应该知道者外,保证人不承担民事责任,但是新贷和旧贷是同一保证人的除外。

(3)保证期间与保证的诉讼时效。

①概念:保证期间为保证责任的存续期间,是债权人向保证人行使追索权的期间。

②性质:保证期间性质上属于除斥期间,不发生诉讼时效的中止、中断和延长。

③债权人没有在保证期间内主张权利的,保证人责任免除。

【解释】"主张权利"的方式:①一般保证中,表现为对债务人提出诉讼或者仲裁。②在连带责任保证中,表现为向保证人要求承担保证责任。

(4)保证期间。

①当事人可以在合同中约定保证期间。如果没有约定,保证期间为主债务履行期届满之

日起6个月。

②虽有约定,但保证合同约定的保证期间早于或等于主债务履行期限的,视为没有约定,推定为6个月。

③保证合同约定保证人承担保证责任,直至主债务本息还清时为止等类似内容的,视为约定不明,推定为2年。

(5)保证的诉讼时效。

在保证期间,债权人主张权利的,保证责任确定。连带保证,从确定保证责任时起,开始起算保证的诉讼时效。一般保证,则在对债务人提起诉讼或者申请仲裁的判决或者仲裁裁决生效之日起算保证的诉讼时效。保证的诉讼时效期限,按照《民法通则》的规定应为2年。

【提示1】对于一般保证,因保证人享有先诉抗辩权,债权人不能直接向保证人提起诉讼或者申请仲裁,只能先向债务人提起。因此法律规定:只要债权人在约定的保证期间向债务人提起诉讼或申请仲裁的,保证人的责任就不能免除。

【提示2】在合同约定的保证期间内,债权人未要求连带责任保证的"保证人"承担保证责任的,保证人免除保证责任。

(6)一般保证中,主债务诉讼时效中断,保证债务诉讼时效中断;连带责任保证中,主债务诉讼时效中断,保证债务诉讼时效不中断。一般保证和连带责任保证中,主债务诉讼时效中止的,保证债务诉讼时效同时中止。

(7)保证责任消灭后,债权人书面通知保证人要求承担保证责任或者清偿债务,保证人在催款通知书上签字的,人民法院不得认定保证人继续承担保证责任。但是,该催款通知书的内容符合法律有关担保合同成立的规定,并经保证人签字认可,能够认定成立新的保证合同的,人民法院应当认定保证人按照新保证合同承担责任。

(8)最高额保证合同对保证期间没有约定或者约定不明的,如合同约定由保证人清偿债务期限的,保证期间为清偿期限届满之日起6个月;没有约定的,保证期间为自最高额保证终止之日或自债权人收到保证人终止保证合同的书面通知到达之日起6个月。保证人对于通知到达债权人前所发生的债权,承担保证责任。

4.特殊情形下的保证责任

保证人对债务人的注册资金提供保证的,债务人的实际投资与注册资金不符,或者抽逃转移资金的,保证人在注册资金不足或者抽逃转移注册资金的范围内承担连带责任保证。

5.保证人的抗辩权

(1)由于保证人承担了对债务人的保证责任,所以保证人享有债务人的抗辩权。

(2)如果债务人放弃对债务的抗辩权,保证人仍有权抗辩,因其保证责任并未免除。据此,不仅保证人有权参加债权人对债务人的诉讼,在债务人对债权人提起诉讼、债权人提起反诉时,保证人也可以作为第三人参加诉讼。

(3)保证人对已经超过诉讼时效期间的债务承担保证责任或者提供保证的,不得以超过诉讼时效为由提出抗辩。

6.共同担保下的保证责任

(1)被担保的债权既有物的担保又有保证的,属于共同担保。

(2)被担保的债权既有物的担保又有保证的,债务人不履行到期债务或者发生当事人约定的实现担保物权的情形时:

①债权人应当按照约定实现债权。

②没有约定或者约定不明确,债务人自己提供物的担保的,债权人应当先就该物的担保实现债权。

③第三人提供物的担保的,债权人可以就物的担保实现债权,也可以要求保证人承担保证责任。提供担保的第三人承担担保责任后,有权向债务人追偿。

④没有约定或者约定不明的,如果保证与第三人提供的物的担保并存,其中一人承担了担保责任,则只能向债务人追偿,不能向另外一个担保人追偿。

7.保证人不承担责任的情形

(1)主合同当事人双方串通,骗取保证人提供保证的。

(2)主合同债权人采取欺诈、胁迫等手段,使保证人在违背真实意思的情况下提供保证的。

(3)主合同债务人采取欺诈、胁迫等手段,使保证人在违背真实意思的情况下提供保证的,债权人知道或者应当知道欺诈、胁迫事实的。

(4)债务人和保证人共同欺骗债权人,订立主合同和保证合同的,债权人可以请求人民法院予以撤销。因此给债权人造成损失的,由保证人和债务人承担连带赔偿责任。

8.保证人的追偿权

(1)保证人对债务人行使追偿权的诉讼时效,自保证人向债权人承担责任之日起开始计算。

(2)保证人自行履行保证责任时,其实际清偿额大于主债权范围的,保证人只能在主债权范围内对债务人行使追偿权。

【补充】保证期间,人民法院受理债务人破产案件的,债权人既可以向法院申报债权,也可以向保证人主张权利。债权人不申报债权的,应通知保证人。保证人在承担保证责任前,可以预先申报破产债权行使追偿权,参加破产财产分配,以免发生保证人承担保证责任后,因债务人破产财产已经分配完毕无法行使追偿权的情况。债权人知道或者应当知道债务人破产,既未申报债权也未通知保证人,致使保证人不能预先申报破产债权行使追偿权的,保证人在该债权在破产程序中可能受偿的范围内免除保证责任。债权人要求保证人对其在破产程序中未受清偿部分承担保证责任的,应当在破产程序终结后6个月内提出。

【考点链接4】 票据行为的代理

票据当事人可以委托其代理人在票据上签章,并应当在票据上表明其代理关系。

1.票据代理行为的有效要件

(1)须明示以本人(被代理人)的名义,并表明代理的意思。

(2)代理人(在票据上)签章。

(3)代理人有代理权。只有代理人有代理权,其以本人的名义所为的票据行为的法律效果才能归属于本人。如果代理人欠缺代理权,则构成无权代理。

2.票据的无权代理与越权代理

没有代理权而以代理人名义在票据上签章的,应当由签章人承担票据责任;代理人超越代理权限的,应当就其超越代理权的部分承担票据责任。

3.结合民法上"无权代理、表见代理"的规定

(1)仅构成无权代理,且票据由无权代理的相对人持有、未进行票据行为(未进一步转让)。如果不符合表见代理的要件,相对人不能取得票据权利,本人和代理人均不承担票据责任;如果本人在事后表示追认,票据行为对本人发生效力,并由本人承担票据责任。

(2)构成表见代理。

如果满足了表见代理的要件,相对人取得票据权利,本人应承担票据责任,无权代理人不承担票据责任。即虽然票据行为人客观上没用代理权,但是如果相对人有理由相信其有代理权,则其代理的票据行为有效,本人应承担票据责任。

(3)仅构成无权代理,但相对人又对他人进行票据行为(票据已经进一步转让)。

如果受让人符合善意取得的要件,本人不承担票据责任,因为本人并未在票据上签章,也没有授权他人为票据行为。无权代理人应当对票据权利人承担票据责任,因为其在票据上进行了签章。

	表见代理:相对人有理由相信其有代理权	代理而为的票据行为有效,本人(被代理人)承担票据责任		
无权代理	狭义无权代理	不转让:相对人明知代理人没有代理权或因过失而不知	一般情况	代理行为应当不发生效力,相对人不能取得票据权利;本人或无权代理人均不承担票据责任
			本人追认	票据行为有效,本人(被代理人)承担票据责任
		转让:相对人又对他人进行票据行为	善意取得	他人取得票据权利
				责任: 没有代理权而签章:签章人(代理人)承担
				本人不承担票据责任(因本人未签章,也未授权他人为票据行为)
			非善意取得	他人不能取得票据权利

【考点链接5】 汇票的背书

1.含义

汇票的背书指持票人为将票据权利转让给他人或者将票据权利授予他人行使,在票据背面或者粘单上记载有关事项并签章,然后将票据交付给被背书人的票据行为。包括转让背书、委托收款背书和质押背书。

2.禁止背书

(1)任意禁止背书。

①出票人记载"不得转让":出票人在汇票上记载"不得转让"字样,汇票不得转让。其后手再背书转让的,该背书行为无效,取得票据的人并不能获得票据权利,而出票人和承兑人对该人也不承担票据责任。

②背书人记载"不得转让":背书人在汇票上记载"不得转让"字样,其后手再背书转让的,原背书人对后手的被背书人不承担保证责任。

(2)法定的转让背书禁止:如填明"现金"字样的银行汇票、期后背书等。

3.转让背书的款式

(1)绝对必要记载事项:被背书人名称,背书人签章。

背书人未记载被背书人名称即将票据交付他人的,持票人在票据"被背书人"栏内记载自己的名称与背书人记载具有同等法律效力。也就是说,被背书人的名称虽然是背书行为的绝对记载事项,但是,背书人未记载该事项并不导致背书行为无效,而是可以授权受让人予以补记。

(2)相对必要记载事项:背书日期。
背书未记载日期的,视为在汇票到期日前背书。
(3)可以记载事项:背书人在汇票上记载"不得转让"字样,其后手再背书转让的,原背书人对后手的被背书人不承担保证责任。即背书人仅对其后手承担票据责任,但对其后手的后手不承担票据责任。
(4)记载不生票据法上效力事项:背书不得附有条件。背书时附有条件的,所附条件不具有汇票上的效力(条件无效,背书有效)。
(5)记载无效事项:背书人如果作出免除担保承兑、担保付款责任的记载,该记载无效,但不影响背书行为本身的效力(背书有效)。
(6)记载使背书无效事项:将汇票金额的一部分转让的背书或者将汇票金额分别转让给两人以上的背书无效(部分背书、分别背书,背书无效)。

4.背书转让的效力
(1)权利转移的效力。转让背书生效后,被背书人取得票据权利,背书人的权利消灭,并适用抗辩切断制度,即票据债务人不得以自己与出票人或与被背书人(持票人)的前手之间的抗辩事由,对抗该被背书人(持票人)。
(2)权利担保的效力。背书人对于所有后手承担了担保承兑和担保付款的责任,从而在被追索以及被再追索时,承担相应的票据责任。票据法在两种情形下设置了例外规定:
①背书人记载"不得转让"字样,则对于后手的被背书人不承担票据责任。
②回头背书:持票人为出票人的,对其前手无追索权。持票人为背书人的,对其后手无追索权。
【案例】例如,A出票给B,B背书转让给C,C背书转让给D,D背书转让给B。依照上述规定,当B作为最后持票人向付款人提示承兑或者向承兑人提示付款遭到拒绝时,可以向A追索,但是对C、D没有追索权。假设B将汇票背书转让给A,A作为最后持票人向付款人提示承兑或者向承兑人提示付款遭到拒绝时,对B、C、D均无追索权。
(3)权利证明的效力。
①以背书转让的汇票,背书应当连续(是指在票据转让中,转让汇票的背书人与受让汇票的被背书人在汇票上的签章依次前后衔接)。
②持票人以背书的连续,证明其汇票权利;非经背书转让,而以其他合法方式(如合并、分立、继承)取得汇票的,依法举证,证明其汇票权利。
③对于票据权利的真实性,付款人仅仅负有形式审查义务。假如某个转让背书因为欠缺实质要件而无效,并进而导致持票人并非票据权利人,付款人善意且无重大过失的付款仍具有一般付款的效力,可以消灭其票据,并导致票据关系全部消灭。

5.票据贴现的特殊问题
票据贴现,是指商业汇票的持票人在汇票到期日前,将票据权利背书转让给金融机构,由其扣除一定利息后,将约定金额支付给持票人的一种票据行为。票据贴现,是金融机构向持票人融通资金的一种方式。
票据贴现是票据行为以真实交易为基础要求的一个例外。从票据行为本身来看,就是一个普通的转让背书。票据法上关于转让背书的规定,适用于票据贴现。

6.委托收款背书
(1)含义:指以授予他人行使票据权利、收取票据金额的代理权为目的的背书。

(2)委托收款背书并不导致票据权利的转移,而是使得被背书人取得代理权。
(3)绝对记载事项:"委托收款"(或者"托收"、"代理")字样。假如无以上记载,则其形式上体现为一般的转让背书。
(4)效力。
①委托收款背书的主要效力是,被背书人取得代理权,具备包括行使付款请求权、追索权以及收取款项的代理权。被背书人的权限不包括处分票据权利的代理权。
②假如其以代理人的身份对他人进行转让背书或者质押背书,委托收款背书的存在并不能证明其代理权,有可能构成无权代理。
③委托收款人的权限,还包括再对他人进行委托收款背书。其实质,是授予复代理权。此时,委托收款人虽然也作为背书人在票据上签章,但是,并不像转让背书的背书人那样发生权利担保的效力。
④此外,委托收款背书不发生抗辩切断问题。
⑤可以对他人进行委托收款背书。

7. 质押背书
(1)含义:指为担保他人之债权的实现,票据权利人在票据上为了对债权人设定质权而进行的背书行为。
(2)绝对记载事项:"质押"(或者"设质"、"担保")字样。假如未做该记载,则形式上构成一般的转让背书。
质押背书必须在票据上进行。以汇票设定质押时,出质人在汇票上只记载了"质押"字样未在票据上签章的,或出质人未在汇票、粘单上记载"质押"字样而另行签订质押合同、质押条款的,不构成票据质押。
(3)效力。
①有权以相当于票据权利人的地位行使票据权利,包括行使付款请求权、追索权。
②票据质权人(被背书人)享有优先于其他债权人的权利。
③质押背书的被背书人并不享有对票据权利的处分权。被背书人再行转让背书或者质押背书的,背书行为无效。
④被背书人可以再进行委托收款背书。
⑤质押背书具有抗辩切断的效力。即票据债务人不得以自己与出票人或与持票人的前手之间的抗辩事由,对抗持票人。
⑥质押背书的背书人,也就是出质人,承担了担保承兑、担保付款的责任。如果被背书人被拒绝承兑、拒绝付款,享有追索权,包括可以向背书人(出质人)行使追索权。

【考点链接6】 公司的解散和清算
1. 公司解散
公司解散事由发生后,仍然具有法人资格,可以自己的名义开展与清算相关的活动,直到清算完毕并注销后才消灭其主体资格。除公司因(法定)合并或者分立而解散,不必进行清算外,公司解散必须经过法定的清算程序。公司解散的目的是终止其法人资格。
2. 公司解散的原因和适用情形
(1)公司解散的原因。
①公司章程规定的营业期限届满或者公司章程规定的其他解散事由出现;

②股东会或者股东大会决议解散；
③因公司合并、分立需要解散；
④依法被吊销营业执照、责令关闭或者被撤销；
⑤人民法院依法予以解散。
(2)强制解散。
①强制解散公司的条件。
单独或者合计持有公司全部股东表决权10%以上的股东,有下列事由之一,公司继续存续会使股东利益受到重大损失,通过其他途径不能解决,提起解散公司诉讼,人民法院应当受理：
第一,公司持续2年以上无法召开股东会或者股东大会,公司经营管理发生严重困难的；
第二,股东表决时无法达到法定或者公司章程规定的比例,持续2年以上不能作出有效的股东会或者股东大会决议,公司经营管理发生严重困难的；
第三,公司董事长期冲突,并且无法通过股东会或者股东大会解决,公司经营管理发生严重困难的；
第四,经营管理发生其他严重困难,公司继续存续会使股东利益受到重大损失的情形。
②解散公司诉讼不予受理的情形。
第一,股东以知情权、利润分配请求权等权益受到损害,或者公司亏损、财产不足以偿还全部债务,以及公司被吊销企业法人营业执照未进行清算等为由,提起解散公司诉讼的,人民法院不予受理。
第二,股东提起解散公司诉讼,同时又申请人民法院对公司进行清算的,人民法院对其提出的清算申请不予受理；人民法院可以告知原告,在人民法院判决解散公司后,依法自行组织清算或者另行申请人民法院对公司进行清算。
第三,人民法院判决驳回解散公司诉讼请求后,提起该诉讼的股东或者其他股东又以同一事实和理由提起解散公司诉讼的,人民法院不予受理。
③解散公司诉讼的诉讼主体。
股东提起解散公司诉讼应当以公司为被告。原告以其他股东为被告一并提起诉讼的,人民法院应当告知原告将其他股东变更为第三人；原告坚持不予变更的,人民法院应当驳回原告对其他股东的起诉。
原告提起解散公司诉讼应当告知其他股东,或者由人民法院通知其参加诉讼。其他股东或者有关利害关系人申请以共同原告或者第三人身份参加诉讼的,人民法院应予准许。
④解散公司诉讼的调解程序。
人民法院审理解散公司诉讼的,应当注意调解。当事人协商同意由公司或者股东收购股份,或者以减资等方式使公司存续,且不违反法律、行政法规强制性规定的,人民法院应予支持；当事人不能协商一致使公司存续的,人民法院应当及时判决。
经人民法院调解公司收购原告股份的,公司应当自调解书生效之日起6个月内将股份转让或者注销；在股份转让或者注销之前,原告不得以公司收购其股份为由对抗公司债权人。
⑤人民法院关于解散公司诉讼作出的判决,对公司全体股东具有法律约束力。
3. 公司清算
公司清算是指公司解散或被依法宣告破产后,依照一定的程序结束公司事务,收回债权,偿还债务,清理资产,并分配剩余财产,终止消灭公司的过程。

(1)债权人可以向人民法院申请指定清算组进行清算的情形。

①公司解散逾期不成立清算组进行清算的；

②虽然成立清算组但故意拖延清算的；

③违法清算可能严重损害债权人或者股东利益的。

【解散】在上述第②种情况下，即公司虽然成立了清算组但故意拖延清算的，如果债权人未提起清算申请，公司股东也可以申请人民法院指定清算组对公司进行清算。

(2)清算义务人。

公司在发生解散事由后，应当及时清算，这是保护债权人的重要措施。《公司法司法解释（二）》规定，有限公司的股东、股份公司的董事和控股股东有及时清算的义务。

①有限责任公司的股东、股份有限公司的董事和控股股东未在法定期限内成立清算组开始清算，导致公司财产贬值、流失、损毁或者灭失的，债权人可主张其在造成损失范围内对公司债务承担赔偿责任。

②有限责任公司的股东、股份有限公司的董事和控股股东因怠于履行义务，导致公司主要财产、账册、重要文件等灭失，无法进行清算的，债权人可主张其对公司债务承担连带清偿责任。

③如果上述情形是因实际控制人原因造成的，债权人也可主张实际控制人对公司债务承担相应民事责任。

④有限责任公司的股东、股份有限公司的董事和控股股东，以及公司的实际控制人在公司解散后，恶意处置公司财产给债权人造成损失，或者未经依法清算，以虚假的清算报告骗取公司登记机关办理法人注销登记的，债权人可主张其对公司债务承担相应赔偿责任。

⑤公司未经清算即办理注销登记，导致公司无法进行清算的，债权人有权要求有限责任公司的股东、股份有限公司的董事和控股股东，以及公司的实际控制人对公司债务承担清偿责任。

⑥公司未经依法清算即办理注销登记，股东或者第三人在公司登记机关办理注销登记时承诺对公司债务承担责任的，债权人可要求其对公司债务承担相应民事责任。

⑦有限责任公司的股东、股份有限公司的董事和控股股东，以及公司的实际控制人为2人以上的，他们相互之间承担连带责任，其中一人或者数人承担民事责任后，可主张其他人员按照过错大小分担责任。

(3)公司在清算期间的行为限制。

①清算期间，公司不再从事新的经营活动，仅局限于清理公司已经发生但尚未了结的事务。包括清偿债务、实现债权以及处理公司内部事务。

②清算期间，公司的代表机构为清算组。清算组负责处理未了事务，代表公司对外进行诉讼。在公司依法清算结束并办理注销登记前，有关公司的民事诉讼仍应当以公司的名义进行。在清算组未成立前，由原公司法定代表人代表公司进行诉讼。成立清算组后，由清算组负责人代表公司参加诉讼。

③清算期间，公司财产在未按照法定程序清偿前，不得分配给股东。

(4)清算组及其组成。

①清算组的组成。

根据《公司法》的规定，公司应当在解散事由出现之日起15日内成立清算组，开始清算。有限责任公司的清算组由股东组成，股份有限公司的清算组由董事或者股东大会确定的人员组成。

逾期(15日)不成立清算组进行清算的,债权人可以申请人民法院指定清算组进行清算。

②人民法院受理公司清算案件,应当及时指定有关人员组成清算组。清算组成员可以从下列人员或者机构中产生:公司股东、董事、监事、高级管理人员;依法设立的会计师事务所、律师事务所、破产清算事务所等社会中介机构;依法设立的会计师事务所、律师事务所、破产清算事务所等社会中介机构中具备相关专业知识并取得执业资格的人员。

③人民法院指定的清算组成员有下列情形之一的,人民法院可以根据债权人、股东的申请,或者依职权更换清算组成员:有违反法律或者行政法规的行为;丧失执业能力或者民事行为能力;有严重损害公司或者债权人利益的行为。

(5)清算组的职权。

①清理公司财产,分别编制资产负债表和财产清单;

②通知、公告债权人;

③处理与清算有关的公司未了结的业务;

④清缴所欠税款以及清算过程中所产生的税款;

⑤清理债权、债务;

⑥处理公司清偿债务后的剩余财产;

⑦代表公司参与民事诉讼活动。

(6)清算程序。

①通知债权人。

清算组应当自成立之日起10日内通知债权人,并于60日内在全国或者公司注册登记地省级有影响力的报纸上公告。

②债权申报和登记。

债权人自接到通知书之日起30日内,未接到通知书的自公告之日起45日内,向清算组申报债权。

在债权申报期间,清算组不得对债权人进行清偿。

清算组未按照规定履行通知和公告义务,导致债权人未及时申报债权而未获清偿,债权人可以要求清算组成员对因此造成的损失承担赔偿责任。

公司清算时,债权人对清算组核定的债权有异议的,可以要求清算组重新核定。清算组不予重新核定,或者债权人对重新核定的债权仍有异议,债权人以公司为被告向人民法院提起诉讼请求确认的,人民法院应予受理。

债权人在规定的期限内未申报债权,在公司清算程序终结前补充申报的,清算组应予登记。债权人补充申报的债权,可以在公司尚未分配财产中依法清偿。公司尚未分配财产不能全额清偿,债权人有权主张股东以其在剩余财产分配中已经取得的财产予以清偿,但债权人因重大过错未在规定期限内申报债权的除外。

债权人或者清算组,以公司尚未分配财产和股东在剩余财产分配中已经取得的财产,不能全额清偿补充申报的债权为由,向人民法院提出破产清算申请的,人民法院不予受理。

公司清算程序终结,是指清算报告经股东会、股东大会或者人民法院确认完毕。

③清理公司财产。

公司自行清算的,清算组在清理公司财产、编制资产负债表和财产清单后,发现公司财产不足清偿债务的,应当依法向人民法院申请宣告破产。公司经人民法院裁定宣告破产后,清算组应当将清算事务移交给人民法院。

人民法院指定的清算组在清理公司财产、编制资产负债表和财产清单后，发现公司财产不足清偿债务的，可以与债权人协商制作有关债务清偿方案。债务清偿方案经全体债权人确认且不损害其他利害关系人利益的，人民法院可依清算组的申请裁定予以认可。清算组依据该清偿方案清偿债务后，应当向人民法院申请裁定终结清算程序。债权人对债务清偿方案不予确认或者人民法院不予认可的，清算组应当依法向人民法院申请宣告破产。

债权人或者清算组，以公司尚未分配财产和股东在剩余财产分配中已经取得的财产，不能全额清偿补充申报的债权为由，向人民法院提出破产清算申请的，人民法院不予受理。

公司解散时，股东尚未缴纳的出资均应作为清算财产。股东尚未缴纳的出资，包括到期应缴未缴的出资，以及依照《公司法》的规定分期缴纳尚未届满缴纳期限的出资。

公司财产不足以清偿债务时，债权人可请求主张未缴出资股东，以及公司设立时的其他股东或者发起人在未缴出资范围内对公司债务承担连带清偿责任。

公司自行清算的，清算方案应当报股东会或者股东大会决议确认；人民法院组织清算的，清算方案应当报人民法院确认。未经确认的清算方案，清算组不得执行。

执行未经确认的清算方案给公司或者债权人造成损失的，公司、股东或者债权人可要求清算组成员承担赔偿责任。

④清偿债务。

公司财产在分别支付清算费用、职工的工资、社会保险费和法定补偿金，缴纳所欠税款，清偿公司债务后剩余的，有限责任公司按照股东的出资比例分配，股份有限公司按照股东持有的股份比例分配。清算期间，公司存续，但不得开展与清算无关的经营活动。

⑤清算时间。

人民法院组织清算的，清算组应当自成立之日起6个月内清算完毕。因特殊情况无法在6个月内完成清算的，清算组应当向人民法院申请延长。

(7)清算组的责任。

清算组成员从事清算事务时，违反法律、行政法规或公司章程给公司或者债权人造成损失的，公司或者债权人可以要求其承担赔偿责任。

有限责任公司的股东、股份有限公司连续180日以上单独或者合计持有公司1%以上股份的股东，对于他人侵犯公司合法权益，给公司造成损失的，符合条件的股东可提起股东代表诉讼(《公司法》第152条第3款)，以清算组成员有前款所述行为为由向人民法院提起诉讼的，人民法院应予受理。

公司已经清算完毕注销，上述股东参照第152条第3款规定，直接以清算组成员为被告、其他股东以第三人向人民法院提起诉讼的，人民法院应予受理。

【第五集】｜见底了

【关键词】 破产法的适用范围、破产申请的提出和受理、管理人制度、破产费用与共益债务、破产清算程序

有底线股份有限公司因经营管理不善，无力偿还到期债务，该公司的债权人A公司于某年6月12日向有底线公司所在地法院提出破产申请。法院于6月15日通知有底线公司，有底线公司认为《企业破产法》不适用于有限责任公司，提出异议。法院于6月23日裁定受理该破产申请，同时指定B律师事务所作为管理人。此时，须注意以下四点：其一，有底线公司破产申请人合法。根据规定，债务人不能清偿到期债务时，债权人可以向法院提出对债务人进行重整或破产清偿申请。其二，法院受理时间合法。根据规定，债权人提出破产申请的，法院自收到申请之日起5日内通知债务人，债务人有异议的，应于7日内提出，法院自异议期满之日起10日内裁定是否受理。其三，有底线公司提出异议的理由不合法。根据规定，企业法人不能清偿到期债务，并且资产不足以清偿全部债务或者明显缺乏清偿能力的，依照《企业破产法》清理债务。有限责任公司属于企业法人。其四，管理人的产生合法。根据规定，法院受理破产申请的，应同时指定管理人。管理人可以由会计师事务所、律师事务所等担任。

管理人对有底线公司的财产和债务情况整理如下：

(1)有底线公司全部资产价值为5 200万元，其中包括：用于对工行800万元贷款提供抵押担保的办公楼价值740万元，用于对所欠A公司货款700万元抵押担保的厂房价值550万元，一套加工设备价值90万元，丙公司欠付的劳务费15万元。

(2)有底线公司全部债务共15 800万元，其中包括：所欠工行贷款800万元；欠A公司货款700万元；欠发职工工资和社会保险费用470万元；欠交税款220万元；欠丙公司货款15万元；管理人于8月3日解除有底线公司与丁公司的合同，给丁公司造成损失230万元。

(3)乙公司提出，以上资产中价值90万元的设备是乙公司出租给有底线公司的，所有权属于乙公司，并提供了租赁合同。此时，有底线公司破产前租用乙公司的设备不属于破产财产。根据规定，人民法院受理破产申请后，债务人占有的他人财产不属于债务人的财产，该财产的权利人可以通过管理人取回。乙公司作为该财产的权利人，可以通过管理人取回。

(4)丙公司提出以货款抵消欠付有底线公司的劳务费。经管理人查明，此前丙公司欠有底线公司15万元的劳务费一直没有支付。同年4月30日，丙公司知道有底线公司有大笔到期债务无力清偿后，遂向有底线公司转让15万元货物。此时，丙公司的要求不合法。根据规定，债务人的债务人已知债务人有不能清偿到期债务或者破产申请的事实，对债务人取得债权的，不得抵消（丙公司可以就15万元申报债权）。

(5)除上述债务外，还发生诉讼费80万元、管理人员报酬60万元、注册会计师清算费用

50万元、评估费20万元、为债务人继续营业而应支付的职工工资28万元。法院受理破产申请后,戊公司有充分证据证明有底线公司对戊公司不当得利22万元,要求返还给戊公司。

(6)有底线公司注册资本为1 000万元,但到破产申请受理日,有底线公司的某股东尚差200万元的出资未缴足,该股东有补足股本的能力。此时,有底线公司的股东应补足未缴纳的出资。根据规定,法院受理破产申请后,有底线公司的出资人(股东)尚未完全履行出资义务的,管理人应当要求该出资人缴纳所认缴的出资,不受出资期限的限制。补缴的出资作为债务人财产(破产企业的财产)。

在破产费用和共益债务的统计方面:首先,破产费用包括诉讼费80万元、管理人报酬60万元、注册会计师清算费用50万元、评估费20万元,共计210万元。其次,共益债务包括为继续营业应支付的职工工资28万元、债务人不当得利22万元,共计50万元。以上破产费用和共益债务应当先以有底线公司资产的变现财产清偿。有底线公司的财产不足以清偿所有破产费用和共益债务的,应当先清偿破产费用。

在有底线公司的破产清偿顺序方面:

(1)有底线公司股东补足的出资作为有底线公司的财产,则有底线公司破产财产共计5 310万元(5 200-90+200)。

(2)其中,以办公楼变现所得740万元,优先清偿所欠工行贷款;以厂房变现所得550万元,清偿欠A公司货款。工行贷款未能清偿的60万元和A公司的未能清偿货款150万元,作为普通破产债权参与分配。

(3)剩余破产财产共4 020万元(5 310-740-550),先用于支付破产费用210万元和共益债务50万元。

(4)剩余破产财产共3 760万元(4 020-210-50),按下列顺序清偿:所欠职工工资及劳动保险费用470万元,所欠税款220万元,支付其他所欠的普通破产债权。

根据规定,破产的清算顺序为:(1)有财产担保的债权;(2)破产费用和共益债务,内部顺序是先破产费用,后共益债务(破产费用和共益债务可以随时从破产财产中拨付,破产财产不足以拨付破产费用的终结破产程序);(3)职工债权(破产人所欠职工的工资和医疗、伤残补助、抚恤费用,所欠的应当划入职工个人账户的基本养老保险、基本医疗保险费用,以及法律、行政法规规定应当支付给职工的补偿金);(4)纳入社会统筹账户的社会保险费用和破产人所欠税款,此时需要申报;(5)无财产担保的普通债权。

【考点链接1】 破产法的适用范围

1.主体适用范围

(1)《企业破产法》规定的主体适用范围是所有的企业法人。

(2)合伙企业、农民专业合作社、民办学校、个人独资企业的清算,可以参照适用《破产法》规定的程序进行。

2.地域适用范围

依照《企业破产法》开始的破产程序,对债务人在中华人民共和国领域外的财产发生效力。

【考点链接2】 破产申请的提出和受理

1.提出破产申请的当事人

破产程序从广义上看包括破产清算、重整与和解3个程序,并且都可以单独适用。

(1)债务人可以向人民法院提出重整、和解或者破产清算申请。债务人不能清偿到期债务,债权人可以向人民法院提出对债务人进行重整或者破产清算的申请。企业法人已解散但未清算或者未清算完毕,资产不足以清偿债务的,依法负有清算责任的人应当向人民法院申请破产清算。

【解释】债务人可以提起重整、和解和破产清算,但债权人只可提起重整和破产清算。即债权人不可提起和解,和解申请只能由债务人提出。

(2)没有物权担保的债权人享有破产申请权,对破产人的特定财产享有担保权的债权人(担保债权人)同样享有破产申请权。

【解释】在司法实践中,债务人破产时,担保债权人通常可从担保物上直接获得优先清偿,没有必要浪费时间、精力去申请债务人破产。但在债权人出于某种原因放弃优先受偿权,或担保物的价款可能不足以清偿所担保的债权时,便不得不行使破产申请权,以维护其权利。虽然这时他实际上已经是以普通破产债权人的身份提出破产申请,但在其提出破产申请时往往无法确定担保债权是否可以足额受偿,仅因债权设有财产担保就不允许其提出破产申请,可能会损害其正当权益。除此之外,担保债权人出于某些特殊的利益考虑,如挽救债务人、收购竞争对手等,也可能会提出破产或重整申请,破产申请权可以作为其达到正当目的的手段。所以,即使担保物的价款足以清偿所担保的债权,担保债权人同样享有破产申请权。我国《企业破产法》对担保债权人行使破产申请权没有限制规定。

(3)税务机关和社会保险机构只享有对债务人的破产清算申请权,但不享有重整申请权。

【解释】税务机关和社会保险机构只享有对债务人的破产清算申请权,但不享有重整申请权,因为它们依法定职责均不能在重整程序中主动作出债权减免的让步,不能为重整作出任何贡献,赋予其重整申请权是没有意义的。破产企业的职工作为债权人可以申请债务人企业破产。

【链接】重整,是指对已经或可能发生破产原因但又有挽救希望与价值的企业,通过对各方利害关系人的利益协调,借助法律强制进行股权、营业、资产重组与债务清理,以避免破产、获得重生的法律制度。根据规定,债务人或者债权人可以依照本法规定,直接向人民法院申请对债务人进行重整。债权人申请对债务人进行破产清算的,在人民法院受理破产申请后、宣告债务人破产前,债务人或者出资额占债务人注册资本1/10以上的出资人,可以向人民法院申请重整。

(4)破产企业的职工作为债权人可以申请债务人企业破产,但职工提出破产申请应经职工代表大会或者全体职工会议通过。

【解释】职工债权人一方面是企业的债权人,另一方面又是企业的雇员,申请企业破产可能实现申请职工的债权,但也可能因企业破产导致全部职工的失业,从而可能出现债权与就业权、申请职工与其他职工利益的矛盾。所以为慎重起见,职工提出破产申请应经职工代表大会或者全体职工会议通过。

(5)清算组在清理公司财产、编制资产负债表和财产清单后,发现公司财产不足清偿债务的,应当依法向人民法院申请宣告破产。人民法院指定的清算组在清理公司财产、编制资产负债表和财产清单时,发现公司财产不足清偿债务的,可以与债权人协商制作有关债务清偿方案。债务清偿方案经全体债权人确认且不损害其他利害关系人利益的,人民法院可依清算组的申请裁定予以认可。清算组依据该清偿方案清偿债务后,应当向人民法院申请裁定终结清算程序。债权人对债务清偿方案不予确认或者人民法院不予认可的,清算组应当依法向人民法院申请宣告破产。

(6)企业法人已解散但未清算或者未在合理期限内清算完毕,债权人申请债务人破产清算的,除债务人在法定异议期限内举证证明其未出现破产原因外,人民法院应当受理。但根据公司法规定的司法强制清算程序解决,但鉴于目前公司被吊销营业执照后不清算等恶意逃债现象十分严重,且这类公司即使进行司法清算程序往往最后还要转入破产清算程序,因此,债权人可以选择直接申请其破产,以简化程序,节省司法资源与诉讼时间,更好地保障债权人的合法权益。

(7)《破产法》第134条规定:商业银行、证券公司、保险公司等金融机构有本法第2条规定情形的,国务院金融监督管理机构可以向人民法院提出对该金融机构进行重整或者破产清算的申请。国务院金融监督管理机构依法对出现重大经营风险的金融机构采取接管、托管等措施的,可以向人民法院申请中止以该金融机构为被告或者被执行人的民事诉讼程序或者执行程序。

【补充】《企业破产法》第2条规定:企业法人不能清偿到期债务,并且资产不足以清偿全部债务或者明显缺乏清偿能力的,依照本法规定清理债务。企业法人有前款规定情形,或者有明显丧失清偿能力可能的,可以依照本法规定进行重整。

2. 破产案件的管辖

(1)债务人住所地法院(住所地指主要办事机构所在地)。债务人主要办事机构所在地不明确、存在争议的,由其注册登记地人民法院管辖。

(2)基层人民法院一般管辖县、县级市或者区的工商行政管理机关核准登记企业的破产案件。

(3)中级人民法院一般管辖地区、地级市(含本级)以上的工商行政管理机关核准登记企业的破产案件;纳入国家计划调整的国有企业破产案件即政策性破产,由中级人民法院管辖。金融机构、上市公司的破产与重整案件或者具有重大影响、法律关系复杂的破产案件,一般应由中级人民法院管辖。

(4)上级人民法院有权审理下级人民法院管辖的企业破产案件,确有必要将本院管辖的企业破产案件交下级人民法院审理的,应当报请其上级人民法院批准。下级人民法院对它所管辖的企业破产案件,认为需要由上级人民法院审理的,可以报请上级人民法院审理。人民法院之间因管辖权发生争议,由争议双方协商解决;协商解决不了的,报请它们的共同上级人民法院指定管辖。省、自治区、直辖市范围内因特殊情况需对个别企业破产案件的地域管辖作调整的,须经共同上级人民法院批准。

3. 当事人提出破产申请时的举证责任

(1)债权人提出申请的,应该提交债务人不能清偿到期债务的有关证据。根据司法解释的规定,债权人需要举证证明实际上已经不再是债务人不能清偿到期债务而是"债权债务关系依法成立、债务履行期限已经届满、债务人未完全清偿债务",其举证责任大为减轻且具有可行性。

(2)债务人提出申请的,还应当向人民法院提交财产状况说明、债权债务清册、财务会计报告、职工安置预案以及职工工资的支付和社会保险费用的缴纳情况。债务人为非国有企业的,职工安置预案应列明劳动关系解除后依法应对职工的补偿方案,但并不要求企业承担安置资金的解决等问题。

(3)申请人申请上市公司破产重组的,除提交上述材料外,还应当提交关于上市公司具有重组可行性的报告、上市公司住所地省级人民政府向证券监督管理部门的通报情况材料以及证券监督管理部门的意见、上市公司住所地人民政府出具的维稳预案等。上市公司自行申请破产重整的,还应当提交切实可行的职工安置方案。

(4)破产申请提交后,在人民法院受理破产申请前,申请人可以请求撤回申请。

4. 破产申请的受理

(1)债务人申请破产。

债务人申请破产的流程:法院在收到破产申请之日起15日内裁定(有特殊情况,可由上一级法院批准,再延长15日)→法院在裁定作出之日起5日内送达申请人→人民法院自裁定受理破产申请之日起25日内通知已知债权人,并予以公告→人民法院裁定受理破产申请的,应当同时指定管理人。

(2)债权人申请债务人破产。

债权人申请债务人破产的流程:法院在收到申请的5日内通知债务人→债务人在收到法院通知的7日内提出异议→法院在异议期满10日内裁定是否受理→法院在裁定作出之日起5日内送达债务人→债务人自裁定送达之日起15日内向法院提交相关文件→人民法院自裁定受理破产申请之日起25日内通知已知债权人,并予以公告→人民法院裁定受理破产申请的,应当同时指定管理人。

(3)破产资料的审查与补正。

①人民法院收到破产申请时,应当向申请人出具收到申请及所附证据的书面凭证并及时进行审查。人民法院认为申请人应当补充、补正相关材料的,应当自收到破产申请之日起5日内告知申请人。当事人补充、补正相关材料的期间不计入人民法院的受理时限(债权人申请为10天、债务人申请为15天)。

【补充】债务人对债权人提出的破产申请有异议的,应当自收到人民法院的通知之日起7日内向人民法院提出,并提交相关的证据材料。人民法院认为有必要的,可以组织债权人与债务人进行听证,听证会期间不计入法定受理期间。

②凡是在法定期限内未告知申请人补充、补正相关材料或者未要求申请人补充、补正的内容部分,应认定为申请人提交的申请文件或者文件的相关部分合格,法院在审查案件应否受理阶段无权再要求申请人补充、补正材料,除非是对已经要求申请人提交的补充、补正材料本身的再次补充、补正。

③对于与案件受理审查事项即债务人是否存在破产原因无关,应当在案件受理后再查明解决的其他问题,法院不得要求申请人在此时就提交证据材料,不得以要求提交与案件受理无关材料的方式阻碍当事人正常行使破产申请权。

(4)破产申请异议不予支持的情形。

①债务人以其具有清偿能力或资产超过负债为由提出抗辩异议,但又不能立即清偿债务或与债权人达成和解的,其异议不能成立。

②在债务人对债权人申请人是否享有债权提出异议时,人民法院应当依法对相关债权进行审查。如果人民法院能够依据双方签订的合同、支付凭证、对账单和还款协议等主要证据确定债权存在,且债务人没有相反证据和合理理由予以反驳的,人民法院对其异议应不予支持。

③债务人对债权人申请人享有债权的数额提出异议时,如果存在双方无争议的部分债权数额,且债务人对该数额已经丧失清偿能力不能立即清偿,则虽然对双方有争议的那部分债权仍需通过诉讼解决,但此项异议同样不能阻止法院受理破产申请。与此同理,债务人对申请人

的债权是否存在担保等提出异议,因不影响破产原因的成立,也是不能成为阻止提出破产申请的理由,不影响法院对破产申请的受理。

④破产案件的诉讼费用,从债务人财产中拨付。相关当事人以申请人未预先缴纳诉讼费用为由,对破产申请提出异议的,人民法院不予支持。

⑤债务人不能提交或者拒不提交有关材料的,不影响人民法院对破产申请的受理和审理。

⑥债权人对人员下落不明或者财产状况不清的债务人申请破产清算,符合《企业破产法》规定的,人民法院应依法予以受理。

⑦债权人申请动机不纯和债务人存在资产不明等逃债行为,不是拒绝受理案件的理由。

⑧人民法院受理破产申请后至破产宣告前,经审查发现案件受理时债务人未发生破产原因的,可以裁定驳回申请。但是,由于债务人财产的市场价值发生变化导致其在案件受理后资产超过负债、破产原因消失的,不影响破产案件的受理与继续审理,人民法院不得裁定驳回申请。

【解释】此时,债务人如不愿意进行破产清算,可以通过和解、重整等方式结束破产程序。申请人对驳回申请裁定不服的,可以自裁定送达之日起10日内向上一级人民法院提起上诉。

(5)不予受理和驳回申请的救济。

①人民法院裁定不受理破产申请的,应当将裁定自作出之日起5日内送达申请人并说明理由。申请人对裁定不服的,可以自裁定送达之日起10日内向上一级人民法院提起上诉。

【解释】申请人向人民法院提出破产申请,法院未接收其申请,或者未按照规定执行,申请人可以向上一级人民法院提出破产申请。上一级人民法院接到破产申请后,应当责令下级法院依法审查并及时作出是否受理的裁定;下级法院仍不作出是否受理裁定的,上一级人民法院可以径行作出裁定。上一级人民法院裁定受理破产申请的,可以同时指令下级人民法院审理该案件。

②驳回申请:人民法院受理破产申请后至破产宣告前,经审查发现案件受理时债务人未发生破产原因的,可以裁定驳回申请。申请人对驳回申请的裁定不服的,可以自裁定送达之日起10日内向上一级人民法院提起上诉。但是,由于债务人财产的市场价值发生变化导致其在案件受理后破产原因消失的,不影响破产案件的受理与继续审理,人民法院不得裁定驳回申请,债务人如不愿意进行破产清算,可以通过和解、重整等方式结束破产程序。

【提示】在破产程序中,当事人只能对不受理申请和驳回申请两个裁定提起上诉,其他裁定均不可以提起上诉。

5. 破产受理的效力

(1)债务人的有关人员的义务。

为保证破产程序顺利进行,自人民法院受理破产申请的裁定送达债务人之日起至破产程序终结之日,债务人的有关人员承担下列义务:妥善保管其占有和管理的财产、印章和账簿、文书等资料;根据人民法院、管理人的要求进行工作,并如实回答询问;列席债权人会议并如实回答债权人的询问;未经人民法院许可,不得离开住所地;不得新任其他企业的董事、监事、高级管理人员。

【解释】所谓债务人的有关人员,指企业的法定代表人;经人民法院决定,可以包括企业的财务管理人员和其他经营管理人员。债务人的有关人员违反法律规定,擅自离开住所地的,人民法院可以予以训诫、拘留,可以依法并处罚款。

(2)人民法院受理破产申请后,债务人对个别债权人的债务清偿无效。但是,债务人以其财产向债权人提供物权担保的,其在担保物市场价值内向债权人所作的债务清偿,不受上述规定限制。因物权担保债权人享有对担保物的优先受偿权,对其债务清偿可使债务人收回担保财产,用于对所有债权人的清偿,或用于和解、重整中的继续经营活动,不会损害其他债权人的利益,不违反公平清偿原则。

(3)人民法院受理破产申请后,债务人的债务人或者财产持有人应当向"管理人"清偿债务或者交付财产。如果其故意违反法律规定向债务人清偿债务或者交付财产,使债权人受到损失的,不免除其清偿债务或者交付财产的义务。

【解释1】所谓故意违反法律规定,是指当事人明知或者应知人民法院已经受理破产申请,仍向债务人清偿债务或者交付财产。通常,以债务人的债务人或者财产持有人接到人民法院向其发出的通知或者人民法院向社会发布公告为标准,判断当事人是否明知或者应知破产案件已经受理。

【解释2】所谓不免除清偿债务或者交付财产的义务,是以债权人因此受到损失的范围为限。如果债务人的债务人或者财产持有人虽向债务人清偿债务或者交付财产,但债务人将接收到的清偿款项或者财产全部上交管理人,债权人并未受到损失的,则不必再承担民事责任。

(4)双方均未履行完毕的一般合同。

人民法院受理破产申请后,管理人对破产申请受理前成立而债务人和对方当事人均未履行完毕的合同有权决定解除或者继续履行,并通知对方当事人。管理人决定解除或者继续履行合同,一般应当以保障债权人利益最大化为原则。

①解除合同。

管理人自破产申请受理之日起2个月内未通知对方当事人,或者自收到对方当事人催告之日起30日内未答复的,视为解除合同。

【解释】此项规定只是限制了管理人的选择权,即管理人不能再要求对方继续履行合同。但是,如果双方当事人自愿履行的,合同仍可继续履行。因为这是当事人的契约自由,是其意志自由范围内决定的事项,法律不予干涉。

管理人决定继续履行合同的,对方当事人应当履行,但有权要求管理人提供担保。管理人不提供担保的,视为解除合同。

管理人依照《企业破产法》规定解除合同的,对方当事人以因合同解除产生的损害赔偿请求权申报债权。

【解释】对方当事人申报的破产债权以实际损失为限,违约金不得作为破产债权申报,定金则按定金罚则以双倍数额申报破产债权。

②继续履行或者解除合同。

继续履行:因管理人请求对方当事人履行双方均未履行完毕的合同所产生的债务,属于共益债务。共益债务的清偿顺序优先于普通债权,因此,在第一次债权人会议召开前,管理人继续履行债务人和对方当事人均未履行完毕的合同,应当征得人民法院的许可。

解除合同:管理人或者债务人解除双方均未履行完毕的合同,双方当事人以合同解除所产生的损害赔偿请求权申报债权。申报的债权以实际损失为限,违约金不得作为破产债权申报,定金可以双倍原则申报。

(5)双方均未履行完毕的特殊合同。

①对于破产企业为他人提供担保的合同,管理人无权选择解除合同。

②保险公司破产时,对尚未履行完毕的保险合同特别是人寿保险合同,管理人无权予以解

除，以保护投保人等当事人的权益。

③对于金融衍生品交易的合同，在企业进入破产程序时要提前终止，进行净额结算，管理人无权选择继续履行合同。

④对于破产企业对外出租不动产的合同（如房屋租赁合同），管理人未得到对方同意不得任意解除合同。在变价破产财产时，房屋可以带约出售，承租人在同等条件下享有优先购买权。

(6)管理权选择权的次数限制。

管理人在破产程序中只享有一次性的合同选择履行权，也就是说，不得反向再次或多次行使，以保护双方当事人的正当权益。当然，并不排斥其在选择合同继续履行后，再依据《合同法》有关规定及双方的约定要求解除合同，或在解除合同后，当事人之间又协商签订新的有关合同。

(7)保全措施的解除和执行程序的中止。

人民法院受理破产申请后，有关债务人财产的保全措施应当解除，执行程序应当中止。保全措施解除后，有关财产计入债务人财产；执行程序中止后，债权人凭生效的法律文书向受理破产案件的人民法院申报债权。

【解释1】其中的保全措施，既包括民事诉讼保全措施，也包括在行政处罚程序中的保全措施，如海关、工商管理部门等采取的财产扣押、查封等措施，还应包括刑事诉讼中公安部门、司法部门采取的相关措施。

【解释2】所谓执行程序应当中止，通常是指对无物权担保债权的执行，物权担保债权人对担保物的执行原则上不中止，除非当事人申请的是重整程序。因为在破产清算和和解程序中，物权担保债权人对担保物享有优先受偿权，其就担保物的个别执行，不违反公平清偿原则。但是，在担保物为破产企业占有的情况下，物权担保债权人对担保物的执行应经过管理人进行。

(8)人民法院受理破产申请后，已经开始而尚未终结的有关债务人的民事诉讼或者仲裁应当中止；在管理人接管债务人的财产后，该诉讼或者仲裁继续进行。

(9)破产申请受理后，有关债务人的民事诉讼只能向受理破产申请的人民法院提起。但是其他法律有特殊规定的应当除外，如当事人约定仲裁解决纠纷的，仍应当以仲裁方式解决。

【考点链接3】 管理人制度

1. 管理人制度的一般理论

管理人是指破产案件受理后成立的，全面接管破产企业并负责破产财产的保管、清理、估价、处理和分配等破产清算事务的专门机构或人员。管理人概念有广义与狭义之分。

管理人由人民法院指定，债权人会议认为管理人不能依法、公正执行职务或者有其他不能胜任职务情形的，可以申请人民法院予以更换（管理人是不是要换，法院说了算，债权人会议只有建议权）。

指定管理人和确定管理人报酬的办法，由最高人民法院规定。

2. 管理人的资格

(1)管理人可以由有关部门、机构的人员组成的清算组或者依法设立的律师事务所、会计师事务所、破产清算事务所等社会中介机构担任。人民法院根据债务人的实际情况，可以在征询有关社会中介机构的意见后，指定该机构具备相关专业知识并取得职业资格的人员担任管理人。

(2)有下列情形之一的,不得担任管理人:
①因故意犯罪受过刑事处罚;
②曾被吊销相关专业执业证书;
③与本案有利害关系;
④人民法院认为不宜担任管理人的其他情形。
(3)指定清算组担任管理人的案件范围:
①破产申请受理前,根据有关规定已经成立的清算组,法院认为符合有关规定的案件;
②纳入国家计划的国有企业政策性破产案件;
③金融机构破产案件;
④人民法院认为可以指定清算组为管理人的其他情形。
(4)个人担任管理人问题:
对于事实清楚、债权债务关系简单、债务人财产相对集中的企业破产案件,可以指定管理人名册中的个人为管理人。注意法律并没有将指定管理人的适用范围限定为小额破产案件。
(5)管理人的利害关系回避问题。
判断管理人是否存在利害关系:
①与债务人、债权人有未了结的债权债务关系;
②在人民法院受理破产申请前3年内,曾为债务人提供相对固定的中介服务;
③现在是或者在人民法院受理破产申请前3年内曾经是债务人、债权人的控股股东或者实际控制人;
④现在担任或者在人民法院受理破产申请前3年内曾经担任债务人、债权人的财务顾问、法律顾问;
⑤人民法院认为可能影响其忠实履行管理人职责的其他情形(可以忽略)。
判断管理人的派出人员、个人管理人是否存在利害关系:
①具有《破产法》第23条规定的情形;
②现在担任或者在人民法院受理破产申请前3年内曾经担任债务人、债权人的董事、监事、高级管理人员;
③与债权人或者债务人的控股股东、董事、监事、高级管理人员存在夫妻、直系血亲、三代以内旁系血亲或者近姻亲关系。

3. 管理人的指定

(1)人民法院裁定受理破产申请的,应当同时指定管理人。
(2)《指定管理人规定》设置了管理人名册制度。由人民法院根据本地破产案件发生数量从报名者中择优确定编入管理人名册的人数,并从编入管理人名册的中介机构及其取得执业资格的成员中实际指定管理人。人民法院对管理人名册实行动态管理,根据破产案件发生的数量、编入管理人名册者的工作考核情况以及社会中介机构和个人的情况变化,适时调整名册,加以增删,以适应审理破产案件的实际需要。
(3)管理人的指定方式有随机、竞争、接受推荐三种。

方式	具体内容
随机方式	是一般破产案件指定管理人的主要方式,包括轮候、抽签、摇号等形式
竞争方式	对于商业银行、证券公司、保险公司等金融机构或者在全国范围有重大影响、法律关系复杂、债务人财产分散的企业破产案件,人民法院可以采取公告的方式,邀请编入各地人民法院管理人名册中的社会中介机构参与竞争,从参与竞争的社会中介机构中指定管理人。参与竞争的社会中介机构不得少于3家。采取竞争方式指定管理人的,人民法院应当组成专门的评审委员会。被指定为管理人的社会中介机构应经评审委员会成员1/2以上通过
接受推荐方式	对于经过行政清理、清算的商业银行、证券公司、保险公司等金融机构的破产案件,人民法院可以在金融监督管理机构推荐的已编入管理人名册的社会中介机构中指定管理人

(4) 更换管理人的情形。

管理人类型	更换管理人的情形	特殊情形
社会中介机构管理人(含清算组成员)	(1)执业许可证或者营业执照被吊销或者注销; (2)出现解散、破产事由或者丧失承担执业责任风险的能力; (3)与本案有利害关系; (4)履行职务时,因故意或者重大过失导致债权人利益受到损害; (5)社会中介机构或者个人有重大债务纠纷或者因涉嫌违法行为正被相关部门调查的	出现解散、破产事由或者丧失承担执业责任风险的能力
个人管理人(含清算组成员和社会中介机构的派出人员)	(1)执业资格被取消、吊销; (2)与本案有利害关系; (3)履行职务时,因故意或者重大过失导致债权人利益受到损害; (4)失踪、死亡或者丧失民事行为能力; (5)因健康原因无法履行职务; (6)执业责任保险失效; (7)社会中介机构或者个人有重大债务纠纷或者因涉嫌违法行为正被相关部门调查的	(1)失踪、死亡或者丧失民事行为能力; (2)因健康原因无法履行职务; (3)执业责任保险失效

(5)人民法院指定社会中介机构或者清算组担任管理人的,应当同时根据中介机构或者清算组的推荐,指定管理人负责人。社会中介机构或者清算组需要变更管理人负责人的,应当向人民法院申请更换。

(6)管理人无正当理由,不得拒绝人民法院的指定。如管理人拒绝指定,法院可以决定停止其担任管理人1~3年,或将其从管理人名册中除名。

4. 管理人的报酬

(1)管理人的报酬由人民法院确定。债权人会议对管理人的报酬有异议的,有权向人民法院提出(法院说了算)。

(2)管理人获得的报酬是纯报酬,不包括其因执行职务、进行破产管理工作中需支付的其他费用,如公告费用、变价财产费用等。

(3)人民法院应根据债务人最终清偿的财产价值总额,在以下比例限制范围内分段确定管理人报酬:

①不超过100万元(含本数,下同)的,在12%以下确定;

②超过100万元至500万元的部分,在10%以下确定;
③超过500万元至1 000万元的部分,在8%以下确定;
④超过1 000万元至5 000万元的部分,在6%以下确定;
⑤超过5 000万元至1亿元的部分,在3%以下确定;
⑥超过1亿元至5亿元的部分,在1%以下确定;
⑦超过5亿元的部分,在0.5%以下确定。

担保权人优先受偿的担保物价值,不计入前款规定的财产价值总额。但是,管理人对担保物的维护、变现、交付等管理工作付出合理劳动的,有权向担保权人收取适当的报酬。

【案例】如果某公司因不能清偿到期债务,被债权人申请破产并被法院受理。经核查,该公司最终清偿的财产价值总额为1 200万元。管理人的报酬最高额计算过程为:$100×12\%+(500-100)×10\%+(1\ 000-500)×8\%+(1\ 200-1\ 000)×6\%$。

(4)对于债务人财产不足以支付破产费用或者对债权人没有财产可供清偿分配的案件,人民法院可以考虑根据管理人工作的时间确定其相应报酬。

(5)清算组中有关政府部门派出的工作人员参与工作的,不收取报酬。

(6)管理人执行职务的费用、报酬和聘用工作人员的费用为破产费用。

(7)律师事务所、会计师事务所通过聘用本专业的其他社会中介机构或者人员协助履行管理人职责的,所需费用从其报酬中支付;破产清算事务所通过聘用其他社会中介机构或者人员协助履行管理人职责的,所需费用从其报酬中支付。

(8)债权人会议对管理人报酬有异议的,无法与管理人协商一致的,应当向人民法院书面提出具体的请求和理由。异议书应当附有相应的债权人会议决议。人民法院应当自收到债权人会议异议书之日起3日内通知管理人。管理人应当自收到通知之日起3日内作出书面说明。人民法院认为有必要的,可以举行听证会,听取当事人意见。人民法院应当自收到债权人会议异议书之日起10日内,就是否调整管理人报酬问题书面通知管理人、债权人委员会或者债权人会议主席。

(9)管理人发生更换的,人民法院应当分别确定更换前后的管理人报酬。其报酬比例总和不得超出司法解释规定的限制范围。

(10)最终确定的管理人报酬及收取情况,应列入破产财产分配方案;在和解、重整程序中,管理人报酬方案内容应列入和解协议草案或重整计划草案,报债权人会议审查通过。

5. 管理人的职责与责任

管理人履行下列职责:

(1)接管债务人的财产、印章和账簿、文书等资料;

(2)调查债务人财产状况,制作财产状况报告;

(3)决定债务人的内部管理事务;

(4)决定债务人的日常开支和其他必要开支;

(5)在第一次债权人会议召开之前,决定继续或者停止债务人的营业;

(6)管理和处分债务人的财产;

(7)代表债务人参加诉讼、仲裁或者其他法律程序;

(8)提议召开债权人会议;

(9)人民法院认为管理人应当履行的其他职责。

【提示】管理人履行上述第(5)项职责的应当经人民法院许可。

管理人经人民法院许可,可以聘用必要的工作人员。管理人依法履行职务,向人民法院报告工作,并接受债权人会议和债权人委员会的监督。

【考点链接4】 破产费用与共益债务

1.破产费用

破产费用是指在破产程序中为全体债权人的共同利益,因程序进行而支付的各项费用的总称。

(1)破产案件的诉讼费用;

(2)管理、变价和分配债务人财产的费用;

(3)管理人执行职务的费用、报酬和聘用工作人员的费用。

2.共益债务

共益债务是指在破产程序中发生的应由债务人负担的债务的总称。

(1)因管理人或债务人请求对方当事人履行双方均未履行完毕的合同所产生的债务;

(2)债务人财产受无因管理所产生的债务(无因管理可以简单地理解为做好人好事);

(3)因债务人不当得利所产生的债务(不当得利可以简单地理解为:不是你的,你却拿了);

(4)为债务人继续营业而应支付的劳动报酬和社会保险费用以及由此产生的其他债务;

(5)管理人执行职务致人损害所产生的债务;

(6)债务人财产致人损害所产生的债务。

3.破产费用和共益债务的清偿

(1)破产费用和共益债务由债务人财产随时清偿。

(2)债务人财产不足以清偿所有破产费用和共益债务的,先行清偿破产费用。

(3)债务人财产不足以清偿所有破产费用或者共益债务的,按照比例清偿。

(4)如果债务人财产不足以支付破产费用,人民法院确认其属实之后,应当受理破产案件,并作出破产宣告,同时作出终结破产程序的裁定,而不应拒绝受理破产案件。人民法院应当在收到请求之日起15日内裁定终结破产程序,并予以公告。

【考点链接5】 破产清算程序

1. 破产宣告

(1)人民法院依法宣告债务人破产的,应当自裁定作出之日起5日内送达债务人和管理人,自裁定作出之日起10日内通知已知债权人,并予以公告。

【提示】破产程序为特别程序,一裁终局,当事人不服,只能向上级法院申请复议。另外,破产宣告只能用裁定书。

(2)破产宣告前,有下列情形之一的,人民法院应当裁定终结破产程序,并予以公告:

①第三人为债务人提供足额担保或者为债务人清偿全部到期债务的;

②债务人已清偿全部到期债务的。

2. 破产财产的变价

(1)在破产宣告后,管理人应当及时拟订破产财产变价方案,提交债权人会议讨论。

(2)变价出售破产财产应当通过拍卖方式进行,但债权人会议另有决议的除外。

(3)破产企业可以全部或者部分变价出售。企业变价出售时,可以将其中的无形资产和其他财产单独变价出售。

3. 破产财产的分配

(1)破产清算的顺序。

①有财产担保的债权。

②破产费用和共益债务,内部顺序是先破产费用,后共益债务。

【补充】破产费用和共益债务可以随时从破产财产中拨付,破产财产不足以拨付破产费用的终结破产程序。

③职工债权(破产人所欠职工的工资和医疗、伤残补助、抚恤费用,所欠的应当划入职工个人账户的基本养老保险、基本医疗保险费用,以及法律、行政法规规定应当支付给职工的补偿金)。

④纳入社会统筹账户的社会保险费用和破产人所欠税款,此时需要申报。

⑤无财产担保的普通债权。

破产财产不足以清偿同一顺序的清偿要求的,按照比例分配。

破产企业的董事、监事和高级管理人员的工资按照该企业职工的平均工资计算。

【解释1】破产分配时,对债务人的董事、监事和高级管理人员在破产申请受理前拖欠的工资,应当按照企业拖欠职工工资的平均期间,以同期职工平均工资为标准予以调整。

【解释2】有条件的地方,可以通过政府设立的维稳基金或者鼓励第三方垫款等方式,优先解决破产企业职工的安置问题。政府或者第三方就劳动债权的垫款,可以在破产程序中按照"职工债权"的清偿顺序优先获得清偿。

【解释3】商业银行不能支付到期债务,经国务院银行业监督管理机构同意,由人民法院依法宣告其破产。商业银行破产清算时,在支付清算费用、所欠职工工资和劳动保险费用后,应当优先支付个人储蓄存款的本金和利息。

【解释4】本法施行后,破产人在《企业破产法》公布之日(2006年8月27日)前所欠职工债权(工资和医疗、伤残补助、抚恤费用,所欠的应当划入职工个人账户的基本养老保险、基本医疗保险费用,以及法律、行政法规规定应当支付给职工的补偿金),破产人应先用未设定担保物权的财产清偿,如清偿后有不足以清偿的部分,优先于对该特定财产享有担保权的权利人受偿。此外,在《企业破产法》公布(2006年8月27日)之后的职工债权,则按照通常的有财产担保的债权优先于职工债权的顺序清偿。

(2)破产财产分配方案的讨论和执行。

①管理人应当及时拟订破产财产的分配方案,提交债权人会议讨论。债权人会议表决通过破产财产的分配方案后,由管理人将该方案提交人民法院裁定认可,经人民法院裁定认可后,由管理人执行。

【解释】该项表决属于一般表决(和解和重整方案为特别决议),由出席会议的有表决权的债权人过半数通过,并且其所代表的债权额占无财产担保债权总额的1/2以上。经债权人会议表决通过的破产财产分配方案对全体债权人有约束力。对两次表决未通过的法院可以裁定(管理和变价方案为一次表决未通过由法院裁定)。

②管理人实施分配,应当通知所有债权人。无法通知且无法直接交付的债权人未受领的破产财产分配额,管理人应当提存。债权人自最后分配公告之日起满2个月仍不领取的,视为放弃受领分配的权利,管理人或者人民法院应当将提存的分配额分配给其他债权人。

(3)附生效条件或者解除条件的债权。

对于附生效条件或者解除条件的债权,管理人应当将其分配额提存。在最后分配公告日,生效条件未成就或者解除条件成就的,应当分配给其他债权人;在最后分配公告日,生效条件成就或者解除条件未成就的,应当交付给债权人。

(4)对于诉讼或者仲裁未决的债权。

破产财产分配时,对于诉讼或者仲裁未决的债权,管理人应当将其分配额提存。自破产程序终结之日起满2年仍不能受领分配的,人民法院应当将提存的分配额分配给其他债权人。

【提示】诉讼或仲裁未决的债权,因为还没有最终结果,所以要先提存。

4. 破产程序的终结

(1)破产终结的程序。

破产程序终结方式主要有四种:其一,因和解、重整程序顺利完成而终结;其二,因债务人以其他方式解决债务清偿问题(包括第三人代为清偿债务、自行和解)而终结;其三,因债务人的破产财产不足以支付破产费用而终结;其四,因破产财产分配完毕而终结。在破产清算程序中仅涉及后两种情况。

破产人无财产可供分配的,管理人应当请求人民法院裁定终结破产程序。在破产人有财产可供分配的情况下,管理人在最后分配完结后,应当及时向人民法院提交破产财产分配报告,并提请人民法院裁定终结破产程序。人民法院应当自收到管理人终结破产程序的请求之日起15日内作出是否终结破产程序的裁定。裁定终结的,应当予以公告。

管理人应当自破产程序终结之日起10日内,持人民法院终结破产程序的裁定,向破产人的原登记机关办理注销登记。

(2)遗留问题的处理。

自破产程序终结之日起2年内,有下列情形之一的,债权人可以请求人民法院按照破产财产分配方案进行追加分配:

①发现有依照法律规定应当追回的财产的:发现在破产案件中有可撤销行为、无效行为或者债务人的董事、监事和高级管理人员利用职权从企业获取的非正常收入和侵占企业财产的情况,应当追回财产的。

②发现破产人有应当供分配的其他财产的。但财产数量不足以支付分配费用的,不再进行追加分配,由人民法院将其上交国库。

【链接】在破产程序终结之日起2年内,债权人可以行使破产撤销权或者针对债务人的无效行为而追回财产。在此期间追回的财产,应当按照破产财产分配方案,对全体债权人进行追加分配。破产程序终结之日起2年后,债权人发现有可以追回的财产,仍可以行使权利追回财产,但追回的财产不再用于对全体债权人清偿,而是用于对追回财产的债权人个别清偿。

③破产人的保证人和其他连带债务人,在破产程序终结后,对债权人依照破产清算程序未受清偿的债权,依法继续承担清偿责任。

【解释】破产人的保证人和其他连带债务人,不论是重整、和解抑或破产清算程序,都要承担应承担的责任。

【第六集】｜乐极生悲

【关键词】 上市公司重大资产重组、上市公司非公开发行股票、股票暂停和终止上市、虚假陈述行为、内幕交易行为

嘻哈公司聘请了国内著名经理人进行管理,拒绝亲朋好友的无孔不入,坚决不让公司高层的亲朋加入,公司经营业绩蒸蒸日上,发展得很好,于是就在上海证券交易所上市了。上市后,嘻哈公司的N多人一夜暴富,有几个人嘻嘻、哈哈,笑得实在不行,差点自己笑死。但是,中国的企业是个很奇妙的事物,很难说以后就一帆风顺了。不信吗?往下看呗。

2050年3月15日,嘻哈(以下简称嘻哈公司)公告了其重组方案,重组主要包括两个部分:(1)嘻哈公司向其控股股东乙公司非公开发行股份,购买乙公司持有的丙公司90%股权;(2)为提高重组效率,增强重组后上市公司的持续经营能力,嘻哈公司另向特定投资者非公开发行股份募集本次重组的配套资金。[①]

资料一：相关各方主要财务指标(单位：亿元)

	资产总额	营业收入	净资产(资产净额)
嘻哈公司	30.07	4.87	6.18
乙公司	14.31	1.24	8.98
丙公司	14.99	0.04	12.99

此时,根据嘻哈公司2050年3月15日的重组方案,本次重组构成重大资产重组。根据规定,上市公司及其控股或者控制的公司购买、出售的资产净额占上市公司最近一个会计年度经审计的合并报表期末净资产额的比例达到50%以上,且超过5 000万元人民币的,构成重大资产重组。在此,丙公司净资产额的90%占嘻哈公司净资产额的比例约为189%,且远远超过5 000万元人民币,构成重大资产重组。

资料二：嘻哈公司发行股份购买资产的方案摘要

(1)本次发行股份的价格按照嘻哈公司就本次重组召开的首次董事会决议公告日前20个交易日公司股票均价6.87元/股确定;发行股份购买资产完成后,嘻哈公司将拥有丙公司100%的股权。

(2)本次重组嘻哈公司新增股份约1.89亿股,本次重组完成后,上市公司总股本从重组前的3.21亿股增至5.30亿股;乙公司仍为嘻哈公司控股股东,持股比例由重组前的32.79%增加至

[①] http://www.233.com/cpa/Economic/moniti/20131018/115109401-4.html。

约58.80%。

此时,根据嘻哈公司2050年3月15日的重组方案,本次重组购买的资产对应的经营实体不需要满足持续经营时间3年以上的规定。根据规定,上市公司向收购人购买的资产总额,占上市公司控制权发生变更的前一个会计年度经审计的合并财务会计报告期末资产总额的比例达到100%以上的,上市公司购买的资产对应的经营实体持续经营时间应当在3年以上(自控制权发生变更之日起),最近两个会计年度净利润均为正数且累计超过人民币2 000万元。而交易前后嘻哈公司的实际控制权并没有发生变更,不构成"借壳上市"。

(3)乙公司以资产认购取得的嘻哈公司股份自该股份发行结束之日起36个月内不得转让。

此时,还须注意两点:

第一,嘻哈公司发行股份购买资产的方案拟定的发行价格符合规定。根据规定,上市公司发行股份购买资产的,发行股份的价格不得低于本次发行股份购买资产的董事会决议公告日前20个交易日公司股票交易均价。

第二,嘻哈公司发行股份购买资产的方案拟定的股份锁定期符合规定。根据规定,上市公司控股股东、实际控制人及其控制的关联人以资产认购而取得的上市公司股份,自股份发行结束之日起36个月内不得转让。

资料三:嘻哈公司向特定投资者非公开发行股份募集配套资金的方案摘要

(1)发行对象为A证券投资基金管理公司、B证券公司、C信托投资公司,以及自然人刘某;不包括乙公司及其控制的关联人,也不包括嘻哈公司董事会拟引入的境内外战略投资者。

(2)发行价格为6.39元/股,发行股份共计6 995万股。

(3)本次发行的股份自股份发行结束之日起12个月内不得转让。

此时,须注意以下三点:

第一,嘻哈公司向特定投资者非公开发行股份募集配套资金的方案拟定的发行对象人数符合规定。根据规定,上市公司非公开发行股票的特定对象应当符合股东大会决议规定的条件,其发行对象不得超过10名。

第二,嘻哈公司向特定投资者非公开发行股份募集配套资金的方案拟定的发行价格符合规定。根据规定,上市公司非公开发行股票的,发行对象认购本次非公开发行股票的价格不低于定价基准日前20个交易日公司股票均价的90%。

第三,嘻哈公司向特定投资者非公开发行股份募集配套资金的方案拟定的股份锁定期符合规定。因为本次发行的对象不包括乙公司及其控制的关系人,也不包括嘻哈公司董事会拟引入的境内外战略投资者,发行对象认购的股份自发行结束之日起12个月内不得转让即可。

资料四:其他事件

乙公司就本次重组向中国证监会申请要约收购豁免,并提交了股东大会同意其免于发出要约的决议,中国证监会予以批准。此时,中国证监会批准乙公司的要约收购豁免申请符合规定。根据规定,经上市公司股东大会非关联股东批准,收购人取得上市公司向其发行的新股,导致其在该公司拥有权益的股份超过该公司已发行股份的30%,收购人承诺3年内不转让本次向其发行的新股,且公司股东大会同意收购人免于发出要约的,收购人可以向中国证监会提出免于以要约方式增持股份的申请。

2052年3月1日,嘻哈公司发出公告,中国证监会对其立案稽查,怀疑2050年3月15日嘻哈公司公告的重组方案中丙公司的财务资料存在虚假记载。公告发出后,嘻哈公司股价大幅下跌。2052年5月1日,中国证监会对嘻哈公司的虚假陈述行为作出行政处罚决定。

2052年7月1日,投资者张某以嘻哈公司为被告向人民法院提起证券民事赔偿诉讼,要求嘻哈公司赔偿其投资损失;同时,投资者赵某以为丙公司出具审计报告的丁会计师事务所(特殊普通合伙)为被告提起证券民事赔偿诉讼,要求丁会计师事务所赔偿其投资损失。经查,张某于2051年1月1日购入嘻哈公司的股票1万股,2052年2月1日全部卖出,亏损5 000元;赵某于2052年1月1日买入嘻哈公司2万股,2052年6月1日卖出,亏损3万元。

另外,中国证监会调查发现:嘻哈公司法务部经理的配偶孙某在2052年2月28日一次性将其持有的嘻哈公司股票3万股全部卖出。

在此,应注意以下四点:

第一,如果人民法院告知赵某应对嘻哈公司和丁会计师事务所一并提起诉讼,赵某拒不起诉嘻哈公司的,人民法院应当依职权主动将嘻哈公司列为共同被告。根据规定,如果利害关系人未对被审计单位提起诉讼而直接对会计师事务所提起诉讼的,人民法院应当告知其对会计师事务所和被审计单位一并提起诉讼;利害关系人拒不起诉被审计单位的,人民法院应当通知被审计单位作为共同被告参加诉讼。

第二,在诉讼过程中,丁会计师事务所提出了三个抗辩:

①审计报告中已经指明"本报告仅供重组使用",投资者信赖该报告为非合理信赖,我所不应承担民事赔偿责任。此时,丁会计师事务所以指明"本报告仅供重组使用"为由提出抗辩不符合规定。根据规定,会计师事务所在报告中注明"本报告仅供年检使用"、"本报告仅供工商登记使用"等类似内容的,不能作为其免责的事由。

②丙公司财务会计报告出现的虚假记载是因我所注册会计师毛某和彭某私下与被告审计单位恶意串通所致,投资者应当向毛某、彭某提出赔偿请求。此时,丁会计师事务所以虚假记载系注册会计师毛某和彭某私下与被告审计单位恶意串通所致提出抗辩不符合规定。该债务虽因本所执业注册会计师故意引起,但仍属于执业活动引起的债务,丁会计师事务所以其全部企业财产为限向投资者承担依法应当承担的责任。而对该债务,应当按特殊普通合伙企业的规定进行,即由毛某和彭某承担无限连带责任,其他合伙人承担有限责任,承担责任后,毛某和彭某应当就由此给丁会计师事务所和其他合伙人造成的损失进行赔偿。

③如果需要承担责任,作为会计师事务所,只应承担补充赔偿责任,就嘻哈公司不能清偿部分承担赔偿责任,最高不超过不实审计金额。此时,丁会计师事务所"只需承担补充赔偿责任"的主张不符合规定。根据规定,注册会计师在审计业务活动中存在故意(例如,与被审计单位恶意串通),出具不实报告并给利害关系人造成损失的,应当认定会计师事务所与被审计单位承担连带赔偿责任。

第三,嘻哈公司是否应当对投资者张某和赵某的损失承担赔偿责任?

①嘻哈公司无需对张某承担赔偿责任。根据规定,被告证明原告在虚假陈述揭露日或者更正日之前已经卖出证券的,可以认定虚假陈述与投资损失之间没有因果关系。

②嘻哈公司需要对赵某承担赔偿责任。赵某在虚假陈述实施日及以后,至揭露日或者更正日之前买入该证券;在虚假陈述揭露或者更正日及以后,因卖出该证券发生亏损;其损失与虚假陈述行为有因果关系,嘻哈公司应当承担赔偿责任。注意,虚假陈述实施日为2050年3月15日,虚假陈述揭露日为2052年3月1日。

第四,中国证监会能否推定孙某存在内幕交易行为?

中国证监会可以推定孙某存在内幕交易行为。根据规定,内幕信息知情人员的近亲属或者其他与内幕信息知情人员关系密切的人员,在内幕信息敏感期内,从事或者明示、暗示他人从事,或者泄露内幕信息导致他人从事与该内幕信息有关的证券、期货交易,相关交易行为明显异常,且无正当理由或者正当信息来源的,推定为非法获取证券内幕信息的人员;只要监管机构提供的证据能够证明上述人员的证券交易活动与该内幕信息基本吻合,就可以确认内幕交易行为成立。

资料五:重整程序

受虚假陈述行为被揭露的影响,嘻哈公司的生产经营陷入困难,2052年经审计的期末净资产为负值。此时,嘻哈公司2052年经审计的净资产为负值时,上海证券交易所有权对其作出退市风险警示,在其公司股票简称前冠以"*ST"字样。

2053年5月,人民法院受理了债权人对嘻哈公司提出的重整申请;嘻哈公司提出的重整计划草案要点如下:

(1)担保债权人以相关担保资产的变现资产进行清偿,未获清偿的部分按照普通债权组的清偿方案获得清偿;

(2)职工债权、税款债权以公司资产变现全额清偿;

(3)全体股东让渡一定比例股份清偿公司普通债权,并由乙公司提供2亿元现金用于向普通债权人的追加清偿,普通债权的清偿比例约为55%;

(4)乙公司注入符合要求的优质资产。

2053年6月,人民法院作出了重整裁定。

如果嘻哈公司的重整计划草案在出资人组和普通债权人组表决,须注意:

第一,该重整计划草案涉及对出资人利益的调整,在出资人组进行表决时,出资人按照出资比例行使表决权,经参与表决的出资人所持表决权2/3以上通过的,即为出资人组通过了重整计划草案。

第二,重整计划草案在普通债权人组表决时,应当经出席会议的同一表决组的债权人过半数同意,并且其所代表的债权额应占该组债权总额的2/3以上。

2055年5月,重整计划草案未获得通过且未依照法律规定获得人民法院的强制批准,此时人民法院应当裁定终止重整程序,并宣告债务人破产。

【考点链接1】 上市公司重大资产重组

1. 重大资产重组行为的界定

所谓重大资产重组行为,是指上市公司及其控股或者控制的公司在日常经营活动之外购买、出售资产或者通过其他方式进行资产交易达到规定的比例,导致上市公司的主营业务、资产、收入发生重大变化的资产交易行为。上市公司按照经中国证监会核准的发行证券文件披露的募集资金用途,使用募集资金购买资产、对外投资的行为,不适用《上市公司重大资产重组办法》(以下简称《重组办法》)。

《重组办法》规定上市公司及其控股或者控制的公司购买、出售资产,达到下列标准之一的,构成重大资产重组:

(1)购买、出售的资产总额占上市公司最近一个会计年度经审计的合并财务会计报告期末资产总额的比例达到50%以上。

(2)购买、出售的资产在最近一个会计年度所产生的营业收入占上市公司同期经审计的合并财务会计报告营业收入的比例达到50%以上。

(3)购买、出售的资产净额占上市公司最近一个会计年度经审计的合并财务会计报告期末净资产额的比例达到50%以上,且超过5 000万元人民币。

【解释】购买、出售资产未达到前款规定标准,但中国证监会发现存在可能损害上市公司或者投资者合法权益的重大问题的,可以根据审慎监管原则责令上市公司按照本办法的规定补充披露相关信息、暂停交易并报送申请文件。

2. 重大资产重组行为的要求

(1)一般规定。

《重组办法》规定,上市公司实施重大资产重组,应当符合下列要求:

①符合国家产业政策和有关环境保护、土地管理、反垄断等法律和行政法规的规定。

②不会导致上市公司不符合股票上市条件。

③重大资产重组所涉及的资产定价公允,不存在损害上市公司和股东合法权益的情形。

④重大资产重组所涉及的资产权属清晰,资产过户或者转移不存在法律障碍,相关债权债务处理合法。

⑤有利于上市公司增强持续经营能力,不存在可能导致上市公司重组后主要资产为现金或者无具体经营业务的情形。

⑥有利于上市公司在业务、资产、财务、人员、机构等方面与实际控制人及其关联人保持独立,符合中国证监会关于上市公司独立性的相关规定。

⑦有利于上市公司形成或者保持健全有效的法人治理结构。

(2)"借壳上市"的特殊规定(针对收购人购买的资产总额超过上市公司资产总额的规定)。

特殊的重大资产重组行为,除了遵守以上一般规定外,还要遵守特别规定。

上市公司向收购人购买的资产总额,占上市公司控制权发生变更的前一个会计年度经审计的合并财务会计报告期末资产总额的比例达到100%以上的,上市公司购买的资产对应的经营实体持续经营时间应当在3年以上(自控制权发生变更之日起),最近两个会计年度净利润均为正数且累计超过人民币2 000万元。

前款规定的重大资产重组完成后,上市公司应当符合中国证监会关于上市公司治理与规范运作的相关规定,在业务、资产、财务、人员、机构等方面独立于控股股东、实际控制人及其控制的其他企业,与控股股东、实际控制人及其控制的其他企业间不存在同业竞争或者显失公平的关联交易。

3. 发行股份购买资产的规定

(1)《重组办法》规定,上市公司发行股份购买资产,应当符合下列规定:

①有利于提高上市公司资产质量、改善公司财务状况和增强持续盈利能力;有利于上市公司减少关联交易和避免同业竞争,增强独立性。

②上市公司最近一年及一期财务会计报告被注册会计师出具无保留意见审计报告;被出具保留意见、否定意见或者无法表示意见的审计报告的,须经注册会计师专项核查确认,该保留意见、否定意见或者无法表示意见所涉及事项的重大影响已经消除或者将通过本次交易予以消除。

③上市公司发行股份所购买的资产,应当为权属清晰的经营性资产,并能在约定期限内办理完毕权属转移手续。

④中国证监会规定的其他条件。

(2)上市公司为促进行业或者产业整合,增强与现有主营业务的协同效应,在其控制权不发生变更的情况下,可以向控股股东、实际控制人或者其控制的关联人之外的特定对象发行股份购买资产,发行股份数量不低于发行后上市公司总股本的5%;发行股份数量低于发行后上市公司总股本的5%的,主板、中小板上市公司拟购买资产的交易金额不低于1亿元人民币,创业板上市公司拟购买资产的交易金额不低于5 000万元人民币。

(3)特定对象以现金或者资产认购上市公司非公开发行的股份后,上市公司用同一次非公开发行所募集的资金向该特定对象购买资产的,视同上市公司发行股份购买资产。

(4)上市公司发行股份的价格不得低于本次发行股份购买资产的董事会决议公告日前20个交易日公司股票交易均价。交易均价的计算公式为:董事会决议公告日前20个交易日公司股票交易均价=决议公告日前20个交易日公司股票交易总额÷决议公告前20个交易日公司股票交易总量。

(5)股权转让的限制。

①特定对象以资产认购而取得的上市公司股份,自股份发行结束之日起12个月内不得转让。

②属于下列情形之一的,36个月内不得转让:特定对象为上市公司控股股东、实际控制人或者其控制的关联人;特定对象通过认购本次发行的股份取得上市公司的实际控制权;特定对象取得本次发行的股份时,对其用于认购股份的资产持续拥有权益的时间不足12个月。

【补充】上市公司非公开发行股票,发行对象属于下列情形之一的:认购的股份自发行结束之日起36个月内不得转让:上市公司的控股股东、实际控制人或者其控制的关联人;通过认购本次发行的股份取得上市公司实际控制权的投资者;董事会拟引入的境内外战略投资者。

4.信息披露

重大资产重组涉及上市公司的重大变化,属于重大信息,应当及时披露。在披露之前,资产重组的各参与方都应当严格保密。上市公司关于重大资产重组的董事会决议公告前,相关信息已在媒体上传播或者公司股票交易出现异常波动的,上市公司应当立即将有关计划、方案或者相关事项的现状以及相关进展情况和风险因素等予以公告,并按照有关信息披露规则办理其他相关事宜。

在诸多信息披露义务中,比较特殊的是盈利预测的信息披露要求:

(1)上市公司购买资产的,应当提供拟购买资产的盈利预测报告。

(2)当上市公司出售资产的总额和购买资产的总额占其最近一个会计年度经审计的合并财务会计报告期末资产总额的比例均达到70%以上;或上市公司出售全部经营性资产,同时购买其他资产的,还应当提供上市公司的盈利预测报告。

(3)盈利预测报告应当经具有相关证券业务资格的会计师事务所审核。

(4)重大资产重组实施完毕后,凡不属于上市公司管理层事前无法获知且事后无法控制的原因,上市公司或者购买资产实现的利润未达到盈利预测报告预测金额的80%的,上市公司的董事长、总经理以及出具预测报告的相关人员应当在上市公司披露年度报告的同时,在同一报刊上作出解释,并向投资者公开道歉;实现利润未达到预测金额50%的,可以对上市公司、相关机构及其责任人员采取监管谈话、出具警示函、责令定期报告等监管措施。

上市公司确有充分理由无法提供上述盈利预测报告的,应当说明原因,在上市公司重大资产重组报告书(或者发行股份购买资产报告书)中作出特别风险提示,并在管理层讨论与分析部分就本次重组对上市公司持续经营能力和未来发展前景的影响进行详细分析。

5.公司决议

(1)上市公司股东大会就重大资产重组事项作出决议,必须经出席会议的股东所持表决权的 2/3 以上通过。

(2)上市公司重大资产重组事宜与本公司股东或者其关联人存在关联关系的,股东大会就重大资产重组事项进行表决时,关联股东应当回避表决。

(3)交易对方已经与上市公司控股股东就受让上市公司股权或者向上市公司推荐董事达成协议或者默契,可能导致上市公司的实际控制权发生变化的,上市公司控股股东及其关联人应当回避表决。

上市公司就重大资产重组事宜召开股东大会,应当以现场会议形式召开,并应当提供网络投票或者其他合法方式为股东参加股东大会提供便利。

6. 证监会核准

上市公司应当在股东大会作出重大资产重组决议后的次一工作日公告该决议,并按照中国证监会的有关规定编制申请文件,委托独立财务顾问在 3 个工作日内向中国证监会申报、同时抄报派出机构。中国证监会依照法定条件和法定程序对重大资产重组申请作出予以核准或者不予核准的决定。

中国证监会在发行审核委员会中设立上市公司并购重组审核委员会(以下简称并购重组委),以投票方式对提交其审议的重大资产重组申请进行表决,提出审核意见。

(1)上市公司重大资产重组存在下列情形之一的,应当提交并购重组委审核:

①上市公司向收购人购买的资产总额,占上市公司控制权发生变更的前一个会计年度经审计的合并财务会计报告期末资产总额的比例达到 100% 以上的。

②上市公司出售资产的总额和购买资产的总额占其最近一个会计年度经审计的合并财务会计报告期末资产总额的比例均达到 70% 以上。

③上市公司出售全部经营性资产,同时购买其他资产。

④中国证监会在审核中认为需要提交并购重组委审核的其他情形。

(2)重大资产重组不存在前款规定情形,但存在下列情形之一的,上市公司可以向中国证监会申请将本次重组方案提交并购重组委审核:

①上市公司购买的资产为符合本办法第五十条规定的完整经营实体且业绩需要模拟计算的。①

②上市公司对中国证监会有关职能部门提出的反馈意见表示异议的。

【考点链接2】 上市公司非公开发行股票

所谓非公开发行股票,是指上市公司采用非公开方式,向特定对象发行股票的行为。

1.发行对象和认购条件

(1)特定发行对象不超过 10 名。

【解释1】发行对象不超过 10 名是指认购并获得本次非公开发行股票的法人、自然人或者其他合法投资组织不超过 10 名。

---

① 《重组办法》第 50 条规定:本办法所称完整经营实体,应当符合下列条件:(1)经营业务和经营资产独立、完整,且在最近 2 年未发生重大变化;(2)在进入上市公司前已在同一实际控制人之下持续经营 2 年以上;(3)在进入上市公司之前实行独立核算,或者虽未独立核算,但与其经营业务相关的收入、费用在会计核算上能够清晰划分;(4)上市公司与该经营实体的主要高级管理人员签订聘用合同或者采取其他方式,就该经营实体在交易完成后的持续经营和管理作出恰当安排。

【解释2】证券投资基金管理公司以其管理的2只以上的基金认购的,视为1个发行对象;信托公司作为发行对象,只能以自有资金认购。发行对象为境外战略投资者的,应当经国务院相关部门事先批准。

(2)发行对象属于下列情形之一的,具体发行对象及其认购价格或者定价原则应当由上市公司董事会的非公开发行股票决议确定,并经股东大会批准,认购的股份自发行结束之日起36个月内不得转让:

①上市公司的控股股东、实际控制人或者其控制的关联人;
②通过认购本次发行的股份取得上市公司实际控制权的投资者;
③董事会拟引入的境内外战略投资者。

(3)除此之外的发行对象,上市公司应当在取得发行核准批文后,按照有关规定以竞价方式确定发行对象和发行价格。发行对象认购的股份自发行结束之日起12个月内不得转让。

(4)发行价格不低于定价基准日前20个交易日公司股票均价的90%。

【补充1】上市公司向不特定对象公开募集股份(增发)的,发行价格应不低于"公告招股意向书前20个交易日"公司股票均价或前一个交易日的均价。

【补充2】可转换公司债券转为股份的,转股价格应不低于"募集说明书公告日前20个交易日"该公司股票交易均价和前一交易日的均价。

【解释1】定价基准日可以是本次非公开发行股票的董事会决议公告日、股东大会决议公告日,也可以是发行期的首日。

【解释2】定价基准日前20个交易日公司股票均价=定价基准日前20个交易日股票交易总额÷定价基准日前20个交易日股票交易总量。

(5)本次发行导致上市公司控制权发生变化的,还应当符合中国证监会的其他规定。

2. 上市公司存在下列情形之一的,不得非公开发行股票:

(1)本次发行申请文件有虚假记载、误导性陈述或重大遗漏。
(2)上市公司的权益被控股股东或实际控制人严重损害且尚未消除。
(3)上市公司及其附属公司违规对外提供担保且尚未解除。
(4)现任董事、高级管理人员最近36个月内受到过中国证监会的行政处罚,或者最近12个月内受到过证券交易所公开谴责。
(5)上市公司或其现任董事、高级管理人员因涉嫌犯罪正被司法机关立案侦查或涉嫌违法违规正被中国证监会立案调查。
(6)最近一年及一期财务报表被注册会计师出具保留意见、否定意见或无法表示意见的审计报告。保留意见、否定意见或无法表示意见所涉及事项的重大影响已经消除或者本次发行涉及重大重组的除外。
(7)严重损害投资者合法权益和社会公共利益的其他情形。

上市公司非公开发行股票的发行对象和发行条件

发行对象	非公开发行股票的特定对象应当符合股东大会决议规定的条件,其发行对象不超过10名。其中: ①证券投资基金管理公司以其管理的2只以上基金认购的,视为一个发行对象; ②信托公司作为发行对象,只能以自有资金认购; ③发行对象为境外战略投资者的,应当经国务院相关部门事先批准。

续表

转让限制	发行对象属于下列情形之一的,具体发行对象及其认购价格或者定价原则应当由上市公司董事会的非公开发行股票决议确定,并经股东大会批准;认购的股份自发行结束之日起36个月内不得转让: ①上市公司的控股股东、实际控制人或其控制的关联人; ②通过认购本次发行的股份取得上市公司实际控制权的投资者; ③董事会拟引入的境内外战略投资者
	除此之外的发行对象,上市公司应当在取得发行核准批文后,按照有关规定以竞价方式确定发行价格和发行对象。发行对象认购的股份自发行结束之日起12个月内不得转让。
发行价格	发行对象认购本次非公开发行股票的发行价格不低于定价基准日前20个交易日公司股票均价的90%。 ①这里所称"定价基准日",是指计算发行底价的基准日。定价基准日可以为关于本次非公开发行股票的董事会决议公告日、股东大会决议公告日,也可以为发行期的首日。上市公司应按不低于该发行底价的价格发行股票。 ②这里所称"定价基准日前20个交易日股票交易均价"的计算公式为:定价基准日前20个交易日股票交易均价=定价基准日前20个交易日股票交易总额÷定价基准日前20个交易日股票交易总量

【考点链接3】 股票暂停和终止上市

1.退市风险警示

当上市公司出现财务状况异常或者其他异常情况,导致其股票存在被终止上市的风险,或者投资者难以判断公司前景,投资权益可能受到损害的,证券交易所将对该公司股票交易实行特别处理。特别处理包括警示存在终止上市风险的特别处理(退市风险警示)和其他特别处理措施。特别处理措施的内容包括:(1)对于退市风险警示,在公司股票简称前冠以"*ST"字样(其他特别处理的措施冠以"ST"字样),以区别于其他股票。(2)股票报价的日涨跌幅限制为5%。

上市公司出现以下情形之一的,本所对其股票实施退市风险警示:

(1)最近两个会计年度经审计的净利润连续为负值或者被追溯重述后连续为负值。

(2)最近一个会计年度经审计的期末净资产为负值或者被追溯重述后为负值。

(3)最近一个会计年度经审计的营业收入低于1 000万元或者被追溯重述后低于1 000万元。

(4)最近一个会计年度的财务会计报告被会计师事务所出具无法表示意见或者否定意见的审计报告。

(5)因财务会计报告存在重大会计差错或者虚假记载,被中国证监会责令改正但未在规定期限内改正,且公司股票已停牌2个月。

(6)未在法定期限内披露年度报告或者中期报告,且公司股票已停牌2个月。

(7)公司可能被解散。

(8)法院依法受理公司重整、和解或者破产清算申请。

(9)因股权分布不具备上市条件,公司在规定的一个月内向本所提交解决股权分布问题的方案,并获得本所同意。

【解释1】股权分布不具备上市条件:指社会公众股东持有的股份连续20个交易日低于公司总股本的25%,公司股本总额超过人民币4亿元的,低于公司总股本的10%。

【解释 2】上述社会公众股东指不包括下列股东的上市公司其他股东:持有上市公司 10%以上股份的股东及其一致行动人,上市公司的董事、监事、高级管理人员及其关联人。

(10)本所认定的其他情形。

2.暂停上市

上市公司出现下列情形之一的,由本所决定暂停其股票上市:

(1)因最近两个会计年度的净利润连续为负值或者被追溯重述后连续为负值,其股票被实施退市风险警示后,公司披露的最近一个会计年度经审计的净利润继续为负值;

(2)因最近一个会计年度的经审计的期末净资产为负值或者被追溯重述后连续为负值,其股票被实施退市风险警示后,公司披露的最近一个会计年度经审计的期末净资产继续为负值;

(3)因最近一个会计年度的营业收入低于 1 000 万元或者被追溯重述后低于 1 000 万元,其股票被实施退市风险警示后,公司披露的最近一个会计年度经审计的营业收入继续低于 1 000 万元;

(4)因最近一个会计年度的财务会计报告被会计师事务所出具无法表示意见或者否定意见的审计报告,其股票被实施退市风险警示后,公司披露的最近一个会计年度的财务会计报告被会计师事务所出具无法表示意见或者否定意见的审计报告;

(5)因财务会计报告中存在重大会计差错或者虚假记载,而未在规定期限内改正,其股票被实施退市风险警示后,公司在 2 个月内仍未按要求改正财务会计报告;

(6)因未在法定期限内披露年度报告或者中期报告,其股票被实施退市风险警示后,公司在 2 个月内仍未披露应披露的年度报告或者中期报告;

(7)公司股本总额发生变化不具备上市条件;

(8)因股权分布发生变化不具备上市条件,其股票被实施停牌后,未在停牌后一个月内向本所提交解决股权分布问题的方案,或者提交了方案但未获本所同意,或者因股权分布发生变化不具备上市条件,其股票被实施退市风险警示后,公司在 6 个月内其股权分布仍不具备上市条件;

(9)公司有重大违法行为;

(10)本所认定的其他情形。

3.终止上市

《上市规则》规定,上市公司出现下列情形之一的,由本所决定终止其股票上市:

(1)因净利润、净资产、营业收入或者审计意见类型触及相关标准,其股票被暂停上市后,公司披露的最近一个会计年度经审计的财务会计报告存在扣除非经常性损益前后的净利润孰低者为负值、期末净资产为负值、营业收入低于 1 000 万元,或者被会计师事务所出具保留意见、无法表示意见、否定意见的审计报告四种情形之一。

(2)因净利润、净资产、营业收入或者审计意见类型触及相关标准,其股票被暂停上市后,公司未能在法定期限内披露最近一年的年度报告。

(3)因未在规定期限内按要求改正财务会计报告中的重大差错或者虚假记载触及标准,其股票被暂停上市后,公司在 2 个月内仍未按要求改正财务会计报告。

(4)因未在规定期限内披露年度报告或者中期报告触及标准,其股票被暂停上市后,公司在 2 个月内仍未按要求披露相关定期报告。

(5)在本所仅发行 A 股股票的上市公司,通过本所交易系统连续 120 个交易日(不包含公司股票停牌日)实现的累计股票成交量低于 500 万股,或者连续 20 个交易日(不包含公司股票停牌日)的每日股票收盘价均低于股票面值。

(6)在本所仅发行B股股票的上市公司,通过本所交易系统连续120个交易日(不包含公司股票停牌日)实现的累计股票成交量低于100万股,或者连续20个交易日(不包含公司股票停牌日)的每日股票收盘价均低于股票面值。

(7)在本所既发行A股股票又发行B股股票的上市公司,其A、B股股票的成交量或者收盘价同时触及本条第(5)项和第(6)项规定的标准。

(8)公司股本总额发生变化不再具备上市条件,在本所规定的期限内仍不能达到上市条件。

(9)因股权分布发生变化不具备上市条件触及标准,其股票被暂停上市后,公司在暂停上市6个月内股权分布仍不具备上市条件。

(10)上市公司或者收购人以终止股票上市为目的回购股份或者要约收购,在方案实施后,公司股本总额、股权分布等发生变化不再具备上市条件。

(11)上市公司被吸收合并。

(12)股东大会在公司股票暂停上市期间作出终止上市的决议。

(13)公司解散。

(14)公司被法院宣告破产。

(15)因净利润、净资产、营业收入、审计意见类型触及相关标准,其股票被暂停上市后,公司在法定期限内披露了最近一年年度报告,但未在其后的5个交易日内提出恢复上市申请。

(16)因未在规定期限内按要求改正财务会计报告中的重大差错或者虚假记载触及标准,其股票被暂停上市后,公司在2个月内披露了按要求改正的财务会计报告,但未在其后的5个交易日内提出恢复上市申请。

(17)因未在规定期限内披露年度报告或者中期报告触及标准,其股票被暂停上市后,公司在2个月内披露了相关定期报告,但未在其后的5个交易日内提出恢复上市申请。

(18)因股本总额发生变化不再具备上市条件或者股权分布发生变化不具备上市条件触及标准,其股票被暂停上市后,公司股本总额在规定的期限内或者股权分布在6个月内重新具备上市条件,但未在其后的5个交易日内提出恢复上市申请。

(19)恢复上市申请未被受理。

(20)恢复上市申请未获同意。

(21)本所认定的其他情形。

不过,在证券交易所对股票作出终止上市决定之日后,公司股票并非立即退市,现行《上市规则》还规定了一个缓冲阶段——退市整理期。在证券交易所公告对上市公司股票作出终止上市的决定之日后的5个交易日届满的下一交易日起,公司股票进入退市整理期。退市整理期的交易期限为30个交易日。在退市整理期间,公司股票进入本所风险警示板交易。上市公司股票在退市整理期届满后的次日终止上市,证券交易所对其予以摘牌。

上市公司股票被终止上市后,公司应当选择并申请将其股票转入全国性的场外交易市场、其他符合条件的区域性场外交易市场或者本所设立的退市公司股份转让系统进行股份转让;公司不申请的,证券交易所安排其股票在本交易所退市公司股份转让系统进行股份转让。

【考点链接4】 虚假陈述行为[①]

禁止虚假陈述是《证券法》首要打击的欺诈活动。因为证券法以强制性信息披露作为监管的主要手段,如果缺乏对虚假陈述的禁止,不能保证信息披露的真实、准确和完整,则强制性信息披露的监管毫无意义。

1. 虚假陈述行为的界定

虚假陈述是指对证券发行、交易及其相关活动的事实、性质、前景、法律等事项作出不实、严重误导或者含有重大遗漏的任何形式的虚假陈述或者诱导,致使投资者在不了解事实真相的情况下作出证券投资决定的行为以及未按照规定披露信息的行为。包括:

(1)发行人、上市公司和其他信息披露义务人在招股说明书、公司债券募集办法、上市公司公告书、公司定期报告、临时报告及其他文件中作出虚假陈述。

(2)律师事务所、会计师事务所、资产评估机构等专业性证券服务机构在其出具的法律意见书、审计报告、资产评估报告及参与制作的其他文件中作出虚假陈述。

(3)上述人等在向证券监管部门提交的各种文件、报告和说明中作出虚假陈述。

(4)发行人、上市公司和其他信息披露义务人未按照规定披露信息,包括未按照规定的方式进行披露、未及时披露等。

(5)在证券发行、交易及其相关活动中的其他虚假陈述。

具体而言,中国证监会在《信息披露违法行为行政责任认定规则》(以下简称《虚假陈述行政责任规则》)中规定:

(1)信息披露义务人未按照法律、行政法规、规章和规范性文件,以及证券交易所业务规则规定的信息披露(包括报告)期限、方式等要求及时、公平披露信息,应当认定构成未按照规定披露信息的信息披露违法行为。

(2)信息披露义务人在信息披露文件中对所披露内容进行不真实记载,包括发生业务不入账、虚构业务入账、不按照相关规定进行会计核算和编制财务会计报告,以及其他在信息披露中记载的事实与真实情况不符的,应当认定构成所披露的信息有虚假记载的信息、披露违法行为。

(3)信息披露义务人在信息披露文件中,或者通过其他信息发布渠道、载体,作出不完整、不准确陈述,致使或者可能致使投资者对其投资行为发生错误判断的,应当认定构成所披露的信息、有误导性陈述的信息披露违法行为。

(4)信息披露义务人在信息披露文件中,未按照法律、行政法规、规章和规范性文件以及证券交易所业务规则关于重大事件或者重要事项信息披露要求披露信息,遗漏重大事项的,应当认定构成所披露的信息有重大遗漏的信息披露违法行为。

2. 虚假陈述行为的行政责任

《证券法》第191条规定:"发行人、上市公司或者其他信息披露义务人未按照规定披露信息,或者所披露的信息有虚假记载、误导性陈述或者重大遗漏的,责令改正,给予警告,并处以30万元以上60万元以下的罚款。对直接负责的主管人员和其他直接责任人员给予警告,并处以3万元以上30万元以下的罚款。

发行人、上市公司或者其他信息披露义务人未按照规定报送有关报告,或者报送的报告有

[①] 为了保证证券市场信息的真实性以及投资者获得信息的机会平等,《证券法》特别规定了几类证券欺诈行为的法律责任,这些证券欺诈行为主要包括虚假陈述、内幕交易和操纵市场。

虚假记载、误导性陈述或者重大遗漏的,责令改正,给予警告,并处以 30 万元以上 60 万元以下的罚款。对直接负责的主管人员和其他直接责任人员给予警告,并处以 3 万元以上 30 万元以下的罚款。

发行人、上市公司或者其他信息披露义务人的控股股东、实际控制人指使从事前两款违法行为的,按照前两款的规定处罚。可见,对于发行人或者上市公司的虚假陈述行为发行人、上市公司及其相关人员都可能承担责任。"

(1)对于虚假陈述中个人责任的认定,《虚假陈述行政责任规则》中区分了两类不同主体:

①发行人或者上市公司的董事、监事和高级管理人员。这些人依据法律规定,负有保证信息披露真实、准确、完整、及时和公平义务,应当视情形认定其为直接负责的主管人员或者其他直接责任人员承担行政责任。但其能够证明已尽忠实、勤勉义务,没有过错的除外。

②董事、监事、高级管理人员之外的其他人员。对于这些人,如果确有证据证明其行为与信息披露违法行为具有直接因果关系,包括实际承担或者履行董事、监事或者高级管理人员的职责,组织、参与实施了公司信息披露违法行为或者直接导致信息披露违法的,应当视情形认定其为直接负责的主管人员或者其他直接责任人员。

③如有证据证明因信息披露义务人受控股股东、实际控制人指使,未按照规定披露信息或者所披露的信息有虚假记载、误导性陈述或者重大遗漏的,在认定信息披露义务人责任的同时,应当认定信息披露义务人控股股东、实际控制人的信息披露违法责任。信息披露义务人的控股股东、实际控制人是法人的,其负责人应当认定为直接负责的主管人员。

控股股东、实际控制人直接授意、指使从事信息披露违法行为,或者隐瞒应当披露信息、不告知应当披露信息的,应当认定控股股东、实际控制人指使从事信息披露违法行为。

(2)从轻或者减轻处罚的考虑情形:

①未直接参与信息披露违法行为。

②在信息披露违法行为被发现前,及时主动要求公司采取纠正措施或者向证券监管机构报告。

③在获悉公司信息披露违法后,向公司有关主管人员或者公司上级主管提出质疑并采取了适当措施。

④配合证券监管机构调查且有立功表现。

⑤受他人胁迫参与信息披露违法行为。

⑥其他需要考虑的情形。

(3)不予行政处罚的考虑情形:

①当事人对认定的信息披露违法事项提出具体异议记载于董事会、监事会、公司办公会会议记录等,并在上述会议中投反对票的。

②当事人在信息披露违法事实所涉及期间,由于不可抗力、失去人身自由等无法正常履行职责的。

③对公司信息披露违法行为不负有主要责任的人员在公司信息披露违法行为发生后及时向公司和证券交易所、证券监管机构报告的。

④其他需要考虑的情形。

【解释】《虚假陈述行政责任规则》中明确规定,任何下列情形,不得单独作为不予处罚情形认定:不直接从事经营管理;能力不足、无相关职业背景;任职时间短、不了解情况;相信专业机构或者专业人员出具的意见和报告;受到股东、实际控制人控制或者其他外部干预。

(4)应当从重处罚的情形:

①不配合证券监管机构监管,或者拒绝、阻碍证券监管机构及其工作人员执法,甚至以暴力、威胁及其他手段干扰执法。

②在信息披露违法案件中变造、隐瞒、毁灭证据,或者提供伪证,妨碍调查。

③两次以上违反信息披露规定并受到行政处罚或者证券交易所纪律处分。

④在信息披露中有不良诚信记录并记入证券期货诚信档案。

⑤证监会认定的其他情形。

(5)证券服务机构的行政责任。

对于虚假陈述行为,如果律师、会计师和资产评估师等证券服务机构也有涉及的,也应当承担行政责任。《证券法》第223条规定:"证券服务机构未勤勉尽责,所制作、出具的文件有虚假记载、误导性陈述或者重大遗漏的,责令改正,没收业务收入,暂停或者撤销证券服务业务许可,并处以业务收入1倍以上5倍以下的罚款。对直接负责的主管人员和其他直接责任人员给予警告,撤销证券从业资格,并处以3万元以上10万元以下的罚款。"

从轻或者减轻处罚	不予行政处罚	应当从重处罚
(1)未直接参与信息披露违法行为; (2)在信息披露违法行为被发现前,及时主动要求公司采取纠正措施或者向证券监管机构报告; (3)在获悉公司信息披露违法后,向公司有关主管人员或者公司上级主管提出质疑并采取了适当措施; (4)配合证券监管机构调查且有立功表现; (5)受他人胁迫参与信息披露违法行为; (6)其他需要考虑的情形	(1)当事人对认定的信息披露违法事项提出具体异议记载于董事会、监事会、公司办公会会议记录等,并在上述会议中投反对票的; (2)当事人在信息披露违法事实所涉及期间,由于不可抗力、失去人身自由等无法正常履行职责的; (3)对公司信息披露违法行为不负有主要责任的人员在公司信息披露违法行为发生后及时向公司和证券交易所、证券监管机构报告的; (4)其他需要考虑的情形	(1)不配合证券监管机构监管,或者拒绝、阻碍证券监管机构及其工作人员执法,甚至以暴力、威胁及其他手段干扰执法。 (2)在信息披露违法案件中变造、隐瞒、毁灭证据,或者提供伪证,妨碍调查; (3)两次以上违反信息披露规定并受到行政处罚或者证券交易所纪律处分; (4)在信息披露中有不良诚信记录并记入证券期货诚信档案; (5)证监会认定的其他情形

3. 虚假陈述行为的刑事责任

《刑法》分别针对发行时虚假陈述行为和上市公司的虚假陈述行为,规定了两种不同的罪名,即欺诈发行股票、债券罪和违规披露、不披露重要信息罪。

4. 虚假陈述行为的民事责任

在实践中,对发行人或者上市公司虚假陈述民事责任的追究面临两个难题:一个是因果关系的确定。投资者要想实现民事责任的追究,必须在虚假陈述行为和其投资损失之间建立其因果关联。由于虚假陈述表现为一种信息的虚假,投资者要证明上述因果关系非常困难——其首先必须证明自己信赖了该虚假信息,其后还必须证明自己的损失和该虚假信息之间存在因果关系。对于许多投资者来说,完成这种举证责任基本上是不可能的。另一个难题表现在诉讼方式上。发行人或者上市公司的虚假陈述可能影响到该发行人或者上市公司的所有股东,其人数众多、分布广泛,每个股东也许受到的损失并不严重。因此,要让这些受害人单独提起诉讼,成本太高,诉讼的动力不强。

(1)因果关系的认定。

最高人民法院2003年发布的《关于审理证券市场因虚假陈述引发的民事赔偿案件的若干规定》中对于证券市场中因虚假陈述引发的民事赔偿诉讼作出了特别规定。《审理证券民事案件规定》的最大突破在于对于证券虚假陈述的民事诉讼中的因果关系采取了推定的方式,极大地减少了受害投资者在这方面的举证责任。对因果关系的认定,存在两个时间段的认定。首先是买入时间段,即只要"投资者在虚假陈述实施日及以后,至揭露日或者更正日之前买入该证券"。其次是损失产生时间段,"投资者在虚假陈述揭露日或者更正日及以后,因卖出该证券发生亏损,或者因持续持有该证券而产生亏损"。

只要投资者的损失产生在这个时间段,即推定投资者的损失与虚假陈述行为之间存在因果关系。

因此,只要投资者买入行为和损失的产生符合这两个时间段的要求,投资者即满足了证明虚假陈述和投资损失之间因果关系的证明责任,而被告如果不想承担赔偿责任,则需要举证证明原告具有以下情形:①在虚假陈述揭露日或者更正日之前已经卖出证券;②虚假陈述揭露日或者更正日及之后进行的投资;③明知虚假陈述存在而进行的投资;④损失或者部分损失是由证券市场系统风险等其他因素所导致;⑤属于恶意投资、操作证券价格的。

可以想象,被告要证明上述情形会比较困难,相应原告起诉的成功率会大大增强。不过,要想确定上述两个时间段,几个时间点的确定很关键,包括虚假陈述实施日、虚假陈述揭露日或更正日。

对于虚假记载、误导性陈述等积极虚假陈述行为,虚假陈述实施日比较容易确定,即信息披露的公布日。按照中国证监会的规定,信息披露应当在指定媒体首先披露。因此,在指定信息披露媒体发布虚假陈述文件的日期,即可以确定为虚假陈述实施日。对于隐瞒和不履行信息披露义务的,则应以法定期限的最后一个日期为虚假陈述实施日。

虚假陈述揭露日或者更正日,在实践中往往很模糊,较难确定。一般认为:①监管机关有关立案稽查的消息,可以作为揭露日的标志。②媒体揭露行为是否可以作为虚假陈述揭露日,可与相关股票是否停牌挂钩,其引起价格急剧波动导致其停牌的,则可以认定其揭露行为的时日为虚假陈述揭露日。

(2)投资差额损失。

虚假陈述行为人在证券交易市场承担民事赔偿责任的范围,以投资人因虚假陈述而实际发生的损失为限,投资人实际损失包括投资差额损失、投资差额损失部分的佣金和印花税。

投资人在基准日及以前卖出证券的,其投资差额损失以买入证券平均价格与实际卖出证券平均价格之差,乘以投资人所持证券数量计算。

投资人在基准日之后卖出或者仍持有证券的,其投资差额损失以买入证券平均价格与虚假陈述揭露日或者更正日起至基准日期间,每个交易日收盘价的平均价格之差,乘以投资人所持证券数量计算。

【解释1】投资差额损失计算的基准日,是指虚假陈述揭露或者更正后,为将投资人应获赔偿限定在虚假陈述所造成的损失范围内,确定损失计算的合理期间而规定的截止日期。基准日分别按下列情况确定:①揭露日或者更正日起,至被虚假陈述影响的证券累计成交量达到其可流通部分100%之日。但通过大宗交易协议转让的证券成交量不予计算。②按前项规定在开庭审理前尚不能确定的,则以揭露日或者更正日后第30个交易日为基准日。③已经退出证券交易市场的,以摘牌日前一交易日为基准日。④已经停止证券交易的,可以停牌日前一交易日为基准日;恢复交易的,可以本条第①项规定确定基准日。

【解释2】 投资人持股期间基于股东身份取得的收益,包括红利、红股、公积金转增所得的股份以及投资人持股期间出资购买的配股、增发股和转配股,不得冲抵虚假陈述行为人的赔偿金额。

(3)《证券法》规定的连带赔偿责任。

①发行人、上市公司公告的招股说明书、公司债券募集办法、财务会计报告、上市报告文件、年度报告、中期报告、临时报告以及其他信息披露资料,有虚假记载、误导性陈述或者重大遗漏,致使投资者在证券交易中遭受损失的,发行人、上市公司应当承担赔偿责任。

②发行人、上市公司的董事、监事、高级管理人员和其他直接责任人员以及保荐人、承销的证券公司,应当与发行人、上市公司承担连带赔偿责任,但是能够证明自己没有过错的除外。

③发行人、上市公司的控股股东、实际控制人有过错的,应当与发行人、上市公司承担连带赔偿责任。

④证券服务机构为证券的发行、上市、交易等证券业务活动制作、出具审计报告、资产评估报告、财务顾问报告、资信评级报告或者法律意见书等文件,应当勤勉尽责,对所制作、出具的文件内容的真实性、准确性、完整性进行核查和验证。其制作、出具的文件有虚假记载、误导性陈述或者重大遗漏,给他人造成损失的,应当与发行人、上市公司承担连带赔偿责任,但是能够证明自己没有过错的除外。

无过错责任	发行人、上市公司
过错责任	发行人、上市公司的控股股东、实际控制人
过错推定责任	为证券的发行、上市、交易等证券业务活动制作、出具审计报告、资产评估报告、财务顾问报告、资信评级报告或者法律意见书的证券服务机构
	发行人、上市公司的董事、监事、高级管理人员
	保荐人、承销的证券公司

【考点链接5】 内幕交易行为

1. 内幕交易

内幕交易是指证券交易内幕信息的知情人员利用内幕信息进行证券交易的行为。内幕交易的主体是内幕信息知情人员,行为特征是内幕信息知情人员通过掌握的内幕信息买卖证券,或者建议他人买卖证券。内幕信息知情人员自己未买卖证券,也未建议他人买卖证券,但将内幕信息泄露给他人,接受内幕信息者依此买卖证券的,也属于内幕交易行为。

内幕交易行为破坏了投资者获取信息的平等机会,某些人因为特殊的优势可以比公众提早获得内幕信息,允许这些人利用这些信息获利是不公平的。

2. 内幕信息

内幕信息是指在证券交易活动中,涉及公司的经营、财务或者对该公司证券的市场价格有重大影响的尚未公布的信息。下列信息皆属内幕信息:

(1)应报送临时报告的重大事件。

(2)公司分配股利或者增资的计划。

(3)公司股权结构的重大变化。

(4)公司债务担保的重大变更。

(5)公司营业用主要资产的抵押、出售或者报废一次超过该资产的30%。
(6)公司的董事、监事、高级管理人员的行为可能依法承担重大损害赔偿责任。
(7)上市公司收购的有关方案。
(8)国务院证券监督管理机构认定的对证券交易价格有显著影响的其他重要信息。

【解释1】内幕交易行为的认定首先需要确认存在内幕信息。内幕信息的范围已经由上文规定,但内幕信息另外一个重要的因素是尚未公开。因此,内幕交易只能发生在内幕信息产生至公开之间的这段时间内,这段时间被称为内幕信息的敏感期。

【解释2】公司分配股利或者增资的计划、上市公司收购的有关方案等的形成时间,应当认定为内幕信息的形成之时。

影响内幕信息形成的动议、筹划、决策或者执行人员,其动议、筹划、决策或者执行初始时间,应当认定为内幕信息的形成之时。

重大事件的发生时间,应当认定为内幕信息的形成之时。

【解释3】内幕信息的公开,是指内幕信息在国务院证券、期货监督管理机构指定的报刊、网站等媒体披露。

3. 内幕交易行为的认定

在内幕信息敏感期内,内幕信息的知情人员和非法获取内幕信息的人,不得买卖该公司的证券,或者泄露,或者建议他人买卖该证券,否则就构成了内幕信息。

(1)内幕信息知情人员。

证券交易内幕信息的知情人包括:

①发行人的董事、监事、高级管理人员。

②持有公司5%以上股份的股东及其董事、监事、高级管理人员,公司的实际控制人及其董事、监事、高级管理人员。

③发行人控股的公司及其董事、监事、高级管理人员。

④由于所任公司职务可以获取公司有关内幕信息的人员。

⑤证券监督管理机构工作人员以及由于法定职责对证券的发行、交易进行管理的其他人员。

⑥保荐人、承销的证券公司、证券交易所、证券登记结算机构、证券服务机构的有关人员。

⑦国务院证券监督管理机构规定的其他人员。

(2)非法获取证券内幕信息的人员。

①利用窃取、骗取、套取、窃听、利诱、刺探或者私下交易等手段获取内幕信息的。

②内幕信息知情人员的近亲属或者其他与内幕信息知情人员关系密切的人员,在内幕信息敏感期内,从事或者明示、暗示他人从事,或者泄露内幕信息导致他人从事与该内幕信息有关的证券、期货交易,相关交易行为明显异常,且无正当理由或者正当信息来源的。

③在内幕信息敏感期内,与内幕信息知情人员联络、接触,从事或者明示、暗示他人从事,或者泄露内幕信息导致他人从事与该内幕信息、有关的证券、期货交易,相关交易行为明显异常,且无正当理由或者正当信息来源的。

【解释】上述所谓"相关交易行为明显异常",要综合以下情形,从时间吻合程度、交易背离程度和利益关联程度等方面予以认定:

①开户、销户、激活资金账户或者指定交易(托管)、撤销指定交易(转托管)的时间与该内幕信息形成、变化、公开时间基本一致的。

②资金变化与该内幕信息形成、变化、公开时间基本一致的。

③买入或者卖出与内幕信息有关的证券、期货合约时间与内幕信息的形成、变化和公开时间基本一致的。

④买入或者卖出与内幕信息有关的证券、期货合约时间与获悉内幕信息的时间基本一致的。

⑤买入或者卖出证券、期货合约行为明显与平时交易习惯不同的。

⑥买入或者卖出证券、期货合约行为,或者集中持有证券、期货合约行为与该证券、期货公开信息反映的基本面明显背离的。

⑦账户交易资金进出与该内幕信息知情人员或者非法获取人员有关联或者利害关系的。

⑧其他交易行为明显异常情形。

(3) 责任推定。

当事人属于上述内幕信息知情人员或者非法获取内幕信息的人员,又在内幕信息、敏感期买卖证券的,大体可以推定其从事了内幕交易行为。当然,当事人可以通过举证推翻上述推定。因此,只要监管机构提供的证据能够证明以下情形之一,就可以确认内幕交易行为成立:

①《证券法》第74条规定的证券交易内幕信息知情人,进行了与该内幕信息有关的证券交易活动。

②《证券法》第74条规定的内幕信息知情人的配偶、父母、子女以及其他有密切关系的人,其证券交易活动与该内幕信息基本吻合。

③因履行工作职责知悉上述内幕信息并进行了与该信息有关的证券交易活动。

④非法获取内幕信息,并进行了与该内幕信息有关的证券交易活动。

⑤内幕信息公开前与内幕信息知情人或知晓该内幕信息的人联络、接触,其证券交易活动与内幕信息高度吻合。

当事人如果想否认内幕交易行为的存在,就必须负有举证责任:对其在内幕信息敏感期内从事的相关证券买卖行为作出合理说明或者提供证据排除其存在利用内幕信息从事相关证券交易活动的可能。

(4) 不属于内幕交易的情况。

根据规定,具有下列情形之一的,不属于刑法上的内幕交易行为:

①持有或者通过协议、其他安排与他人共同持有上市公司5%以上股份的自然人、法人或者其他组织收购该上市公司股份的。

②按照事先订立的书面合同、指令、计划,已从事相关证券、期货交易的。

③依据已被他人披露的信息而交易的。

④交易具有其他正当理由或者正当信息来源的。

4. 短线交易

《证券法》第47条规定:"上市公司董事、监事、高级管理人员、持有上市公司股份5%以上的股东,将其持有的该公司的股票在买入后6个月内卖出,或者在卖出后6个月内又买入,由此所得收益归该公司所有,公司董事会应当收回其所得收益。但是,证券公司因包销购入售后剩余股票而持有5%以上股份的,卖出该股票不受6个月时间限制。

公司董事会不按照前款规定执行的,其他股东有权要求董事会在30日内执行。公司董事会未在上述期限内执行的,股东有权为了公司的利益以自己的名义直接向人民法院提起诉讼。

公司董事会不按照上述规定执行,负有责任的董事依法承担连带责任。"

【解释1】该条的主要目的是限制公司的董事、监事、高级管理人员和大股东从事内幕交易,不论其是否知悉内幕信息,也不论其是否利用了内幕信息,一概将其在6个月内交易的收益收归公司所有。这被称为短线交易归入权。该条运用简洁的方法没收上述人员的短线交易利润,主要是因为发现内幕交易的成本太高。

【解释2】中国证监会发布的《上市公司董事、监事和高级管理人员所持本公司股份及其变动规则》中对时间的计算作出了更为详细的规定:上述"买入后6个月内卖出"是指最后一笔买入时点起算6个月内卖出的,"卖出后6个月内又买入"是指最后一笔卖出时点起算6个月内又买入的。例如,上述人员在2月1日、2月10日分别买入了本公司5万股和10万股股票,在8月2日全部卖出,则以2月10日最后一次买入的10万股作为起算时点,按照10万股来计算短线交易的利润。

★【考点延伸】 操纵市场行为

1. 操纵市场行为的概念

操纵市场是指单位或个人以获取利益或者减少损失为目的,利用其资金、信息等优势或者滥用职权影响证券市场价格,制造证券市场假象,诱导或者致使投资者在不了解事实真相的情况下作出买卖证券的决定,扰乱证券市场秩序的行为。《证券法》禁止任何操纵证券市场的行为。

2. 操纵证券市场行为的认定

根据《证券法》的规定,操纵证券市场的行为主要有以下情形:

(1)单独或者通过合谋,集中资金优势、持股优势或者利用信息优势联合或者连续买卖,操纵证券交易价格或者证券交易量。

(2)与他人串通,以事先约定的时间、价格和方式相互进行证券交易,影响证券交易价格或者证券交易量。

(3)在自己实际控制的账户之间进行证券交易,影响证券交易价格或者证券交易量。

(4)以其他手段操纵证券市场。

操纵证券市场行为给投资者造成损失的,行为人应当依法承担赔偿责任。

【解释1】操纵手段千变万化,很难通过立法将其全部囊括。因此,立法上规定了一个概括性的条款。目前对于该"以其他手段操纵证券市场",已经有一些行政和司法上的认定。例如,在赵喆操纵证券交易价格案中,法院认定被告人"利用修改计算机信息系统存储数据的方法",人为操纵股票价格,构成了"以其他手段操纵证券市场"。

【解释2】中国证监会也在一系列行政处罚中认定:(1)某些投资者通过在短时间内对某只股票频繁以高价申报买入,在成交前又撤单的行为操纵股票价格获利,构成了"以其他手段操纵证券市场"。(2)某些投资者故意在开盘竞价阶段以大量涨停价买入,但在最后时刻又撤单,影响股票交易量和开盘价的行为,构成了"以其他手段操纵证券市场"。(3)某些证券投资咨询机构和个人利用其从事证券投资咨询业务的地位和优势,在咨询报告发布前,买入该咨询报告推荐的证券,并在咨询报告向社会公众发布后卖出该种证券的行为,构成了"以其他手段操纵证券市场"。

3. 利用信息的操纵

(1)禁止国家工作人员、传播媒介从业人员和有关人员编造、传播虚假信息,扰乱证券市场。

(2)禁止证券交易所、证券公司、证券登记结算机构、证券服务机构及其从业人员,证券业协会、证券监督管理机构及其工作人员在证券交易活动中作出虚假陈述或者信息误导。

(3)各种传播媒介传播证券市场信息必须真实、客观,禁止误导。

(4)法律对于不同主体的要求是不同的:①"证券交易所、证券公司、证券登记结算机构、证券服务机构及其从业人员,证券业协会、证券监督管理机构及其工作人员"只要作出虚假陈述或者信息误导,就违反了本条。②对于这些特殊主体之外的人,即使其为传播媒介从业人员也需要发现其"编造、传播虚假信息",换句话说,这些主体必须是虚假信息的源头,一般投资者仅仅传播"小道消息"并不构成对本条的违反。

【第七集】｜独领风骚

【关键词】 上市公司增发股票、上市公司收购

看着其他几个姐妹的公司接连出问题，凤姐很是痛心和无奈。但幸好，作为现在"独苗"的骚风公司发展得还很好。骚风公司在凤姐及其他股东的积极奔走下，终于在2043年6月在上海证券交易所上市。上市的当天，凤姐非常开心，但是没有等到晚上的狂欢派对，凤姐就已经累倒了，被送进了医院。为了上市，凤姐没日没夜地加班熬夜，付出了太多太多，睡眠不足、三餐不定、饮食紊乱、精力透支。这一路走来，酸甜苦辣，各种尽尝，个中艰辛，只有己知，身体的种种异状，促使凤姐开始醒悟，是不是该歇歇了。没了健康，如何带领骚风公司不断前行呢？没了健康，有钱、有车、有房又有什么用？没了健康，亲情、友情、爱情怎么办？没了健康，一切都会归零。凤姐思考自己以"工作第一、生活第二"作为生存信条是不是错了。

2047年4月，骚风公司聘请H证券公司作为向不特定对象公开募集股份（以下简称增发）的保荐人。H证券公司就本次增发编制的发行文件有关要点如下：

(1)骚风公司近3年的有关财务数据如下：

单位：万元

类别 \ 年度	2044	2045	2046
总资产	156 655	176 655	186 655
净资产	78 600	83 088	85 476
净利润	4 288	4 488	5 260

此时，骚风公司的盈利能力符合增发的条件。根据规定，上市公司增发股票时，最近3个会计年度应连续盈利，扣除非经常性损益后的净利润与扣除前的净利润相比，以低者作为计算依据。在此，骚风公司最近3个会计年度连续盈利。此外，骚风公司的净资产收益率不符合增发的条件。根据规定，上市公司增发股票时，最近3个会计年度加权平均净资产收益率平均不低于6%，扣除非经常性损益后的净利润与扣除前的净利润相比，以低者作为加权平均净资产收益率的计算依据。在此，骚风公司最近3个会计年度的净资产收益率分别为5.46%、5.40%和6.15%，平均为5.67%，低于6%的法定要求。

(2)骚风公司于2045年10月为股东R公司违规提供担保而被有关监管部门责令改正；2046年1月，在经过骚风公司董事会全体董事同意并作出决定后，骚风公司为信誉良好和业务往来密切的Z公司向银行一次借款1亿元提供了担保。此时，骚风公司为R公司违规提供担保的事项不构成本次增发的障碍。根据规定，上市公司增发新股时，最近12个月内不存在

违规对外提供担保的行为。而骚风公司为 R 公司违规提供担保的事项距本次申请增发的时间已经超过了 12 个月。

(3)骚风公司于 2044 年 6 月将所属 5 000 万元委托 E 证券公司进行理财,直到 2047 年 11 月,E 证券公司才将该委托理财资金全额返还骚风公司,骚风公司亏损财务费 80 万元。此时,骚风公司的委托理财事项不构成本次增发的障碍。根据规定,上市公司增发新股时,除金融类企业外,最近一期期末不存在持有金额较大的交易性金融资产和可供出售的金融资产、借于他人款项、委托理财等财务性投资的情形。由于 E 证券公司在 2007 年 11 月将委托理财资金全额返还骚风公司,骚风公司最近一期期末不存在委托理财等财务性投资的情形。

(4)本次增发的发行价格拟按公告招股意向书前 20 个交易日公司股票均价的 90%确定。此时,骚风公司本次增发的发行价格的确定方式不符合有关规定。根据规定,发行价格应不低于公告招股意向书前 20 个交易日公司股票均价或前一个交易日的均价。骚风公司本次增发的发行价格拟按公告招股意向书前 20 个交易日公司股票均价的 90%确定不符合规定。

后因为骚风公司的诸项指标不合格,中国证监会对骚风公司的增发股票不予核准。

2055 年 3 月 1 日,上市公司骚风(以下简称骚风公司)公布重组方案,其要点如下:(1)骚风公司将所属全部资产(包括负债)作价 2.5 亿元出售给本公司最大股东 A;(2)A 将其持有骚风公司的 35%股份全部协议转让给 B,作价 2.5 亿元;(3)B 将其持有的乙公司 100%的股份作价 2.5 亿元,用于向 A 支付股份转让价款;(4)A 将受让的乙公司 100%的股份转让给骚风公司,作为支付购买骚风公司所属全部资产的价款;(5)骚风公司在取得乙公司 100%的股份后,将乙公司吸收合并,注销乙公司,骚风公司改名为乙公司。

3 月 18 日,骚风公司依法召开临时股东大会审议资产出售事宜。除 A 回避表决和一名持股 3%的股东 C 投票反对外,其他出席股东大会的股东或股东代表均投了赞成票。会议结束后,C 要求骚风公司按照市场价格回购其所持有的全部骚风公司的股份,被骚风公司拒绝。此时,骚风公司拒绝 C 要求其回购所持骚风公司股份的行为有法律依据。根据规定,股东因对股东大会作出的公司合并、分立决议持异议,要求公司收购其股份的,公司可以收购其股份。C 公司是对骚风公司作出的资产出售事宜持有异议,并非是针对合并和分立的异议,因此 C 对此事项提出异议的是不能要求股份有限公司回购其股份的。

为协议受让 A 持有的骚风公司 35%股份,B 以重组为由向中国证监会申请要约收购豁免,并承诺在受让上述股份后的 12 个月内不转让该股份。该豁免申请未获中国证监会批准。此时,中国证监会未批准 B 提出的要约收购豁免申请符合规定。根据规定,上市公司面临严重财务困难,收购人提出的挽救公司的重组方案取得该公司股东大会批准,且收购人承诺 3 年内不转让其在该公司中所拥有的权益,收购人可以向中国证监会提出免于以要约方式增持股份的申请。B 承诺在受让上述股份后的 12 个月内不转让,短于规定中的 3 年期限,因此该承诺是不符合要求的,中国证监会可以不批准其豁免申请。

3 月 23 日,B 发出全面收购骚风公司股份的要约,要约有效截止日为 4 月 24 日,拟以 B 公司发行的并在上海证券交易所上市的公司债券支付全部收购价款。此时,B 以上市的公司债券作为支付要约收购价款的方式不符合规定。根据规定,收购人为终止上市公司的上市地位而发出全面要约的,或者向中国证监会提出申请但未取得豁免而发出全面要约的,应当以现金支付收购价款;以依法可以转让的证券支付收购价款的,应当同时提供现金方式供被收购公司股东选择。B 因为未取得豁免而发出全面要约,此时如果以公司债券支付收购价款的,必须同时提供现金方式供骚风公司股东选择,否则在收购价款的形式上是不符合规定的。

因市场出现波动,B于4月1日拟撤销该收购要约,未获中国证监会同意。4月6日,B宣布变更收购要约的价格。此时,中国证监会不同意B撤销收购要约符合规定。根据规定,在收购要约约定的承诺期限内,收购人不得撤销其收购要约。收购要约约定的承诺期限截止日为4月24日,B在4月1日撤销收购要约的做法不符合规定,中国证监会不同意符合规定。此外,B可以变更收购要约的价格。根据规定,收购要约期限届满前15日内,收购人不得变更收购要约;但是出现竞争要约的除外。收购要约约定的承诺期限截止日为4月24日,B在4月6日变更收购要约价格是在15日之前,因此是可以变更的。

股东D于3月30日宣布接受了B发出的收购要约,但因B变更了收购要约的价格,D于4月22日宣布撤销对收购要约的接受。此时,D撤回对收购要约的接受不符合规定。根据规定,在要约收购期限届满前3个交易日内,预受股东不得撤回其对要约的接受。收购要约约定的承诺期限截止日为4月24日,D于4月22日宣布撤回对收购要约的接受,在法律规定的3日期限内,是不符合规定的。

5月14日,骚风公司再次召开临时股东大会,讨论吸收合并乙公司的事项。出席会议的股东(包括C)或股东代表一致投票通过了合并决议。5月15日,骚风公司和乙公司将合并事项分别通知了各自的已知债权人,未有债权人提出异议。5月18日,C要求骚风公司以合理价格收购其股份,被骚风公司拒绝。此时,骚风公司和乙公司在合并中对债权人的通知程序不符合法律规定。根据规定,公司应当自作出合并决议之日起10日内通知债权人,并于30日内在报纸上公告。债权人自接到通知书之日起30日内,未接到通知书的自公告之日起45日内,可以要求公司清偿债务或者提供相应的担保。5月14日股东大会作出决议,5月15日通知已知债权人的程序合法,但没有以公告的形式告知未知的债权人,不符合法律规定。此外,C于5月18日要求骚风公司回购其股份的要求不符合规定。根据规定,股东因对股东大会作出的公司合并、分立决议持异议,要求公司收购其股份的,公司可以收购其股份。在此,股东大会虽然是对合并事项进行决议,但C在表决时并未提出异议,其并非是"异议股东",因此在事后要求骚风公司回购其股份的要求是不符合法律规定的。

6月30日,骚风公司完成对乙公司的吸收合并。但在办理乙公司的注销手续时,当地工商行政管理局的经办人员以乙公司未经清算程序为由,拒绝办理注销手续。此时,工商行政管理局的经办人员提出乙公司未经清算程序不得办理注销手续的说法不成立。根据规定,因合并、分立而解散公司的,因其债权债务由合并、分立后继续存续的公司承继,不需要清算。

【考点链接1】 上市公司增发股票

上市公司增发股票可以公开发行,也可以非公开发行。上市公司公开增发股票,可以分为向股东配售股份(向原股东配股)和向不特定对象公开募集股份(原股东、新投资者均可购买)。非公开发行是指向不超过10名的特定对象(原股东、新投资均可)进行定向增发。

1.上市公司增发股票的一般条件(向不特定对象发行和配股、可转债均要符合的条件)

(1)组织机构健全,运行良好。

上市公司现任董事、监事和高级管理人员:

①具备任职资格;

②不存在违反《公司法》第148、149条规定的行为,[①]且最近36个月内未受到过中国证监会的行政处罚,最近12个月内未受到过证券交易所的公开谴责;

③独立经营;

④最近12个月内不存在违规对外提供担保的行为。

【补充1】应由股东大会审批的对外担保,必须经董事会审议通过后,方可提交股东大会审批。须经股东大会审批的对外担保包括:①上市公司及其控股子公司的对外担保总额,超过最近一期经审计"净资产"50%以后提供的任何担保;②上市公司的对外担保总额,超过最近一期经审计"总资产"30%以后提供的任何担保;③为借款后资产负债率超过70%的担保对象提供的担保;④单笔担保额超过最近一期经审计"净资产"10%的担保;(5)上市公司对股东、实际控制人及其关联方提供的担保。

【补充2】股东大会在审议为股东、实际控制人及其关联方提供的担保议案时,该股东或受该实际控制人支配的股东,不得参与该项表决,该项表决由出席股东大会的其他股东所持表决权的过半数通过。

【解释1】首发股票只要存在违规担保即构成法定障碍,但增发股票只要求"最近12个月内"不存在违规担保。

(2)盈利能力应具有可持续性。

【提示】基本同首发,但应注意以下两点:

①上市公司最近3个会计年度连续盈利。扣除非经常性损益后的净利润与扣除前的净利润相比,以低者作为计算依据。

②最近24个月内曾公开发行证券的,不存在发行当年营业利润比上年下降50%以上的情形。

【提示】首发没有此类要求,只是考察可能影响盈利的因素。

③高级管理人员和核心技术人员稳定,最近12个月内未发生重大不利变化。

【链接1】在主板和中小板首发股票中,发行人最近3年内主营业务和董事、高级管理人员没有发生重大变化,实际控制人没有发生变更。

【链接2】在创业板首发股票中,发行人最近2年内主营业务和董事、高级管理人员均没有发生重大变化,实际控制人没有发生变更。

(3)财务状况良好。

【提示】基本同首发,但应注意以下几点:

①上市公司最近3年及一期财务报表未被注册会计师出具保留意见、否定意见或无法表

[①] 《公司法》第148条规定,董事、监事、高级管理人员应当遵守法律、行政法规和公司章程,对公司负有忠实义务和勤勉义务。董事、监事、高级管理人员不得利用职权收受贿赂或者其他非法收入,不得侵占公司的财产。

《公司法》第149条规定,董事、高级管理人员不得有下列行为:

(1)挪用公司资金;

(2)将公司资金以其个人名义或者以其他个人名义开立账户存储;

(3)违反公司章程的规定,未经股东会、股东大会或者董事会同意,将公司资金借贷给他人或者以公司财产为他人提供担保;

(4)违反公司章程的规定或者未经股东会、股东大会同意,与本公司订立合同或者进行交易;

(5)未经股东会或者股东大会同意,利用职务便利为自己或者他人谋取属于公司的商业机会,自营或者为他人经营与所任职公司同类的业务;

(6)接受他人与公司交易的佣金归为己有;

(7)擅自披露公司秘密;

(8)违反对公司忠实义务的其他行为。

董事、高级管理人员违反前款规定所得的收入应当归公司所有。

示意见的审计报告;被注册会计师出具带强调事项段的无保留意见审计报告的,所涉及的事项对发行人无重大不利影响或者在发行前重大不利影响已经消除。

【链接】在首发股票中,发行人的内部控制由注册会计师出具了无保留结论的内部控制鉴定报告,财务报表由注册会计师出具了无保留意见的审计报告。与首发不同,增发可以是"带强调事项段的无保留意见审计报告"。

②资产质量良好,不良资产不足以对公司财务状况造成重大不利影响。
③最近3年资产减值准备计提充分合理,不存在操纵经营业绩的情形。
④最近3年以现金方式累计分配的利润不少于最近3年实现的年均可分配利润的30%。
⑤上市公司可以进行中期现金分红。

(4)财务会计文件无虚假记载。
上市公司不存在违法(规)或受处罚的行为。

(5)募集资金的数额和使用符合规定。
①募集资金的数额不超过项目需要量,用途符合产业政策、环保、土地管理等法规要求。
②除金融类企业外,本次募集资金使用项目不得为持有交易性金融资产和可供出售的金融资产、借予他人、委托理财等财务性投资,不得直接或间接投资于以买卖有价证券为主要业务的公司。投资项目不会与控股股东产生同业竞争或影响公司生产经营的独立性,募集资金必须存放于公司董事会决定的专项账户。

(6)上市公司不存在下列行为:
①本次发行申请文件有虚假记载、误导性陈述或重大遗漏。
②擅自改变前次公开发行证券募集资金的用途而未作纠正。
【提示】如果想改变招募说明书,必须由股东大会作一般决议。
③上市公司最近12个月内受到过证券交易所的公开谴责。
④上市公司及其控股股东或实际控制人最近12个月内存在未履行向投资者作出的公开承诺的行为。
⑤上市公司或其现任董事、高级管理人员因涉嫌犯罪被司法机关立案侦查或涉嫌违法违规被中国证监会立案调查。
⑥严重损害投资者合法权益和社会公共利益的其他情形。
【补充】在首发股票中,最近36个月内违反工商、税收、土地、环保、海关以及其他法律、行政法规,受到行政处罚,且情节严重。

2.上市公司向原股东配售股份(配股)的条件
配股除应当符合前述一般条件之外,还应当符合以下条件:
(1)拟配售股份数量不超过本次配售股份前股本总额的30%。
(2)控股股东应当在股东大会召开前公开承诺认配股份的数量。
(3)采用证券法规定的代销方式发行。控股股东不履行认配股份的承诺,或者代销期限届满,原股东认购股票的数量未达到拟配售数量70%的,发行人应当按照发行价并加算银行同期存款利息返还已经认购的股东。

3.上市公司向不特定对象增发的条件
增发除符合增发股票的一般条件之外,还应当符合下列条件:
(1)最近3个会计年度加权平均净资产收益率(=净利润/净资产×100%)平均不低于6%。扣除非经常性损益后的净利润与扣除前的净利润相比,以低者作为加权平均净资产收益率的计算依据。

(2) 除金融类企业外,最近一期期末不存在持有金额较大的交易性金融资产和可供出售的金融资产、借予他人款项、委托理财等财务性投资的情形。

(3) 发行价格应不低于"公告招股意向书前20个交易日"公司股票均价或前一个交易日的均价。

【考点链接2】 上市公司收购

1. 上市公司收购的概念

上市公司收购,是指收购人通过在证券交易所的股份转让活动持有一个上市公司的股份达到一定比例或通过证券交易所股份转让活动以外的其他合法方式控制一个上市公司的股份达到一定程度,导致其获得或者可能获得对该公司的实际控制权的行为。

上市公司收购人的目的在于获得对上市公司的实际控制权,不以达到对上市公司实际控制权而受让上市公司股票的行为,不能称之为收购。

取得对上市公司的实际控制是指:

(1) 投资者为上市公司持股50%以上的控股股东;

(2) 投资者可以实际支配上市公司股份表决权超过30%;

(3) 投资者通过实际支配上市公司股份表决权能够决定公司董事会半数以上成员选任;

(4) 投资者依其可实际支配的上市公司股份表决权足以对公司股东大会的决议产生重大影响;

(5) 中国证监会认定的其他情形。

2. 上市公司收购人

上市公司收购人是指意图通过取得股份的方式成为一个上市公司的控股股东,或者通过投资关系、协议、其他安排的途径成为一个上市公司的实际控制人的投资者及其一致行动人。收购人包括投资者及与其一致行动的他人。

所谓一致行动,是指投资者通过协议、其他安排,与其他投资者共同扩大其所能够支配的一个上市公司股份表决权数量的行为或者事实。在上市公司的收购及相关股份权益变动活动中有一致行动情形的投资者,互为一致行动人。如无相反证据,投资者有下列情形之一的为一致行动人:

(1) 投资者之间有股权控制关系;

(2) 投资者受同一主体控制;

(3) 投资者的董事、监事或者高级管理人员中的主要成员,同时在另一个投资者担任董事、监事或者高级管理人员;

(4) 投资者参股另一投资者,可以对参股公司的重大决策产生重大影响;

(5) 银行以外的其他法人、其他组织和自然人为投资者取得相关股份提供融资安排;

(6) 投资者之间存在合伙、合作、联营等其他经济利益关系;

(7) 持有投资者30%以上股份的自然人,与投资者持有同一上市公司股份;

(8) 在投资者任职的董事、监事及高级管理人员,与投资者持有同一上市公司股份;

(9) 持有投资者30%以上股份的自然人和在投资者任职的(董事、监事及高级管理人员)及其父母、配偶、子女及其配偶、配偶的父母、兄弟姐妹及其配偶、配偶的兄弟姐妹及其配偶等亲属,与投资者持有同一上市公司股份;

(10)在上市公司任职的董事、监事、高级管理人员及其前项所述亲属同时持有本公司股份的,或者与其自己或者其前项所述亲属直接或者间接控制的企业同时持有本公司股份;

(11)上市公司董事、监事、高级管理人员和员工与其所控制或者委托的法人或者其他组织持有本公司股份;

(12)投资者之间具有其他关联关系。

3.不得收购上市公司的情形(《上市公司收购管理办法》第6条)

(1)收购人负有数额较大债务,到期未清偿,且处于持续状态;

(2)收购人最近3年有重大违法行为或者涉嫌有重大违法行为;

(3)收购人最近3年有严重的证券市场失信行为;

(4)收购人为自然人的,存在《公司法》第147条规定情形[①];

(5)法律、行政法规规定以及中国证监会认定的不得收购上市公司的其他情形。

4.上市公司收购中有关当事人的义务

(1)收购人的义务。

第一,报告义务。

①实施要约收购的收购人必须事先向中国证监会报送上市公司收购报告书。

②在要约收购完成后,收购人应当在15日内将收购情况报告中国证监会和证券交易所。

第二,禁售义务。

收购人在要约收购期内,不得卖出被收购上市公司的股票。

第三,锁定义务。

①收购人持有的被收购上市公司的股票,在收购行为完成后12个月内不得转让。

②收购人在被收购公司中拥有权益的股份在同一实际控制人控制的不同主体之间进行转让不受前述12个月的限制,但应当遵守《上市公司收购管理办法》有关豁免申请的有关规定。

③在一个上市公司中拥有权益的股份达到或者超过该公司已发行股份30%的,自上述事实发生之日起1年后,每12个月内增持不超过该公司已发行的2%的股份,该增持不超过2%的股份锁定期为增持行为完成之日起6个月。

(2)被收购公司的控股股东或者实际控制人的义务。

被收购公司的控股股东、实际控制人及其关联方有损害被收购公司及其他股东合法权益的,上述控股股东、实际控制人在转让被收购公司控制权之前,应当主动消除损害;未能消除损害的,应当就其出让相关股份所得收入用于消除全部损害做出安排,对不足以消除损害的部分,应当提供充分有效的履约担保或安排,并依照公司章程取得被收购公司股东大会的批准。

(3)被收购公司的董事、监事、高级管理人员的义务。

①被收购上市公司的董事、监事和高级管理人员对公司负有忠实义务和勤勉义务,应当公平对待所有收购人。

[①] 《公司法》第147条规定:
(1)无民事行为能力或者限制民事行为能力;
(2)因贪污、贿赂、侵占财产、挪用财产或者破坏社会主义市场经济秩序,被判处刑罚,执行期满未逾5年,或者因犯罪被剥夺政治权利,执行期满未逾5年;
(3)担任破产清算的公司、企业的董事或者厂长、经理,对该公司、企业的破产负有个人责任的,自该公司、企业破产清算完成之日起未逾3年;
(4)担任因违法被吊销营业执照、责令关闭的公司、企业的法定代表人,并负有个人责任的,自该公司、企业被吊销营业执照之日起未逾3年;
(5)个人所负数额较大的债务到期未清偿。

②董事会针对收购所作出的决策及采取的措施,应当有利于维护公司及其股东的利益,不得滥用职权对收购设置不适当的障碍,不得利用公司资源向收购人提供任何形式的财务资助,不得损害公司及其股东的合法权益。

5. 上市公司收购的支付方式

可以采用现金、依法可以转让的证券以及法律、行政法规规定的其他支付方式进行。

6. 持股权益披露

(1) 大股东披露和权益变动披露(5%+5%)。

①通过证券交易所的证券交易,投资者持有或者通过协议、其他安排与他人共同持有一个上市公司已发行的股份达到5%时,应当在该事实发生之日起3日内,向国务院证券监督管理机构、证券交易所作出书面报告,通知该上市公司,并予公告;在上述期限内,不得再行买卖该上市公司的股票。

②投资者持有或者通过协议、其他安排与他人共同持有一个上市公司已发行的股份达到5%后,其所持该上市公司已发行的股份比例每增加或者减少5%,应当依照前款规定进行报告和公告。在报告期限内和作出报告、公告后2日内,不得再行买卖该上市公司的股票。

【解释】该条规定的主要目的是预警:提醒市场注意,有大股东出现,这些人可能成为潜在的收购人,并且通过对该股东以后增减股份的持续披露让市场监控其行为。

③但如果投资者是通过协议转让的方式获得上市公司股权,投资者则无法控制协议购买的股权数量,不能恰好在5%的时点上停下来进行报告和公告。例如,甲持有某上市公司7%的股权,假如投资者试图从甲手中协议购买这些股权的话,则很可能达成的协议是7%股权的转让协议,不大可能投资者先协议转让5%,停下来进行披露,然后再协议购买余下的2%,这样做不但增加了交易成本,甲很可能也不愿意。因此,《收购办法》对协议转让股权的权益披露时点有所放松:投资者通过协议转让方式,在一个上市公司中拥有权益的股份拟达到或者超过一个上市公司已发行股份5%时,履行权益披露义务。此后,其拥有权益的股份占该上市公司已发行股份的比例每增加或者减少达到或者超过5%的,也应当履行报告、公告义务。

也就是说,在协议转让股权的情况下,如果协议中拟转让的股份达到或者超过5%,投资者就应当在协议达成之日起3日内履行权益报告义务。例如,在上述假设案例中,投资者拟协议受让甲股东持有的7%上市公司股权的,就应当在该协议达成之日起3日内履行权益披露义务,不需要将该笔协议拆分为5%和2%。此后,该投资者的股份发生增减变化,如果该变化使得投资者持股比例达到或者超过5%的整数倍的,也应当履行权益披露义务。仍举上例,则披露时点应当分别为7%、10%、15%、20%、25%。

④如果投资者是通过行政划转或者变更、执行法院裁定、继承、赠与等方式拥有权益的股份变动达到上述规定比例的,也应当同样履行权益披露义务。

(2) 权益变动的披露方式。

①简式权益变动报告书。

如果不是上市公司的第一大股东或者实际控制人,其拥有权益的股份达到或者超过该公司已发行股份的5%但未达到20%的,应当编制简式权益变动报告书。

②详式权益变动报告书。

如果投资者拥有权益的股份达到或者超过一个上市公司已发行股份的5%,但未达到20%,同时,该投资者为该上市公司第一大股东或者实际控制人的,投资者应当编制详式权益变动报告书。

投资者拥有的股份达到或者超过20%但未超过30%的,投资者应当编制详式权益变动报告书。

权益披露报告书的类型

收购比例	收购主体	报告书类型
5%~20%	不是上市公司的第一大股东或实际控制人	简式权益变动报告书
	是上市公司第一大股东或实际控制人	详式权益变动报告书
20%~30%	不是上市公司的第一大股东或实际控制人	
	是上市公司第一大股东或实际控制人	

简式权益变动报告书	详式权益变动报告书
(1)投资者及其一致行动人的姓名、住所;投资者及其一致行动人为法人的,其名称、注册地及法定代表人; (2)持股目的,是否有意在未来12个月内继续增加其在上市公司中拥有的权益; (3)上市公司的名称,股票的种类、数量、比例; (4)在上市公司中拥有权益的股份达到或者超过上市公司已发行股份的5%或者拥有权益的股份增减变化达到5%的时间及方式; (5)权益变动事实发生之日前6个月内通过证券交易所的证券交易买卖该公司股票的简要情况; (6)中国证监会、证券交易所要求披露的其他内容	详式权益变动报告书除了披露简式权益变动报告书所具有的内容外,还应当披露以下内容: (1)投资者及其一致行动人的控股股东、实际控制人及其股权控制关系结构图; (2)取得相关股份的价格、所需资金额、资金来源,或者其他支付安排; (3)投资者、一致行动人及其控股股东、实际控制人所从事的业务与上市公司的业务是否存在同业竞争或者潜在的同业竞争,是否存在持续关联交易;存在同业竞争或者持续关联交易的,是否已作出相应的安排,确保投资者、一致行动人及其关联方与上市公司之间避免同业竞争以及保持上市公司的独立性; (4)未来12个月内对上市公司资产、业务、人员、组织结构、公司章程等进行调整的后续计划; (5)前24个月内投资者及其一致行动人与上市公司之间的重大交易; (6)不存在《上市公司收购管理办法》第六条规定的情形; (7)能够按照相关规定提供相关文件

7. 要约收购程序

对于何谓要约收购,《证券法》和《收购办法》都无界定。从理论上讲,要约收购是收购人在证券交易所的集中竞价系统之外,直接向股东发出要购买其手中持有股票的一种收购方式。相对于通过交易所集中竞价系统购买的方式,要约收购在时间和成本上都有所控制。因此,在收购实践中也得到广泛采用。《证券法》也允许收购人自愿采用要约方式进行收购。不过,《收购办法》要求无论是自愿要约还是强制要约,只要采用要约方式收购一个上市公司的股份的,其预定收购的股价比例不得低于该上市公司已发行股份的5%。

(1)要约收购的程序。

①《收购办法》规定,以要约方式收购上市公司股份的,收购人应当编制要约收购报告书,聘请财务顾问向中国证监会、证券交易所提交书面报告,并对要约报告书摘要作出提示性公告。

②在收购人报送符合要求的要约收购报告书和其他相关文件15日内,中国证监会对要约收购报告无异议的,收购人可以公告要约收购报告书。

【解释】只有中国证监会在出具无异议函的情况下,收购人才可以发出正式的收购要约。

(2)要约有效期和竞争要约。

①收购要约约定的收购期限不得少于30日,并不得超过60日。但出现竞争要约的除外。

②收购人在公告要约收购报告书之前可以自行取消收购计划,不过应当向中国证监会提

出取消收购计划的申请及原因说明,并予公告;自公告之日起12个月内,该收购人不得再次对同一上市公司进行收购。

③在收购要约确定的承诺期内,收购人不得撤销其收购要约。

④在收购要约确定的承诺期内,收购人需要变更收购要约的,必须事先向中国证监会提出书面报告,经中国证监会批准后,予以公告。在收购要约期限届满前15日内,收购人不得变更收购要约,但出现竞争要约的除外。

⑤出现竞争要约时,发出初始要约的收购人变更收购要约距初始要约收购期限届满不足15日的,应当延长收购期限,延长后的要约期应当不少于15日,不得超过最后一个竞争要约的期满日,并按规定比例追加履约保证金;以证券支付收购价款的,应当追加相应数量的证券,交由证券登记结算机构保管。

⑥发出竞争要约的收购人最迟不得晚于初始要约收购期限届满前15日发出要约收购的提示性公告,并应当根据规定履行报告、公告义务。

(3)要约对象和条件。

①收购人对同一种类股票的要约价格不得低于要约收购提示性公告日前6个月内收购人取得该种股票所支付的最高价格。要约价格低于提示性公告前30个交易日该种股票的每日加权平均价格的算术平均值的,收购人聘请的财务顾问应当就该种股票前6个月的交易情况进行分析,说明是否存在股价被操纵、要约价格是否合理等情况。

②收购要约提出的各项收购条件,应当适用于被收购公司的所有股东。

(4)禁止收购人通过其他方式获得股票。

采取要约收购方式的,收购人在收购期限内,不得卖出被收购公司的股票,也不得采取要约规定以外的形式和超出要约的条件买入被收购公司的股票。

(5)被收购公司董事会的义务。

①被收购公司董事会应当对收购人的主体资格、资信情况及收购意图进行调查,对要约条件进行分析,对股东是否接受要约提出建议,并聘请独立财务顾问提出专业意见。

②在收购人作出提示性公告后至要约收购完成前,被收购公司除继续从事正常的经营活动或者执行股东大会已经作出的决议外,未经股东大会批准,被收购公司董事会不得通过处置公司资产、对外投资、调整公司主要业务、担保、贷款等方式,对公司的资产、负债、权益或者经营成果造成重大影响。

③在要约收购期间,被收购公司董事不得辞职。

(6)预受要约。

①同意接受收购要约的股东,在收购期内此种同意并不被视为承诺,而是被视为预受。预受要约的股票将被证券登记结算公司临时报告,在要约收购期间,如果该股东未撤回预受,则不得转让。

②预受,是指被收购公司股东同意接受要约的初步意思表示。在要约收购期限届满3个交易日前,预受股东可以委托证券公司办理撤回预受要约的手续,证券登记结算机构根据预受要约股东的撤回申请解除对预受要约股票的临时保管。在要约收购期限届满前3个交易日内,预受股东不得撤回其对要约的接受。

③在要约收购期限内,收购人应当每日在证券交易所网站上公告已预受收购要约的股份数量。

(7)要约期满。

①部分要约。收购期限届满,发出部分要约的收购人应当按照收购要约约定的条件购买被收购公司股东预受的股份,预受要约股份的数量超过预定收购数量时,收购人应当按照同等比例收购预受要约的股份。

②全面要约。以终止被收购公司上市地位为目的的,收购人应当按照收购要约约定的条件购买被收购公司股东预受的全部股份;未取得中国证监会豁免而发出全面要约的收购人应当购买被收购公司股东预受的全部股份。

收购期限届满后3个交易日内,接受委托的证券公司应当向证券登记结算机构申请办理股份转让结算、过户登记手续,解除对超过预定收购比例的股票的临时保管;收购人应当公告本次要约收购的结果。

收购期限届满后15日内,收购人应当向中国证监会报送关于收购情况的书面报告,同时,抄报派出机构,抄送证券交易所,通知被收购公司。

8. 强制要约制度

(1)强制要约收购概述。

通过证券交易所的证券交易,投资者持有或者通过协议、其他安排与他人共同持有一个上市公司已发行的股份达到30%,继续增持股份的,即触发要约收购义务,应当向该上市公司所有股东发出收购上市公司全部或者部分股份的要约。

目前,对于触发强制要约义务的收购行为,实践中有三种处理方式:

①对于协议收购超过30%股权的行为,首先收购人应当考虑是否可以申请豁免,如果符合《收购办法》规定的豁免条件,则中国证监会可以豁免其以要约方式增持股份或者豁免其向目标公司所有股东发出收购要约。

②在上述情况下,如果收购人不申请豁免或者申请但不符合豁免条件,则其必须向目标公司除协议转让股份的股东之外的所有剩余股东发出收购其手上全部股份的要约。

③如收购人恰好在持股30%的点上停下来,则不触发强制要约义务,其继续增持股份的,则必须采取要约方式,但允许其采取部分要约的方式,即只向其余股东发出收购公司一定比例而非全部股份的要约。

【案例】例如,在法国 SEB 公司收购苏泊尔的案例中,SEB 通过协议转让和定向增发获得了苏泊尔30%的股份,然后再向所有剩余股东发出一个部分要约,收购不高于49 122 948股,占苏泊尔总股本的22.74%。

由于在中国的实践中,绝大多数上市公司股权都相对比较集中,都存在控股股东或者实际控制人,因此,发生在中国资本市场的上市公司收购多数必须在控股股东或者实际控制人的配合下进行,收购人必须和控股股东或者实际控制人达成协议,受让他们手中持有的目标公司控股股权,才能顺利实现对上市公司的控制。在这种情况下,收购人和目标公司控股股东、实际控制人之间的协议转让就能实现上市公司控制权的转移,收购人不需要采取要约收购的方式来获得上市公司控制权。因此,中国上市公司收购的实践中,主动要约的案例特别少,而协议收购获得公司控制权的情况又多会触发强制要约义务。收购人能否获得中国证监会的豁免,就显得尤为重要。

《收购办法》规定,投资者如果符合一定条件的,就可以向中国证监会申请豁免:第一,免予以要约收购方式增持股份;第二,存在主体资格、股份种类限制或者法律、行政法规、中国证监会规定的特殊情形的,可以申请免于向被收购公司的所有股东发出收购要约。

对于未取得豁免的,投资者可以在接到中国证监会不予豁免通知之日起30日内将其或者其控制的股东所持有的目标公司股份减持到30%或者30%以下,也可以避免触发强制要约义务。

(2)豁免申请。

收购人收购上市公司一定股份时,并不必然履行收购要约的义务,中国证监会可以针对实际情况行使豁免权,免除收购人发出收购要约的义务。根据相关规定,豁免事项有如下几种情况:

第一,免予以要约收购方式增持股份的事项。

有下列情形之一的,收购人可以向证监会提出免予以要约方式增持股份的申请:

①收购人与出让人能够证明本次转让未导致上市公司的实际控制人发生变化;

②上市公司面临严重财务困难,收购人提出的挽救公司的重组方案取得该公司股东大会批准,且收购人承诺3年内不转让其在该公司中所拥有的权益;

③经上市公司股东大会非关联股东批准,收购人取得上市公司向其发行的新股,导致其在该公司拥有权益的股份超过该公司已发行股份的30%,收购人承诺3年内不转让其拥有权益的股份,且公司股东大会同意收购人免予发出要约;

④中国证监会为适应证券市场发展变化和保护投资者合法权益的需要而认定的其他情形。

【提示】实际控制人不变、挽救公司的重组方案3年不变、新股超30%且3年不变并经股东大会批准。

【解释1】收购人报送的豁免申请文件符合规定,并且已经按照规定履行报告、公告义务的,证监会予以受理;不符合规定或者未履行报告、公告义务的,中国证监会不予受理。中国证监会在受理豁免申请后20个工作日内,就收购人所申请的具体事项作出是否予以豁免的决定;取得豁免的,收购人可以完成本次增持行为。

【解释2】收购人有上述第3项规定情形,但在其取得上市公司发行的新股前已经拥有该公司控制权的,可以免予按照前述规定提交豁免申请,律师就收购人有关行为发表符合该项规定的专项核查意见并经上市公司信息披露后,收购人凭发行股份的行政许可决定,按照证券登记结算机构的规定办理相关事宜。

第二,适用简易程序免除发出要约收购方式增持股份的事项。

根据《收购办法》第63条的规定,有下列情形之一的,当事人可以向中国证监会提出免予发出要约的申请,中国证监会自收到符合规定的申请文件之日起10个工作日内未提出异议的,相关投资者可以向证券交易所和证券登记结算机构申请办理股份转让和过户登记手续:

①经政府或者国有资产管理部门批准进行国有资产无偿划转、变更、合并,导致投资者在一个上市公司中拥有权益的股份占该公司已发行股份的比例超过30%;

②因上市公司按照股东大会批准的确定价格向特定股东回购股份而减少股本,导致当事人在该公司中拥有权益的股份超过该公司已发行股份的30%;

③证券公司、银行等金融机构在其经营范围内依法从事承销、贷款等业务导致其持有一个上市公司已发行股份超过30%,没有实际控制该公司的行为或者意图,并且提出在合理期限内向非关联方转让相关股份的解决方案;

④中国证监会为适应证券市场发展变化和保护投资者合法权益的需要而认定的其他情形。

如果中国证监会就上述事项提出异议,不同意其申请的,相关投资者应当另行报送豁免申请文件,且已经按照规定履行报告、公告义务的,中国证监会受理申请。中国证监会在受理豁免申请后20个工作日内,就收购人所申请的具体事项作出是否予以豁免的决定;取得豁免的,收购人可以完成本次增持行为;未取得豁免的,投资者及其一致行动人应当在收到中国证监会通知之日起30日内将其或者其控制的股东所持有的被收购公司股份减持到30%或者30%以下;拟以要约以外的方式继续增持股份的,应当发出全面要约。

第三,免于提出豁免申请直接办理股份转让和过户的事项。

免于提出豁免申请直接办理股份转让和过户的事项需申请的,相关投资者应当依照前述规定向中国证监会提出豁免申请;中国证监会在受理豁免申请后20个工作日内,就收购人所申请的具体事项作出是否予以豁免的决定;取得豁免的,收购人可以继续增持股份。

有下列情形之一的,相关投资者可以免于按照有关规定提出豁免申请,直接向证券交易所和证券登记结算机构申请办理股份转让和过户登记手续:

①在一个上市公司中拥有权益的股份达到或者超过该公司已发行股份30%的,自上述事实发生之日起1年后,每12个月内增持不超过该公司已发行的2%的股份。

②在一个上市公司中拥有权益的股份达到或者超过该公司已发行股份50%的,继续增加其在该公司拥有的权益不影响该公司的上市地位。

③因继承导致在一个上市公司中拥有权益的股份超过该公司已发行股份的30%。

【解释】发生前述事项时,相关投资者应在前述规定的权益变动行为完成后3日内就股份增持情况作出公告,律师应就相关投资者权益变动行为发表符合规定的专项核查意见并由上市公司予以披露。相关投资者按照前款第①项、第②项规定采用集中竞价方式增持股份,每累计增持股份比例达到该公司已发行股份的1%的,应当在事实发生之日通知上市公司,由上市公司在次一交易日发布相关股东增持公司股份的进展公告。

相关投资者按照前款第(2)项规定采用集中竞价方式增持股份的,每累计增持股份比例达到上市公司已发行股份的2%的,在事实发生当日和上市公司发布相关股东增持公司股份进展公告的当日不得再行增持股份。

豁免申请

免予以要约收购方式增持股份的事项(需证监会积极表态是否可以)	适用简易程序免除发出要约收购方式增持股份的事项(只要证监会不提出异议即可)	免于提出豁免申请直接办理股份转让和过户的事项(直接办理手续)
有下列情形之一的,收购人可以向证监会提出免予以要约方式增持股份的申请: (1)收购人与出让人能够证明本次转让未导致上市公司的实际控制人发生变化; (2)上市公司面临严重财务困难,收购人提出的挽救公司的重组方案取得该公司股东大会批准,且收购人承诺3年内不转让其在该公司中所拥有的权益; (3)经上市公司股东大会非关联股东批准,收购人取得上市公司向其发行的新股,导致其在该公司拥有权益的股份超过该公司已发行股份的30%,收购人承诺3年内不转让其拥有权益的股份,且公司股东大会同意收购人免于发出要约; (4)证监会为适应证券市场发展变化和保护投资者合法权益的需要而认定的其他情形	有下列情形之一的,当事人可以向中国证监会提出免发出要约的申请,中国证监会自收到符合规定的申请文件之日起10个工作日内未提出异议的,相关投资者可以向证券交易所和证券登记结算机构申请办理股份转让和过户登记手续: (1)经政府或者国有资产管理部门批准进行国有资产无偿划转、变更、合并,导致投资者在一个上市公司中拥有权益的股份占该公司已发行股份的比例超过30%; (2)因上市公司按照股东大会批准的确定价格向特定股东回购股份而减少股本,导致当事人在该公司中拥有权益的股份超过该公司已发行股份的30%; (3)证券公司、银行等金融机构在其经营范围内依法从事承销、贷款等业务导致其持有一个上市公司已发行股份超过30%,没有实际控制该公司的行为或者意图,并且提出在合理期限内向非关联方转让相关股份的解决方案; (4)证监会为适应证券市场发展变化和保护投资者合法权益的需要而认定的其他情形	有下列情形之一的,相关投资者可以免予按照有关规定提出豁免申请,直接向证券交易所和证券登记结算机构申请办理股份转让和过户登记手续: (1)在一个上市公司中拥有权益的股份达到或者超过该公司已发行股份30%的,自上述事实发生之日起1年后,每12个月内增持不超过该公司已发行的2%的股份; (2)在一个上市公司中拥有权益的股份达到或者超过该公司已发行股份50%的,继续增加其在该公司拥有的权益不影响该公司的上市地位; (3)因继承导致在一个上市公司中拥有权益的股份超过该公司已发行股份的30%

9. 收购中的信息披露

在收购过程中,收购人需要披露大量的信息,以让目标公司的中小股东判断是否接受收购要约或者对公司未来的前景作出判断。由于中小股东可能并不参与上市公司的经营,对公司股票的价位也许并无准确的判断,因此,目标公司(被收购公司)的董事会也有一定的信息披露义务。

(1)要约收购报告书。

当收购人主动采用要约收购方式或者未能获得豁免,被强制采用要约收购方式时,其必须编制要约收购报告书。要约收购报告书必须载明下列事项:

①收购人的姓名、住所;收购人为法人的,其名称、注册地及法定代表人,与其控股股东、实际控制人之间的股权控制关系结构图。

②收购人关于收购的决定及收购目的,是否拟在未来12个月内继续增持。

③上市公司的名称、收购股份的种类。

④预定收购股份的数量和比例。

⑤收购价格。

⑥收购所需资金额、资金来源及资金保证,或者其他支付安排。

⑦收购要约约定的条件。

⑧收购期限。

⑨报送收购报告书时持有被收购公司的股份数量、比例。

⑩本次收购对上市公司的影响分析,包括收购人及其关联方所从事的业务与上市公司的业务是否存在同业竞争或者潜在的同业竞争,是否存在持续关联交易;存在同业竞争或者持续关联交易的,收购人是否已作出相应的安排,确保收购人及其关联方与上市公司之间避免同业竞争以及保持上市公司的独立性。

⑪未来12个月内对上市公司资产、业务、人员、组织结构、公司章程等进行调整的后续计划。

⑫前24个月内收购人及其关联方与上市公司之间的重大交易。

⑬前6个月内通过证券交易所的证券交易买卖被收购公司股票的情况。

⑭中国证监会要求披露的其他内容。

收购人发出全面要约的,应当在要约收购报告书中充分披露终止上市的风险、终止上市后收购行为完成的时间及仍持有上市公司股份的剩余股东出售其股票的其他后续安排;收购人发出以终止公司上市地位为目的的全面要约,无需披露前款第⑩项规定的内容。

(2)收购报告书。

收购人拟申请豁免强制要约收购义务的,其应编制上市公司收购报告书以及其他规定文件,委托财务顾问向中国证监会、证券交易所提出书面报告,并公告上市公司收购报告书摘要。收购人在取得中国证监会豁免之日起3日内公告其收购报告书、财务顾问专业意见和律师出具的法律意见书。

收购报告书的内容应当包括要约收购报告书第①项至第⑥项和第⑨项至第⑭项规定的内容及收购协议的生效条件和付款安排。

(3)被收购公司董事会报告。

由于被收购公司董事会在目标公司中的地位,其是判断要约收购条件是否合适的最恰当人选，因此，尽管在要约收购中，被收购公司的董事会并非收购要约针对的对象，但基于其对股东承担的信义责任，法律还是要求被收购公司董事会应当对要约条件进行分析，就股东是否接受要约提出建议。

《收购办法》第32条规定：被收购公司董事会应当对收购人的主体资格、资信情况及收购意图进行调查，对要约条件进行分析，对股东是否接受要约提出建议，并聘请独立财务顾问提出专业意见。在收购人公告要约收购报告书后20日内，被收购公司董事会应当将被收购公司董事会报告书与独立财务顾问的专业意见报送中国证监会，同时抄报派出机构，抄送证券交易所，并予公告。

收购人对收购要约条件作出重大变更的，被收购公司董事会应当在3个工作日内提交董事会及独立财务顾问就要约条件的变更情况所出具的补充意见，并予以报告、公告。

10. 特殊类型的收购

（1）协议收购。

协议收购是由收购人和被收购公司的控股股东之间通过协议转让股权的方式完成控制权转移。由于协议收购涉及的股权转让往往是整笔股权，不像在交易所集中竞价购买和要约收购可以精确控制拟购买股份数量或比例。因此，在计算权益披露的时点和强制要约收购义务时，都有所不同，已如上文所述。除此之外，协议收购还有以下特点：

①过渡期安排。

以协议方式进行上市公司收购的，自签订收购协议起至相关股份完成过户的期间为上市公司收购过渡期。《收购办法》要求：在过渡期内，收购人不得通过控股股东提议改选上市公司董事会，确有充分理由改选董事会的，来自收购人的董事不得超过董事会成员的1/3；被收购公司不得为收购人及其关联方提供担保；被收购公司不得公开发行股份募集资金，不得进行重大购买、出售资产及重大投资行为或者与收购人及其关联方进行其他关联交易，但收购人为挽救陷入危机或者面临严重财务困难的上市公司的情形除外。

②出让股份的控股股东的义务。

被收购公司控股股东向收购人协议转让其所持有的上市公司股份的，应当对收购人的主体资格、诚信情况及收购意图进行调查，并在其权益变动报告书中披露有关调查情况。

控股股东及其关联方未清偿其对公司的负债，未解除公司为其负债提供的担保，或者存在损害公司利益的其他情形的，被收购公司董事会应当对前述情形及时予以披露，并采取有效措施维护公司利益。

③股权过户。

为了保证交易安全和协议各方的履约诚意，《收购办法》要求协议收购的相关当事人应当向证券登记结算机构申请办理拟转让股份的临时保管手续，并可以将用于支付的现金存放于证券登记结算机构指定的银行。

收购报告书公告后，相关当事人应当按照证券交易所和证券登记结算机构的业务规则，在证券交易所就本次股份转让予以确认后，凭全部转让款项存放于双方认可的银行账户的证明，向证券登记结算机构申请解除拟协议转让股票的临时保管，并办理过户登记手续。

收购人未按规定履行报告、公告义务，或者未按规定提出申请的，证券交易所和证券登记结算机构不予办理股份转让和过户登记手续。

收购人在收购报告书公告后30日内仍未完成相关股份过户手续的，应当立即作出公告，说明理由；在未完成相关股份过户期间，应当每隔30日公告相关股份过户办理进展情况。

④管理层收购。

管理层收购本公司的股权以控制本公司,可能是符合股权激励安排、减少监督成本的好事。但也存在管理层利用其在公司的特殊地位损害公司股东的可能,并且基于管理层对公司股东的信义义务,管理层从股东手中购买本公司股权存在利益冲突。

《收购办法》对管理层收购作出了特别规定:

第一,上市公司董事、监事、高级管理人员、员工或者其所控制或者委托的法人或者其他组织,拟对本公司进行收购或者通过本办法第五章规定的方式(间接收购)取得本公司控制权的,该上市公司应当具备健全且运行良好的组织机构以及有效的内部控制制度,公司董事会成员中独立的董事的比例应当达到或者超过1/2。

第二,公司应当聘请具有证券、期货从业资格的资产评估机构提供公司资产评估报告。

第三,本次收购应当经董事会非关联董事作出决议,且取得2/3以上的独立董事同意后,提交公司股东大会审议,经出席股东大会的非关联股东所持表决权过半数通过。

第四,独立董事发表意见前,应当聘请独立财务顾问就本次收购出具专业意见,独立董事及独立财务顾问的意见应当一并予以公告。

上市公司董事、监事、高级管理人员存在《公司法》第149条规定的情形的,或者最近3年有证券市场不良诚信记录的,不得收购本公司。[①]

(2)间接收购。

除了直接购买上市公司的股权以获得对其的控制权外,现实中还可能存在多种安排可以达到类似的效果。《证券法》将其表述为"通过协议、其他安排"。例如,收购人可能通过获得上市公司母公司的控制权,从而间接控制上市公司。

①《收购办法》中将这些其他安排称为"间接收购"。《收购办法》没有对间接收购作出明确界定,但规定:"收购人虽不是上市公司的股东,但通过投资关系、协议、其他安排导致其拥有权益的股份达到或者超过一个上市公司已发行股份的5%,未超过30%的",应当按照规定作权益披露。

②收购人拥有权益的股份超过该公司已发行股份的30%的,应当向公司所有股东发出全面要约,收购人预计无法在事实发生之日起30日内发出全面要约的,应当在前述30日内促使其控制的股东将所持有的上市公司股份减持至30%或者30%以下。

③在间接收购中,由于收购人只是上市公司的实际控制人,相关很多信息上市公司不能获得,因此,上市公司实际控制人及受其支配的股东,负有配合上市公司真实、准确、完整披露有关实际控制人发生变化的信息的义务。

④如果上市公司实际控制人及受其支配的股东未履行报告、公告义务的,上市公司应当自

---

① 《公司法》第149条规定:
董事、高级管理人员不得有下列行为:
(1)挪用公司资金;
(2)将公司资金以其个人名义或者以其他个人名义开立账户存储;
(3)违反公司章程的规定,未经股东会、股东大会或者董事会同意,将公司资金借贷给他人或者以公司财产为他人提供担保;
(4)违反公司章程的规定或者未经股东会、股东大会同意,与本公司订立合同或者进行交易;
(5)未经股东会或者股东大会同意,利用职务便利为自己或者他人谋取属于公司的商业机会,自营或者为他人经营与所任职公司同类的业务;
(6)接受他人与公司交易的佣金归为己有;
(7)擅自披露公司秘密;
(8)违反对公司忠实义务的其他行为。
董事、高级管理人员违反前款规定所得的收入应当归公司所有。

知悉之日起立即作出报告和公告。上市公司就实际控制人发生变化的情况予以公告后,实际控制人仍未披露的,上市公司董事会应当向实际控制人和受其支配的股东查询,必要时可以聘请财务顾问进行查询,并将查询情况向中国证监会、派出机构和证券交易所报告;中国证监会依法对拒不履行报告、公告义务的实际控制人进行查处。

⑤上市公司知悉实际控制人发生较大变化而未能将有关实际控制人的变化情况及时予以报告和公告的,中国证监会责令改正;情节严重的,认定上市公司负有责任的董事为不适当人选。

⑥上市公司实际控制人及受其支配的股东未履行报告、公告义务,拒不履行上述配合义务,或者实际控制人存在不得收购上市公司情形的,上市公司董事会应当拒绝接受实际控制人支配的股东向董事会提交的提案或者临时议案,并向中国证监会、派出机构和证券交易所报告。中国证监会责令实际控制人改正,可以认定实际控制人通过受其支配的股东所提名的董事为不适当人选;改正前,受实际控制人支配的股东不得行使其持有股份的表决权。上市公司董事会未拒绝接受实际控制人及受其支配的股东所提出的提案的,中国证监会可以认定负有责任的董事为不适当人选。

【第八集】│致青春

【关键词】 诉讼时效制度、反垄断法律制度

话说,某星期六中午12点,凤姐伸了伸懒腰,睁开清澈的双眸准备起床了。

凤姐吃了个午餐,打开了IPad Water Pad,看了一下邮件,其中一封邮件的标题写着:"大学同学十周年狂欢聚会"。

同学情深,同窗意浓。岁月如梭,转眼飞逝。春去秋来,一年又一年,似水年华匆匆而过,弹指间,昔日同窗,阔别十年了啊。愿其间的几多拼搏欢笑、几多情牵意念,都化成这一次真诚、幸福的相聚。我们离开学校步入社会很久了,当年青春年少的我们也已经跨过了而立之年。现在大家虽天各四方,但共赏一轮明月,同学之间的情谊永远是别有一番剪不断的情愫,别有一种抹不去的记忆。毕业后的风雨、打拼、共进、时空距离让我们更加珍惜友谊,更加彼此思念。虽然同学之间各有问候、各有见面,但这样齐聚的机会从毕业来毕竟仅有这一次。那就让我们全体同学聚在一起,给大家情的共鸣、家的感觉、爱的呼唤吧!于是,我们发出并于10月1日在人民大会堂四川厅举行"人文社会科学班同学聚会"的倡议,一起去追忆昔日青春年少的自我,交流昨天奋力拼搏向上的感触,倾诉埋藏心中十年之久的别后情缘。

最后,让我用一段诗句来结束:
忆往昔,同窗共读,朝夕相伴,情意地久天长!
分别之后,念天各一方,叹音信飘渺,
人生沉浮十几载,同学情义始最真。
百般努力终重逢,执手相看,感慨何止万千,
思念更要想见,诉衷肠,情更浓,
共祝愿,手和手相握,心和心靠近。①

话说,又到了中国人每年的"人山人海休假日"——国庆的前一天。凤姐早上5点钟就起来梳妆打扮,描了一下眉,拿着红纸在嘴上一含,把"孩儿面"在脸上一抹,哎呀,真是天生丽质啊!

既然是同学聚会要找回青春的记忆,也就是要找上学期间的感觉嘛。凤姐想,我总不能开着我的大奔去首都吧,也不能开着地铁或者飞机去吧,上学那会儿都是坐火车的啊,而且都坐绿皮车。于是凤姐费了九牛二虎之力并且找关系买了一张开往北京的1234号绿皮车,中间颠簸了28个小时,无数次的停站,无数次的给高铁"和谐号"动车让路,无数次的违反合同约定(原定第二天早上5点到北京,结果在南京延长了40分钟,在徐州又延长了35分钟,在天津又

---

① http://www.diyifanwen.com/fanwen/changyishu/20101032222228524614353.htm。

延长了 45 分钟,哎。凤姐怒了,想找乘务人员说理,但转而一想他们也不容易,还是不为难他们了,准备有时间找个合适的机会去状告铁道部,理由很简单,就是破坏社会主义法治,既然是法治就必须遵守约定,这种无限次、无底线违约的情形应该得到严厉的惩罚)凤姐终于在第二天 10 点多赶到了聚会的人民大会堂。打开四川厅的门,映入眼帘的是那些"似曾相识"的老同学们。有四爷、和珅、董卓、郭靖、黄蓉、小龙女、令狐冲、韦小宝、萧峰、东方不败、魏忠贤、安德海、李莲英、岳不群、段誉、虚竹、张无忌等。同学们一看凤总来了,纷纷过来跟凤姐打招呼。凤姐和黄蓉、小龙女、东方不败、魏忠贤、安德海、李莲英、岳不群等"姐妹们"坐在一桌上。大家笑着、唠着。

开始点菜了。

凤姐说,"同学们,大家还记得我们当年每次下馆子必点什么菜吗?"

"记得。"大家齐声地喊道。

"酸辣土豆丝、西红柿炒鸡蛋、水煮牛肉、猪肉炖粉条、糖醋里脊。"

凤姐说,"我记得我之前跟不败有个约定,等哪天我们发达了,一定要点 10 盘土豆丝,大伙有意见吗?"

"必须没有啊!"

"服务员",不群用他那尖细的声音叫道,"每桌先来 10 盘土豆丝,每人来 10 串烤羊肉串,必须是羊肉,别拿其他的乱七八糟的肉来糊弄我们。""而且我们不要西红柿炒鸡蛋,我们吃个有档次的,每桌来 10 盘番茄炒鸡蛋。"

"你咋这么没身份呢?这里是人民大会堂,人家能拿其他肉来糊弄你啊。还有你够欠的,番茄炒鸡蛋和西红柿炒鸡蛋有啥区别啊!"不败叫道。

凤姐说:"算了算了,不要闹了,就罚不群给我们讲个好玩的能勾起我们回忆的东西吧。"

不群想了想,说道:"我之前看过一部很不错的电影,里面有两句话是说大学生的,我给它补上了两句,姐妹们听听看——离上课还有 5 分钟,拼命跑的是大一;已经上课 5 分钟,还在慢悠悠走的是大二;在宿舍根本不跑的是大三;而嘲笑上述人的,从容的或者等着看笑话的是大四。"

吃着吃着,突然,小龙女小声说,姐妹们看,这不是那个谁吗?哎,他叫什么来着,他不是 MIT 去读建筑学博士了吗?噢,我记起来了,他叫陈晓症。他有一句名言,超经典的——我的人生是一栋只能建造一次的楼房,我必须让它精确无比,不能有 1 厘米差池——所以,我太紧张,害怕行差步错。"

"听说啊,当时在学校,有个很好的姑娘一直在追他,但他为了不让自己的人生有 1 厘米的差池,放弃了这个让无数男人艳羡的姑娘而去了美国。听说以前他家里非常贫困,可能是太穷了,就害怕贫穷,更害怕让自己的女人跟着贫穷。"

"什么啊,我觉得越是这种寒门出身的男人,越是世故薄情。"

"哎,怎么说呢,碰到爱情啊,没有一个女人有智商。所以我们女人有时候会很可怜,也很无助。"[1]

姐妹们你一言我一语地说着。

不败说:"我们隔壁班啊有个妞嫁给了一个富翁,听说是个天使投资人,老有钱了。""啊,不是吧,她不是以前有个男朋友么,跟她是一个地方的,好像还是青梅竹马,听说一直等着她啊。"

---

[1] 上述关于陈晓症的对话部分,引自电影《致我们终将逝去的青春》,导演赵薇,监制关锦鹏,编剧李樯。

"咦,什么年代了啊,人往高处走,水往低处流,有好的你不要啊。"

席间,凤姐问李莲英:"小李子,听说你现在发达了,企业搞得很大啊,我看你今天还蛮低调的么,穿的也很普通,也没带女(男)秘书,也没带金表和金项链。尽管是朴素,但是打扮却非常气派,非常有气质啊。"小李子说道:"哎呀,小主啊,您可别这么说,可折煞我也(注意发声,读出那种腔调,你行的)。""现在这个年代做生意太难了,条条框框太多,要求人办事的也很多,可以说是处处遇障碍,天天有麻烦。""这么谦虚,我们又不问你借钱,瞧你怕的。""不是借钱的事,我实话实说,不信我给你举几个我遇到的事情。"

"我记得去年啊,我们公司开发了一种新的婴幼儿奶粉,当然绝对没有三聚氰胺啊,我们这种奶粉要进入某个省市,结果这个省对于我们外地的奶粉实行与本地奶粉不同的检查标准和技术要求,并且试图阻碍外地奶粉进入他们省市市场。还有啊,更过分的是,这个地方还限制我们公司在那里设立分公司,而且没得商量,没有解释。无语吧!"

"噢,这我知道,这是典型的滥用行政权力排除、限制竞争行为啊!现在的垄断行为可以说是数不胜数啊!"东方不败接话道。

不败接着说:"之前我听过一个盐业分公司为了拓展业务,在向食盐经销户批发食盐时强行搭售规定数量的洗衣粉,造成食盐经销户在销售食盐时,也'效仿'这一行为,向消费者搭售洗衣粉。后来,相关主管部门获悉后,立即会同有关管理部门同时介入调查,并进行了相应的处理。食盐属于政府定价商品,盐业公司属于依法实行专营专卖并在盐业市场具有市场支配地位的经营者。很显然,该盐业分公司销售食盐搭售洗衣粉的行为,同时违反了《反垄断法》的相关规定,构成了违法的垄断行为啊。"[①]

黄蓉说:"噢,你们这么一说也提醒了我,我之前也看过这么一则新闻,说有几个公司都是生产奶粉的厂家,主要市场都集中在某市,这几个公司在某次的行业会议中签订了维持现有价格的协议,并且禁止相互之间采用降低价格的方式进行竞争。"

"噢,这种啊,属于固定商品价格的协议,是《反垄断法》禁止的横向垄断协议。"不败解释道。

"看来不败姐研习过很多书啊,学识果然渊博啊。"岳不群插话道。

"哎哟,不群姐,你可别谦虚,你也研习过不少书啊。不然功夫怎么会练得这么好。我们两个是彼此彼此啊。"

凤姐看这气氛不太对,就想调节一下气氛,调整话题,就说:"姐妹们你看那边那个土豹子,跟我们小李子就没法比。"

"咦,怎么又扯到我身上来了啊?"小李子说。

"谁啊?坐哪里?"岳不群问。

"就最右边一桌靠窗的",凤姐手轻轻一指旋即收回。

"可不是咋地,绝对是土豹子。完全符合土豹子的一切标准。"

"土豹子什么意思啊,不群给我们解释一下呗。"黄蓉说。

"咦?土豹子都不知道啊,咋这么没文化呢。我给你讲讲,当然不要随意往自己身上套,我随便说说的,大体包括这么几个吧:穿着豹纹的皮裤,开着奔驰宝马,穷得只剩下钱了。以将二流女明星、电视台女主持人发展成"二奶"和情人为荣,捎带将女秘书搞得无法嫁人。喜欢花钱到各类收费昂贵的商学院深造,不为知识,只为人脉,尤其是政府、媒体人脉。歧视穷人,认为

[①] 沈佳:《销售食盐搭售商品是违法行为》,http://roll.sohu.com/20121023/n355463982.shtml。

他们贫穷都因为笨且懒惰,认为为了发财不择手段是智慧的象征。"不群解释道。

小龙女说:"我听说啊,我们年级有个同学叫陈正,为了照顾年迈羸弱的父亲,毅然决然地辞掉了在北京大型国企的高薪职位,回贵州老家当了一名服务员。很多人都用很异样的眼光看他,觉得他是个异类,甚至是谩骂他。我就很不明白这些骂街的人有没有脑子,有没有设身处地地为人家想一想,就知道在私底下辱骂发泄,真是低俗没身份。陈正虽然干的工作看起来不怎么'体面',但是这种孝顺的精神和品质是很多人向往和无法企及的。"

凤姐插话道:"现在这个社会啊,富裕起来的暴发户,都想做贵族,甚至自以为就是贵族。开'宝马'车,喝'人头马',都成了贵族的所谓的身份标志。在中国,端盘子的人可能被人看不起,甚至自己也看不起自己。但是国外跟我们中国恰好相反,比如在巴黎或伦敦,在一些餐厅,特别是比较好的餐厅里,那些服务生在我看来个个都是明星,气质非凡,你绝不能看不起他,他收入可能也不会比你低,他有他的尊严。每一个阶层都有自己的尊严,相互之间形成了一套礼节。法国大革命高峰的时候,路易十六和皇后都被送上了断头台,皇后上断头台的那一刻,不小心踩到了刽子手的脚,皇后脱口而出:'对不起,先生。'这是平时所自然形成的礼貌习惯。不像中国的'宝马'车主撞到人,不仅不会说对不起,还要打被撞的人,甚至再撞一次直至撞死。"①

"区别在哪里? 教养。"凤姐越说越来劲。

"但是,教养这东西很虚幻的,不是想有就有、说来就来的。""教养这个东西首先来自于家教,中国人也很讲究家教,但是现代人把家教理解得很狭窄,周末送孩子去弹钢琴,或者让孩子背《论语》,把家教理解为知识,好像知识越多家教越好。实际上,这只对了一半。家教不一定是知识,它是一个自然形成的东西,是在日常生活当中,无形中形成的亲切与自然、举手投足中的优雅与高尚,这是一种氛围,是被熏陶出来的,不是教出来的。如今有些家庭拼命送小孩子周末去学各种贵族知识,但在家里父母说话谈吐粗鲁,缺乏基本的教养,使得孩子虽然有知识,却不一定有素质。"②

英国贵族的孩子最希望进入的是伊顿公学,到现在它还是最著名的贵族学校,贵族家庭生了一个男孩子,要做的第一件事就是赶快到伊顿公学报名,否则到六七岁读书时再去报名就晚了。伊顿公学教什么呢? 不要认为是打高尔夫球,那里没有高尔夫球场,也没有今天热门的工商管理、金融等这些实用知识。到贵族学校,不是去学有用的知识,而是学在今天看来没有用的知识,比如说拉丁文,熟读从古希腊、中世纪到近代的各种宗教、人文经典,到今天还是这样。贵族学校学的不是有用的知识,而是博雅之学。中国古代的儒家,孔夫子办私学,朱熹、王阳明办书院,教的也是类似的博雅知识,所谓的士大夫之学。""而我们现在的教育体制和社会环境已经不需要有博雅之学的人了,或者说并不那么需要了。我们的社会环境促使我们的教育体系越来越狭隘,培养的人愈来愈功利。总是在强调什么'分分分,学生的命根'。其实就是我们的应试教育理念在作祟。"③

大家纷纷表示同意,但觉得又无能为力。

"安德海,你现在怎么变得这么安静啊,有啥烦心事啊?"李莲英问。

"刚刚四爷说,我大二的时候跟他借了 100 块钱,他跟我要,我稀里糊涂地就给他了。我突

---

① 佚名:《平民时代的贵族精神》,http://news.ifeng.com/mainland/special/daguomin/3/detail_2009_06/22/642018_0.shtml。
② 同上。
③ 同上。

然想到大学的时候,法学概论的老师说过有诉讼时效这个制度。都过了这么多年了,早就过诉讼时效了,我是不是可以找他要回来啊,反正四爷他们家后院里都是金条,也不差我这100元钱。"

"咦咦咦咦!"凤姐她们集体起哄。

"瞧瞧你这点出息,真是本性难移啊。上学那会儿就这样,现在还这副德行。"凤姐说。

"我看啊,你是只知其一不知其二,是有这个诉讼时效制度,但你忘了具体的内容。"不败又开始发挥自己博学的能力了。"给你解释一下,诉讼时效已过,并不消灭实体权利,债权本身还是存在的,只是债权人如果向法院起诉,法院会驳回其诉讼请求,即债权人丧失胜诉权。所以,因为债权债务关系还是存在的,如果诉讼时效已经届满,你向四爷还了100元钱,又以诉讼时效已经届满为由进行抗辩,法院是不支持你的。你想啊,泼出去的水还能回来不?明白了不?"

"你看看你,知道为什么你爬不到人家小李子和不败这种高度了吗,就是太屌丝,不好好学习啊。"凤姐总结道,其他人哈哈大笑起来。

……

时间过得真快,到了要离别之际,同学们都依依不舍,纷纷要求要经常举行这种聚会,必须经常联系,并且都说下次聚会可以到自己所在的城市,并保证只要愿意来,所有的费用都全包了。同学的感情真是深啊,要珍惜啊!

【考点链接1】 诉讼时效制度

1. 诉讼时效的概念

诉讼时效消灭的是一种请求权,并不消灭其实体权利。超过诉讼时效期间,当事人自愿履行的,不受诉讼时效限制。

诉讼时效适用于债权请求权,其他请求权如物上请求权(返还原物请求权、排除妨害请求权、消除危险请求权)不适用诉讼时效。

诉讼时效届满不消灭实体权利。这意味着:

(1)诉讼时效期间的经过,不影响债权人提起诉讼,即不丧失起诉权。

(2)债权人起诉后,如果债务人主张诉讼时效的抗辩,法院在确认诉讼时效届满的情况下,应驳回其诉讼请求,即债权人丧失胜诉权;当事人未提出诉讼时效抗辩,人民法院不应对诉讼时效问题进行释明及主动适用诉讼时效的规定进行裁判。

当事人在一审期间未提出诉讼时效抗辩,在二审期间提出的,人民法院不予支持,但其基于新的证据能够证明对方当事人的请求权已过诉讼时效期间的情形除外。

(3)诉讼时效期间届满,当事人一方向对方当事人作出同意履行义务的意思表示或者自愿履行义务后,又以诉讼时效期间届满为由进行抗辩,人民法院不予支持。

2. 诉讼时效的适用对象——适用债权请求权

对以下债权请求权提出诉讼时效抗辩的,人民法院不予支持:

(1)支付存款本金及利息请求权;

(2)兑付国债、金融债券以及向不特定对象发行的企业债券本息请求权;

(3)基于投资关系产生的缴付出资请求权;

(4)其他依法不适用诉讼时效规定的债权请求权。

诉讼时效与除斥期间的区别

	除斥期间	诉讼时效
期间不同	为不变期间,不因任何事由而中止、中断或者延长	为可变期间,适用中止、中断或延长的规定
适用依据不同	规定的是权利人行使某项权利的期限,以权利人不行使该实体民事权利作为适用依据	规定的是权利受害人请求法律保护的期限,仅适用于权利受到侵害的权利人不行使请求权的情况
起算时间不同	自相应的实体权利成立时起算	自权利人知道或者应当知道其权利被侵害时起算
可以援引的主体不同	无论当事人是否主张,法院均可以主动审查	必须由当事人主张后,法院才能审查,但法院不能主动援用
法律后果不同	消灭的是权利人享有的实体民事权利本身,如追认权、撤销权、解除权等	消灭的是权利人享有的胜诉权

3. 诉讼时效的种类

2年	普通
1年	身体受到伤害要求赔偿的; 出售质量不合格的商品事先没有声明的; 延付或拒付租金的; 寄存财物被丢失或损毁的
4年	国际货物买卖合同、技术进出口合同
20年	最长诉讼时效。权利侵害超过20年的,人民法院不予保护

4. 诉讼时效期间的起算

诉讼时效,从当事人知道或者应当知道其权利受到侵害之日起计算。

根据我国的法律和司法实践,结合各类民事法律关系的不同特点,诉讼时效起算有不同的情况:

(1)附条件的或者附期限的债的请求权,从条件成就或期限届满之日起算。

(2)定有履行期限的债的请求权,从清偿期届满之日起算。当事人约定同一债务分期履行的,诉讼时效期间从最后一期履行期限届满之日起计算。

(3)未定有履行期限或者履行期限不明确的债的请求权,按照《合同法》第61条、第62条的规定,可以确定履行期限的,诉讼时效期间从履行期限届满之日起计算;不能确定履行期限的,诉讼时效期间从债权人要求债务人履行义务的宽限期届满之日起计算,但债务人在债权人第一次向其主张权利之时明确表示不履行义务的,诉讼时效期间从债务人明确表示不履行义务之日起计算。

(4)因侵权行为而发生的赔偿请求权,从受害人知道或者应当知道其权利被侵害或者损害时起算。人身伤害损害赔偿的诉讼时效期间,伤害明显的,从受伤害之日起算;伤害当时未发现,后经检查确诊的,从伤势确诊之日起算。对于这类因侵权行为而发生的赔偿请求权,计算诉讼时效的起算点时,必须要求请求权人知道"侵害事实"和"加害人"。

(5)请求他人不作为的债权的请求权,应当自义务人违反不作为义务时起算。

(6)国家赔偿的诉讼时效的起算,自国家机关及其工作人员行使职权时的行为被依法确认为违法之日起算。

权利人不知道或者不应当知道权利被侵害,则诉讼时效期间不开始计算。从权利被侵害之日起超过20年的,不再受法律保护。

(7)合同被撤销后,返还财产、赔偿损失请求权的诉讼时效期间从合同"被撤销之日"起计算。

5. 诉讼时效的中止(暂时停止)

诉讼时效的中止,是指在诉讼时效进行中(诉讼时效期间的最后6个月内),因发生一定的法定事由而使权利人不能行使请求权,暂时停止计算诉讼时效期间,以前经过的时效期间仍然有效,待阻碍时效进行的事由消失后,时效继续进行。

(1)诉讼时效中止的事由。

①不可抗力。

【解释】不可抗力是指不能预见、不能避免并不能克服的客观情况。常见的不可抗力包括:自然灾害,如地震、台风、洪水、海啸等;政府行为,如运输合同订立后,由于政府颁布禁运的法律,使合同不能履行;社会异常现象,如罢工、骚乱。

②其他障碍。

权利被侵害的无民事行为能力人、限制民事行为能力人没有法定代理人,或者法定代理人死亡、丧失代理权、丧失行为能力;继承开始后未确定继承人或者遗产管理人;权利人被义务人或者其他人控制无法主张权利;其他导致权利人不能主张权利的客观情形。

(2)诉讼时效中止的时间。

①只有在诉讼时效期间的最后6个月内发生中止事由,才能中止诉讼时效的进行。

②如果在诉讼时效期间的最后6个月以前发生权利行使障碍,而到最后6个月时该障碍已经消除,则不能发生诉讼时效中止。

③如果该障碍在最后6个月时尚未消除,则应从最后6个月开始时中止时效期间,直至该障碍消除。

6. 诉讼时效的中断(重新计算)

诉讼时效的中断,是指在诉讼时效进行中,因发生一定的法定事由,致使已经经过的时效期间统归无效,待时效中断的法定事由消除后,诉讼时效期间重新计算。

引起诉讼时效中断的事由是:

(1)提起诉讼。

①当事人一方向人民法院提交起诉状或者口头起诉的,诉讼时效从提交起诉状或者口头起诉之日起中断。

②权利人向人民调解委员会以及其他依法有权解决相关民事纠纷的国家机关、事业单位、社会团体等社会组织提出保护相应民事权利的请求,诉讼时效从提出请求之日起中断。

③权利人向公安机关、人民检察院、人民法院报案或者控告,请求保护其民事权利的,诉讼时效从其报案或者控告之日起中断。

④上述机关决定不立案、撤销案件、不起诉的,诉讼时效期间从权利人知道或者应当知道不立案、撤销案件、不起诉之日起重新计算。

⑤另外,下列事项均与提起诉讼具有同等诉讼时效中断的效力:申请仲裁;申请支付令;申请破产、申报破产债权;为主张权利而申请宣告义务人失踪或死亡;申请诉前财产保全、诉前临时禁令等诉前措施;申请强制执行;申请追加当事人或者被通知参加诉讼;在诉讼中主张抵消;

其他与提起诉讼具有同等诉讼时效中断效力的事项。

(2)当事人一方提出请求。

具有下列情形之一的,应当认定为"当事人一方提出要求":

①当事人一方向对方当事人"直接送交"主张权利文书,对方当事人在文书上签字、盖章或者虽未签字、盖章但能够以其他方式证明该文书到达对方当事人的。

【解释】对方当事人为法人或其他组织的,签收人可以是法定代表人、主要负责人、负责收发信件的部门或被授权主体;对方当事人为自然人的,签收人可以是本人、同住的具有"完全行为能力"的亲属或被授权主体。

②当事人一方以发送信件或者数据电文方式主张权利,信件或者数据电文"到达或者应当到达"对方当事人的。

③当事人一方为金融机构,依照法律规定或者当事人约定从对方当事人账户中扣收欠款本息的。

④当事人一方下落不明,对方当事人在国家级或者下落不明的当事人一方住所地的省级有影响的媒体上刊登具有主张权利内容的公告的,但法律和司法解释另有特别规定的,适用其规定。

⑤权利人对同一债权的部分债权主张权利,诉讼时效中断的效力及于剩余债权,但权利人明确表示放弃剩余债权的情形除外。

(3)义务人同意履行义务。

①义务人作出分期履行、部分履行、提供担保、请求延期履行等"承诺或者行为",均属于义务人同意履行义务的行为。

②义务人通过一定的方式向权利人作出愿意履行义务的意思表示,作为权利人信赖该意思表示而不行使请求权,不能说是怠于行使权利,因此也构成诉讼时效的中断。

(4)其他情形。

①对于连带债权人、连带债务人中的一人发生诉讼时效中断效力的事由,应当认定对其他连带债权人、连带债务人也发生诉讼时效中断的效力。

②债权人提起代位权诉讼的,应当认定对债权人的债权和债务人的债权均发生诉讼时效中断的效力。

③债权转让的,应当认定诉讼时效从债权转让通知到达债务人之日起中断。债务承担情形下,构成原债务人对债务承认的,应当认定诉讼时效从债务承担意思表示到达债权人之日起中断。

7.诉讼时效的延长

诉讼时效的延长是由人民法院对已结束的诉讼时效,根据特殊情况予以延长。

【考点链接2】 反垄断法律制度

1890年美国颁布的《谢尔曼法》是世界上第一部反垄断立法。中国的《反垄断法》于2007年8月30日颁布,于2008年8月1日开始实施。

1.《反垄断法》的适用范围

(1)《反垄断法》适用的地域范围。

①我国采用"属地原则+效果原则"。

②中华人民共和国境内(不含港、澳、台地区)经济活动中的垄断行为,适用《反垄断法》。

③中华人民共和国境外的垄断行为,对境内市场竞争产生排除、限制影响的,也适用《反垄断法》。

(2)《反垄断法》适用的主体和行为类型。

规制主体	规制内容
经营者	(1)经营者达成垄断协议; (2)滥用市场支配地位; (3)具有或者可能具有排除、限制竞争效果的经营者集中。 对以上三种行为的规制制度是反垄断法实体规范的主体,通常被称为反垄断法的三大支柱。
行政机关和具有管理公共事务职能的组织	行政垄断行为,滥用行政权力排除、限制竞争行为
行业协会	作为一种企业间的联合,行业协会有时也会参与组织实施诸如横向价格联盟之类的垄断行为。所以法律规定,行业协会应当加强行业自律,不得组织本行业的经营者从事法律禁止的垄断行为

(3)反垄断法的适用除外。

①知识产权(独占性为其本质属性)的正当行使;

②农业生产(农业为国民经济命脉,农民为社会公众的弱者)中的联合或者协同行为。

此外,根据《反垄断法》第7条的规定,对于铁路、石油、电信、电网、烟草等重点行业,国家通过立法赋予其垄断性经营权,但是,如果这些国有垄断企业从事垄断协议、滥用市场支配地位行为,或者从事可能排除、限制竞争的经营者集中行为,同样应受《反垄断法》的规制。

2.《反垄断法》的实施机制

《反垄断法》的实施机制主要有以美国为代表的直接诉讼模式、以欧盟为代表的行政执法模式。我国《反垄断法》的实施机制,是以行政执法为主、民事诉讼为重要补充的"双轨制"模式。

(1)法律责任(包括行政、民事、刑事责任)。

①行政责任。包括责令停止违法行为、没收违法所得、罚款等形式。当事人对执法机构处罚决定不服的,可以申请行政复议,也可以直接向人民法院提起行政诉讼。

②民事责任。《反垄断法》规定:"经营者实施垄断行为,给他人造成损失的,依法承担民事责任"。《反垄断法》上的民事责任,既可以基于非法垄断行为侵害他人合法权益而产生,也可以基于合同因违反反垄断法而无效产生。非法垄断行为的受害人可向人民法院直接提起民事诉讼,向有关当事人主张民事责任。

违反《反垄断法》的民事责任形式主要包括停止侵害、赔偿损失以及返还财产等责任形式。

③刑事责任。如反垄断执法人员滥用职权、玩忽职守、徇私舞弊的刑事责任。

(2)反垄断行政执法。

①双层制模式。

国务院反垄断执法机构负责反垄断法的行政执法,在其之上还设有反垄断委员会,负责组织、协调、指导反垄断工作。

②反垄断执法机构(国家工商局、国家发改委、商务部)。

国家工商局:负责垄断协议、滥用市场支配地位以及滥用行政权力排除、限制竞争方面的反垄断执法工作,价格垄断行为除外。

国家发改委：负责依法查处价格垄断行为。
商务部：负责经营者集中行为的反垄断审查工作。
③反垄断执法机构的调查措施。
a.进入被调查的经营者的营业场所或者其他有关场所进行检查；
b.询问被调查的经营者、利害关系人或者其他有关单位或者个人，要求其说明有关情况；
c.查阅、复制被调查的经营者、利害关系人或者其他有关单位或者个人的有关单证、协议、会计账簿、业务函电、电子数据等文件和资料；
d.查封、扣押相关证据；
e.查询经营者的银行账户。
④经营者的承诺。
a.对反垄断执法机构调查的涉嫌垄断行为，被调查的经营者承诺在反垄断执法机构认可的期限内采取具体措施消除该行为后果的，反垄断执法机构可以决定中止调查。中止调查的决定应当载明被调查的经营者承诺的具体内容。
b.经营者履行承诺的，反垄断执法机构可以决定终止调查。有下列情形之一的，反垄断执法机构应当恢复调查：经营者未履行承诺的，作出中止调查决定所依据的事实发生重大变化的，中止调查的决定是基于经营者提供的不完整或者不真实的信息作出的。
(3)反垄断民事诉讼。
①原告（原告包括间接购买人在内的消费者）。
因垄断行为受到损失以及因合同内容、行业协会的章程等违反反垄断法而发生争议的自然人、法人或者其他组织，可以向人民法院提起反垄断民事诉讼。
②民事诉讼和行政执法的关系。在我国，人民法院受理垄断民事纠纷案件，不以执法机构已对相关垄断行为进行了查处为条件的，即原告可以直接提起民事诉讼。
③专家在诉讼中的作用。
第一，专家出庭就专门问题进行说明。
在反垄断民事诉讼中，当事人可以向人民法院申请1~2名具有相应专门知识的人员出庭，就案件的专门性问题进行说明。原被告双方都有权向人民法院申请专家出庭；经人民法院准许，双方聘请的专家（实践中也称为专家证人）都可以出庭并发表专业意见，但只能作为法官判案的参考依据，不属于证据类型之一。[1]
第二，专家出具市场调查或者经济分析报告。
当事人可以向人民法院申请委托专业机构或者专业人员就案件的专门性问题作出市场调查或者经济分析报告。经人民法院同意，双方当事人可以协商确定专业机构或者专业人员；协商不成的，由人民法院指定。
当事人可以向人民法院申请委托专业机构或者专业人员就案件的专门性问题作出市场调查或者经济分析报告，专家报告视为鉴定意见，为证据类型之一。
④诉讼时效。
a.起算：从原告知道或者应当知道权益受侵害之日起计算。
b.中断：原告向反垄断执法机构举报被诉垄断行为，诉讼时效从举报之日起中断。
反垄断执法机构决定不立案、撤销案件或者决定终止调查的，诉讼时效期间从原告知道或

---

[1] 须注意：民事诉讼法定证据包括书证、物证、视听资料、电子数据、证人证言、当事人陈述、鉴定意见、勘验笔录。

者应当知道不立案、撤销案件或者终止调查之日起重新计算。反垄断执法机构调查后认定构成垄断行为的,诉讼时效期间从原告知道或者应当知道反垄断执法机构认定构成垄断行为的处理决定发生法律效力之日起重新计算。

c.抗辩:原告起诉时被诉垄断行为已经持续超过2年,被告提出诉讼时效抗辩的,损害赔偿应当自原告向人民法院起诉之日起向前推算2年计算。

3. 垄断协议及其法律规制

垄断协议,也称限制竞争协议、联合限制竞争行为,是指两个或两个以上经营者排除、限制竞争的协议、决定或者其他协同行为。

【解释1】垄断协议本质上是竞争者之间的相互勾结限制竞争,它是垄断行为的最基本形态。

【解释2】从历史看,在美国最早出现的垄断行为就是企业间联合限制竞争行为。著名的托拉斯、卡特尔、辛迪加、康采恩,均属于竞争者之间的勾结组织。

【解释3】从我国执法体制的角度,垄断协议还可分为价格垄断协议和非价格垄断协议。国家发改委发布的《反价格垄断规定》对价格垄断协议进行了界定,即指在价格方面排除、限制竞争的协议、决定或者其他协同行为。除价格垄断协议以外的其他垄断协议为非价格垄断协议。价格垄断协议由国家发改委依法查处,非价格垄断协议则由国家工商总局依法查处。

(1)《反垄断法》禁止的横向垄断协议。

①固定或者变更商品价格(价格卡特尔)(最基本的方式为通过协议统一确定、维持商品的价格,统一提高商品价格)。

a.固定或者变更价格变动幅度;

b.固定或者变更对价格有影响的手续费、折扣或者其他费用;

c.使用约定的价格作为与第三方交易的基础;

d.约定采用据以计算价格的标准公式;

e.约定未经参加协议的其他经营者同意不得变更价格等。

②限制商品的生产数量或者销售数量。

a.以限制产量、固定产量、停止生产等方式限制商品的生产数量或者限制商品特定品种、型号的生产数量;

b.以拒绝供货、限制商品投放量等方式限制商品的销售数量或者限制商品特定品种、型号的销售数量。

③分割销售市场或者原材料采购市场(划分市场协议)。

a.划分商品销售地域、销售对象或者销售商品的种类、数量;

b.划分原料、半成品、零部件等原材料的采购区域、种类、数量;

c.划分原料、半成品、零部件、相关设备等原材料的供应商。

④限制购买新技术、新设备或限制开发新技术、新产品。

a.限制购买、使用新技术、新工艺;

b.限制购买、租赁、使用新设备;

c.限制投资、研发新技术、新工艺、新产品;

d.拒绝使用新技术、新工艺、新设备;

e.拒绝采用新的技术标准。

⑤联合抵制交易。

a.联合拒绝向特定经营者供货或者销售商品;
b.联合拒绝采购或者销售特定经营者的商品;
c.联合限定特定经营者不得与其具有竞争关系的经营者进行交易。
(2)《反垄断法》禁止的纵向垄断协议。

与横向垄断协议发生在处于生产或者销售链条中的同一环节的经营者之间不同,纵向垄断协议发生在处于不同的生产经营阶段或者环节的经营者之间,即上下游经营者之间。《反垄断法》将其表述为"经营者与交易相对人"达成的垄断协议。

常见的纵向垄断协议主要有以下几种:
①维持转售价格协议(最常见的纵向垄断协议);
②地域或客户限制协议;
③排他性交易协议。

《反垄断法》禁止的纵向垄断协议形式有以下几种:
①固定向第三人转售商品的价格;
②限定向第三人转售商品的最低价格;
③国务院反垄断执法机构认定的其他垄断协议。

4.《反垄断法》豁免的垄断协议类型
(1)为改进技术、研究开发新产品的;
(2)为提高产品质量、降低成本、增进效率,统一产品规格、标准或者实行专业化分工的;
(3)为提高中小经营者经营效率,增强中小经营者竞争力的;
(4)为实现节约能源、保护环境、救灾救助等社会公共利益的;
(5)因经济不景气,为缓解销售量严重下降或者生产明显过剩的;
(6)为保障对外贸易和对外经济合作中的正当利益的。

须注意:对于上述第(1)至第(5)项垄断协议的豁免,《反垄断法》要求经营者应当证明所达成的协议不会严重限制相关市场的竞争,并且能够使消费者分享由此产生的利益。

5. 其他协同行为
(1)价格性其他协同行为的认定。
①经营者的价格行为具有一致性;
②经营者进行过意思联络;
③市场结构和市场变化。
(2)非价格性其他协同行为的认定。
①经营者的市场行为是否具有一致性;
②经营者之间是否进行过意思联络或者信息交流;
③经营者能否对一致行为作出合理的解释;
④相关市场的结构情况、竞争状况、市场变化情况、行业情况等。

6. 法律禁止的行业协会组织本行业经营者从事垄断协议的行为
(1)制定、发布含有排除、限制竞争内容的行业协会章程、规则、决定、通知、标准等;
(2)召集、组织或者推动本行业的经营者达成含有排除、限制竞争内容的协议、决议、纪要、备忘录等。

7. **法律责任**
(1)民事责任。

经营者因达成并实施垄断协议给他人造成损失的,依法承担民事责任。

(2)行政责任。

①经营者违反《反垄断法》的规定,达成并实施垄断协议的,由反垄断执法机构责令停止违法行为,没收违法所得,并处上一年度销售额1%~10%的罚款;尚未实施所达成的垄断协议的,可以处50万元以下的罚款。

②行业协会违反《反垄断法》的规定,组织本行业的经营者达成垄断协议的,反垄断执法机构可以处50万元以下的罚款;情节严重的,社会团体登记管理机关可以依法撤销登记。

8. 宽恕制度

所谓宽恕制度,是指参与垄断协议的经营者主动向反垄断执法机构报告达成垄断协议的有关情况并提供重要证据的,反垄断执法机构可以对其宽大处理,酌情减轻或者免除其处罚。

【解释1】执法机构查处价格垄断协议时,其对宽恕制度中重要证据的认定标准要比查处非价格垄断协议时严格。

【解释2】根据规定,对第一个主动报告所达成垄断协议的有关情况、提供重要证据并全面主动配合调查的经营者,免除处罚;对主动向工商行政管理机关报告所达成垄断协议的有关情况并提供重要证据的其他经营者,酌情减轻处罚;对垄断协议的组织者,不适用宽恕的规定。

【解释3】《反价格垄断行政执法程序规定》中关于价格垄断协议执法中宽恕制度的适用则有更为具体的规定:第一个主动报告达成价格垄断协议的有关情况并提供重要证据的,可以免除处罚;第二个主动报告达成价格垄断协议的有关情况并提供重要证据的,可以按照不低于50%的幅度减轻处罚;其他主动报告达成价格协议的有关情况并提供重要证据的,可以按照不高于50%的幅度减轻处罚。

9. 滥用市场支配地位行为及其法律规制

(1)概念和特征。

反垄断法对经营者合法取得的市场支配地位(包括垄断地位)并不视为非法,而对于具有市场支配地位的经营者滥用其市场支配地位的行为则严加规制。

①市场支配地位指经营者在相关市场内具有能够控制商品价格、数量或者其他交易条件,或者能够阻碍、影响其他经营者进入相关市场能力的市场地位。

须注意:市场支配地位并非是独占者(非独占者也可能),市场支配地位的经营者可以是多个。

②滥用市场支配地位是指凭借其市场支配地位实施的排挤竞争对手或不公平交易行为。

排他性滥用是指寻求损害竞争者的竞争地位,或者从根本上将它们排除出市场的行为,主要表现形式包括掠夺定价、搭售、价格歧视和拒绝交易等。

剥削性滥用是指具有市场支配地位的经营者凭借其市场支配地位对交易对方进行剥削的行为,实践中主要表现为不公平定价行为。

(2)经营者市场支配地位的推定标准。

①一个经营者在相关市场的市场份额达到1/2的,即可推定为具有市场支配地位。

②对于多个经营者可能共同拥有市场支配地位的情况,两个经营者在相关市场的市场份额合计达到2/3的,或三个经营者在相关市场的市场份额合计达到3/4的,这些经营者被推定为共同占有市场支配地位。

【解释1】对于多个经营者被推定为共同占有市场支配地位时,其中有的经营者市场份额不足10%的,不应当推定该经营者具有市场支配地位。

【解释2】市场份额不是认定市场支配地位的唯一的和绝对的标准,被推定具有市场支配地位的经营者,如有证据证明不具有市场支配地位的,不应当认定其具有市场支配地位。

(3)反垄断法禁止的滥用市场支配地位行为。

以不公平的高价销售商品或者以不公平的低价购买商品(注意无"没有正当理由")	认定"不公平的高价"和"不公平的低价",应当考虑下列因素: ①销售价格或者购买价格是否明显高于或者低于其他经营者销售或者购买同种商品的价格; ②在成本基本稳定的情况下,是否超过正常幅度提高销售价格或者降低购买价格; ③销售商品的提价幅度是否明显高于成本增长幅度,或购买商品的降价幅度是否明显高于交易相对人成本降低幅度
没有正当理由,以低于成本的价格销售商品	因下列情形进行的低于成本价格销售均为正当行为: ①降价处理鲜活商品、季节性商品、有效期限即将到期的商品和积压商品的; ②因清偿债务、转产、歇业降价销售商品的; ③为推广新产品进行促销的
没有正当理由,拒绝与交易相对人进行交易	下列没有正当理由,以间接方式拒绝交易的行为应受到禁止: ①通过设定过高的销售价格或者过低的购买价格,变相拒绝与交易相对人进行交易; ②削减交易相对人的现有交易数量; ③拖延、中断与交易相对人的现有交易; ④拒绝与交易相对人进行新的交易; ⑤设置限制性条件,使交易相对人难以继续与其进行交易; ⑥拒绝交易相对人在生产经营活动中以合理条件使用必需设施。 构成否认拒绝交易行为违法的正当理由包括: ①交易相对人有严重的不良信用记录,或者出现经营状况持续恶化等情况,可能会给交易安全造成较大风险的; ②交易相对人能够以合理的价格向其他经营者购买同种商品、替代商品,或者能够以合理的价格向其他经营者出售商品的
没有正当理由,限定交易相对人只能与其进行交易或只能与其指定的经营者进行交易	强制交易的"正当理由"包括: ①为了保证产品质量和安全的; ②为了维护品牌形象或者提高服务水平的; ③能够显著降低成本、提高效率,并且能够使消费者分享由此产生的利益的
没有正当理由搭售商品,或者在交易时附加其他不合理的交易条件	所谓"附加其他不合理的交易条件"主要包括: ①在价格之外附加不合理的费用; ②对合同期限、支付方式、商品的运输及交付方式或者服务的提供方式等附加不合理的限制; ③对商品的销售地域、销售对象、售后服务等附加不合理的限制; ④附加与交易标的无关的交易条件
没有正当理由,对条件相同的交易相对人在交易价格等交易条件上实行差别待遇	除价格外的其他交易条件: ①实行不同的交易数量、品种、品质等级; ②实行不同的数量折扣等优惠条件; ③实行不同的付款条件、交付方式; ④实行不同的保修内容和期限、维修内容和时间、零配件供应、技术指导等售后服务条件 《反垄断法》只禁止无正当理由的差别待遇行为。对抗差别待遇的合理性抗辩理由主要包括: ①回应竞争对手的低价竞争; ②成本抗辩,因为卖方在不同的买方那里付出的生产、运输以及销售等成本不同

(4)法律责任。

①民事责任:经营者因实施滥用市场支配地位行为给他人造成损失,依法承担民事责任。

②行政责任：经营者违反规定，滥用市场支配地位的，由反垄断执法机构责令停止违法行为，没收违法所得，并处上一年度销售额1%以上10%以下的罚款。

10. 经营者集中的反垄断控制

(1)经营者集中的概念。

经营者集中，是指经营者之间通过合并、取得股份或者资产、委托经营或联营以及人事兼任等方式形成的控制与被控制状态。

①经营者集中的三种情形。

a.合并：分为吸收合并和新设合并；

b.通过取得股权或者资产的方式取得对其他经营者的控制权；

c.通过合同等方式取得对其他经营者的控制权或能够对其他经营者施加决定性影响。

②经营者集中的分类。

根据参与集中的经营者在产业中的位置和相互关系，可将经营者集中分为横向集中(是指生产或销售同类产品，或者提供同种服务而具有直接竞争关系的经营者)、纵向集中(是指同一产业中处于不同阶段，彼此之间不存在竞争关系，但有买卖关系的经营者)和混合集中(是指生产经营的产品或服务在彼此没有关联的经营者之间)。

(2)《反垄断法》对经营者集中的规制模式。

因为经营者集中的经济效果具有两面性，决定了《反垄断法》对它的规制在于"控制"，而不在于"禁止"。这种控制制度体现为经营者集中申报制度。经营者集中申报制度主要分为三种模式：强制的事前申报、强制的事后申报和自愿申报。世界上绝大多数国家和我国都采取事前申报模式。所谓强制的事前申报制度，是指法律要求当事人在实施集中前必须事先向反垄断法执法机构申报，待执法机构审查批准后才可实施集中的制度。

(3)经营者集中的申报。

经营者集中达到下列标准之一，经营者应当事先向商务部申报，未申报的不得实施集中：

①参与集中的所有经营者上一会计年度在"全球范围内"的营业额合计超过100亿元人民币，并且其中至少两个经营者上一会计年度在"中国境内"的营业额均超过4亿元人民币；

②参与集中的所有经营者上一会计年度在"中国境内"的营业额合计超过20亿元人民币，并且其中至少两个经营者上一会计年度在"中国境内"的营业额均超过4亿元人民币。

参与集中的单个经营者的营业额应当为下述经营者的营业额总和：

①该单个经营者；

②第①项所指经营者直接或间接控制的其他经营者；

③直接或间接控制第①项所指经营者的其他经营者；

④第③项所指经营者直接或间接控制的其他经营者；

⑤第①至④项所指经营者中两个或两个以上经营者共同控制的其他经营者。

【解释1】参与集中的单个经营者的营业额不包括上述①至⑤项所列经营者之间发生的营业额。

【解释2】如果参与集中的单个经营者之间或者参与集中的单个经营者和未参与集中的经营者之间有共同控制的其他经营者，参与集中的单个经营者的营业额应当包括被共同控制的经营者与第三方经营者之间的营业额，且此营业额只计算一次。

【解释3】如果参与集中的单个经营者之间有共同控制的其他经营者，则参与集中的所有经营者的合计营业额不应包括被共同控制的经营者与任何一个共同控制他的参与集中的经营者,或与后者有控制关系的经营者之间发生的营业额。

【解释4】在一项经营者集中包括收购一个或多个经营者的一部分时,对于卖方而言,只计算集中涉及部分的营业额。在一项经营者集中包括收购一个或多个经营者的一部分时,相同经营者之间在两年内多次实施的未达到申报标准的经营者集中,应当视为一次集中交易。所谓"两年内",是指从第一次集中交易完成之日起至最后一次集中交易签订协议之日止的期间。

经营者集中有下列情形之一的,可以不向国务院反垄断执法机构申报:

①参与集中的一个经营者拥有其他每个经营者50%以上有表决权的股份或者资产的;

②参与集中的每个经营者50%以上有表决权的股份或者资产被同一个未参与集中的经营者拥有的。

(4)经营者集中审查程序。

第一,两阶段审查。

初步审查(收到经营者提交的符合规定的文件、资料之日起30日内)和第二阶段审查(作出实施进一步审查决定之日起90日内完毕)。

第二,最终决定。

①禁止集中决定。

国务院反垄断执法机构认为经营者集中具有或者可能具有排除、限制竞争效果的,作出禁止经营者集中的决定。

②不予禁止决定。

a.国务院反垄断执法机构认为经营者集中不具有排除、限制竞争效果的。

b.国务院反垄断执法机构虽认为经营者集中具有或者可能具有排除、限制竞争效果,但经营者能证明该集中对竞争产生的有利影响明显大于不利影响或者符合社会公共利益的,国务院反垄断执法机构可以作出对经营者集中不予禁止的决定。

c.附条件的不予禁止决定。

对不予禁止的经营者集中,国务院反垄断执法机构可以决定附加减少集中对竞争产生不利影响的限制性条件。

第三,决定的公布。

对于禁止集中决定和附条件的不予禁止决定,国务院反垄断执法机构应当及时向社会公布。

【解释】此处并没有"不予禁止决定"。

(5)经营者集中审查的实体标准。

实体标准可以从三个层面界定:一般标准、经济分析中考虑的因素、抗辩理由。

一般标准:具有或者可能具有排除、限制竞争效果。

经济分析中应考虑的因素:

①参与集中的经营者在相关市场的市场份额及其对市场的控制力;

②相关市场的市场集中度;

③经营者集中对市场进入、技术进步的影响;

④经营者集中对消费者和其他有关经营者的影响;

⑤经营者集中对国民经济发展的影响。

抗辩理由:经营者能够证明该集中对竞争产生的有利影响明显大于不利影响,或者符合社会公共利益的,国务院反垄断执法机构可以作出对经营者集中不予禁止的决定。

(6)经营者集中附加限制性条件。

经营者集中附加限制性条件,也称经营者集中的救济措施,是指在经营者集中反垄断审查中,为了消除集中对竞争造成的不利影响,由参与集中的经营者向执法机构提出消除不利影响的解决办法,执法机构附条件许可该项集中的制度。

①分类:

a.剥离参与集中的经营者的部分资产或业务等结构性条件;

b.参与集中的经营者开放其网络或平台等基础设施、许可关键技术(包括专利、专有技术或其他知识产权)、终止排他性协议等行为性条件;

c.结构性条件和行为性条件相结合的综合性条件。

②监督。

对于附加限制性条件批准的经营者集中,商务部应当对参与集中的经营者履行限制性条件的行为进行监督检查,参与集中的经营者应当按指定期限向商务部报告限制性条件的执行情况。

(7)经营者集中未依法申报的调查处理。

经营者违反《反垄断法》规定实施集中的,由国务院反垄断执法机构责令停止实施集中、限期处分股份或者资产、限期转让营业以及采取其他必要措施恢复到集中前的状态,可以处50万元以下的罚款。

11. 滥用行政权力排除、限制竞争及其法律规制

(1)反垄断法禁止的滥用行政权力排除、限制竞争行为。

①强制交易。

行政机关和法律、法规授权的具有管理公共事务职能的组织不得滥用行政权力,限定或者变相限定单位或者个人经营、购买、使用其指定的经营者提供的商品。

②地区封锁(地方保护主义)。

a.对外地商品设定歧视性收费项目、实行歧视性收费标准,或者规定歧视性价格;

b.对外地商品执行与本地同类商品不同的技术要求、检验标准,或者采取重复检验、重复认证等歧视性技术措施,阻碍、限制外地商品进入本地市场;

c.采取专门针对外地商品的行政许可,或者对外地商品实施行政许可时采取不同的许可条件、程序、期限等,阻碍、限制外地商品进入本地市场;

d.设置关卡或者采取其他手段,阻碍、限制外地商品进入本地市场或者本地商品运往外地市场;

e.妨碍商品在地区之间自由流通的其他行为。

③排斥或限制外地经营者参加本地招标投标。

④排斥或者限制外地经营者在本地投资或者设立分支机构或者妨碍外地经营者在本地的正常经营活动。

⑤强制经营者从事垄断行为。

a.概念:行政机关和法律、法规授权的具有管理公共事务职能的组织,不得滥用行政权力,强制经营者达成、实施排除、限制竞争的垄断协议,或者强制具有市场支配地位的经营者从事滥用市场支配地位的行为,或者强制经营者实施违法经营者集中等。

b.经营者不得以行政机关和法律、法规授权的具有管理公共事务职能的组织强制、指定、授权等为由,从事垄断行为。

⑥抽象行政性垄断行为。

a.概念：行政机关滥用行政权力，制定含有排除、限制竞争内容的规定的行为，其具体形式包括决定、公告、通告、通知、意见、会议纪要等。

b.此外，经营者以依据行政机关和法律、法规授权的具有管理公共事务职能的组织制定、发布的行政规定为由实施垄断行为，亦属违法。

(2)法律责任。

行政机关和法律、法规授权的具有管理公共事务职能的组织滥用行政权力，实施排除、限制竞争行为的，由上级机关责令改正；对直接负责的主管人员和其他直接责任人员依法给予处分。反垄断执法机构可以向有关上级机关提出依法处理的建议。

后 记

注册会计师是市场经济中非常重要的世界性职业,从事这项职业的人无一不是行业中的精英。然而,要想成为一名合格的注册会计师,必须要通过 CPA 考试。

在中国所有财经类职业资格考试中,CPA 考试的难度是最大的,学习难度也是最高的,但是中国乃至国际友人对中国 CPA 的学习热情却是最热诚的。有感于考生朋友的学习需要,编写一套有利于考生朋友学习、帮助考生通过考试的注会辅导资料,是高顿财经 CPA 学习中心的职责所在。

高顿财经研究院自 2010 年开始筹划编写金榜题名系列辅导教材,期间几经修改,精益求精,至今终于可以向广大考生朋友提供。"注册会计师考试辅导·金榜题名系列"目前共计分为"破冰、奋斗、突围"三个分系列,以对应考生朋友的各个学习阶段。2013 年高顿财经针对注册会计师考试过程中日益增加的英语分值,投入巨大人力、物力,专门出版了注会英语考试辅导教材。

1."注册会计师考试辅导·金榜题名系列"之"破冰":零基础预科知识

CPA 证书权威,但是学习起点高、难度大,零基础的学员直接学习 CPA 教材知识会遇到很大的学习阻力。开发本书的目的是为了解决这个困扰零基础但是又有上进心要求学员的最大难题。

本书共计四个部分,可以独立成册。本书普及 CPA 考试应知应会的基础知识,帮助更多立志成为中国财经精英人士的有志人士迈出坚实的一步。

- 破冰·《会计》分册
- 破冰·《财务成本管理》分册
- 破冰·《税法》分册
- 破冰·《审计》分册

2."注册会计师考试辅导·金榜题名系列"之"奋斗":30 天通关宝典

CPA 每个科目的教材知识容量非常大,中国注册会计师协会指定编写 CPA 教材,但是很多章节的内容编排给学习造成了很大的障碍,从学习的角度,我们认为还需要科学地组织学习顺序。另外,由于 CPA 考试科目知识广、难度大,考生在学习中没有学习计划可参考,花了很多时间,但是又学不好。

该系列书按照学习计划的需要制定、编写学习指导,不仅为学员深入讲解考点知识,同时按照由易入难的学习顺序,按照学习时间的需要编排了学习内容,使得学员既能采用科学的方法,又能有计划、有目标地学习各科目的知识。

3."注册会计师考试辅导·金榜题名系列"之"突围":历年真题及考点归类精解

研习历年试题,就是做未来真正考题,而解读历年试题是复习备考的最佳捷径。

CPA 历年真题汇编的辅导书很多,但大多是简单的汇编,没有抽丝剥茧,未能为学员的学习和考试提供较大帮助,仅仅起到了最后复习备考模拟练兵的作用。

后记

  该系列书汇编历年真题，按照教材章节顺序，采用考点归类的方式寻找命题规律，并对考题深入分析，让学员在学习过程中可以有效地结合实际考试的需要，知行合一。

  "以客户实际需要为最高目标!"这是高顿财经研究院组织编写本系列图书时恪守的原则。无论是在对考生学习需求的反映上，还是在图书体系设计上，我们都以考生朋友的终极需要为最高目标，力求把"注册会计师考试辅导·金榜题名系列"图书编写得精益求精。

  书籍可以承载的学习内容毕竟是有限的，在书籍之外，为了更好地服务考生朋友，高顿财经提供额外增值服务的内容，考生朋友可以登录 cpa.gaodun.cn 网站"图书商城"专区下载资料或互动交流，也可以在高顿学员 CPA 学习论坛 cpabbs.gaodun.cn"金榜题名图书增值服务专区"下载资料或互动交流。

  虽然从一开始就力求将本书编写得精致、有创意，但终因才疏学浅，又限于时间，故仍会有许多不当之处及不尽如人意之处，一些差错也在所难免，有待于再次修正和完善。我们恳请考生朋友的谅解和批评指正!

  再次感谢为本系列书的编写、出版付出辛勤劳动，给予大力支持和热情帮助的各位!

高顿财经研究院

2014 年 5 月